Hans Lobentanzer
Jeder sein eigener Deutschlehrer

Hans Lobentanzer

Jeder sein eigener Deutschlehrer

Rechtschreibung · Wort · Satz, Satzzeichen
Ausdruck und Stil

Regeln, Beispiele, Übungstexte
mit Tests und Lösungen zum
individuellen Lernen

Ehrenwirth

CIP-Titelaufnahme der Deutschen Bibliothek

Lobentanzer, Hans:
Jeder sein eigener Deutschlehrer : Rechtschreibung, Wort, Satz, Satzzeichen, Ausdruck u. Stil ; Regeln, Beispiele, Übungstexte mit Tests, u. Lösungen zum individuellen Lernen / Hans Lobentanzer. – 9. Aufl. – München : Ehrenwirth, 1991
ISBN 3-431-02160-3

ISBN 3-431-02160-3

Druck: Pera-Druck, Gräfelfing
Umschlag: Christoph Albrecht, Tann
Printed in Germany 1991 h

Inhalt

Teil 3: Wie verbessere ich meinen Ausdruck und Stil?

Vorwort

Was erwarten Sie von diesem Buch? Sie wollen lernen, wie man Rechtschreib-, Grammatik- und Satzzeichenfehler vermeidet. Dazu wollen Sie lernen, wie man ein verständliches, gutes, vielleicht sogar schönes Deutsch schreibt und spricht. Wenn Sie mit diesem Buch **arbeiten**, dann läßt sich das Ziel erreichen. Freilich ist das nicht in ein paar Tagen zu erledigen. Ohne Ausdauer geht es nicht. Damit die Sache nicht langweilig wird, sollen Sie auch Ihren Spaß haben: Sie werden lustige und lohnende Texte finden.

Ist eine richtige, gute, gewandte Sprache so wichtig? Ja, sie ist es gerade heute! Wir wollen uns schnell und genau verständigen. Führungskräfte in Staat und Wirtschaft sind der Meinung, daß sich geistige Reife durch sprachliches Können ausweist. Wie viele Kandidaten fallen bei Prüfungen durch, weil sie die Regeln der Rechtschreibung, der Grammatik und der Zeichensetzung nicht kennen! Solche formalen Sprachmängel sind aber durch beharrliches Üben ziemlich leicht auszumerzen.

Dieses Buch gibt Ihnen eine Doppelrolle: Schüler *und* Lehrer! Sie arbeiten, und Sie kontrollieren sich selbst; ja, Sie können sich selbst benoten! Wir wiederholen zuerst die wichtigsten **Regeln**; dann gewinnen wir Sicherheit an **Beispielen**; in den folgenden **Übungen** steigern sich die Schwierigkeiten; und in den eingestreuten **Tests** können Sie feststellen, was Sie wissen und was noch fehlt. Am hilfreichsten sind sicher die **Lösungen**, die zu allen Aufgaben (meist auf der rechten Randleiste) abgedruckt sind.

Werfen wir einen Blick auf die drei Teilbereiche der Sprache:
Man hat *Rechtschreiben* eine Kulturtechnik genannt. In einer Zeit, in der so vieles genormt ist, kann nicht jeder schreiben, wie er will. Wir müssen uns nach dem Duden richten. Ein gebildeter Mensch sollte auch die wichtigsten Fremdwörter beherrschen; diese werden hier erklärt und aus verschiedenen Blickwinkeln erläutert. Die Sprache ist nicht immer logisch. Darum stimmt der Rat „Schreibe, wie du sprichst!" leider oft nicht. Den 59 Lauten der deutschen Sprache stehen etwa 530 Schreibungen gegenüber. Denken wir nur daran, wie sich alle Sprachen abplagen, den sch-Laut zu schreiben: engl. sh, franz. ch, ital. sc, norw. sk, ungar. s, tschech. š, türk. ş usw.!

Die *Grammatik* wurde in den letzten Jahren manchmal als überholt abgetan. Dabei ist sie nichts anderes als die uralte Lehre, wie man Wörter zu sinnvollen Sätzen verknüpft. Es sagte einer bei einer Rede: *„Ich versichere Sie, daß dem nicht der Fall ist."* Der Duden belehrt uns, daß in diesem Satz zwei Fehler sind: „Ich versichere Sie" heißt: „Ich nehme Sie in eine Versicherung auf." Der Redner aber wollte sagen: „Ich versichere Ihnen" = „Glauben Sie mir!" Im zweiten Teil des Satzes verstößt der Redner gegen eine eingeschliffene Sprachfigur. Er kann entweder sagen: „Dem ist nicht so." Oder: „Das ist nicht der Fall." Das sind zwei Redewendungen, die man nicht sinnlos verschränken kann; sonst wird die Sprache undeutlich, ja unverständlich.

Hier sind wir nicht mehr so ganz im Gebiet der strengen Sprachlehre; wir sind schon fast im Bereich des Stils.
Auch für *Ausdruck* und *Stil* gibt es gewisse Regeln: Man verwende den richtigen und treffenden Ausdruck; die Sprache sei klar, anschaulich und flüssig; die Sätze sollen geschickt und überschaubar gefügt sein. Zwar hat jeder ein Recht auf einen

persönlichen Stil; aber was er sagt, muß leicht verständlich sein. Haben Sie das Gefühl, die folgenden Sätze sind gut?

1. (Aus der Bewerbung einer Köchin:) *Ich kenne mich bei allen Speisen aus und koche selten gut.*
2. *Endlich konnte die Leiche, die schon früher oft depressiv gewesen war, entdeckt werden.*

Im ersten Beispiel steht ein unklares Wort: selten; im zweiten Beispiel ist ein Denkfehler, auf den Sie sicher selbst gestoßen sind.

Verstehen Sie den folgenden Satz auf Anhieb? Ich fürchte, nein. Übertragen Sie den Gedanken in gutes Deutsch, und schauen Sie erst hinterher auf die Anmerkung unten!
*Durch die willkürliche Entstellung der tatsächlichen Gegebenheiten kann der Klärung des Sachverhalts nicht lange ein Riegel vorgeschoben werden.**

Also keine Angst vor aufgeblasenen Satzungeheuern! Ein Mensch ist kein Computer; Sie können denken; und Ihnen kann es nicht passieren, daß Sie das Sprichwort „Aus den Augen, aus dem Sinn" übersetzen mit: „invisible idiot".
Wenn Sie mit diesem Buch gründlich arbeiten, werden Sie sich in den drei Teilbereichen der deutschen Sprache zu Hause und sicher fühlen. Der Erfolg bei Prüfungen – und im Leben – kann nicht ausbleiben.

Das wünscht Ihnen der Verfasser

* Lügen haben kurze Beine.

Teil 1: Wie vermeide ich Rechtschreibfehler?

1. Selbst- und Mitlaute

1.1. Dehnung und Selbstlaute

Vorbemerkung: Im allgemeinen möchte der Duden das Schriftbild vereinfachen. D.h., die Häufung von Buchstaben, die gleichen oder ähnlichen Lautwert haben, wird nach Möglichkeit vermieden:

a) nicht mehr als 2 Selbstlaute,
b) nach 2 Selbstlauten kein Doppelmitlaut,
c) nicht mehr als 2 Mitlaute.

Also: können – Kunst; gönnen – Gunst
Aber: kommen – du kommst; empfehlen – du empfiehlst (Beugung des Zeitworts)
schlimm – am schlimmsten (Steigerung des Eigenschaftsworts)

Regel: Die Länge eines Selbstlauts läßt sich auf viererlei Weise ausdrücken. Meist genügt der einfache Selbstlaut. (Doppellaute gelten immer als lang).

	unbezeichnet	Verdoppelung	Dehnungs-h	Dehnungs-e
a	schal	Saal	wahr	–
	Schale	Haar	fahl	
ä	ich wäre	–	während	–
	Träne	(Härchen!)	Gefährte	
e	selig	seelisch	fehlen	–
	her	Heer	hehr	
	bescheren	leeren	lehren	
i	Lid	–	ihnen	Lied
	gib		ihr	ergiebig
o	Tor	Boot	wohnen	Soest
	holen	Moos	hohl	Itzehoe
ö	grölen	–	Höhle	–
	tönen	(Bötchen!)	dröhnen	
u	Rute	–	er ruhte	Kues
	uralt		Uhr	Buer
ü	spülen	–	Hühner	–
	spüren		führen	

Sonderfälle: erschrecken – erschrak; kommen – kam;
treffen – traf; schaffen – schuf;
spucken – aber: spuken („gespenstern")
zeihen – verzeihen – prophezeien

Beispiele: Mit oder ohne h? Mit i oder ie?

Wenn Sie sich hier schon testen wollen, so halten Sie die Randleiste zu; Sie finden die einzusetzenden Laute dort in der entsprechenden Reihenfolge.

Ba . rgeld, Abendma . l, ma . nen, Schicksa . l, Denkma . l, – h h – –
pra . len, Na . rung, Nachba . r, Wa . lzettel, Qua . l, Kranken- h h – h –
ba . re, verwa . ren, gä . nen, nä . ren, sä . en, schä . men, mä . en, h h h h – – h

gewä . ren, Gefä . rte, bege.. ren, schwe . len, verhe . len,	h h h – h
We . mut, De . mut, befe . len, Sche . mel, Sche . re, E . rgeiz,	h – h – – h
ausde . nen, que . r, sich we . ren	h – h

To . n, Ho . n, Thro . n, verlo . ren, Eichenbo . le, das Lo . s,	– h – – h –
Rö . re, Gehö . r, stö . nen, schwö . ren, anhö . ren, Lö . ne,	h – h – – h
Strö . me, Fö . n (Bergwind), verhö . nen, Fö . re, Getö . se,	– h h h –
Gewö . nung	h

Ru . msucht, eine Flasche Ru . m, Ku . rfürst, Flu . r, Aufru . r,	h – – – h
Stu . l, Glu . t, Spu . le, Blü . tenzweig, die Blume blü . te,	h – – – h
Dü . ne, erglü . te, kü . len, schwü . l, Gebü . r, Geschwü . r,	– h h – h –
Kü. rturnen	–

Schaufelsti . l, Kunststi . l, Augenli . d, Ti . ger, Si . gel, Zi . l,	ie i i i ie ie
eine traurige Mi . ne, Fi . ber (Krankheit), bi . ten, schmi . ren,	ie ie ie ie
wi . derstehen, wi . derholen, wi . drige Umstände	i ie i

Übung 1:

In den Texten fehlen gedehnte Selbstlaute. Setzen Sie sie ein!

A) *Das kluge Brautp . r*	*aa*
Es gesch . (begab sich) vor vielen J . rz . nten irgendwo in unserem	ah ah eh
St . t, daß zwei Leute heirateten, n . mlich ein außergew . nlich	aa ä öh
schönes Mädchen mit langen, blonden H . ren und ein hübscher jun-	aa
ger Mann. Nun erg . b sich (1. Vergangenheit von sich ergeben) die	a
Gef . r, daß viele dem Mädchen nicht verz . en (vergaben), daß es	ah ieh
gerade diesen einen erw . lt (erkoren) hatte; und es war keine	äh
Gew . r (Sicherheit), daß sie sich vers . nlich zeigen würden.	äh öh
Die s . ligen (glücklichen) jungen Leute wollten nun auf keinen	e
Fall Zwietracht s . en; sie wollten vielmehr den anderen s . lisch	ä ee
(Gegensatz: körperlich) helfen. Die junge Frau sagte: „Es g . bt hier	i
ein K . rhaus, in dem ein großer S . l zum Tanzen ist. Auch haben	u aa
wir eine Trib . ne für die Musik. Auf der B . ne (ü) und in den ande-	ü üh
ren S . len (ä) halten wir das M . l (a). Und dann sollen alle mit fröh-	ä ah
lichen M . nen (i) feiern." Er erw . derte: „Das sieht dir w . der (i)	ie i ie
gleich. Du sch . rst (kümmerst) dich nicht darum, wie wir diese	e
r . sige (sehr große) Menge, die nat . rlich wie ein Str . m (großer	ie ü o
Fluß) kommen wird, verköstigen."	
Sie schr . ihn nicht an; denn sie w . ren (Gegenwart: sie sind) noch	ie a
vor der Heirat. Aber sie gab ihm folgende L . re (Unterweisung):	eh
„Ich schreibe einen Brief mit der Masch . ne und lade in einem	i
pers . nlich gehaltenen St . l alle zu einem einm . ligen Festm . l	ö i a ah
ein. Ich erw . ne (weise darauf hin), daß es schön w . re, wenn	äh ä
jedes selbst gute Sachen mitbringt. Dann werden wir nichts ent-	
b . ren (e) und auch nichts zu z . len (a) haben."	eh ah
So konnte man an dem festgesetzten Tag eine selts . me Völkerwan-	a
derung w . rn . men: Ledige und P . rchen (ä), deren Vor- und	ah eh ä
Nachn . men wir nicht kennen, k . men (1. Vergangenheit von	a a
kommen) mit Wagen und auf Sch . nen (i); sogar in B . ten (o) und	ie oo

B . tchen (ö) str . mten sie herbei; und sie b . ten (1. Vergangenheit von bitten) mit frohen Geb . rden, daß sie ihre Gaben abl . fern durften. Die Ausbeute war sehr erg . big. Man legte die Dinge zwar nicht auf die W . ge; aber man bewunderte ein großes, gebratenes H . n (u), das ein H . ne (ü) von Mann auf einen St . l (u) legte; andere l . ferten – als ob der Postb . te eine Nachn . me brächte – Schm . rbraten (o), Salate, Weintrauben und Himb . ren ab. | ö ö a ä ie ie aa uh ü uh ie o ah o ee

Als nun das Ehep . r zu Tische b . t (aufforderte), hatten alle die Mühs . l und den Argw . n vergessen und w . dmeten sich den Speisen. Wie es st . ts (immer) zu gehen pflegt, legten bald die Jungen eine kesse S . le aufs Parkett. Die Mädchen ließen sich ohne eine Sp . r von W . derstand zum Tanz bitten, während sich andere wie W . derkäuer ungeb . rlich lange mit der Verdauung beschäftigten. Erst am Abend l . rten (e) sich die S . le (ä), und die letzten Fig . ren schwankten nach Hause. Am liebsten hätte man dem tüchtigen jungen P . r als L . n (o) für seine Mühe ein Denkm . l gesetzt. | aa a a oh i e oh u i ie üh ee ä u aa oh a

B) *Computer und Liebe – ein W . derspruch?* | *i*

Die alte menschliche Frage st . t (e) st . ts (e) im Mittelpunkt des Denkens von jungen Leuten: Wie finde ich sie? Wie finde ich ihn? Das w . gemutige (a) Geb . ren früherer J . re (a), in den Heiratsanzeigen zu w . len (ü), empfinden viele heute als anst . ßig; es gilt als verp . nt (ö). So h . lte (brachte herbei) man sich den Computer; man würde in Zukunft nicht mehr st . nen (ö) müssen, und nichts würde die Harmonie st . ren (ö). | eh e a a ah üh ö ö o öh ö

Hoffen und Harren g . bt es nicht mehr. Man kreuzt die senkrechten und w . grechten Zeilen in dem Verzeichnis der Eigenschaften an und läßt sich von Angeboten ber . seln (i). Die S . t (a) muß ja aufgehen. Und die Ergebnisse? Sind sie verh . rend (e)? Hat man die Katze im Sack gekauft oder ein h . les (o) Gefäß geh . lt (o)? Waren die alten Methoden zu primit . v? | i aa ie aa ee oh o i

Nach einiger Zeit hat der Sp . k (gespenstischer Zauber), der sich Computer nennt, seine W . l (a) ausgespuckt. Es g . bt keinen Grund, warum sich die zwei jungen Leute nicht an der bel . bten Stelle vor dem Bahnhof treffen sollten. Die . rmenschen(u) gingen nicht nach der . r (u); aber im feschen Kost . m (ü) wartet die erw . lte (ä) Freundin auf den ungest . men Partner. | u ah i ie U Uh ü äh ü

Man sieht sich. Die H . re sind bei dem P . re gleich blond, die M . nen (ä) gleich lang, die Geldbeutel gleich voll oder gleich l . r. Blaue Augen b . ren (o) sich in blaue Augen. Man erkennt sich; man sp . rt (ü) keinen fremden Zug in der M . ne des anderen. Auf Reisen bestaunt man Denkm . l nach Denkm . l und ißt, ohne zu fragen, das gleiche M . l. Man versteht sich s . lisch (Gegensatz: körperlich) so gut, daß man eigentlich s . lig (glücklich) sein müßte. | aa aa äh ee oh ü ie a a ah ee e

Wo ist aber die Liebe gebl . ben? Bl . t (ü) sie auf dem grünen St . l wie eine rote Tulpe? Nein, es sind zwei gleiche P . le (o); die ziehen sich nicht an, sondern liegen wie zwei gleiche Gewichte auf einer | ie üh ie o

W . ge. Was das eine hat, hat das andere. Was dem einen f . lt, kann aa eh
das andere nicht b . ten (i). Woanders g . bt es immer w . der ie i ie
W . derstand. Hier geschi . t (i) nichts. Ist der Computer also w . der i ieh i
(gegen) die menschliche Nat . r? Unser P . rchen (ä) hat nie gehei- u ä
ratet.

C) *Eine verh . rende (e) Bel . rung* *ee eh*

Da saßen nun die vorn . men Gäste aus aller Welt bei einem eh
r . sigen (sehr groß) Festm . l in dem berühmten Lok . l, wo es drei ie ah a
S . le allein für die K . rgäste gab. Niemand legte genau auf die ä u
W . gsch . le, wie er den berühmten H . lraum in seinem Magen aa a oh
füllen sollte. Schm . rbraten mit M . rrüben, Hühner und Himb . ren o oh ee
waren so anziehend, daß alle ungest . m zugriffen und sich wenig ü
darum sch . rten, ob sie die Zun . me ihres Gewichts s . lisch ver- e ah ee
kraften könnten. Man war ja im . rlaub, und der . rzeiger war den U Uh
Leuten w . derwärtig. Er sollte sie nicht m . nen, daß sie sich vom i ah
Alltag ausr . ten. uh

Und nun, meine l . ben Leser, s . t (2. Pers., 1. Vergangenheit von ie ah
sehen!) ihr schon einmal ein Denkm . l, das nicht wie ein Leich- a
n . m liegt, sondern sich wie ein normaler Mensch bewegt und a
grausige Dinge tut? Auf einmal schob ein Bauer die Glastüre bei-
seite; ein Tosen, ein Gr . len (ö) erhob sich aus der Brust des ö
H . nen (sehr großer Mensch). Seinen N . men sagte er nicht, auch ü a
nicht, wann und wo er geb . ren. Er schob sich quer durch den o
S . l und legte sich w . grecht wie auf einer grünen Wiese n . der. aa aa ie

Dann ben . m er sich wie ein . rmensch (Mensch aus der Steinzeit); ah U
Er suchte, ja w . lte (ü) in seinem Rucksack, h . lte (o) eine Sch . le üh o a
(a) heraus, goß Milch hinein, b . rte (o) seinen Finger mehrm . ls oh a
in ein großes Brot und legte behutsa . m die Trümmer in die Milch. a
Nat . rlich war der R . se keine Absp . lfrau; so verz . rte (i) er den ü ie ü ie
Boden l . blich (i). In gutem Briefst . l ist es verp . nt, alles Unge- ie i ö
b . rliche (ü) aufzuz . len; so beschreibe ich jetzt nicht, wie er sich üh äh
s . lig (e) vor seinen Rucksack kn . te (i) und wie ein W . derkäuer e ie ie
den übelriechenden Käse in seinem Munde hin- und herschob und
schl . ßlich mit einem Schluck Bier hinuntersp . lte. ie ü

Bald sah es aus wie in einem M . rbad (o). Die Gäste hatten das oo
Essen aufgeh . rt und h . rten nur noch dem Schmatzen des unappe- ö ö
t . tlichen Bauern zu, der immer w . der w . derliche (i) Rülpser von i ie i
sich gab.

Der Besitzer, der längst geh . lt worden war, erm . nte den Ge- o ah
schäftsführer, er möge w . gemutig pers . nlich eingreifen und mit a ö
vers . nlichen Worten das Unget . m darüber bel . ren, daß man sich öh ü eh
nicht in einem Torfm . r (o) befinde; man könne diese ungew . n- oo öh
liche Vorstellung durchaus entb . ren. Dieser n . te (hinzugehen, eh ah
1. Verg.!) sich der furchteinfl . ßenden Gestalt, und siehe, das Rät- ö
sel sollte sich sofort l . sen! ö

Als der Bauer den Geschäftsführer w . rn . m (erblickte), schr . er ah ah ie
ihn an: „Heute bin ich ein L . rer (Erzieher), der dir zeigt, wie es eh

auf meiner Wiese ausgeschaut hat, wo du dich mit deiner Familie
im letzten . rlaub erh . lt hast. Ich bin auch kein Aschentonnen- U o
l . rer, der deinen Müll wegräumt, diese k . mische (merkwürdig) ee o
S . t (das, was man aussät), die ihr dort ausgestreut habt. Was du aa
getan hast, war genauso w . derrechtlich wie das, was ich hier wie i
auf einer B . ne (ü) vorgeführt habe. Bew . re diese L . re in deinem üh ah eh
Herzen! Auf W . dersehen!" ie

1.2. Schärfung der Mitlaute

Regel:

Die Kürze eines Selbstlauts wird meist durch 2 Mitlaute oder durch Verdoppelung des Mitlauts ausgedrückt. Geschärftes k wird als ck, geschärftes z als tz geschrieben. (Wörter mit kk und zz kommen fast nicht vor.)

Drei Mitlaute sollen nicht zusammentreffen; daher der Vers: Nach l, n, r – das merke ja, steht nie tz und nie ck! – Ausnahmen ergeben sich bei Zusammensetzungen und Endungen, wie empfehlen, Schutttrümmer; ich treffe – du triffst; dümmer – am dümmsten.

Sonderregel bei 3 gleichen Mitlauten:
a) der dritte fällt vor Selbstlaut weg: Schiffahrt; aber Schiff-fahrt
b) der dritte bleibt vor einem 4. (anderen) Mitlaut: Schifffracht

Beispiele:

(Sie können wieder die rechte Randleiste zuhalten und sich so selbst testen.)

bb oder pp?	E _ e, der Ra _ e, ta _ en, kra _ eln, kna _ ern	bb pp pp bb bb
dd oder tt?	Pa _ elboot, Ri _ er, Wi _ er, bu _ eln, Geva _ er	dd tt dd dd tt
gg oder ck?	Ba _ er, ba _ en, Na _ en, Fla _ e, schmu _ eln	gg ck ck gg gg
ck oder k?	Mar _ , Ba _ e, Zu _ er, Ban _ , Wer _ , Lü _ e	k ck ck k k ck
tz oder z?	wi _ ig, Hol _ , stü _ en, stür _ en, pflan _ en	tz z tz z z
mm oder m?	Nu _ er, nu _ erieren, Ka _ erad, Ka _ er	mm m m mm
nn oder n?	ma _ , Ma _ , jederma _ , Bra _ dsalbe, Bra _ twein	n nn nn n nn

Nach Doppelselbstlauten gibt es keinen Doppelmitlaut, also auch nicht ck und tz: pauken, streiken, heizen, heißen, (Trennung: hei-ßen!), Kreuzung

Für Fremdwörter gilt diese Regel nicht:
Chaussee (gesprochen: schossee): Landstraße, Chauffeur (gesprochen: schofför): Fahrer, Hausse (gesprochen: oss): Hochstand der Aktien; Baisse (gesprochen: bäss): Tiefstand der Aktien

Übung 2:

In den Texten fehlen scharf ausgesprochene Mitlaute. Setzen Sie sie ein!

A) *Klage eines Junggesellen: Wer schle . pt mich zum Standesamt?* *pp*

Wem das Schi . sal einen Schaberna . antun will, den verschont es ck ck
eine Zeitlang von den Strapa . en der Ehe. Solch ein Ma . kann im z nn
I . land und im Ausland, in Großbri . a . ien und in Spanien, an der n t nn
Donau und am I . umherga . o . ieren, wo er gerade mag, bald am nn l pp

Ne . ar, bald am Main grasend, über Schwiegermutterwi . e kann er noch her . lich lachen und seine Freundi . en wechseln wie verschmu . te Hemden. Ma . ka . ihn bedauern oder beneiden. | ck tz | z nn | tz n nn

Vie . eicht ist sein Los e . elhaft; denn da Verwan . e dem mer . - würdigen Kau . nichts zu essen richten, hat er nichts zu kna . ern. Kommt er abends müde nach Hause, dann serviert ihm niemand ein fe . riefendes (t) Schni . el aus einer Pfa . e. Das wäre ein wahrer Le . erbissen. Sta . dessen sucht er sich in der Sta . eine Knei . e, wo er etwas Brann . wein ki . en kann oder Ko . egen von seiner Arbeitsstä . e tri . t, bei denen auch keine ernste Bekann . - schaft kla . t (p). | ll k dt k | z bb | ttt tz nn | ck tt dt | p t pp ll | tt ff t | pp

Natürlich kann man eine im stillen erho . te Entwi . lung nicht dadurch ankur . eln, daß man sich ein Pa . lakat (p) an den Hals hängt oder ein Schild auf den Wa . st leimt, auf dem man kaltschnäu . ig die verdu . ten eventue . en Opfer daran e . innert, daß man zu haben sei. Ma . ka . sich auch nicht wie ein Ba . er (g) eine Ba . erie (t) von Anwärteri . en grei . en und ihnen mit unerbi . licher Logik erklären, daß einem der Spa . in er Hand lieber sei als die Taube auf dem Dach. | ff ck | b ppp | n | z tz ll r | n nn gg | tt nn f | tt tz

All dies wäre ta . tlos und würde dem schwächeren Geschlecht nur die Torschlußpani . verraten, in die der Junggeselle voller Entse . en hineingetor . elt ist. Auch ein A . oncenruf (n) kann ungehört verhallen. Wer immer nur schu . tet und nie auf eine Veransta . tung geht, lernt niemand kennen. Die Ka . eraden sehen ihn nur als Nu . er an, als einen im großen Hau . en (f). Das sind insgesa . t denkbar schlechte Vo . aussetzungen, daß man mit heiratswi . igen Damen zusa . enkommt. Das weiß jederma . . | k | k | tz k nn | f | l m | mm f | m r | ll mm nn

Was also tun? Geba . t auf den Telefona . arat sta . en (r), aus dem Absagen von früheren Beka . ten kommen? Oder soll man die Knü . el nu . erieren, die einem zwischen die Beine geworfen werden, wenn man hübsche Sekretäri . en zum Tan . en ausführen will? Oh nein, es ist alles viel einfacher! Mancher ra . te (n) schon jahrelang vor seinem Glück davon oder verbarg sich in einer dun . - len E . e (k). Auf einmal kommt die star . e Angehörige des schwachen Geschlechts und schle . t (p) unseren Zauderer schnurstra . s zum Standesamt. | nn pp rr | nn | pp m | nn z | nn | k | ck k | pp ck

B) *Ausflug auf den Abfa . haufen* | *ll*

Was hat so ein Abfa . pla . für Mü . nicht alles zu bieten: Teile einer alten Insta . ation, dazu Wo . a . en (l, p), kla . ernde (p) Kur . eln, eine defe . te ele . trische Ba . erie (t), ja sogar eine richtige E . e, die irgendein Bauer auf seinem A . er nicht mehr brauchen konnte. Und jetzt kommen Menschen daher wie die Ba . er und reißen das Zeug wie schna . ende (p) Untiere an sich. | ll tz ll | ll ll pp pp | b k k tt | gg ck | gg pp

Ich bin je . t noch kein alter Mann; aber die je . ige Zeit verstehe ich nicht mehr. Wir stür . ten voller Freude das alte Gerümpel von Säulchen, La . en (t), Schni . ereien, Schran . aufsä . en (k, z) und | tz tz | z | tt tz k tz

Hol . puppen auf den Schu . . Je . t aber su . en (r) schon in aller	z tt tz rr
Frühe die Autos heran, stauen sich fast an der le . ten Kreu . ung	tz z
und spu . en allerhand Leutchen aus, die auf der Schu . halde her-	ck tt
umkra . eln.	bb
Ein verka . ter (p) Cowboy mit Ba . enbart und spi . en (z) Schuhen	pp ck tz
kommt auf der vo . überführenden Straße daher; tro . seiner Ver-	r tz
mu . ung (m) braucht er mir keine Schre . en einzuflößen; denn er	mm ck
ze . t (r) nur ein uraltes Sofa mit baumelnden Tro . eln hinter sich	rr dd
her und schle . t (p) es zielstrebig zu seinem Auto. Dort hievt	pp
er das abscheuliche Geste . auf das De . seines Wagens, wo es	ll ck
beim Aufpra . ganze Lawinen von Asche von sich gibt, und ste . t	ll mm
(m) die Fäuste geko . t in die Hü . ten (f). Er streichelt das ver-	nn f
fil . te Scheusal und knu . t mich pa . ig (z) an: „Ein anti . es Stü . ,	z rr tz k ck
ma . ka . sich gratulieren."	n nn
Ich war verdu . t und gratulierte nicht; denn einige andere hatten	tz
es ebenso notwendig, gewa . tig zu bu . eln. Eine junge Dame er-	l dd
wies sich als unzertre . lich verwachsen mit einem alten Wasch-	nn
kessel. „Er wird gepu . t, dann pflan . e ich einen Euka . yptus	tz z l
hinein und stelle ihn auf die Te . a . e (r, s)." Geba . t blickte ich	rr ss nn
auf ihren frohlo . enden Gatten, der ein Butterfaß e . obert hatte.	ck r
Jederma . – waren es nun Käu . e oder Gei . hälse? – schien wie	nn z z
verrü . t zu sein. Einer schlei . te (f) ein Eisengi . er he . unter und	ck f tt r
gab beka . t, daß er es vie . eicht heimtragen würde, weil es sonst	nn ll
das Auto zerkra . en könnte. Diese Leuten trieben durchaus kei-	tz
nen Schaberna . ; sie schä . ten das Alte, Verschnör . elte, das wir	ck tz k
Älteren kaltschnäu . ig wegwerfen.	z

Rätsel

Was ist das: Begaxel? — Bäckergeselle

(So schrieb ein „Rechtschreibheld" einmal seinen Beruf!)

1.3. Schreibung des s-Lautes (s - ss - ß)

Regel:

a) ss steht zwischen 2 Selbstlauten, von denen der erste kurz ist. Die Kürze merkt man daran, daß der s-Laut sehr scharf gesprochen wird: müssen, essen, Fässer, Geheimnisse

b) Fällt der zweite Selbstlaut weg (es steht ein Mitlaut, oder das Wort ist zu Ende), so ist ß zu schreiben: mußte, er ißt, Faß; Ausnahme: Geheimnis, Erlebnis

c) Steht vor dem scharf gesprochenen s-Laut ein Doppelselbstlaut, so ist auch ß zu schreiben: außen, äußerlich, reißen

d) Der s-Laut nach lang gesprochenem einfachem Selbstlaut wird meistens als s, manchmal auch als ß geschrieben. Hier kann oft ein Blick auf die Verwandtschaft des Wortes weiterhelfen:
verlassen – er verließ; aber: das Verlies
Flüsse – fließen, aber: die Fliesen

e) das – daß; das Wort *das* ist: Geschlechtswort: Das Haus gehört uns.
hinweisendes Fürwort: Hast du das (= dies) schon gesehen?
bezügliches Fürwort: Das Buch, das (= welches) ich eben lese, ist schön.

Das Wort *daß* ist ein unterordnendes Bindewort und leitet einen Nebensatz ein: Ich weiß, daß ich nichts weiß.

Beispiele:

(Die Lösung steht wieder auf der Randleiste!)

Wi _ en, Gewi _ en, gewi _ , wu _ te, Bewu _ tsein, Ein-	ss ss ß ß ß
flü _ e, beeinflu _ en, pa _ auf! Ich pa _ ' schon auf, la _	ss ss ß ss ß
das! Ich la _ ' es sein, flie _ ende Gewä _ er, zu ermä _ ig-	ss ß ss ß
ten Ausverkaufsprei _ en, ein zuverlä _ iger Ga _ me _ er;	s ss s ss
eine wei _ e, wä _ rige Lö _ ung; einflö _ en, blo _ ein	ß ß s ß ß
bi _ chen Grie _ oder Rei _ gemü _ e, rei _ ende Flü _ e,	ß ß s s ß ss
ma _ enwei _ e, fri _ tgemä _ , mi _ liche Verhältni _ e,	ss s s ß ß ss
verru _ te Wa _ erke _ el, Anschlu _ stelle, wir geno _ en	ß ss ss ß ss
die Ra _ t; la _ t die Lu _ t nicht fehlen! Kongre _ saal, die	s ß s ß
Versäumni _ e stehen im Zeugni _ ; er hat mir wei _ ge-	ss s s
macht, er rei _ e mit einem rie _ igen Wagen.	s s
Wei _ t du, da _ da _ da _ Huhn ist, da _ die grö _ ten	ß ß s s s ß
Eier legt?	
Das Leben ist ein gro _ es Spiel, da _ man versucht, auf	ß s
seine Wei _ e zu spielen.	s
Was du nicht willst, da _ man dir tu', da _ füg auch keinem	ß s
andern zu!	
Da _ hätte ich nicht gedacht, da _ mein Vater da _ Buch,	s ß s
da _ er kaufte, verloren hat.	s
Da _ ist da _ Bild, da _ einen Bauernhof darstellt.	s s s
Da _ die Jugend von heute schlimmer ist, da _ kann man	ß s
nicht behaupten.	
Eine Schule, die der Mensch bis zu seinem Lebensende mit-	
machen muß, da _ ist die Lebensschule.	s
Ich kann nichts dafür, da _ da _ wahr ist.	ß s
Da _ Sparen einen Sinn hat, da _ sieht man immer wieder.	ß s
Schon ein Kind muß so erzogen werden, da _ es erkennt,	ß
da _ man im Leben gründlich zu arbeiten hat.	ß
Automation – da _ ist nicht nur die selbständige Arbeit	s
von Maschinen, sondern da _ ist ein intellektuelles Planen.	s
Durch da _ Schulsparen wird den Kindern klargemacht, für	s
etwas Schönes zu sparen, da _ sie sich vielleicht kaufen kön-	s
nen.	
Es wird den Kindern auch klargemacht, für größere Anschaf-	
fungen zu sparen, da _ sie sich diese später anschaffen kön-	ß
nen.	
Was man gelernt hat, da _ kann einem niemand mehr weg-	s
nehmen.	
Da _ viele so denken, ist mir klar; viele denken da _ .	ß s
Man kann vergleichen und da _ für jede Person Geeignete	s
heraussuchen.	
Da _ diese Steigerung möglich war, verdanken wir der Tat-	ß
sache, da _ so fleißig trainiert wurde.	ß

Übung 3:
In den Texten fehlen viele s-Laute. Setzen Sie sie ein.

A) *Befohlene Bo . heiten?* s

Es bleibt mir fa . t ein Klo . im Halse stecken, wenn ich mich an s ß
die grä . lichen Zustände unter dem verflo . enen Diktator Dino ß ss
Sauro erinnere und vor allem an den Erla . grau . iger Bestim- ß s
mungen, die allein ihm zur La . t gelegt werden. Die erste hie . : s ß
Wer als friedlicher Pa . ant gefa . t wird, da . er ohne Auto und ss ß ß
Ha . t einen Spaziergang genie . t, da . er also in herausfordern- s ß ß
der Weise drei . t die Mi . etat des bewu . ten Langsamgehens be- s ss ß
geht, der wird sofort veranla . t, ein Rie . enauto zu erstehen. ß s

Am mei . ten verha . t war das Urlaubsgesetz, da . die Leute an- s ß s
wie . , sich sofort au . er Landes zu begeben – nicht etwa, um s ß
sich von dem Scheu . al zu lö . en und in paradie . ische Gefilde s s s
vorzusto . en, sondern um zu bewei . en, da . man seine mü . ige ß s ß ß
Zeit nur dem Durchra . en von grö . tmöglichen Strecken wid- s ß
mete. Ob Nie . selregen, bei . ende Kälte oder rö . tende Sonne s ß s
– kaum ein kleiner Imbi . au . erhalb des Wagens war erlaubt. ß ß
Die Frau konnte dem geplagten Kilometerfre . er de . halb nur ss s
im Auto selbst jede Menge Bier einflö . en. ß

Man lie . t es heute mit gro . em Erstaunen, da . die Autos wie s ß ß
Gescho . e sau . en mu . ten – und da . alles in einem lieblichen ss s ß s
Land, da . als der kla . ische Staat des Ma . enverkehrs hätte gelten s ss ss
können! Denn unter dem Einflu . vernünftiger Planer gab es so ß
viele öffentliche Verkehrsmittel, da . alle Berufstätigen in mä . iger ß ß
Geschwindigkeit zu ihren Arbeitsplätzen gekommen wären. Statt
de . en mu . ten sie im Bewu . tsein der Dummheit, die sie begin- ss ß ß
gen, unablä . ig ihr eigenes sperriges Auto steuern. ss

In einem Teilgeständni . gab der Diktator zu, da . es ihm darum s ß
zu tun gewesen sei, über dem ganzen Volk die Gei . el des Terrors ß
zu schwingen, auf da . da . Volk keine Gelü . te bekäme, an Wider- ß s s
spruch zu denken. Viele, die in unserer Stadt ansä . ig waren, wur- ss
den wegen unterla . enen Ra . ens von der Polizei gefa . t und vor ss s ß
den Schlo . eingang gestellt, wo sie flei . ig wie kleine Kinder auf- ß ß
sagen mu . ten: „Ich wei . , da . da . da . unverzeihliche, ja da . ß ß ß s s s
grö . te Verbrechen, da . ich auf mich laden kann, ist, wenn ich ß s
auf den Stra . en trödle." ß

Auch war die Polizei angewie . en, jeden, der eine Möglichkeit zu s
überholen au . er acht lie . , sofort festzunehmen und ihn einem ß ß
Geschicklichkeitskurs zuzuführen. Da . da . fa . t unfa . bar ist, ß s s ß
wird einem erst heute richtig klar. Es gab herzzerrei . ende Szenen ß
bei diesen Hinderni . rennen. Nun, da die schlimmsten Schrecken s
verge . en sind, fa . t sich der Schreiber dieser Zeilen ein Herz und ss ß
widmet sich den Genü . en der Häu . lichkeit. ss s

Auch die Frau ist des Rei . ens in ferne Länder überdrü . ig. Sie hat s ss
de . halb beschlo . en, da . Leben zu Hause noch anziehender zu s ss s

machen. Zuerst nahm sie blo . ein bi . chen Grie . , um ein sü . es   ß ß ß ß
Mu . zu bereiten. Dieses wird der von der Hetze erlö . te Ehemann   s s
genie . erisch auf dem stillen Gra . vor dem Hause verzehren. Wir   ß s
wünschen ihm, da . kein Terrorist ihn da drau . en schnappt und   ß ß
als Gei . el fortschleppt.   s

B) *Man mü . te eine Trompete bla . en können.*   *ß s*

Ich wei . , da . junge Frauen schwer zu beeinflu . en sind – und   ß ß ss
da . auch auf einer Terra . e voller Sü . waren, bei Ta . engeklapper   s ss ß ss
und singenden Wolken. Unser Held Jonathan wu . te das genauso,   ß
aber er wollte weder seine Angebetete, noch die Mu . e seiner hol-   s
den Kunst an diesem paradie . ischen Sonntag vernachlä . igen. Man   s ss
hatte ihnen ein zauberhaftes Café mit verschli . enen Se . eln ange-   ss ss
prie . en. Sie zwängten sich zwischen den Kuchene . ern hindurch,   s ss
und nun sa . en sie da und lauschten.   ß

Marleene sprach leise: „Du ha . t in deiner Ha . t verge . en, die   s s ss
Trompete im Auto zu la . en. An diesem na . en Tag und bei so vie-   ss ss
len Menschen aller Kla . en kannst du dich nicht von deiner himm-   ss
lischen Mu . e kü . en la . en und anfangen, mit deinem Instrument   s ss ss
zu bla . en." Aber Jonathan mi . verstand sie gefli . entlich und   s ß ss
ta . tete nach seinem Ka . ten. Er ri . die Trompete herau . , setzte   s s ß s
sie an die Lippen und blie . .   s

Nach ein paar Mi . tönen flo . die strahlende Melodie hinaus aufs   ß ß
Wa . er, und von drau . en und drüben antwortete das tönende Echo,   ss ß
da . die mei . ten Gä . te verga . en, da . sie nicht in einer Oper wa-   ß s s ß ß
ren. Die wei . en Wolken segelten dahin, wo sich das Tal schlo . ,   ß ß
und den Leuten blieben fa . t die Bi . en im Halse stecken. Nie-   s ss
mand wagte sich zu rühren, nicht einmal zu nie . en. Alle fühlten   s
unter dem Einflu . dieses Wunders, da . sie die Luft mit Kiemen   ß ß
ansaugen mu . ten.   ß

„Ach, bla . noch ein bi . chen!" bat das bla . e Mädchen, da . über-   s ß ss s
glücklich dasa . und lauschte. Denn der da Zeugni . gab von der   ß s
Macht der Töne, da . war ihr Freund. De . halb, als Jonathan und   s s
Marleene die Terra . e verlie . en, wu . te der junge Mann in seinem   ss ß ß
innersten Herzen, da . es von ihm nicht verme . en gewesen war,   ß ss
da . sü . este Mädchen zu erobern. Möge Marleene nun seine Mu . e   s ß s
sein! Hoffentlich kü . t sie ihn genauso gut.   ß

Noch im Traum sah sie sich am Flu . ufer und sah die Wa . er-   ß ss
ma . en flie . en. Und sie hörte die Leute sagen: „Da . ist ja da .   ss ß s s
Mädchen, für da . der schneidige Trompeter unverdro . en gewal-   s ss
tig in sein Horn stie . ." Sie ri . die Augen auf, fuhr empor und   ß ß
lauschte. Dann fiel sie genü . lich wieder auf das Ki . en zurück, um   ß ss
die Augen zu schlie . en. Nach einigem Dö . en schlief sie ein.   ß s

Ergänzen Sie in den beiden folgenden Übungen die Wörtchen jeweils zu *das* und *daß!*

C) *Menschen im Tierpark*

Ein Tierpark – da . ist auch heute noch ein großes Erlebnis, da . s s
sich Große und Kleine von Zeit zu Zeit gerne genehmigen. Da . ß
da . so ist, zeigte sich letzten Sonntag, als mich unser kleines Mäd- s
chen, da . geradezu verliebt ist in da . Gebaren der exotischen s s
Tiere, da . dort zu bewundern ist, mit sich fortzog. Da . wir als s ß
erste da waren, da . war selbstverständlich. „Denn da . mußt du s s
wissen", sagte meine Kleine weise, „da . man da noch da . sehen ß s
kann, was da . andere Volk, da . später kommt, nicht mehr sieht. s s
Da . ist ja das Unangenehme, da . andere Leute auch da . tun, s ß s
was wir uns vorgenommen haben." Warum da . so schlimm ist, s
da . weiß ich heute noch nicht. s

Der Löwe – da . war da . erste Tier, da . wir genau unter die Lu- s s s
pe nahmen. Da . er und die Tiger die meiste Zeit als ihre eigenen ß
Bettvorleger die Zeit verträumten, da . hat mir nicht gefallen. Da . s s
war eben meine Dummheit. Da . da . bei den Elefanten nicht an- ß s
ders wurde, da . war wieder meine Schuld. Da . Spielen mit einer s s
Mundharmonika, da . jung und alt zu Begeisterung hinriß, da . s s
hat mich an Ruhestörung erinnert.

Da . wir uns besonders lange im Lager der Menschenaffen aufhal- ß
ten würden, da . so herrlich roch, da . mir übel wurde, da . war s ß s
für meine Begleiterin da . Natürlichste, was man sich denken kann s
– und da . alles in einem frischen, reinen Sonntagsstündchen, da . s s
man, wenn überhaupt draußen, am besten in einem Wäldchen ver-
bringt, da . vor lauter köstlicher Luft geradezu klingt! Da . so s ß
viele Leute da . große Staunen, da . sie hier überwältigte, kaum s s
ertragen konnten, da . führe ich auf die Tatsache zurück, da . sie s ß
Ähnlichkeiten aller Art entdeckten.

Da . wir auch eine Giraffe von unten, rechts und links studieren ß
mußten, da . ergab sich auch von selbst. Da . da . nicht von oben s ß s
geht, da . dürfte einleuchten. Da . da . praktische Tier, da . man s ß s s
als Träger eines Campingzelts verwenden könnte, noch nicht auf
den Gedanken gekommen ist, da . der staunenden Menschheit vor- s
zumachen, da . verstehe ich nicht. Was mich an der Schleiereule s
verblüfft, da . ist ihr hochmütiges Schauen, da . Rätsel schafft. s s
Da . ich darüber schweige, da . möge mir niemand verdenken. Ich ß s
sage auch niemand, was ich empfinde, wenn ich sehe, da . fette ß
Wildenten mich beäugen – und da . in einem Zeitalter, da . aus- s s
gewachsene Männer mit Salatblättern füttert. Da . soll bekanntlich s
gesund sein.

D) *Da . nützlichste Haushaltsgerät* s

Da . mit der modernen Arbeitsteilung, da . habe ich erst kapiert, s s
als mir meine Frau eröffnete, da . sie emanzipiert sei. Da . da . ß ß s
für den armen Ehemann da . Gegenteil bedeutet, da . wurde mir s s
sehr bald klar. Da . sich meine Frau beim Vorbenutzer des Geräts ß
– da . konnte nur meine Mutter sein – darüber beschwerte, da . s ß

ich mich so dumm anstellte, da . war ein Vertrauensbruch – und s
da . schon nach den ersten Ehewochen. s

Da . Schuften im Haushalt, da . seit Urzeiten da . Privilegium des s s s
weiblichen Geschlechts ist, da . sich schwach nennt und da . viel s s
stärker ist als da . männliche, wurde uns als selbstverständlich hin- s
gestellt. Da . da . mit dem Milchholen, da . wenigstens noch eine ß s s
Art Ausflug war, begann, da . weiß jeder Junge. Da . Abtrocknen, s s
da . sich daran anschloß, war weniger schön; auch da . weiß jeder s s
Junge. Ich erinnere mich, da . da . für mich ein Alptraum war, da . ß s ß
einer meiner Klassenkameraden sehen würde, da . ich Teller in den ß
Schrank schichten mußte.

Da . war für mich da . härteste, da . ich stets zur Verfügung ste- s s ß
hen mußte. Da . ist jetzt noch genauso. Auch da . da . Kohlenho- s ß s
len weggefallen ist, bedeutet wenig. Denn die Tatsache, da . es die ß
Dampfheizung gibt – da . Schönste, was menschlicher Erfinder- s
geist geleistet hat –, brachte meine Frau auf den Gedanken, da . ß
der Staubsauger da . , was er eigentlich leisten sollte, eben doch s
nicht schafft. Da . sie also da . längst überholte Teppichklopfen, ß s
da . die Nachbarn so ärgert, da . sie grün und blau werden, für nö- s ß
tig hält, da . brachte mich an den Rand der Verzweiflung. s

Da . führte dazu, da . ich mich als Helfer beim Backen, da . be- s ß s
sonders vor Weihnachten anfing, erbot. Da . da . Ausschlecken der ß s
Schüsseln überflüssig sei – und da . in einem Zeitalter, da . auf s s
Sparsamkeit bedacht sein muß –, da . konnte mir meine Frau nicht s
beibringen. Da . war ja da . allerschönste! Und man denke an da . s s s
Schlagwort, da . da heißt: Kampf dem Verderb! s

Da . wandte ich auch an bei der oftmals zu treffenden Feststellung, s
da . so manche Stücke angebrannt waren. Da . war dann meine Zu- ß s
kost. Da . wiederum sah meine Frau nicht ein. Man weiß seit lan- s
gem, da . da . eben zwei verschiedene Perspektiven sind und da . ß s ß
Frauen oft nicht scharf genug unterscheiden können: Ist da . nun s
schon zuviel angebrannt oder nicht? Da . wir alle irren können, ist ß
bekannt. Ich weiß jedenfalls, da . da . da . allerbeste Stück ist, ß s s
da . nicht angebrannt ist. s

Setzen Sie in den beiden folgenden Übungen alle s-Laute ein!

E) *Wer mu . te für den Mundraub bü . en?* *ß ß*

Nach einem bekannten Sprichwort ist der Einflu . des E . ens auf ß ss
das bewu . te Leben eines Menschen mei . t sehr gro . . Wer jeden ß s ß
Tag blo . ein bi . chen Grie . zu sich nimmt, wird kein rei . endes ß ß ß ß
Untier werden. Wer aber viel Fleisch i . t, entwickelt eine gewi . e ß ss
Schärfe in seinem We . en. Da . ein fleischfre . endes Tier gefähr- s ß ss
licher ist als ein solches, da . Grä . er fri . t, ist allgemein bekannt. s s ß

Da . da . so ist, mu . ten auch die Pa . anten in der ru . ischen ß s ß ss ss
Stadt Fergana erleben. Nun ist Ru . land gro . , und Spä . e hatte ß ß ß
man dort schon immer gern. Dies hier war aber kein Spa . : Eine ß

rie . ige Tigerin ra . te auf einmal die Stra . e entlang. Die Leute s s ß
äu . erten keine Schreckensrufe; die mei . ten lie . en sich von der ß s ß
Panik so beeinflu . en, da . sie wie Gescho . e auseinandersau . ten. ss ß ss s

Was aber tat unsere fre . lustige Tigerin? Sie stellte sich gewi . ß ß
nicht in die Schlange vor dem Fleischerladen, sondern ri . sich ß
das be . te und grö . te Stück Fleisch vom Haken und fra . es an s ß ß
Ort und Stelle. Da . war nicht weiter verwunderlich; wohl aber, s
da . der Bi . en nicht bezahlt wurde. Wer sollte jetzt für den Scha- ß ss
den bü . en? Geno . e, wenn du ein sü . es Stück Kuchen abbei . t, ß ss ß ß
mu . t du gewi . dafür zahlen! De . halb mu . te eine Lö . ung ge- ß ß s ß s
funden werden, da . endlich die Ka . e stimmte. ß ss

Die Tigerin jedenfalls verga . das Zahlen; sogar den Hunger hatte ß
sie verge . en, als sie Wa . erto . en hörte. Da . da . von einem ss ss s ß s
Brunnen in der Nähe kam, merkte die Bestie sofort. Ohne Ha . t, s
fa . t geme . enen Schrittes, verfügte sie sich zu dem Becken und s ss
widmete sich flei . ig dem Geschäft, den hei . en Durst zu löschen. ß ß
Als sie sich genügend Flü . igkeit eingeflö . t hatte, lie . sie ihren ss ß ß
schweren Wan . t auf die Stra . e nieder. s ß

Das Verkehrshinderni . lag dort nicht lange. Der Zirku . wärter s s
kam angera . t. Auf sein Gehei . ging die Tigerin in den Käfig. Nie- s ß
mand ha . te sie; aber da . Fleisch, da . gut und fe . t gewesen war ß s s s
– beileibe keine wä . rige Lö . ung! –, mu . te vom Zirku . bezahlt ß s ß s
werden.

F) *Der gefährliche Teppich*

Die mei . ten Menschen glauben, da . ein Teppich kein bi . iges We- s ß ss
sen ist. Da . wei . ich nicht mehr so sicher, seitdem mir ein Verkäu- s ß
fer ein rie . iges Stück Wohlstandsmatte anprie . ; selbstverständlich s s
beeinflu . te meine Frau diesen ri . kanten Kauf. Es hei . t immer: ß s ß
Man soll kein falsches Zeugni . geben! De . halb bin ich selten mi . - s s ß
trauisch. Hier aber wäre, um mein Gemüt nicht mit Mi . lichem zu ß
verdü . tern, ein au . ergewöhnlich scharfes Aufpa . en angebracht s ß ss
gewesen.

Ich zahlte und grü . te – und da pa . ierte es: In meiner Unbesorgt- ß ss
heit und Unwi . enheit ging ich über den Teppich. Und siehe: Es ss
ri . mich bi . ins Gesä . ! Kann so ein unschuldig daliegender Tep- ß s ß
pich bei . en? Die Kinder lie . en ihre Freunde mit gro . er Freude ß ß ß
das teuere Stück anfa . en. „Fa . mal an!" forderten sie säu . elnd ss ß s
die hei . geliebten Spielgefährten auf. Gleich bekamen diese eins ß
verpa . t. Da . da . den Verschlei . förderte, da . ist ja wohl klar. ß ß s ß s

Schlie . lich wurde ich aufgeklärt: Durch Reibung beim Laufen la- ß
den wir ungewollt und unbewu . t auf dem schmi . igen und fa . t ß ss s
ki . enähnlichen Teufelsfell Energie auf. Die schie . t dann in Fun- ss ß
ken durch die Gegend; und wenn sie einen trifft, dann meint man
gewi . , man habe das Gliederrei . en. Einmal mu . te ich sogar mit ß ß ß
großem Flei . riechen, ob das Nylonkleid meiner Frau von einem ß
Stromsto . erfa . t worden war. ß ß

Wie kann man hier noch sein Heim genie . en, was man besonders ß
bei die . igem Wetter am liebsten tut! Es wird unerlä . lich für mich, s ß
dieses teuflische We . en zu bändigen. Aber man sollte wi . en, wie. s ss
Da . ausgerechnet so ein stummes Stück mir Furcht einflö . en ß ß
kann, da . ist mir unfa . lich. Ich bin wahrlich kein Grie . gram; s ß s
aber bei diesem mi . ratenen Scheu . al könnte einem der blinde ß s
Ha . kommen. ß

Bin ich ein Zauberlehrling, da . ich mich nicht mehr lö . en kann ß s
von dem magischen Einflu . dieses Ungeheuers? Soll ich es mit ei- ß
nem Holzspie . in die Lüfte rei . en und den Zauberteppich auf ß ß
eine lange Rei . e zu den Gegenfü . lern schicken? Mu . ich ihn über s ß ß
die Stange hängen und ihm durch wohlgeme . ene Schläge das Le- ss
benslicht auspu . ten? Wei . ich, ob da . gelingt? Mit Goethe könn- s ß s
te ich rufen: „Da . wir nichts wi . en können, da . will mir schier ß ss s
das Herz verbrennen.“ Ja, da . ist's: Vielleicht la . e ich das bö . e s ss s
Ding in einem hei . en Feuer verlodern. ß

1.4. Laute, die leicht zu verwechseln sind

Regel:

a) ei – ai: Es gibt nur wenige Wörter mit ai, z.B.: Kaiser, Hai, Mais, Hain, Laie, Laich, Brotlaib, Geigensaite, Waisenkind; die weitaus größere Zahl ist mit ei zu schreiben, z.B.: Weide, Leier, Heide, Eichamt;

b) e – ä: widerspenstig, einrenken, die Eltern, überschwenglich; sich einschränken, die älteren Leute, Geländer, zänkisch;

c) eu – äu: Leute, Greuel, Scheusal, Beule, Keule, Wutgeheul, Seuche; läuten, Säule, Knäuel, sich sträuben, geräumig, Gebäude; einbleuen (mit Gewalt vermitteln); aber einbläuen (blau machen);

d) v – f – ph: Es gibt nur wenige deutsche Wörter mit v; hier die wichtigsten: Vater, Vetter, viel, vielleicht, Vieh, Volk, voll, Vogel, von, vor, vorne, voran; Frevel, Nerv, brav, Larve, Kurve, Sklave; alle Wörter mit ver- (verfahren);
v steht häufig in Fremdwörtern: aktiv, passiv, subjektiv, objektiv, Proviant, Archiv, Invalide, Karneval, Novelle, Provinz, Revolution, Vase, oval;
ph steht nur in Fremdwörtern: Alphabet, Atmosphäre, Diphthong (Doppelselbstlaut), Geographie, Paragraph, Phosphor, Phrase, Physiognomie (Gesichtsausdruck), Physik, Prophet, Strophe, Triumph, Phantasie (aber: Fantasie = Musikstück), Asphalt, Philosoph.
Eingedeutscht sind die 4 Wörter: Fotograf, Stenografie, Telefon, Telegraf.

e) d – dt – t – tt: senden – gesandt – Gesandtschaft; wenden – verwandt – Verwandtschaft; Stadt – statt – Stätte; brennen – brannte – Branntwein; versenden – Versand; ihr seid glücklich; seit Monaten regnet es; tot – der Tod – töten – Totschlag – todernst – totgesagt;

f) end – ent: endlich, endlos, endgültig, Endsumme; entfliehen, Entgelt, entlassen; wissend, errötend; nirgends; wissentlich, namentlich, eigentlich;

g) -enste – endste: (Zurückgehen auf die Grundstufe: erhaben, also die erhabenste Figur; aber erhebend, also die erhebendste Feier!) die reizendste, die bescheidenste Dame;

h) -ig – ich: täglich, lächerlich; freudig; traurig; die Nachsilbe -lig gibt es nicht; folgende Wörter scheinen (!) Ausnahmen zu sein: eilig, winkelig, hügelig, untadelig;

i) o – oh: O steht bei der Anrede: O Tannenbaum!
Oh ist ein Ausrufewort, das allein stehen kann: Oh, wie ist es kalt geworden!

j) Apostroph: Er steht nur, wenn ein Selbstlaut ausgelassen wurde: Auf geht's; wo ich geh' und steh'; aber: Hand aufs Herz; hinterm Haus, Goethes Gedichte, Schillers Dramen.

Beispiele: d – dt – t – tt?
(Lösung steht auf der Randleiste)

en . gül . ig, unen . gel . lich, unermü . lich, gemü . lich, — d t t t d t
en . lich, hoffen . lich, eigen . lich, jugen . lich, namen . - — d t t d t
lich, orden . lich, morgen . lich, gera . e, aufs Gera . e- — t d d t
wohl, Gra . messer, Gra . wanderung, Bekann . e, Ver- — d t t
wan . e, Gesan . e, Versan . haus; — dt dt d

Brann . wein, Weinbran . , Bran . stä . e, eilen . s, nirgen . s, — t d d tt d d
ansta . , stä . isch, ein bere . er Mann, die Bere . samkeit, — tt dt dt d
Jag . flinte, er jag . , Präsi . en . , Kan . i . a . , Komman- — d t d t d d t
. an . , Repräsen . an . , De . ek . iv, In . en . an . , er — d t t t t t d t
lä . ein; ihr sei . sei . gestern anwesen . . — dt d t d

Übung 4:
Setzen Sie die entsprechenden Laute ein!

Ratschläge für junge Liebeswerber aus dem Jahre 1840

ei oder ai? Wenn der Bursch eine junge M . . d trifft, sei es nun — ai
auf der H . . de oder im Wald, so kann er sich durchaus an ihre — ei
S . . te stellen, um sie eventuell zu beschützen. Wenn dabei in — ei
ihm eine S . . te erklingen sollte wie auf einer L . . er – um so bes- — ai ei
ser. Es wird die uralte W . . se der Liebe sein. Einem W . . senkind — ei ai
gegenüber muß man besonders zartfühlend sein, und man darf sei-
nen L . . b nicht gleich wie einen Brotl . . b gegen sie drücken. — ei ai

e oder ä? Sollte das Mädchen widersp . nstig sein, so ist es besser, — e
seine Liebesbekundungen etwas einzuschr . nken. Es ist gang und — ä
g . be, daß ein Druck der Hand ein Ja besagt. Dies soll man nicht — ä
zu schwerf . llig betreiben, weil das auf Dickf . lligkeit schließen — ä e
lassen könnte.

eu oder äu? Ist man dann mit der Angebeteten in einem Einver-
ständnis, so brauchen das nicht alle L . . te sofort zu wissen; man — eu
läßt seine Verlobung ja auch nicht ausl . . ten (mit der Glocke). — äu
H . . fig str . . ben sich Mädchen, daß das Verhältnis zu früh be- — äu äu
kannt wird. Das könnte zu einem unangenehmen Geh . . l (Trä- — eu
nenerguß) führen.

v – f – ph? Denkt jedoch einer der beiden jungen Menschen bloß
an Pro . it, dann entfallen die feineren Regungen der Liebe. Bei — f
einem Ausflug ist sicher Pro . iant sehr wichtig – das kommt na- — v
türlich auf den subjekti . en Standpunkt an –; aber das Leben in — v
der Natur, wie . ögel, Schmetterlinge, Raupen und Lar . en: das — V v
ist der Stoff, in der unsere . antasie schwelgen kann. Und der — Ph
höchste Trium . ist, auf sämtliche Paragra . en zu pfeifen. — ph ph

d – dt – t – tt? Man achte auf das sorgfältigste darauf, daß solch
ein eingegangenes Verhältnis zuerst der Verwan . schaft mitgeteilt   dt
wird, ehe es sta . bekann . wird. Den Ruf des sittsamen Mädchens   dt t
zu gefährden ist nicht sta . haft; auch nicht dadurch, daß man wie   tt
ein Eigenbrö . ler, ohne sie zu fragen, Alleingänge macht. Unsere   t
Mutter lehrt uns sei . frühester Jugen . : „Sei . rücksichtsvoll ge-   t d d
genüber dem schwachen Geschlecht! Rücksichtslosigkeit ist der
To . der Liebe; und was to . ist, wird nicht so leicht lebendig."   d t

end – ent? Die eigenen Freunde sollte man ihr namen . lich vor-   t
stellen; und wenn das Verlöbnis besiegelt ist, sollten die aben . li-   d
chen und die morgen . lichen Gedanken der Liebsten gehören.   d
Sollte die En . scheidung des Mädchens lange ausbleiben, so dränge   t
man en . lich auf eine klare An . wort. Selbst wenn man einen Korb   d t
als En . gel . für seine Mühen bekommt, so darf man sein Verhalten   t t
nicht wesen . lich ändern. Es steht nirgen . s geschrieben, daß alles   t d
vollen . s abgeschlossen ist.   d

enste – endste? Es ist dringen . . davon abzuraten, gerade das   dst
reizen . . e Mädchen in die verrufen . . en Spelunken zu führen.   dst st
Der bescheiden . . e Schulmeister ist den Mädchen oft lieber als   st
ein Scheich in den auffallen . . en Gewändern. Freilich kann man   dst
nicht immer die erheben . . en Gefühle erwarten, und oft ist der   dst
wohlhaben . . e Bursche eben doch der, der vorgezogen wird.   dst

ig – ich? Für einen jungen Mann gibt es kein größeres Himmels-
geschenk als ein verständi . es Mädchen, das liebli . vor seinem   g ch
inneren Auge schwebt. Freudi . wird er stets an die Holde den-   g
ken.

o – oh? Sollte aber ein trautes Verhältnis entzweigehen, so wäre
es taktlos zu rufen: „. , wie bin ich froh!" Besser betet man: „ .   Oh O
Himmel, habe Erbarmen mit mir und sende mir ein neues Mäd-
chen!"

Apostroph oder nicht? Verlobung feiert man am besten in des
Brautvater . s Haus; dieser wird sich auf . s Beste versehen und den   – –
künftigen Schwiegersohn in . s schönste Zimmer bitten. Wer . s   – '
dann noch über . s Herz bringt, sein Mädchen sitzenzulassen und   –
zu stöhnen: „Ich wollt . , ich hätt . sie nie gesehen!" der ist ein   ' '
Lump, der keine Liebe verdient.

1.5. Test I: Selbstlaute und Mitlaute

Sie sollen jetzt Ihr eigener Lehrer sein und sich prüfen. Anhand des jeweiligen Bewertungsschemas können Sie Ihre Leistungen benoten. Sie werden sich nicht selbst betrügen wollen; halten Sie also die rechte Randleiste stets sofort zu, wenn Sie mit dem Test beginnen, und schreiben Sie Ihre Lösung auf ein Blatt!

Punkterennen 1

Wertung:	20 und 19 Punkte: 1	16 und 15 Punkte: 3	12 und 11 Punkte: 5
	18 und 17 Punkte: 2	14 und 13 Punkte: 4	unter 11 Punkten: 6

		Lösung
ds oder s?	zusehen . , eigen . , vollen . , unversehen .	ds s ds s
d oder t?	die En . silbe, sich en . schließen, morgen . lich,	d t d
	hoffen . lich, das Gewan . , vermein . lich, En . -	t d t d
	summe, En . schädigung, to . krank, scheinto . ,	t d t
	to . enblaß, To . feind	t d
Apostroph?	Wenn . s dem Esel zu wohl ist, geht er auf . s Eis.	’ –
	So schön wie heut . , so müßt . es bleiben.	’ ’

Punkterennen 2 (Wertung wie bei 1)

Gesprochen wird x; wie wird geschrieben?		
	Ko . , stra . , Fa . en, Da . , Lu . us, A . el, Lu . ,	ks cks x chs x chs chs
	Ke .	ks
z oder tz?	Gei . , Schmu . , Antli . , En . ian, Schnau . e,	z tz tz z z
	Si . , Matra . e, Quar .	tz tz z
s oder ß?	Firni . , Wandflie . en, Ma . halten, das Gefä .	s s ß ß

Punkterennen 3 (Wertung wie bei 1)

Wie viele h?	Ro . eit, Rau . eit	1 1
v oder f?	Cuxha . en, Friedrichsha . en, Pro . it	v f f
h oder nicht?	der Kra . n, der Tra . n, der Za . n, der Spa . n,	– – h –
	Wohlfa . rt, Hoffa . rt, der Müller ma . lt	h – h
2 oder 3 gleiche Mitlaute?	Sto(p)preis, Sto(f)fehler, Pa(p)pla-	3 2 3
	kat, Beste(l)liste	2
i oder ie?	W . derhaken, W . dergabe, w . dersinnig, w . derholen	i ie i ie

Punkterennen 4 (Wertung wie bei 1)

Schreibt man circa oder zirka?		beides möglich; Abkürzung immer ca.
Ist diese Schreibung richtig: Kaiser’s Kaffeegeschäft		an sich nicht, hat sich aber eingebürgert
Apostroph oder nicht?	der Job – Mehrzahl: die . . .	Jobs
	der Stau – 2. Fall: des . . .	Staus
	Die Diktatur Franco . s ist vorbei.	Francos
	Bei vielen Leuten geht . s um nichts als	geht’s
	um . s Geld.	ums
Richtig oder falsch?	Klaßenleiter, Griesknödel, manigfach	ss ß nn
	Ließ das Buch! Das Burgverließ,	s s
	die Galerie; ein Kavallier;	richtig; Kavalier
	ein Mädchen geht vorrüber.	vorüber
Die folgenden Wörter sind falsch. Berichtigen Sie!		
	Ortogravieh (Rechtschreiben)	Orthographie
	bejaen, sähen (Nennform!)	bejahen, säen
	Diese Ansicht ist subjektief.	subjektiv
	Müssen Autos immer huppen?	hupen

Punkterennen 5

Der folgende Brief wurde vor etwa 200 Jahren geschrieben. Damals gab es noch keine festen Schreibregeln. Verbessern Sie auf einem Blatt und vergleichen Sie hinterher mit der richtigen Lösung!

Es sind 70 Fehler (einschließlich einiger Grammatikfehler, die Sie auch korrigieren sollen!) zu finden. Fehler, die öfter vorkommen, werden nur einmal gezählt; Grammatikfehler gelten *nicht* als Wiederholungsfehler; kommen in einem Wort mehrere Fehler vor, so wird nur der erste gezählt. Wörter, die zusammenzuschreiben sind, gelten dann als ein Wort.

Wertung:			
	70 – 65 Fehler: 1	59 – 55 Fehler: 3	49 – 45 Fehler: 5
	64 – 60 Fehler: 2	54 – 50 Fehler: 4	unter 45 Fehlern: 6

Blüchers Brief an seine Frau vom 20. Okt. 1813 aus Lützen	**Lösung**
liebes malchen,	Liebes Malchen
gestern konnte ich nicht Schreiben, ich war zu müde; aber	schreiben
mein Freund Gneisenau hat an dich geschrieben und ge-	Dich
sagt, das ich gesund bin. Den 16ten habe ich dem Feind	daß
bei dem Dorff Möckern wieder eine Schlacht geliefert,	Dorf
4000 gefangene gemagt, 45 Canonen, einen ahdler und	Gefangene gemacht, Kanonen, Adler
verschiedene Fahnen errobert, den 18. warff ich den	erobert, warf
Feind nach Leipzig hinein und nahm 4 Canonen, den 18.	
und 19. ist die größte Schlacht geliffert, die ni uf der	geliefert, nie (eigentl. je!) auf,
Erde stadt gefunden hat. 600 000 man kempfften mit	stattgefunden, Mann kämpften
einander; um 2 uhr nachmittag nahm ich Leipzig mit	miteinander, Uhr
Stuhrm, der König von Saxen und ville generals der Fran-	Sturm, Sachsen, viele Generäle
zosen wurden gefangen, der Pollnische Fürst Poniatowski	polnische
Ertrank. 170 Canonen wurden erobert und gegen 40.000	ertrank
man sind gefangen.	
Napolleon hat sich gerettet, aber er ist noch nicht durch;	Napoleon
diesen Augenblick bringt meine Cavallerie wider 2000	Kavallerie wieder
gefangene, die ganze Feindlige armee ist verlohren, der	feindliche Armee, verloren
Kaiser von Rußland hat mich in Leipzig uf öffentlichen	öffentlichem
margt geküßt und den befreier Deutschlands genannt,	Markt Befreier
auch der Kaiser von Östreich überhäufte mich mit lob,	Österreich, Lob
und mein König dankte mich mit tränen in den augen; da	mir, Tränen, Augen
mich der Kaiser kein Orden mehr geben kann, so erhalte	mir, keinen
ich von ihm ein goldenen Degen mit Brillanten besetzt,	einen
den man ein grossen wehrt gibt.	dem, einen großen Wert
In diesem Augenblick bin ich nuhr 10 Meilen von Fritze,	nur
und da nun alles wider frei ist, so kannst du mit Fritze	
correspondiren und ihr könnt euch aufhalten, wo ihr	korrespondieren, Ihr, Euch
wolldt; ich schlage euch Leipzig vor, es ist ein angeneh-	wollt
mer Ort, und da ich Leipzig, welches man in Brand schis-	schießen
sen wollte, dadurch gerettet, daß ich verboht, Granaten	verbot,
hinein zu werffen, so wird man euch uf Händen tragen.	hineinzuwerfen
Schreib mich dein Entschluß, guht quartier will ich dich	mir, Deinen, gutes Quartier, Dir
dan besorgen; ich gehe mit meine armeh durch thüringen	dann, meiner Armee, Thüringen
nach westphalen, und meine Truppen sollen ballde in	Westfalen bald
münster sein. gott mit dich, lebenslang dein	Münster, Gott, Dir, Dein
Blücher.	

Punkterennen 6

Suchen Sie die Fehler wie beim vorigen Punkterennen! Hier sind 20 zu finden.

Wertung:	20, 19 F.: 1	16, 15 F.: 3	12, 11 F.: 5
	18, 17 F.: 2	14, 13 F.: 4	weniger als 11: 6

Brief Mozarts an seinen Vater	**Lösung**
... Diesen Augenblick höre ich eine Nachricht, die mich	
sehr niederschlägt – um so mehr, als ich aus Ihrem lezten	letzten
vermuthen konnte, daß Sie sich gottlob recht wohl befin-	vermuten
den; Nun höre ich aber, daß Sie wirklich krank seyen! wie	nun, seien! Wie
sehnlich ich einer tröstenden Nachricht von Ihnen selbst	
entgegen sehe, brauche ich Ihnen doch wohl nicht zu sa-	entgegensehe
gen; und ich hoffe es auch gewis – obwohl ich es mir zur	gewiß
Gewohnheit gemacht habe, mir immer in allen Dingen	
das schlimmste vorzustellen – da der Tod (genau zu nem-	Schlimmste, nehmen
men) der wahre Endzweck unsers Lebens ist, hat er seit	unseres
ein Paar Jahren nichts schreckendes mehr für mich! und	paar, Schreckendes, Und
ich danke meinem Gott, daß er mir das Glück gegönt hat,	gegönnt
mir Gelegenheit (Sie verstehen mich) zu geben, ihn als	
den Schlüßel zu unserer wahren Glückseeligkeit kennen-	Schlüssel, Glückseligkeit
zulernen.	
Diese Glückseeligkeit wünsche ich von Herzen Jedem	jedem
meiner Mitmenschen. Ich hoffe und wünsche, daß Sie	
sich besser befinden; sollten Sie aber wider alles Ver-	
muthen nicht besser sein, so bitte ich Sie bei dem Höch-	höchsten
sten Gotte, es mir nicht zu verhehlen, sondern mich un-	
terrichten zu laßen, damit ich so geschwind, als es men-	lassen
schenmöglich ist, in Ihren Armen sein kann; ich beschwö-	
re Sie bei Allem, was uns heilig ist ...	allem

2. Groß- und Kleinschreibung

Wir können etwas lernen, wenn wir weise reden hören.
Ich habe dort liebe genossen.
Wenn hinter fliegen fliegen fliegen, fliegen fliegen fliegen nach.

Wissen wir, was bei diesen Sätzen gemeint ist, wenn die Wörter nur klein geschrieben werden?

Es wird also nicht ohne große Buchstaben gehen, weil sonst der Sinn nicht immer eindeutig festzulegen ist.

2.1. Regeln und Beispiele

Regel:
Groß geschrieben werden alle Hauptwörter und die Wörter aus den anderen Wortarten, die zum Hauptwort erhoben worden sind; dies geschieht meist durch Voranstellen eines Geschlechtsworts. Alles andere schreibt man klein. Es gibt aber eine Menge Ausnahmen. Manchmal ist die Entscheidung sehr schwierig. Hier kann nur der Duden helfen. Im Zweifelsfalle schreibe man *klein!*

Die Groß- und Kleinschreibung wird an den 10 Wortarten erklärt. Je mehr die Wortart unterstrichen ist, um so mehr Wörter der betreffenden Gruppe schreibt man groß. Die meisten Fehler werden erfahrungsgemäß bei Zeit- und Eigenschaftswörtern gemacht. Also hier besondere Aufmerksamkeit!

Hauptwort

groß	klein
der Tisch, die Frau, das Glück, die Erziehung, die Hoffnung, am Anfang, gegen Morgen, im Flug;	a) verwendet als Umstandswörter: abends, sonntags, anfangs, flugs;
ein reiner Laut, starker Trotz; das Profil ihres Angesichts ist reizend;	b) verwendet als Verhältniswörter: dank, kraft, laut, trotz, angesichts;
ein Bissen Brot, zwei Paar Stiefel;	c) verwendet als unbestimmte Für- und Zahlwörter: ein bißchen, ein paar;
er ist mein Feind, ich habe Angst;	d) verwendet als Eigenschaftswörter: er ist mir feind, mir ist angst;
in Acht und Bann tun; ich will mein Recht; die Leute litten Not; das ist mein Ernst;	e) verwendet in festen Verbindungen mit Zeitwörtern: außer acht lassen, nimm dich in acht! Ich mache halt, er macht mir angst, ich behielt recht, er hat recht, das tut not, wir nehmen es ernst, u.a.

klein	groß
Artikel	
der, die, das; die; einer . . .	
Zeitwort	
schlafen, singen, kehrtmachen; ich mag nicht trinken; wir lernen tanzen	das Schlafen / beim, des Schlafens / zum, dem Schlafen / mit, das Schlafen / durch } Schlafen (das) Tanzen ist schön; Singen ist hier erlaubt (Frage: wer oder was?); wir haben Turnen (Frage: wen oder was?); er erhob sich unter Stöhnen und hörte lautes Rufen; da hilft kein Jammern und kein Flehen; der Lachende, die Einkaufenden, das Eingekochte, das Geschriebene } zu behandeln wie Eigenschaftswörter
Eigenschaftswort	
schön, gut, braun, reizend, hübsch, häßlich;	das Schöne, das Gute, der Braune, das Reizende, ihr Hübschen; ich habe Schönes (= etwas Schönes) erlebt;
paarige Wendungen – ungebeugt: alt und jung, arm und reich; von nah und fern;	es kamen Schöne und Häßliche, Alte und Junge, Arme und Reiche;
stehende Wendungen: durch dick und dünn (also überall durch), über kurz oder lang (bald), im großen und ganzen (fast vollständig); den kürzeren ziehen, im argen liegen, ins reine schreiben, ein Lied zum besten geben;	eine Dicke und ein Dünner tanzten miteinander; ein Kurzer und ein Langer – die passen gut zusammen; das Ganze hat mir nicht gefallen; etwas Schönes, nichts Gutes, viel Neues, allerlei Nettes, alles Moderne, wenig Angenehmes; wir erlebten noch mehr Spannendes;
seine Haare werden etwas grau; das ist etwas anderes; im stillen, im allgemeinen; auf dem laufenden bleiben, etwas ins gleiche bringen, des weiteren, aufs neue, um ein beträchtliches (beträchtlich), es ist das gegebene (gegeben);	ich sah etwas Graues fliegen; etwas Herrlicheres habe ich nie erlebt; in aller Stille;
er tut alles mögliche (ohne Ordnung);	er tut für uns alles Mögliche (alles, was ihm möglich ist);
mir ist verschiedenes (manches) noch unklar;	das ist etwas Verschiedenes (durchaus anderes);
unter meinen Kindern war er das jüngste;	mein Jüngster ist ein tüchtiger Bursche;
das teuerste Geschenk ist nicht immer das beste (Bezug!);	das ist das Teuerste, was ich habe;
der stille See, bayerisches Bier,	der Stille Ozean, der Bayerische Wald, das Rote Kreuz;
das deutsche Volk;	die Französische Revolution;
kölnisches Wasser (Leitungswasser);	Kölnisch Wasser (Eigenname!), Kölner Wasser (geographisches Wort auf -er!);

klein	groß
sie ist für platonische (unkörperliche) Liebe;	die Platonischen Dialoge (Plato ist der Verfasser) werden heute noch gelesen;
das ist das beste (am besten);	das Beste, was er tun kann, ist . . .;
er tat nicht das geringste (nichts);	kein Geringerer als Goethe hat das gesagt;
er war aufs äußerste erschrocken (wie?);	er war aufs Äußerste gefaßt (worauf?)
das hat auf das beste geklappt (wie?);	er wartete auf das Beste (worauf?)
das gleiche tun, das gleiche gilt;	Gleiches mit Gleichem vergelten;
sie hat den Handel im großen und im kleinen betrieben (wie?);	er war im Großen wie im Kleinen treu (wo?)
wir sprechen das Wort deutsch aus (wie?);	die Kinder lernen Deutsch (was?); er spricht und versteht Englisch (was?);
sie unterhielten sich (auf) deutsch (wie?);	wir legen Wert auf gutes Deutsch;
auf gut deutsch heißt das . . .;	aus dem Deutschen ins Italienische übersetzen;

Fürwort

hast du dein Geld?	Haben Sie Ihr Geld? Bedenke die Änderung: ... Sie ihr Geld? ... sie Ihr Geld? im Brief: Hast Du Dein Geld? Habt Ihr Euch Euer Geld geholt? das liebe Ich, das traute Du;
Er kann mein und dein nicht auseinanderhalten (ungebeugt);	unterscheide das Meine und das Deine! Sie hat das Ihre (Ihrige) getan;
die beiden Mannschaften spielten gut, aber die unsere (Bezug!) hat gewonnen;	die Unseren (ohne Bezug!) kommen eben; ich finde an ihr ein gewisses Etwas; wir stehen vor dem Nichts;

Zahlwort

der eine und der andere, die anderen, ein jeder, alle, die meisten; der erste (Reihenfolge), die drei, die beiden, ein viertel Kilo;	Heinrich der Zehnte; er gab mir drei Viertel der Summe; der Erste (Rangfolge); das Leben ist am schwersten drei Tage vor dem Ersten; zu guter Letzt;
der nächste bitte! (Reihenfolge) Die übrigen, alles übrige, jeder beliebige; auf allen vieren kriechen;	liebe deinen Nächsten (Mitmenschen!);
hundert, tausend, ein paar hundert, viele tausend;	Hunderte, Tausende und aber Tausende, Dutzende, Millionen, Milliarden;

Umstandswort

im voraus, jahrelang, angenehmerweise, bestenfalls, zuzeiten (bisweilen), zeit seines Lebens, seinerzeit; des öfteren, die Mode von heute;	viele Jahre lang, in angenehmer Weise, im besten Falle, zu Zeiten der Römer, das Drum und Dran; zwischen dem Gestern und dem Morgen liegt das Heute;
das ist Farbe für innen;	das Hin und Her; sein Ja war gut zu hören;

klein	groß
Bindewort	das Wenn und Aber
Verhältniswort	das Für und Wider
Ausrufewort	das Bimbam, ein langes Ah war zu hören; ein Pfui erscholl von den Rängen.

Zwei Sonderregeln:

a) Schreibung der Zeitangaben:

nach Geschlechtswort groß: am Abend, an einem Sonntag, des Morgens;
bei angehängtem *s* klein: vormittags, abends, donnerstags;
als zweite Zeitangabe auch ohne vorhergehendes Geschlechtswort klein: heute abend, morgen vormittag, am Samstag nachmittag (= am Samstagnachmittag)

b) Schreibung von Mal und -mal:

klein	groß
manchmal, einmal, zweimal, ein für allemal, zum erstenmal, ein andermal	einige Male, etliche Male, mit einem Male, zu wiederholten Malen

Beispiele:

Entscheiden Sie, ob groß oder klein zu schreiben ist! Lösung auf der Randleiste.

Das (b)etreten des Gebäudes ist (j)edermann verboten. Ich kam	B, j
(e)nde August eine (z)eitlang nicht nach (h)ause. Er gab seinen	E, Z, H
besten Freund (p)reis; das spricht aller Sitte (h)ohn. Jetzt sind	p, h
sie sich (f)eind. Wir tappen in dieser Sache völlig im (d)unkeln.	f, d
Dieses Mädchen habe ich erst vor (k)urzem getroffen. Ich glaube	k
nicht, daß es mir (f)eind ist; aber ich werde mich vor ihm in	f
(a)cht nehmen.	a
Wir können (k)raft der Gemeindeordnung unser (r)echt in al-	k, R
lem (w)esentlichen durchsetzen. Der Politiker sagte mir auf das	W
(d)eutlichste, daß sein (j)üngster, obwohl er sein (b)estes gab,	d, J, B
nicht von (n)euem gewählt würde. Wir hoffen, daß zu guter	n
(l)etzt auch die (a)lten und (a)rmen (r)echt bekommen werden.	L, A, A, r
Daß hier (b)aden verboten ist, das ist (s)chade. Bei der Prüfung,	B, s
die vor (k)urzem im Festsaal des (r)egensburger Rathauses statt-	k, R
fand, hat er im (g)roßen und (g)anzen gut abgeschnitten.	g, g
Beim (s)chreiben entstand ein lautes (r)asseln. Durch (s)paren	S, R, S
kann man auch heute noch zu etwas (k)ommen. Die Büchse ist	k
(v)erdorben; das kommt vom langen (l)iegen. Dieses Geld gehört	v, L
von (r)echts wegen mir. Was er tut, ist (r)echtens. Von (s)eiten	R, R, s
der Behörden wurde (a)lles getan. Die Haushaltslage ist aufs	a
(ä)ußerste gespannt; (s)paren tut (n)ot; sonst wird die (n)ot	ä, S n, N
groß. Du solltest heuer (s)chwimmen lernen. Sie ist vom (t)ur-	s, T
nen befreit.	

Was man beim (f)ahren mit der Eisenbahn (b)eachten muß: F, b,
Beim (l)ösen der Fahrkarte braucht man oft Kleingeld. Ist eine L
Sperre da, so zeigt man die Fahrkarte beim (d)urchschreiten D
vor. Das (ü)berschreiten der Gleise ist verboten. Beim (e)inlau- Ü, E
fen des Zuges muß man von der Kante des Bahnsteiges (z)urück- z
treten. Während des (f)ahrens ist das (h)inauslehnen verboten. F, H
Vor dem (h)alten des Zuges darf man die Tür nicht (ö)ffnen. H, ö
Achte beim (a)ussteigen auf nasse Stufen! Ein (a)usgleiten wäre A, A
recht unangenehm; (s)ingen und (l)ärmen sind in den Bahnhö- S, L
fen nicht gerne gesehen.

Es ist zum (d)avonlaufen: Weil (s)ie, meine gnädige Frau, lau- D, S
fend unterwegs sind, können (s)ie nicht auf dem (l)aufenden S, l
sein, und manch (s)chönes und (g)utes läuft (i)hnen davon; das S, G, I
(a)llerschlimmste ist, daß (s)ie so das (a)llerbeste nicht bekom- a, S, A
men.

„Sehr geehrter Herr X, ich muß (i)hnen leider mitteilen, daß I
(i)hre Tochter wegen (i)hres schlechten Zeugnisses nicht ange- I i
nommen wird. Es grenzt ans (u)nglaubliche, daß (s)ie sich U s
(j)ahrelang nicht auf dem (l)aufenden gehalten hat. Warum ha- j l
ben (s)ie (s)ie nicht dazu angehalten, mehr Zeit dem (l)ernen zu S s L
widmen, statt immer (t)anzen zu gehen? Gegen (s)chifahren ist t S
(n)ichts einzuwenden; aber man braucht nicht jedes Wochen- n
ende zum (w)edeln zu fahren." W

Der Richter fällte ein (s)alomonisches Urteil. Der Angeklagte s
bekannte seine (s)chuld und wurde durch seinen Verteidiger S
aufs (k)räftigste unterstützt. Das (s)chlimmste bei diesem Mann k, s
ist eben, daß er (m)ein und (d)ein nicht auseinanderhalten kann. m, d
In seiner Jugend bestahl er einmal die (ä)lteste seiner drei Tan- ä
ten. Ich kann nicht ohne (w)eiteres sagen, ob es etwas (s)chö- w, S
nes und (w)ertvolles war. W

Sind (s)ie, Herr Flitzemann, Mitglied des (a)llgemeinen (d)eut- S, A, D
schen Automobilclubs? Es erschienen (a)rm und (r)eich, (a)lte a, r, A
und (j)unge zu dem Fest. Die (e)nglischen Tuche und der (s)o- J, e, S
linger Stahl sind weltberühmt. Aus (a)lt mach (n)eu! Das geht a, n
jeden (e)inzelnen an. Er hat nicht das (m)indeste bemerkt. Sie e, m
hat mich bei (w)eitem übertroffen. Das ist etwas (a)nderes. w, a

Wir waren unser (s)echs und krochen (a)lle auf allen (v)ieren. s, a, v
Du bist mit der (r)echte. Du wirst noch an den (r)echten kom- R, R
men. Es erschienen alle (b)eide. Später kamen (t)ausende und b, T
aber (t)ausende. Am Schluß standen wir vor dem (n)ichts. Du T, N
hast in (m)anchem (r)echt, aber man kann dir nichts (r)echt m, r, r
machen. Diese Anordnung besteht zu (r)echt. Ich habe ein R
(r)echt darauf und möchte mein (r)echt auch bekommen. Nie- R, R
mand weiß, ob er immer (r)echt bekommt. Ich werde nach r
dem (r)echten sehen. R

Der Sänger gab ein Lied zum (b)esten; er gab dabei sein (b)e- b, B
stes, obwohl er (g)estern (a)bend nicht gut disponiert war. Er g, a

wird (a)nfang Oktober zurückkommen. Ich hörte ihn zum	A,
ersten (m)ale. Sonst trafen wir uns immer (d)onnerstags.	M, d
Kommt (i)hr (ü)bermorgen (n)achmittag? Ich ermahnte das	i, ü, n
(j)üngste meiner Kinder zu wiederholten (m)alen; aber die	j, M
Jugend von (h)eute erwidert immer: „Darüber sprechen wir	h
ein ander (m)al."	m (zus.)

Das Gesetz soll am (e)rsten des Jahres in (k)raft treten. Das	E, K
(i)nkrafttreten wurde bestätigt. Mein junger Herr, sind (s)ie	I, S
im (s)tande, eine Frau zu ernähren? Das werde ich dann im	s (imstande)
(s)tande der Ehe schon sehen. Ohne zu (s)paren geht es nicht.	S, s
Ohne (s)paren geht es nicht. Außer (t)rinken kennt er keine	S, T
Bewegung. Es ist das (r)ichtige (= richtig!), zu gehen. Tue stets	r
das (r)ichtige!	R

Er kam etwas (u)nfreundlich auf mich zu und sagte auch etwas	u
(u)nfreundliches. Sie hat mich auf das (s)chlimmste beleidigt,	U, s
und ich bin auf das (s)chlimmste gefaßt.	S

Finden Sie Fehler in den folgenden Sätzen?

a) Sie finden bei uns ein reichhaltiges Angebot an Schränken. Auf Ihren Wunsch bauen wir auch Ihren Alten in ein neues Möbel um.	alten
b) Ein jeder der beiden möchte der schnellere sein.	–
c) Viele Wenig machen ein Viel.	–
d) Mozarts Musik ist mir die Liebste.	liebste
e) Das Kind soll den Eltern für Ihre Sorgen danken.	ihre
f) Sind Ihnen, Frau Brillefein, die Wichtigsten der Schillerschen Dramen bekannt?	wichtigsten –
g) Er kam zu mir ohne Zögern.	–
h) Er kam zu mir, ohne zu zögern.	–
i) Der Mann kaufte eine neue Einrichtung; denn er wollte seine Alte loswerden.	alte

Angenommen, Sie haben Ihre Brille im Büro liegengelassen; Sie wollen sie mitten in der Nacht haben, steigen zu einem Fenster ein, finden den Schalter aber nicht und tappen also im (d)unkeln.	D (direkte Bed.)
– Am nächsten Tag fragt Sie Ihr Kollege, wie man das Wort Philosphie schreibt. Sie haben keine Ahnung und tappen also im (d)unkeln.	d (übertragene Bed.)

Was ist an der folgenden Geschichte falsch?

Junge und Mädchen sitzen auf einer Bank im Mondenschein. Die Sterne duften durch die Apfelblüten. Der Junge flüstert dem Mädchen ins Ohr: „Du sollst wissen, daß Du mein ein und alles bist; an Dich denke ich jeden Freitag abend, weil ich mich auf Deine Bratkartoffeln und Euren guten Pudding am Samstag mittag freue."	(du, dein, euer schreibt man nur im Brief groß!)

Was ist an der folgenden Bekanntmachung falsch?

Ankündigung in einer Zeitung: „Das diesjährige Eislauffest, das	(In der Rechtschrei-

mit einem Wohltätigkeitsbasar verbunden ist, findet am Samstagnachmittag statt. Sollte es nachmittags regnen, wird das Fest bereits am Vormittag abgehalten." bung ist nichts falsch.)

Frau zum Mann: „Mein lieber Kurt, Du weißt, ich habe bloß drei Pelzmäntel: einen (r)oten, einen (b)lauen und einen (g)rünen; sie sind alle alt; kann ich jetzt nicht einen (n)euen haben? r, b, g n

Man kann nicht sagen, daß jeder (j)ugendliche (a)rbeitslose kri(m)ine(l) ist. j, A m ll

Suchen Sie alle Fehler im folgenden Brief einer Bäuerin an einen Tierarzt!

Sehr geehrter Herr Vetterinähr!	Veterinär
Was haben sie eigentlich mit meiner Kuh gemacht? Ich	Sie
kenne Ihren Gesichtsausdruck gar nicht mer. Heute früh	ihren, mehr
habe ich Sie angeredet; da waren Ihre Augen ganz dumm	sie, ihre
und blutunterlaufen. Ich muss Sie jetzt behandeln wie ein	muß, sie
kleines neugeborenes Kalb und muss Sie aus der Flasche	muß, sie
sauffen lassen. Das mir Ihrer Maul- und Klauenseuche	saufen, ihrer
kann ich nicht glauben, weil ich Sie ja beim fressen von	sie, Fressen
Heu und Äpfeln gesehen habe, und Ihre Fladen, die Hin-	ihre, hinten
ten herauskamen, waren Ganz normal. Darum werde ich	ganz
Sie jetzt wieder füttern wie ein normales Rindvieh und	sie
Sie halt beim Wiederkäuen etwas beobachten. Ich weiss,	sie, weiß
daß Ihr Gebiß gut ist – alle Zähne! Und Sie können auch	ihr, sie (= Zähne)
Körndl Kauen. Dann wird Sie gleich anders dreinschauen.	kauen, sie
Früher hat mir Ihr gescheites Maul so gefallen. Jetzt glotzt	ihr
Sie so blöd drein. Daß muss bei dem guten Futter wieder	sie, das, muß
besser werden. Daß hoffe ich sehr für Sie. Auch die übri-	das, sie
gen Kühe fressen gut. Das bin ich von Ihnen gar nicht	ihnen
anders gewohnt.	
Mit vielen freundlichen Grüssen, auch von Meiner Kuh	Grüßen, meiner
Moni, ihre Frau Sengstaller	Ihre

Zerstreute Leute

Neulich las ich etwas (a)bsurdes. Der (g)enialste aller Denker	A, g
verreiste mit Schrankkoffer. Da man in England sehr das (ä)uße-	Ä
re und das ins Auge (f)allende beachtet, bat er seine Haushälte-	F
rin um das (ü)bliche. Von den Hemden nahm er nur die (t)euer-	Ü, t
sten. Im (i)nnern des Koffers war, da er sich auf das (n)otwen-	I, N
digste beschränkt hatte, soviel Platz, daß er es für das (b)este	b
hielt, sich selbst hineinzulegen. Dann sperrte er (i)nnen ab.	i
Das (e)ntsetzliche war, daß man von (a)ußen nicht helfen konn-	E, a
te. So wartet der (d)eutsche Professor da drinen auf den (j)üng-	d, J
sten Tag, wenn er nicht friedevoll gestorben ist.	
Das (t)ollste, das man allerdings nicht (j)edem erzählen kann,	T, j
ist dies: Ein Dichter – nicht der (d)ümmste aller Menschen –	d
wurde (b)ettlägerig; (w)ohl oder (ü)bel mußte er sich selbst	b, w, ü
helfen. Nun wollte er ein (b)ißchen ausgehen. Vor dem (a)uf-	b, A

stehen zog er den Nachttopf hervor. In der (r)echten hielt er   R
einen Strumpf. Als er (h)usten mußte, hatte er im (n)u unver-   h, N
sehens die Richtungen verwechselt: Er spuckte in den Strumpf,
und mit dem Fuß geschah etwas (u)naussprechliches.   U

2.2. Test II: Groß- und Kleinschreibung

Sie können sich wieder selber testen, wenn Sie die rechte Spalte, die die richtige Lösung gibt, zudecken. Schreiben Sie Ihre Lösung auf ein Blatt und vergleichen Sie erst hinterher. Es sind 88 Punkte zu erzielen. (Wiederholungsfehler mitzählen!)

Benotung:			
	88 – 84 Punkte: 1	78 – 74 Punkte: 3	68 – 64 Punkte: 5
	83 – 79 Punkte: 2	73 – 69 Punkte: 4	weniger als 64 Punkte: 6

Brief eines Polizeipräsidenten

Lieber Autofahrer!

Nun haben (s)ie die Fahrprüfung erfolgreich abgelegt. Von   S
(h)eute an gehören auch (s)ie zur großen Gemeinschaft der   h, S
Autofahrer. Ich wünsche (i)hnen einen guten Start. Ein (j)eder   I, j
möchte natürlich gern (a)nfangs ein Auto mit dem gewissen   a
(e)twas; (s)ie wollen also etwas (b)esonders haben. Wir von der   E S B
Polizei gönnen (j)edem das (s)eine von ganzem Herzen. Aber   j S
bedenken (s)ie: Das (m)eiste erlernen (s)ie erst, wenn (s)ie regel-   S m S S
mäßig fahren. Sagen (s)ie bitte nicht: Jetzt, da das (s)chlimmste   S S
überstanden ist, behaupte ich mich auf (b)iegen und (b)rechen   B B
und fahre notfalls auch durch (d)ick und (d)ünn. Beweisen (s)ie   d d S
durch rücksichtsvolles (f)ahren, daß (s)ie ein vernünftiger Zeit-   F S
genosse sind!

Ich kenne (v)iele, die meinen, (s)ie hätten es nicht mehr nötig,   v s
daß man (i)hnen ab und zu ins Gewissen redet. Ist dann (e)t-   i e
was passiert, dann starren (s)ie oft ins (l)eere und können mit   s L
sich nicht ins (r)eine kommen. So weit soll es mit (i)hnen nicht   r I
kommen. Wir glauben, daß (s)ie durch überlegtes (f)ahren (a)l-   S F a
len helfen. Ich rate (i)hnen eindringlich, (i)hr (r)echt nicht zu   I I R
erzwingen, auch wenn der (a)ndere im (u)nrecht ist. Auch wer   a U
(r)echt hat, soll einen Unfall nicht riskieren.   r

Bleiben (s)ie auch den (s)chwächeren gegenüber Kavalier, indem   S S
(s)ie Radfahrern und Fußgängern (i)hre Aufmerksamkeit schen-   S I
ken! Als Autofahrer sind (s)ie ja nicht nur für (i)hr eigenes Le-   S I
ben verantwortlich. Sehen (s)ie z.B. (b)etrunkene über die Straße   S B
torkeln, dann überlegen (s)ie, wie (s)ie (s)ie meiden können! Es   S S s
ist meist das (b)este, wenn man (i)hnen weit ausweicht. Warten   b i
(s)ie bei den Ampeln auf (g)rün! In letzter Zeit haben (v)iele   S G v
„Gelbsucht"; d.h., (s)ie können (i)hr Auto nicht zügeln, das   s i
(i)hnen sozusagen durchgeht. Das (s)chlimmste ist, daß diese   i s
Leute dann auf die (a)nderen schimpfen.   a

Wissen (s)ie schon das (n)eueste? Es ist verboten, den (u)nver-   S N U
schämten den „Vogel" zu zeigen. Tun (s)ie es also nicht; es   S

könnte (i)hnen teuer zu stehen kommen. Ich gebe (i)hnen noch I I
einen Rat: Fallen (s)ie nicht auf gerissene Händler herein, die S
(i)hnen alte Prachtstücke andrehen wollen, überholt nach der I
Devise „aus (a)lt mach (n)eu". Solche Leute kommen von (n)ah a n n
und (f)ern auf (s)ie zu. Man sollte (s)ie keines Blickes würdigen f S s
und (i)hnen die kalte Schulter zeigen. i

Wenn (s)ie Kinder haben, empfehle ich (i)hnen: Lassen (s)ie S I S
auch (i)hren (ä)ltesten nicht ans Steuer! Sie kennen das Wort: I Ä
Wie die (a)lten sungen, so zwitschern auch die (j)ungen. Helfen A J
(s)ie mit, daß wir (s)ie nicht aufschreiben müssen! S S

Es wünscht (i)hnen viel Erfolg und gute Fahrt I
(i)hr Polizeipräsident I

Im folgenden Text gibt es 33 Punkte zu erzielen. Verfahren Sie wie auf Seite 38!

Benotung:			
	33 u. 32 Punkte: 1	29 u. 28 Punkte: 3	25 u. 24 Punkte: 5
	31 u. 30 Punkte: 2	27 u. 26 Punkte: 4	unter 24 Punkten: 6

Radfahren ist durchaus nichts (a)ltmodisches. A

Wenn der Frühlingswind das (b)lau des Himmels saubergefegt hat, B
dann trifft sich zuweilen eine Schar (g)leichgesinnter und holt die G
Drahtesel aus dem (d)unkel der Keller. Von allen Radlern gilt D
Kurts Vater, der einst unter den Könnern nicht der (s)chlechteste s
war, als der (g)eeignetste, wenn etwas (s)chlimmes passiert ist; er g S
soll einmal Weltmeister im (f)licken gewesen sein. F

Erst wird das (f)ür und (w)ider einer Fahrt erwogen; dann richtet F W
die Mutter viel (g)utes als Brotzeit für die allzeit (h)ungrigen her. G H
Auch die anderen Vorbereitungen haben etwas (r)omantisch r
(a)benteuerliches. Fürs erste ist alles (s)taubige abzuwischen, und A S
dann versucht jeder sein (b)estes, um seine Reifen aufs (b)este auf- B b
zupumpen. Und dann geht's los! So eine Partie ist etwas (a)ufre- a
gend (s)chönes, (g)esundes und (s)portliches. S G S

Das (v)orwärtskommen aus eigener Kraft macht (s)paß. Selten V S
kommt es zum (ä)ußersten, wenn einer nicht mehr weiterkann. Ä
Das (s)urren der Reifen und das (l)äuten der Glocken ist das S L
(s)chönste, was man sich denken kann. Türme grüßen über den Hü- S
geln, (s)pitze und (r)unde. Und irgendwo bietet ein Wirtshaus s r
(h)alt. Wenn es dort nichts (a)nderes gibt als Bier und Würste, sind H a
die (m)eisten nicht ganz (g)lücklich. m g

Im folgenden Text gibt es 41 Punkte zu erzielen. Verfahren Sie wie auf Seite 38!

Benotung:			
	41 – 39 Punkte: 1	35 – 33 Punkte: 3	29 – 27 Punkte: 5
	38 – 36 Punkte: 2	32 – 30 Punkte: 4	weniger als 27 Punkte: 6

Briefwechsel eines jungen Diplomaten mit seiner Mutter

Lieber Sohn, wenn (d)u eingeladen wirst, schaue vor allem D
(d)eine Nachbarinnen genau an! Erkundige (d)ich bei der Dame D D
zu (d)einer (r)echten, ob (s)ie verheiratet sei und wie viele Kin- D R s

der (s)ie habe. Sage (i)hr ja nicht: „Wie sind (s)ie hübsch! War- s i S
um malen (s)ie sich so scheußlich an?" Das geht (d)ich nichts S D
an, wie auch (s)ie (d)eine Geheimnisse nicht wissen will. Bei s D
(d)einer Dame zur (l)inken fragst (d)u ähnlich; (d)u sollst (s)ie D L D D s
nicht taktlos bewundern, etwa so: „Ich sehe, daß (s)ie sich auf S
das (b)este zurechtgemacht haben; ich freue mich auf das b
(b)este, nämlich auf einen Tanz mit (i)hnen". Benimm (d)ich B I D
also! Das wünscht (d)ir (d)eine (d)ich liebende Mutter. D D D

Liebe Mutter, ich war nach dem (e)ssen aufs (s)chlimmste ver- E s
unsichert. Die jüngere Dame (r)echts von mir habe ich gefragt, r
ob (s)ie verheiratet sei. Als (s)ie (n)ein sagte, fragte ich nach der s s N
Anzahl (i)hrer Kinder. Als die (ä)ltere zu meiner (l)inken Seite i ä l
mir erklärte, (s)ie habe viele Kinder, wollte ich wissen, ob (s)ie s s
verheiratet sei. Habe ich etwas ganz (d)ummes gemacht, oder D
hätte ich das im (n)u ausbügeln können? Das mußt (d)u sagen N D
(d)einem Walter. D

2.3. Übungen zur Groß- und Kleinschreibung

Entscheiden Sie sich für eine Schreibung und kontrollieren Sie sich erst hinterher!

Übung 5:

Stöbern ist schwer, (v)erschenken noch mehr. *V*

Beim alljährlichen (s)töbern fand meine Nachbarin allerhand S
(u)nmodernes auf (i)hrem Dachboden, unter (a)nderem eine U i a
Roßhaarmatratze, deren einst leuchtendes (r)ot nur wenig ver- R
blaßt war. Sie war nicht mehr die (n)eueste; wenn man aus ihr n
etwas (b)rauchbares machen wollte, war eine Reparatur vonnö- B
ten. Das einzig (b)emerkenswerte an ihr war, daß sie zum B
(s)chnuppern verführte: Sie roch nämlich nach Mottenpulver – S
dem (b)illigsten, das man hatte finden können. b

Die wackere Dame dachte im (s)tillen daran, das Stück zu ver- s
kaufen. Zum (w)egwerfen war es ihr zu (s)chade. Im (n)u W s N
schickte sie ein Inserat an die Zeitung. Hätten (s)ie, lieber Leser, S
etwas (b)esseres gewußt? Der einzige ernsthafte Bewerber war B
der (v)ierte; aber er stieß sich an dem (r)ot der Matratze; er v R
suchte eine (b)laue. Das (d)eutsche Volk hatte nun einmal be- b d
schlossen: Eine Matratze zu haben ist das (m)odernste. So waren m
auch die Preise um das (d)oppelte gestiegen. D

Trotzdem wurde die Notiz geändert: Matratze zu (v)erschenken; v
(a)bholen kann sie, wer Lust hat. Sie dachte: Das Ding ist im a
(g)roßen (g)anzen gut in Schuß; da wird (j)emand schon mer- g g j
ken, daß er etwas (g)utes hat. – Aber wieder kam (n)iemand. G n
Nach einigem (h)in und (h)er warf sie sie in die Mülltonne. Nun H H
glaubte sie, das (i)hre getan zu haben. Aber nun gab es das Pro- I
blem des (f)ortschaffens für die Müllkutscher. Das Ding war zu F
sperrig. Auch (b)itten und (f)lehen half (n)ichts. B F n

Nun ging die Frau zum (ä)ußersten. Das (b)este war, das lästige Ä b
Stück heimlich loszuwerden. Also trug der Ehemann beim (e)in- E
fallen der Dunkelheit das Ungetüm verstohlen um ein (p)aar p
Ecken. Dort war zwischen verschiedenen Grundstücken ein
(u)nbebautes. Das (s)chlimmste, was jetzt passieren konnte, u S
war, daß dort das (s)terben des widerspenstigen Möbels begann. S

Nach Wochen voll (h)offen und (h)arren war die Matratze aufs H H
(n)eue von (j)emandem als Möbel erkoren worden. Von (a)lt n j a
und (j)ung wurde gemunkelt, ein Gammler, der (n)achts nicht j n
wisse, wo er sich zum (s)chlafen hinlegen solle, habe sie an ei- S
nem (s)onntag (a)bend auf seine Bude getragen. S a

Übung 6:

Kommt es mit den Hunden zum (ä)ußersten? Ä

Wir (a)lle wissen, daß Hunde auf dem Land etwas durchaus a
(n)otwendiges sind. So halten sich (v)iele ohne langes (f)ragen N v F
einen vierbeinigen Wächter. Aber in der Großstadt hat der Hund
heutzutage wahrlich kein leichtes (m)achen. Er muß (w)ohl oder M w
(ü)bel mit einem kurzen (b)eschnuppern von Bäumen vorlieb- ü B
nehmen, wo er am (l)iebsten Nachrichten für (s)einesgleichen l s
in (d)eutlicher Weise zurückgelassen hätte. d

Mir ist (a)ngst, wenn ich das (k)opfschütteln der Hunde sehe; a K
freilich sind sie nicht Menschen wie (d)u und (i)ch; sie sind d i
wohl auch nicht zu (h)öherem berufen; aber in der Höhe (i)hres H i
Kopfes ist das Gift der Auspuffgase am (s)chlimmsten. So den- s
ken (v)iele; jedoch (n)iemand kann helfen. Das (s)chmerzlichste v n s
ist, daß man Hunden das (s)chnüffeln nicht abgewöhnen kann. S
Denn das (s)chönste, was sie tun können, ist für sie, wie (e)in- S e
gangs erwähnt, sich mit den Artgenossen zu (v)erständigen. v

Nun aber ist es den Hundegegnern ein (l)eichtes, zum (m)essen, l M
(w)iegen und (z)ählen überzugehen und zu beweisen, daß (t)on- W Z t
nenweise Dreck entsteht, der auf (k)osten der Steuerzahler weg- K
geräumt werden muß; sonst würde daraus im (l)aufe der Zeit L
ein Sumpf von Kot. Von (r)echts wegen seien natürlich die Hun- R
dehalter verpflichtet, all dies (u)nsagbare zu beseitigen. Die Klä- U
ger haben hier völlig (r)echt, und sie sind auch im (r)echt. r R

Nach einigem (n)achdenken wird sich aber ergeben, daß es fast N
ans (u)nmögliche grenzt, sich vorzustellen, wie (a)lle mit Schip- U a
pe und Besen neben (i)hren Lieblingen herrennen, nur damit i
sie nicht (g)ebührenpflichtig verwarnt werden. Den Hundefein- g
den kommt das öffentliche (b)emühen um einen wirksamen B
Umweltschutz aufs (s)chönste zupaß. Soll man nun nur das s
(ä)ußerliche und das ins Auge (f)allende sehen und das (u)naus- Ä F U
weichliche tun – nämlich die Hundemeute in den Großstädten
zum Teufel (j)agen? j

Ich glaube, diese Forderung würde ins (l)eere stoßen und einen L
Hexenkessel zum (k)ochen bringen. Es kommt nicht so sehr K

aufs (h)andeln, sondern aufs (e)rtragen an. Auf allen (v)ieren H E v
laufen ist nicht das (s)chönste, was man sich denken kann; in S
unserem Sinne (d)enken, das kann ein Hund nicht. Jedoch d
wird man die Halter (a)ngesichts der Empörung über den a
Dreck durchaus nicht im (u)nklaren lassen, daß (s)ie im (a)ll- u s a
gemeinen verpflichtet sind, diesen dort ablagern zu lassen, wo
er den Schuhen der Normalbürger nicht am (w)ehesten tun w
kann. – Ja, ja, der (e)rste, der sich in der Großstadt einen e
Hund zulegte, der zum (n)ichtstun verdammt ist, hat etwas N
(s)chönes angerichtet! S

Übung 7:

Fortschritt im Eiltempo

Es möchte (j)eder gern auf dem (l)aufenden sein, und (k)einer j l k
möchte es beim (a)lten lassen; so war es das (g)egebene, daß ich a g
das (b)este vom (b)esten kaufte, als meine Tochter mir (b)e- B B B
scheid gab, sie wolle (h)eiraten. Meine Frau meinte, das Geld h
würde sowieso immer weniger (w)ert; also kauften wir Dinge, w
daß dem Bräutigam (h)ören und (s)ehen verging. Meine Frau H S
war für das (g)emütliche, ich für das (p)raktische. Sie regelte G P
alles, was zum (w)ohnen diente, (b)eispielsweise den Teppich- W b
boden, der im Wohnzimmer (r)ot und im Schlafzimmer (b)lau r b
war.

Ich wollte (n)ichts außer (a)cht lassen, was sich in der Küche n a
bewährt hatte, und dachte an das (n)eueste vom (n)euen. So N N
etwas (m)odernes wie diese Kühltruhe hielt man bei einigem M
(n)achdenken für (u)nmöglich. Sie hatte eine Signallampe, von N u
der die Verkäuferin nicht viel (a)ufhebens machte: Bei (r)ot A R
brachte sie eine Automatik in Gang, daß ein Zettel zum Vor-
schein kam, der das rechtzeitige (a)ufessen gewisser Speisen A
forderte.

Die Waschmaschine, die meines (e)rachtens noch (w)ichtiger ist, E w
war ebenso vollautomatisch. Mein Schwiegersohn fand sofort
(g)efallen daran; denn wenn man ihr nicht (e)inhalt gebot, be- G E
gann sie nach dem (w)aschen das (t)rocknen, (b)ügeln und (a)n- W T B A
nähen von Knöpfen. Das (b)emerkenswerte ist, daß es immer die B
(r)ichtigen waren. Mit einem (h)ui war das (a)lles geschehen! r H a
Was die Geschirrspülmaschine betrifft, so kaufte ich die (m)o- m
dernste und (v)ollkommenste, die auf dem Markt war. Oben v
kamen die Teller (b)ratenfett und (l)ippenstiftrot hinein, und b l
(u)nten kamen sie fix und fertig wieder heraus. u

Meine Tochter fand das (a)lles nicht nur zum (v)erlieben schön, a V
sondern sie war nahe am (w)einen vor lauter Glück. Der Herd W
war das (i)ntelligenteste, was man sich denken kann – das Mo- I
dell von (ü)bermorgen. Er konnte (k)raft seiner Ausrüstung alles ü k
(d)enkbare (b)raten, (k)ochen und in der richtigen Zeit (s)chmo- D b k s
ren. Es konnte (n)iemand (s)chuld sein, wenn (e)twas anbrannte; n s e
denn das (n)eue an der Sache war, daß er dann in (s)ekunden- N S

schnelle ausschaltete und das (ü)berlaufen des Kochguts und Ü
das (a)nbraten des Steaks verhinderte. Man konnte das (v)er- A V
rückteste einstellen, was man (e)ssen wollte und brauchte keine e
(a)ngst zu haben, daß es nicht (s)achgemäß zubereitet wurde. A s
Sogar das (a)uftauen von (g)ekühltem regelte er selbst. A G

Für uns war das (a)usschlaggebende, daß solch eine Einrichtung A
ohne (w)eiteres 20 Jahre bleiben mußte. Aber ohne uns (v)or- w v
zuwarnen, erklärte uns unsere Tochter nach 2 Jahren, sie habe
alle Dienstleistungen auf das (n)otwendigste beschränkt und N
(i)hr Mann sei auf das (ä)ußerste erbost. Bei der letzten Repa- i ä
ratur habe ein (b)lutjunger Monteur gemeckert, man verlange b
von ihm (u)nmögliches; denn das (g)anze sei (s)teinalt und nur U G s
noch zum (w)egwerfen geeignet. Ersatzteile gebe es (k)eine W k
mehr.

Übung 8:

Andere Länder, andere Sitten

Wer nach Griechenland fährt, der macht sicher nicht eine Fahrt
ins (b)laue, und er geht sicher nicht am (b)esten vorbei; denn B B
das (a)llerschönste, was man dort sehen kann, ist die Akropo- A
lis. Die ist ja bekannt bei (j)ung und (a)lt; etwas (b)esseres, als j a B
sie anzuschauen, kann sich der (d)eutsche nicht vorstellen. Das D
(a)llerschönste ist aber, daß nur (e)inige (w)enige über merk- a e w
würdige (g)riechische Gewohnheiten (b)escheid wissen. Es sind g B
wohl (v)iele auch gar nicht (w)illens, sich das (v)orhandensein v w V
anderer Sitten vorzustellen.

Wer nicht eines (a)nderen belehrt wird oder aus seinem (m)iß- a M
verstehen lernt, der ist (f)elsenfest überzeugt, (k)opfnicken be- f K
deute auf der ganzen Welt (j)a, (k)opfschütteln (n)ein. Nach j K n
(e)rreichen der griechischen Gefilde wird er schnell eines (b)es- E B
seren belehrt werden. Aber erst dem wiederholt (g)eschädigten G
wird langsam aufdämmern, daß er mit seinem Kopf grundsätz-
lich etwas (a)nderes machen muß, als er zu (h)ause machte. a H
Das (r)eisen und alles (f)ragen hat seine Mucken. R F

Eine Vielzahl von (t)ausenden macht (g)ebrauch von Bussen. T G
Aus dem bisher (e)rläuterten ist zu entnehmen, wie das geht: E
Ein etwas (v)eraltetes Vehikel kommt dahergebraust, und (j)e- v j
dermann drängt hinein. Nun ist's nicht gerade so, daß der Herr
den (s)einen alles im Schlaf gibt. Der (f)remde fragt also: S F
„Autobus nach Kap Sunion?" Ein (n)icken des Kopfes antwor- N
tet ihm. Das (s)chlimme ist geschehen: Der (s)prachunkundige S S
sitzt im Bus nach Eleusis.

Nach dem (a)nhalten strömt (a)lles ins Café. Natürlich kommt A a
von (s)eiten des Kellners die Frage: „Kaffee?" Durch eifriges s
(n)icken tut der (f)remde kund, daß er ihn will. Nach einigem N F
(w)arten, während die (a)ndern genüßlich (s)chlürfen, ist er aufs W a s
(h)öchste erzürnt und denkt sich, daß er ein klares (j)a geäußert h J

habe. Durch (d)euten wird der Kellner ermahnt, das (g)ewünsch- D G
te ohne Verzug zu bringen. Der wieder wundert sich über das
(w)ankelmütige an den ausländischen Gästen. W

„Griechenland (i)hnen gefallen?" radebrecht einer, der des I
(d)eutschen etwas (k)undig ist. Der (a)ngesprochene nickt eifrig D k A
mit einem (l)euchten über das ganze Gesicht. Etwas verstimmt L
wendet sich der (e)inheimische ab. Die Lust am (r)eden ist auf E R
(n)ull gesunken. „Verheiratet?" fragen zwei Griechen zwei ganz N
junge Mädchen, die zum (f)otografieren auf die Akropolis gestie- F
gen sind. Sie schütteln (l)achend die Köpfe. Die Griechen sind l
aufs (s)chlimmste gefaßt und verschwinden eilig. S

Wie soll man da so (m)anches erfahren? Zum Beispiel, daß der m
Kaffee ohne (u)mrühren getrunken wird; daß die (o)rientalen U O
im (a)llgemeinen (n)ein sagen, wenn sie mit dem Kopf nicken, a n
und (j)a meinen beim (k)opfschütteln? Alles in (a)llem: Jeder j K a
(v)ernünftig (d)enkende kann das lernen, wenn ihm das (a)nders- v D A
artige überhaupt aufgegangen ist.

Zwei Fragen für Denker:

a) Groß oder klein?
Man kann sich aus dem reichhaltigen Angebot das (g)ünstigste heraussuchen.

Frage des Bezugs:
Aus dem Angebot (Einzahl): das Günstigste
Aus den Angeboten (Mehrzahl): das günstig-ste

b) Wie viele Möglichkeiten der Schreibung gibt es in diesem Satz?
Haben (s)ie (i)hr Buch gelesen?

1. Haben sie ihr Buch gelesen?
2. Haben sie Ihr Buch gelesen?
3. Haben Sie ihr Buch gelesen?
4. Haben Sie Ihr Buch gelesen?

3. Zusammen- und Getrenntschreibung

Regel:
Hier lassen sich kaum durchgehende Regeln aufstellen, weil es viele unterschiedliche Möglichkeiten gibt, wie die einzelnen Wörter aufeinandertreffen. Man verläßt sich am besten auf sein Gedächtnis. Besonders hier macht Übung den Meister. Im Zweifelsfalle schreibe man getrennt!

3.1. Zusammenschreibung

a) Es entsteht ein neuer Begriff (meist nur ein Tongipfel im ganzen Wort!)

Der Betrag wurde mir gutgeschrieben; aber: diese Arbeit ist gut geschrieben.
Er will mir zutrinken; aber: er hat nichts zu trinken.
Ebenso: Er erlaubte sich, mir zuzutrinken. Er hat mir zugetrunken.

Kurt ist in der 6. Klasse sitzengeblieben. (übertragene Bedeutung)
Er ist auf seinem Platz sitzen geblieben. (direkte Bedeutung)

Die Spieler sind zusammengelaufen (= zusammengestoßen).
Sie sind zusammen gelaufen (= gleichzeitig, miteinander).

Wie doch die Tage dahingehen! Aber: Wir wollen dahin gehen.
Also auch: wiedergutmachen!

b) Es bildet sich eine enge Verbindung mit einem Zeitwort, so daß das vorausgestellte Wort bloß noch als „Vor-Wort" empfunden wird; auch hier gibt es meist nur einen Tongipfel:

Wir müssen das Zimmer saubermachen;
ebenso: dastehen; aber auch da stehen!
Aneinandergeraten, hinunterlaufen, totschießen, totschweigen, vollstopfen, offenstehen.

Übertragene Bedeutung:	*direkte Bedeutung:*
sich einen Freund warmhalten	das Essen warm halten
Höflichkeit wird hier großgeschrieben.	diese Wörter werden groß geschrieben.

Immer zusammen: kennenlernen, spazierengehen, kundtun, fernbleiben, gefangennehmen.
Besonderheit: das mußte mir auffallen; auf fällt, daß er nicht kommt.

c) Das Hauptwort wird mit folgendem Zeitwort zusammengeschrieben, wenn das Hauptwort verblaßt ist:

achtgeben, stattfinden, wetterleuchten, nasführen, punktschweißen, maschineschreiben (ich schreibe Maschine!), prämiensparen, überhandnehmen, überhandgenommen, wundernehmen (es nimmt mich wunder);
radfahren (bin radgefahren, fahre Rad!);
aber: Auto fahren, Schi fahren (zum Schifahren gehen), Klavier spielen;
in Frage kommen, in Kraft treten, nach Hause kommen, zu Hause sein;
kopfstehen – ich stehe kopf; eislaufen – ich laufe eis;
zugrunde richten, zugute kommen, zustatten kommen, zunutze machen, zuwege bringen, zutage treten, zustande kommen, mir ist schlecht zumute, instand setzen, beiseite stehen;
aber: zu Hilfe kommen, zu Rate ziehen, zu Schaden kommen, in Frage stellen;

3.2. Besondere Regeln

Sein, haben, werden

dasein, dazusein, dagewesen; aber: wenn er da war;
ich muß mir darüber klárwerden;
ich möchte ihn lóswerden; aber: ich möchte ihn los sein;
er hat dieses Amt lange innegehabt;

Bei Zusammensetzungen von Zeitwörtern mit Eigenschaftswörtern schreibt man getrennt, wenn die Verbindung in der Satzaussage steht: Diese Dame ist gùt gekleídet.

Man schreibt zusammen, wenn die Verbindung als Beifügung verwendet wird: eine gútgekleidete Dame
Der Mann ist schwèr verlétzt – der schwérverletzte Mann;
diese Speise ist leìcht verdáulich – die léichtverdauliche Speise;
viele Frauen sind nìcht berúfstätig – níchtberufstätige Frauen;

Feste Verbindungen, die immer beisammen bleiben

tiefschürfend, weitblickend, hochtrabend, das Hemd ist reinseiden, reinleinen;

Fließender Übergang vom Hauptwort zum Teil eines Zeitworts

Das kommt nicht in Frage; wir nehmen Bezug auf Ihr Schreiben; Bezug nehmend auf Ihr Angebot; mit Bezug auf; aber: in bezug auf!
zugunsten des Angeklagten – zu meinen Gunsten; seitens – von seiten; statt dessen, darüber hinaus;

beide Möglichkeiten:	anstelle von	–	an Stelle von;
	aufgrund von	–	auf Grund von;
	anhand von	–	an Hand von;

Schreibung bei in, nach, seit

Seit dem 1. Januar arbeitet er;	seitdem er arbeitet, ist er zufrieden;
das Haus, in dem ich wohne;	er lernt, indem er laut liest;
nach dem Essen ging er fort;	nachdem er gegessen hatte, . . .;

Schreibung von allzu

ungebeugt zusammen:	wenn das 2. Wort stark betont, vor allem gebeugt ist, auseinander:
allzubald	dies war doch allzu schwer
allzugern	ein allzu großes Glück
allzuviel	allzu viele

Schreibung der Wörter mit so(-)

immer zusammen	immer getrennt	nach jeweiliger Verwendung	
insofern	so daß	so viel	Man kann sich wieder nach dem Ton richten: Liegt er auf dem *so,* dann schreibt man getrennt; liegt er auf dem zweiten Wort der Verbindung (oder könnte er dort liegen), schreibt man zusammen. Auch die Funktion ist verschieden: das erstemal handelt es sich um ein Umstandswort, das zweitemal um ein Bindewort.
genauso	um so mehr	so wenig	
sodann	so etwas	so sehr	
soeben	so schön	so bald	
somit	so gut	so oft	
sozusagen	so alt	so lange	
sowieso	so reich	so fern	

Er hat só viel gegessen, daß ihn der Bauch schmerzt; sovíel ich weiß, stimmt das;
sie kam só bald, daß ich noch nicht fertig war; sobáld sie kam, ging ich.

Verbindung mit viel

wieviel – wie viele; so viele (Mehrzahl immer getrennt!)
vielméhr – víel mehr: er arbeitet viel mehr als ich; sie verläßt sich auf mich, statt vielmehr selbst zu lernen.

Verbindung mit irgend

irgendeiner	irgendwelche	aber:	irgend jemand
irgendwer	irgendeinmal		irgend etwas

Immer getrennt

vor allem, gar nicht(s), auf einmal, darüber hinaus, von seiten

Schreibung der Straßennamen

a) Echte Zusammensetzungen: Schloßstraße, Schillerstraße, Oskar-von-Miller-Ring

b) mit Eigenschaftswort: Altmarkt, Hochstraße, Lange Straße, Landshuter Allee

c) mit Verhältniswort: Am Gries

Beispiele

Verbinden Sie durch einen Bogen die Wörter, die zusammenzuschreiben sind! Die Lösungen stehen auf der Randleiste!

Können Sie bitte die Türe zu ? machen! Die Türe ist zu ? zu ? ma- ∪ ∪ ∪
chen; eine neue ist zu ? machen. Das Kind hat sich mit Tinte /
blau ? gemacht. Heute arbeiten wir nicht; wir werden blau ? ma- / ∪
chen. Diese Arbeit ist mir zu schwer ? gefallen. Bei Glatteis kann ∪
man schwer ? fallen. Der Lehrer muß Disziplin aufrecht ? erhalten. / ∪
Diese Verfügung besteht zu ? (r)echt. Können Sie mit dieser Ar- / R
beit zu ? (r)echt ? kommen. ∪ r ∪

Wir werden das bald fertig ? bringen. Habt ihr es fertig ? gemacht? ∪ ∪
Ich werde dir immer treu ? bleiben. Er ist mir treu ? ergeben. Das / /
Kleid ist noch gut ? erhalten. Anzeige: „Verkaufe gut ? erhaltenes / ∪
Lexikon; meine Frau weiß alles besser." Da kann einem übel ? wer- /
den. Das soll mir niemand übel ? nehmen. Das war ein die Welt ? ∪ /
bewegendes Ereignis, also ein welt ? bewegendes Ereignis. ∪

Wir müssen den Weg aufwärts (= nach oben) ? fahren. Es ist mit /
ihm abwärts ? gegangen. Wir alle möchten im Beruf vorwärts ? kom- ∪ ∪
men. Wir wollen nicht aufhören, sondern weiter ? spielen. Ich weiß ∪
nicht, wo du hinaus ? willst. Was wird wohl dahinter ? stecken? Die ∪ ∪
Uhr geht nicht mehr; ich kann nichts daran ? machen. Du mußt /
dich daran ? machen, den Aufsatz zu schreiben. ∪

Die zwei sind im Streit aneinander ? geraten. Diese beiden Begriffe ∪
müßt ihr auseinander ? halten. Ihr sollt nicht alles durcheinander ? ∪ /
essen. Er hat alles durcheinander ? gebracht. Gestern hat er gewon- ∪
nen, und heute hat er schon wieder ? gewonnen. Das ganze Geld /
wurde von ihm wieder ? gewonnen (= zurückgewonnen). Sie sind ∪
dieses Jahr (auf Urlaub) zusammen ? gefahren. Die beiden Autos /
sind schlimm zusammen ? gefahren. Wir müssen diesen Koffer zu- ∪
sammen ? tragen. Hast du dein Material zusammen ? getragen? / ∪

Unser Angebot ist frei ? bleibend. Der hoch ? betagte Mann leistet ∪ ∪
noch allerhand. Tief ? gekühltes Obst verliert nichts von seinem ∪

Aroma. Wir sind (t)age ? lang marschiert. Er fragte mich, wie ? weit es bis München sei. Ich weiß nicht, wie ? weit ich mich auf ihn verlassen kann. Die Frage ist, in ? wie ? weit sich das lohnt. Diese Münzen sind alle so ? gleich, daß man sie nicht unterscheiden kann. Sagen Sie ihm, er soll so ? gleich zu mir kommen! Sie nützen die Stimmung so ? lange aus, so ? lange sie vorhanden ist. So ? oft er Klavier spielt, laufe ich davon. Er spielt so ? oft Klavier, daß es mir zu ? viel wird.

t ∪ / ∪ ∪ ∪ / ∪ / ∪ ∪ / ∪

Seit ? dem er zu ? (h)ause ist, fühlt er sich recht wohl. Seit ? dem 1. März besucht er die Schule. In ? dem Haus, in ? dem wir seit 1972 wohnen, gibt es so ? viele Zimmer, daß wir genügend Platz haben. Er beschäftigt sich, in ? dem er zum Fenster hinaus ? schaut. Das Buch, nach ? dem ich gelernt habe, ist recht gut ? erhalten. Nach ? dem ich drei Stunden gelernt habe, kann ich nichts mehr in mich hinein ? pauken. Ich glaube, du wirst damit vorlieb ? nehmen müssen.

∪ / H / / / / ∪ ∪ / / ∪ ∪ ∪

3.3. Übungen zur Zusammen- und Getrenntschreibung

Entscheiden Sie sich für eine Schreibung und kontrollieren Sie sich erst hinterher!

Übung 9:

Eine Liebesgeschichte: Wie Liebe zustande ? kommen kann. /

Tage ? lang hatte Fritz überlegt, wie er diesem Mädchen näher ? kommen könnte. Immer ? wieder hatte er es zum Kino eingeladen; nun war er ein ? wenig unsicher. Aber er probierte es noch ? einmal. Er hatte heraus ? gefunden, daß Eva furchtlose Männer liebte und diesen nichts übel ? nahm. Er hatte sich auch klar ? gemacht, daß er einen geeigneten Augenblick brauchte, in ? dem er bewies, wie ? sehr er ihre Träume wahr ? machen konnte.

∪ ∪ / / / ∪ ∪ ∪ / / ∪

Zu ? guter ? (l)etzt waren sie überein ? gekommen, einen Kinobesuch zu ? machen. Der Platzanweiser wollte eben die Türe zu ? machen, als ein wüster Haufen herein ? drängte. Kurz ? entschlossen streckte Fritz den ersten mit einem Schlag nieder, worauf die anderen kehrt ? machten. „Dieses Rowdytum hat in letzter Zeit überhand ? genommen", war sein einziger Kommentar, nach ? dem er die Heldentat vollbracht hatte.

/ / L ∪ / ∪ ∪ / ∪ ∪ ∪

Es war in der Zwischenzeit glücklicher ? (w)eise wirklich dunkel geworden, und Fritz hoffte so ? sehr, diese Tatsache würde sie ein ? ander näher ? bringen. Dann sah man auf der Leinwand die Helden da ? stehen, wie sie sich für die tollsten Abenteuer bereit ? hielten. Im jetzt halb ? verdunkelten Kino gelobte sich Fritz, es ihnen gleich ? zu ? tun. Er mußte nur acht ? geben, wann er todesmutig seine Qualitäten kund ? tun konnte. Hinzu ? kam, daß Eva den Film (und nicht ihn!) ernst ? zu ? nehmen schien.

∪ w / ∪ ∪ ∪ ∪ ∪ ∪ ∪ ∪ ∪ / / /

Als das Stück zu ? (e)nde war, war er zu ? (r)echt etwas enttäuscht, / E / R
und er überlegte einige gut ? gemeinte Ratschläge, wie er mit die- ∪
sem Mädchen zu ? recht ? kommen könne. Sie gingen schnell durch ∪ ∪
die Stadt; die Straßen waren hell ? erleuchtet, und ihr machte es /
keine Mühe, mit ihm (s)chritt ? zu ? halten. Sie sahen vorüber ? hu- S / / ∪
schende Autos und gut ? gelaunte, dahin ? flanierende Menschen. ∪ ∪
Sie sagte auf einmal: „Ich möchte jetzt nach ? (h)ause." – Er: „Das / H
kommt gar ? nicht in ? (f)rage, liebe Eva! Wir werden statt ? dessen / / F /
in ein Dachgarten-Restaurant gehen; denn heute ist Ihr Geburts-
tag."

So ? weit Eva sich erinnerte, hatte sie ihm gar ? nichts gesagt. Es ∪ /
mußte sie (w)under ? nehmen, woher er das wußte. So ? viel Frech- w ∪ /
heit imponierte ihr jedenfalls. Und sie war einverstanden, daß sie
dort ? hin zusammen ? gingen. Natürlich hätte er sie genau ? so ? ∪ / ∪ ∪
gut in einen Biergarten einladen können; aber er wußte schon, was
hier von ? statten ? gehen würde. Zuerst stieß er mit ihr an: „Wol- ∪ /
len wir uns zu ? trinken und uns freuen, daß uns ein guter Stern ∪
zusammen ? gebracht hat!" So ? etwas hatte Eva erwartet. – Es ∪ /
würde mir schwer ? fallen, alles zu erzählen, was der Abend mit ? ∪ /
sich brachte.

Seit ? dem Beginn des Abendessens waren nun Stunden vergangen, /
und der ? selbe Kellner, der sie bedient hatte, kam jetzt, um ab ? ∪ ∪
zu ? kassieren. Er behauptete, 33 Mark zusammen ? zu ? rechnen, ∪ ∪ ∪
obwohl sie nicht ? einmal eine Flasche Wein getrunken hatten. /
Eva stellte erstaunt fest, wie Fritz ihm einen Fünfzigmarkschein
hin ? hielt und schlicht sagte: „Stimmt!" Er geleitete als treu ? ∪ ∪
ergebener Freund sein angebetetes Mädchen zum voll ? automa- ∪
tischen Fahrstuhl und drückte auf den Knopf, damit sie hinunter ? ∪
sausen konnten.

Auf ? einmal gab es einen Ruck; der Fahrstuhl bewegte sich nicht /
mehr. Eva dachte nur daran, sofort hinaus ? zu ? kommen. Nun ∪ ∪
konnte der Held zeigen, wie ? viel er zu wagen bereit war. Zum ∪
Dach hinauf ? steigen und dort lange herum ? schrauben war für ∪ ∪
ihn selbstverständlich. Aber bald mußte er unverrichteter ? (d)inge ∪ d oder / D
auf den Boden des Fahrstuhls hinunter ? springen. Eva war dem ∪
Heulen nahe: „Müssen wir den Rest unseres Lebens hier stehen ? /
bleiben?" Nun wurde Fritz frech: „Nein, wir können auch wei-
ter ? machen mit dem, was wir zusammen ? tun wollten. Also, wo ∪ /
sind wir stehen ? geblieben?" Er wollte daran ? gehen, sie zu küs- ∪ ∪
sen.

So ? weit war Eva aber noch ? nicht. Sie entzog sich ihm und mein- / /
te: „Es wird schon nichts schief ? gehen." Um das Maß voll ? zu ? ∪ ∪ ∪
machen, suchte sie an den Knöpfen herum. „Liebe Eva," beteuerte
er, „so ? lange ich da ? bin, wird nichts passieren." „Wir stehen hier ∪ /
schon so ? lange!" war ihre Antwort. Er: „Es wird sicher gut ? ge- / ∪
hen." Da wußte sie, daß er auch (m)aß ? halten konnte und bewun- m∪
derte ihn sehr; um ? so mehr, als das Licht auf ? flammte und der / ∪
Fahrstuhl hinunter ? fuhr. ∪

Draußen war sie überglücklich, daß sie mit dem Leben davon ? ge- ∪
kommen war, und die beiden jungen Leute wollten sich im Schat-
ten eines Baumes tot ? küssen. ∪

Am nächsten Tag ging Fritz zu seinem Freund, dem Kellner. Dieser
lächelte: „Ich denke, du wirst mir recht ? geben. Es hat geklappt, /
he?" Fritz: „Das schon; aber ich dachte nicht, daß du den Fahr-
stuhl so ? bald wieder einschalten würdest." /

Übung 10:

Ein ernst ? zu ? nehmender Befehl ∪ ∪

Es wird berichtet, daß König Wilhelm I. von Preußen des ? öfteren /
unerkannt als schlecht ? gekleideter Offizier in seinen Landen her- ∪
um ? reiste. Es ist nicht bekannt, in ? wie ? weit er mit schlechten ∪ ∪ ∪
Quartieren vorlieb ? nahm oder ob von ? vorne ? herein jeweils ge- ∪ / ∪
plant war, dem König ein gutes Zimmer bereit ? zu ? stellen. Ein- ∪ ∪
mal, als er um Berlin herum ? ritt und ab und zu über seine Lieb- ∪
habereien nachdachte, wurde er aus seinen Gedanken wach ? gerüt- ∪
telt, als er ein riesiges junges Weib auf dem Felde erblickte.

Der König, in ? dem er vor ? hatte, sie mit einem seiner Leibgrena- ∪ ∪
diere aus dem (r)iesen ? (r)egiment, das er besonders liebte, zusam- R ∪ r
men ? zu ? bringen, redete also zu ihr: „Du erscheinst mir allzu ? ∪ ∪ /
groß für eine niedrige Arbeit; es will mich (w)under ? nehmen, w ∪
daß so eine Schönheit nicht in die Stadt geht." Er war so ? sehr /
in sie vergafft, daß er fragte, ob sie verheiratet sei. So ? bald er ∪
hörte, das sei nicht der Fall, wurde er so froh, daß er alle seine
Sorgen beiseite ? schob und folgende Notiz an den Obersten seiner /
Leibgarde nieder ? schrieb: ∪

„Die Überbringerin dieses Schreibens müßt Ihr so ? bald wie mög- /
lich – und also nicht irgend ? einmal – mit meinem größten Grena- ∪
dier verheiraten. Ich möchte ihm anheim ? stellen, ob er die Sache ∪
in aller Stille abwickeln will oder nicht. Fest ? steht, daß geheira- /
tet werden muß." Er meinte, das Mädchen solle mit der Arbeit
inne ? halten und gleich davon ? gehen. ∪ ∪

Dieses jedoch schickte, nach ? dem es ins Dorf gegangen war, nach ∪
dem ältesten Weiblein, das krumm ? gewachsen war und schief ? / ∪
ging. Man kann sich das Erstaunen des Obersten zusammen ? rei- ∪
men, als er die Alte und ihren Brief sah. Er wollte sich aber nichts
zu ? (s)chulden ? kommen lassen und vollzog die Eheschließung. ∪ s /
Daß diese dem Grenadier schwer ? fiel, braucht wohl nicht erwähnt ∪
zu werden. Der Alten kam die Verwechslung allerdings zu ? gute, ∪
und sie freute sich sehr.

Unter ? dessen erreichte der König seine Stadt und war, als er zu- ∪
rück ? kam, begierig, das junge Paar zu ? sehen. Zunächst meinte ∪ /
er, er sei irre ? geführt worden; dann ergab sich, daß irgend ? ein ∪ ∪
Versehen passiert war, das bald zu ? (t)age trat. Wie sollte nun der ∪ t
König die schwere Kränkung des jungen Grenadiers wieder ? gut ? ∪ ∪
machen? Man kann einen Irrtum richtig ? stellen, aber keine rich- ∪

tig ? geschlossene Ehe scheiden. Also mußten sich alle am Schluß mit den Tatsachen zufrieden ? geben. / ∪

Übung 11:

Braucht man zum (i)nstand ? halten des Lebens Handwerker? I ∪

Jeder Mensch kann aufrecht ? gehen und aufrecht ? stehen; auch einen Schrank kann man meist richtig ? stellen, so ? daß er sich erforderlichen ? (f)alls öffnen läßt. Ob wir aber unseren ganzen Lebensbetrieb aufrecht ? erhalten können wie gelernte Handwerker, das ist die Frage. Das (s)elbst ? (w)erken wird zwar seit Jahrzehnten praktiziert, ja groß ? geschrieben, und letzten ? (e)ndes müßte es jedem möglich sein, auf sich und andere acht ? zu ? geben. Es sind auch massen ? (w)eise Bücher neu erschienen; aber viele erfahrene Meister sehen in diesen neu ? erschienenen Büchern nichts als eine um ? sich ? greifende Seuche. / / / / ∪ f ∪ S ∪ w ∪ / E ∪ ∪ ∪ w ∪ / /

Nehmen wir an, im blau ? gekachelten Bad soll der stets tropfende Wasserhahn instand ? gesetzt werden. Nun kennt man ja auch Fachleute, die so ? etwas schlecht ? machen und statt ? dessen lieber eine gut ? gemachte Rechnung vorlegen, daß sogar ein Arzt (n)eid ? gekrümmt stöhnt. Wir wollen hier niemand schlecht ? machen. Das Instand ? (s)etzen defekter Dinge ist nun einmal nicht schön. Kann das der Herr Oberregierungrat noch dazu ? lernen? Kommt er am nächsten Tag mit verbundenen Händen in sein Amtszimmer, so dürfte der Schluß nahe ? liegen, daß ihm etwas zu ? gestoßen ist. Vielleicht hatte er Angst, seine vielfältigen Talente könnten verloren ? gehen; und er hatte schon so ? oft zugesehen, wie gewisse Arbeiten vor ? sich ? gehen. So ? oft er aber selber den Hammer schwingt, sieht man im Geist seine Frau zusammen ? fahren. ∪ / / / / ∪ n ∪ ∪ ∪ s ∪ ∪ ∪ ∪ / / / ∪ ∪

Passiert etwas, wird man ihn von jeglicher Schuld frei ? sprechen; denn man kennt den Herrn und schätzt von allen seinen Fähigkeiten vor allem die, daß er so ? gut frei ? sprechen kann; aber Vorsicht ist eben doch viel ? mehr als Nachsicht. Man sollte die langjährigen Erfahrungen der Handwerksmeister beachten, die zu ? (r)echt immer ? wieder betonen, daß nicht jeder mit allem zu ? (r)echt ? kommt. Verständlicher ? (w)eise drängt jeder zum Erfolgserlebnis. Jedoch liegt es im wohl ? verstandenen Interesse des Handwerkers, die Leute darauf aufmerksam zu ? machen, daß kleinere und größere Betriebsunfälle leicht überhand ? nehmen können. ∪ / / / / R / ∪ r ∪ ∪ w ∪ / ∪

Ein ungeschickter Fanatiker zerstörte eine lang ? jährige glückliche Ehe dadurch, daß er sich vor ? nahm, seine Wohnung in eine Werkstatt um ? zu ? funktionieren. Seine Frau liebte das gar ? nicht; vor ? allem verabscheute sie die Drehbank im Schlafzimmer. Das Heim war nicht wieder ? zu ? erkennen. ∪ ∪ ∪ ∪ / / ∪ ∪

Ist es da im Grunde nicht besser, das viel ? gepriesene Handwerk in Anspruch zu nehmen und dem Meister nach wohl ? getaner Arbeit nicht übel ? zu ? nehmen, daß die Rechnung ziemlich gesalzen ist? Der Gewinn ist ja mit ? eingerechnet. Wer nämlich als Ungelernter ∪ ∪ ∪ ∪ ∪

selbst viel zu ? (w)ege bringt, der kann auch viel zunichte ? machen. ∪ w /
Eine gut ? gestrichene Wand beweist noch lange nicht, daß der ∪
(t)ausend ? (k)ünstler auch eine Türe gut ? streichen kann. T ∪ k /

3.4. Test III: Alle Rechtschreibschwierigkeiten

Entscheiden Sie sich für eine Schreibung! Halten Sie die Lösungen, die rechts am Rande stehen, zunächst zu!

Punkterennen 1

Benotung:	52 – 50 Punkte: 1	48 – 46 Punkte: 3	42 – 40 Punkte: 5
	49 – 47 Punkte: 2	45 – 43 Punkte: 4	weniger als 40 Punkte: 6

Ein zurecht ? gemachtes Püppchen ∪

Es ist ihr gut zu ? zu ? sehen, wie sie mit (i)hren hohen Absätzen die ∪ ∪ i
Straße hinunter ? stolziert. Bei jedem Schritt knickt sie leicht am ∪
eng ? geschlossenen Rock in die Hüfte ein. Den Kopf hält sie ganz ∪
steif, damit (i)hre schwarz ? gefärbten Haare, die sie hoch ? ge- i ∪ ∪
steckt hat, nicht durcheinander ? geraten können. Ihr kleines, ∪
fein ? geschnittenes Gesicht leuchtet in allen Farben wie ein ∪
frisch ? lackiertes Gemälde. ∪

Der dunkel ? getönte Lidstrich betont das warme (b)raun ihrer ∪ B
Augen, die gegen das (g)rün der Lidschatten aufs (m)erkwürdigste G m
kontrastieren. Das grelle (r)ot des Lippenstifts ziert ihre Lippen. R
Das Kostüm, da(s) ihre wohl ? proportionierte Figur sehr hervor ? s ∪ ∪
hebt, schwelgt in strahlendem (g)elb. Das (a)ttraktivste an ihm ist G a
der supermoderne Schnitt mit entsprechender Kürze.

Jedes Schau- und Autofenster spiegelt das Bild des Mädchens
w(i)der, und sie fängt es mit einem schnell ? prüfenden Seitenblick, i /
ohne besonders acht ? zu ? geben, auf, um dann mit gewinnendem ∪ ∪
(l)ächeln weiter ? zu ? schlendern. Ertappt sie die Herren beim L ∪ ∪
(s)taunen über ihre extravagante Erscheinung, kräuselt sie die (g)e- S g
fall ? süchtigen Lippen. Zollt man ihr nicht die heiß ? gewünschte ∪ ∪
Aufmerksamkeit, sieht man ihre Blicke suchend umher ? wandern. ∪

Sie hat sich nämlich die These zu ? (e)igen gemacht, daß ihr das ? / e ∪
selbe Maß an Bewunderung entgegen ? gebracht werden muß wie ∪
einer Filmschauspielerin, die größten ? (t)eils so ? wie ? so im ∪ t ∪ ∪
Rampenlicht der Öffentlichkeit steht. Dabei kommt sie nicht auf
den an ? sich nahe ? liegenden Gedanken, daß zwischen ihr und / ∪
einer Filmdiva ein (m)eilen ? weiter Unterschied ist. m ∪

So ? weit ich meinem Bekannten glauben darf, stieß diesem Mäd- ∪
chen, da(s) seine Sekretärin ist, folgendes Mißgeschick zu: Der s
Chef fragte: „Haben (s)ie heute (a)bend Zeit?" Sie hauchte ein S a
zartes (j)a." Der Chef erw(i)derte: „Dann werfen (s)ie einen Blick J i S
in dieses Buch. Es heißt Duden!"

Punkterennen 2

Achtung! Hier müssen Sie die Fehler selbst finden. Es gibt deren 101. Jeder Fehler zählt. Es kann also in einem Wort zwei geben.

Benotung:	101 – 97: 1	91 – 87: 3	81 – 77: 5
	96 – 92: 2	86 – 82: 4	unter 77: 6

Das Schreiben der Fanny Bitzlmoser

Ich biete die Pohlizei zu verstehen, dass ich Mein eige-	bitte Polizei daß mein
nes Protakohl schreiben will, weil ich andere Leutte	Protokoll Leute
nicht zusehr beläßtigen möchte. Alßo, mein Mann	zu sehr belästigen Also
und ich, wir haben garnicht gestritten, so lange wir	gar nicht solange
hier wahren. Geheirratet habe ich schon mit 17 Jah-	waren Geheiratet
ren, weil wir halt gemusst haben. Das Kind war	gemußt
schon ihm kommen. Als es dawar, haben wir es gut	im Kommen da war
Behandelt, und es hatt sich wohlgefühlt.	behandelt hat wohl gefühlt
Mein Mann ist braf und Arbeitet vorallem im Sommer	brav arbeitet vor allem
sehr viel. Daß ist aber das Wenigste. Er wahr nie lider-	Das wenigste war liederlich
lich, und auch ich binn im treu gewesen, biß dieser	bin ihm bis
böse Schlingel gekomen ist. Der hatt mir aufeinmal	gekommen hat auf einmal
weiß gemacht, er besitzt viele Tausend Mark und ich	weisgemacht tausend
hätte es viel Schöner bei im.	schöner ihm
Ich dumme Ganz habe daß geglaubt, dass daß Leben	Gans das daß das
dadroben beßer ist als in Baiern, und binn mit gefah-	da droben besser Bayern bin
ren. In Hamburg war es kalt und nass und wir sind in	mitgefahren naß
ein Restorah. Daß wahr aber nicht sein Eigentuhm. Er	Restaurant Das war Eigentum
hatt auf getragen. Nach zwei Wochen ist er nichtmehr	hat aufgetragen nicht mehr
Arbeiten gegangen, hatt sich niedergelegt und oft ge-	arbeiten hat geschlafen
schlaffen.	
Ich habe in gefütterd wie ein kleines Kind und bei im	ihn gefüttert ihm
Liegen dürfen. Dass war unser Sechsleben. Er hatt im-	liegen Das Sexleben hat
mer wieder betohnt, dass ich Sechsapihl habe. Aber in	betont daß Sex-Appeal
München wars schöner, weil mein Mann das Geld Heim	war's heimgebracht
gebracht hatt. Da binn ich wider ausgerißen. Mein	hat bin wieder ausgerissen
Mann ist halt klasse.	
Daß Geld, daß ich gestolen habe beim Kaßiren als Kel-	Das das gestohlen Kassieren
nerin, hatt mein Mann bezalt. Er giebt auch dem roten	Kellnerin hat bezahlt gibt Roten
Kreutz noch Hundert Mark. Dan, meine ich, braucht	Kreuz hundert Dann
die Sache nicht vor's Gericht. Ich will mich auch beßern	vors bessern
und für mein Kind dasein und dießem Mann Verspre-	da sein diesem versprechen
chen, dass ich die nächste Zeit jetz nicht davon laufe	daß jetzt davonlaufe
und noch Lange bei im bleiben will.	lange ihm
Frau Fanny Bitzlmoser	

Punkterennen 4

Es sind insgesamt 50 Fehler zu finden. Zählen Sie alle Fehler mit, auch wenn mehrere in einem Wort sind; auch Wiederholungsfehler!

Benotung:			
	50 – 48: 1	44 – 42: 3	38 – 36: 5
	47 – 45: 2	41 – 39: 4	unter 35: 6

Sehr geehrter Herr Leerer! Ich habe ihren geschäzten	Lehrer Ihren geschätzten
Briff erhalten. Mein Sohn, den sie ja in der Schuhle	Brief Sie Schule
haben, bringt ihnen dießen zurük. Haben sie Dank für	Ihnen diesen zurück Sie
ihren Auftrag. Ich kan ihr Haus schon malen. Schlaf-	Ihren kann Ihr Schlafen
fen tue ich dan nicht bei ihnen, weil ich in der nähe	dann Ihnen Nähe
Verwannte habe. Bei denen schlaffe ich öffter. Aber	Verwandte schlafe öfter
nun ist es mier Leider in der Zeit, die ich mier dafür	mir leider mir
vorgenomen habe, nicht möglich, das ich komme.	vorgenommen daß
Ich binn mit den begonenen arbeiten hier nicht recht-	bin begonnenen Arbeiten
zeitig fertik geworden, und dan kommt so wie so die	fertig dann sowieso
schlechteste Zeit für haus streichen.	Hausstreichen
Bei der Kälte und dem Eiß währe es beßer, noch ein	Eis wäre besser
paar Wochen zuwarten, den bei Wänden, wo Kälte	zu warten denn
durchfliest, kann mann nicht gut Arbeiten. Daß ist	durchfließt man arbeiten Das
langwierig, und das Ergebniß ist schlecht, weil Nichts	Ergebnis nichts
troknet.	trocknet
Seien sie auf's Beste gegrüßt von ihrem Herrn Maier.	Sie aufs beste Ihrem

Eine Anekdote (unbenotet)

Beim Dessert eines Festbanketts fragt die (s)chöne (i)hren	S i
Tischnachbarn: „Sind (s)ie eigentlich ein Geschäftsfreund mei-	S
nes Mannes?" – „Nein, (g)nädigste." – „Dann nehmen (s)ie	G S
gefälligst (i)hre Hand von meinen Knie(e)n."	I Knien

Punkterennen 5

Es sind 85 Fehler zu finden. (Wiederholungsfehler mitzählen!)

Benotung:			
	85 – 81: 1	75 – 71: 3	65 – 61: 5
	80 – 76: 2	70 – 66: 4	unter 61: 6

Libe Oma! Ich möchte dir von einem Ausflug erzälen,	Liebe erzählen
denn wir gesdern gemacht haben. Am morgen war es	den gestern Morgen
drausen eigendlich garnicht sehr kalt. Die gute, warme	draußen eigentlich gar nicht
Sonne schien gantz im Gegenteil ziehmlich heiß, so-	ganz ziemlich so daß
daß wir alle aufeinmal auf den Gedanken kahmen,	auf einmal kamen
Nachmittags an den Fluss zum baden zu gehen. Ich	nachmittags Fluß Baden
wuste natürlich, daß das Waßer unseres Flußes, der ja	wußte Wasser Flusses
als reissend bekandt ist, nicht allzu warm sein konte.	reißend bekannt konnte
Dieße Gewissheit veranlaßte mich, Etwas außergewöhn-	Diese Gewißheit etwas Außerg.
liches zu unternehmen. Ich hohlte also einen Elektri-	holte elektrischen
schen Heitzofen, den grössten, den mein Vatter hat,	Heizofen größten Vater
der eine riesen Hitze ausstrahlt. Dießen schnallte ich	Riesenhitze Diesen

unter meine blosen Füsse, um zu probieren, ob mich	bloßen Füße
noch frohr. Im Allgemeinen müßen die Füsse vor solch	fror allgemeinen müssen Füße
beissender Gluht geschützt werden; sie sind nähmlich	beißender Glut nämlich
äußerst schmerz empfindlich. Unser Leerer sagt: Es	schmerzempfindlich Lehrer
giebt nichts härteres und zugleich zarteres als die	gibt Härteres Zarteres
Menschliche Haut. Es war mir vollkomen klar, das ich	menschliche vollkommen daß
nichtmehr frohr. Das merkte ich sofort.	nicht mehr fror
Mit dem bewustsein der Zufersicht fing ich an, meine	Bewußtsein Zuversicht
Sachen zupacken.	zu packen
Vorallem zum essen wollte ich das beste vom besten	Vor allem Essen Beste Besten
mitnemmen; ich stekte ein bischen Gries mit Ochsen-	mitnehmen steckte bißchen Grieß
schwantz in den Rucksack; dazu ein Paar Knackwürste	Ochsenschwanz paar
und einen Benzinaparatt, mit dem ich schon öffters	Benzinapparat öfters
meine Malzeiten zubereitet hatte. Auch vergas ich	Mahlzeiten vergaß
nicht, ein neues paar Wollstrümpfe bereit zu legen,	Paar bereitzulegen
weil mann garnicht wissen kann, ob nicht unversehends	man gar nicht unversehens
etwas unvorhergesehenes eintrifft.	Unvorhergesehenes
Dann aber, als ich das Mittagessen hinunter gewürgt	hinuntergewürgt
hatte, gings mit frohem Mut in die weite; durch Nichts	ging's Weite nichts
lies ich mich mehr aufhalten. Der Zug war nicht allzu-	ließ allzu voll
voll; von Weltem grüssten die weissen Häupter der	weitem grüßten weißen
schnee bedeckten Berge.	schneebedeckten

4. Silbentrennung

4.1. Regeln und Beispiele

Regel:

a) 1 Buchstabe kann nicht abgetrennt werden, wohl aber ein Doppellaut. (Das ist allerdings unschön). Ofen, Efeu; aber: ei-ner, Au-gen

b) Zusammengesetzte Wörter werden in die Bestandteile zerlegt: be-ob-achten, hin-ein, war-um, voll-enden

c) Der jeweils letzte Mitlaut kommt auf die andere Zeile. (ß, ch und sch gelten als einfache Laute, sind also nicht trennbar; auch st ist nicht zu trennen.)
Bei einem Mitlaut: tre-ten, bo-xen, nä-hen, Bü-cher, Schei-dung, Rau-fe-rei, rei-ßen, Grü-ße, Wä-sche
Bei zwei Mitlauten: Mut-ter, Män-ner, Freun-de, kal-kig, neh-men, Nah-rung, Bil-dung, rük-ken, Bak-ke, set-zen; aber: We-sten, er ra-ste
Bei drei Mitlauten: emp-finden, ent-zünden, Drechs-ler; aber: der sech-ste

d) Sonderfälle:
Trennung von 2 Selbstlauten: Trau-ung, Ei-er
Nachsilbe -heit: Rau-heit, Ro-heit (1 h fällt weg!)
Bei ursprünglich 3 Mitlauten erscheint der dritte wieder: Schiff-fahrt, Brenn-nessel, wett-turnen
Ungünstige Trennung: Spargel-der, bein-halten

Beispiele

belohnen, Meineid, heißen, glätten	be-loh-nen, Mein-eid, hei-ßen, glät-ten
Festung, Lohnempfänger, Glatteis	Fe-stung, Lohn-emp-fänger, Glatt-eis
Samstag, Druckerzeugnis, Festessen	Sams-tag, Druck-er-zeug-nis, Fest-es-sen
Wecker, tatkräftig, meldepflichtig	Wek-ker, tat-kräf-tig, mel-de-pflich-tig
herab, Fensterglas, Haustier	her-ab, Fen-ster-glas, Haus-tier
Enteignung, Getränk, Verein	Ent-eig-nung, Ge-tränk, Ver-ein
anpflanzen, Neuigkeit, steinig	an-pflan-zen, Neu-ig-keit, stei-nig
langweilig, Verwandtschaft, Weste	lang-wei-lig, Ver-wandt-schaft, We-ste
Wespe, Lehrerin, Vorrichtung	Wes-pe, Leh-re-rin, Vor-rich-tung
Ekel, rupfen, klecksen, Ebene	Ekel, rup-fen, kleck-sen, Ebe-ne

Übung 12:

Trennen Sie überall, wo es möglich ist! Die Lösung steht auf der rechten Hälfte der Seite.

Und immer flitzen die Radler.	*im-mer flit-zen Rad-ler*
Schulbuben sind, vor allem wenn ihre	Schul-bu-ben al-lem ih-re
Freundinnen voller Bewunderung die	Freun-din-nen vol-ler Be-wun-de-rung
Augen aufreißen, immer aufgelegt zu	Au-gen auf-rei-ßen im-mer auf-ge-legt
Streichen, ja zu den verrücktesten Zicken	Strei-chen ver-rück-te-sten Zik-ken
auf ihren Stahlrössern, und die Polizei	ih-ren Stahl-rös-sern Po-li-zei
empfiehlt den Autofahrern, um diese	emp-fiehlt Au-to-fah-rern die-se
tollkühnen Straßenkünstler möglichst	toll-küh-nen Stra-ßen-künst-ler mög-lichst
weit einen Bogen zu machen. Das müßte	ei-nen Bo-gen ma-chen müß-te

man ebenso Fußgängern empfehlen; der Schrecken fährt einem in die Glieder, wenn so ein wüstes Stahlroß quietschend in letzter Sekunde mit knappster Not zu stehen kommt.

eben-so Fuß-gän-gern emp-feh-len
Schrek-ken ei-nem Glie-der
wü-stes Stahl-roß quiet-schend
letz-ter Se-kun-de knapp-ster
ste-hen

Ich erlebte einmal, wie so ein junger Lausebengel von seinem abenteuerlich verzierten Drahtesel hinunterstieg und dem Polizisten alles erklären mußte, was an seinem Rostsammler schlampig und nicht ordnungsgemäß war. Er erledigte das auf eine etwas boshafte Weise, ein wenig tückisch, mit allerlei listigen Worten, ja Ärgernissen, gegen die der würdige Uniformträger nichts machen konnte.

er-leb-te ein-mal jun-ger
Lau-se-ben-gel sei-nem aben-teu-er-lich
ver-zier-ten Draht-esel hin-un-ter-stieg
Po-li-zi-sten al-les er-klä-ren muß-te
sei-nem Rost-samm-ler schlam-pig
ord-nungs-ge-mäß er-le-dig-te
ei-ne et-was bos-haf-te Wei-se
we-nig tük-kisch al-ler-lei li-sti-gen Wor-ten
Är-ger-nis-sen ge-gen wür-di-ge
Uni-form-trä-ger ma-chen konn-te

Beamte können mitten im Verkehr nicht dauernd sprühende Witze produzieren. Wenn also einer, wie seinerzeit Karl Valentin, einen Ziegelstein angebunden hat, zeugt es weder von langer noch von kurzer Leitung, wenn der Herrscher über alle Fahrzeuge bellt: „Wollen Sie etwa mit diesem Edelgepäck bauen?" Ein laues Grinsen über diese durchaus höfliche Anrede wäre ein Zeichen mangelnder Bildung.

Be-am-te kön-nen mit-ten Ver-kehr
dau-ernd sprü-hen-de Wit-ze pro-du-zie-ren
al-so ei-ner sei-ner-zeit
Va-len-tin ei-nen Zie-gel-stein an-ge-bun-den
we-der lan-ger
kur-zer Lei-tung Herr-scher
al-le Fahr-zeu-ge Wol-len et-wa
die-sem Edel-ge-päck bau-en lau-es
Grin-sen die-se durch-aus höf-li-che
An-re-de wä-re Zei-chen man-geln-der
Bil-dung

Besonders am Samstag haben es Radfahrer im Straßenverkehr ungeheuer schwer. Die Autos heulen durch die Gegend wie die reißenden Wölfe. Die Partner der endlos fließenden Reisewelle sind unanständig zueinander. Beanstandungen bei Besitzern von Riesenkästen sind ohnehin selten. Der arme Radfahrer aber strampelt ab und zu günstigstenfalls auf einem Weg, der sein eigener ist, aber in der Nähe der großen Straßen. In den Städten erdrücken ihn die chromblitzenden Kolosse.

Be-son-ders Sams-tag ha-ben Rad-fah-rer
Stra-ßen-ver-kehr un-ge-heu-er
Au-tos heu-len Ge-gend
rei-ßen-den Wöl-fe Part-ner end-los
flie-ßen-den Rei-se-wel-le un-an-stän-dig
zu-ein-an-der Be-an-stan-dun-gen Be-sit-zern
Rie-sen-kä-sten oh-ne-hin sel-ten
ar-me Rad-fah-rer stram-pelt
gün-stig-sten-falls ei-nem
ei-ge-ner Nä-he gro-ßen
Stra-ßen Städ-ten er-drük-ken
chrom-blit-zen-den Ko-los-se

Die zwölf- bis vierzehnjährigen Buben schaffen das noch einigermaßen. Es sieht aber unmöglich aus, wenn ein uralter Mann zitternd und klapprig durch die Blechlawinen zockelt und sich durch die Stauungen durchmogelt. Warum soll jedoch nicht auch die ältere Generation gewisse Leibesübungen betreiben, statt als feiste Geschöpfe die Landschaft bloß mit einem huldvollen Kopfnicken zu grüßen?

vier-zehn-jäh-ri-gen Bu-ben
schaf-fen ei-ni-ger-ma-ßen
un-mög-lich ur-al-ter
zit-ternd klapp-rig
Blech-la-wi-nen zok-kelt
Stau-un-gen durch-mo-gelt War-um je-doch
äl-te-re Ge-ne-ra-tion ge-wis-se
Lei-bes-übun-gen be-trei-ben fei-ste
Ge-schöp-fe Land-schaft ei-nem
huld-vol-len Kopf-nik-ken grü-ßen

4.2. Test IV: Silbentrennung

Punkterennen 1 (25 Wörter)

Benotung:	Alles richtig: 1	4 Wörter falsch: 3	8 Wörter falsch: 5
	2 Wörter falsch: 2	6 Wörter falsch: 4	mehr als 8 Wörter falsch: 6

Näherin, Schneiderin, Donnerstag	Nä-he-rin Schnei-de-rin Don-ners-tag
Knospe, Lieferung, Fortsetzung	Knos-pe Lie-fe-rung Fort-set-zung
Städte, Beobachtung, Schreinerei	Städ-te Be-ob-ach-tung Schrei-ne-rei
Kiste, Wachstum, wachsen, herein	Ki-ste Wachs-tum wach-sen her-ein
städtisch, Strümpfe, zweifenstrig	städ-tisch Strümp-fe zwei-fenst-rig
sie kämpften, Treue, Bäckerei	kämpf-ten – Bäk-ke-rei
heiße Würste, worüber, Bettuch	hei-ße Wür-ste wor-über Bett-tuch
niedrig, darauf	nied-rig dar-auf

Punkterennen 2

Benotung wie oben

Entwicklung, entwickeln, Beispiel	Ent-wick-lung ent-wik-keln Bei-spiel
wohnen, Erinnerung, künstlerisch	woh-nen Er-in-ne-rung künst-le-risch
Brocken, Bröckchen, Voraussetzung	Brok-ken Bröck-chen Vor-aus-set-zung
unüberwindlichste Hindernisse	un-über-wind-lich-ste Hin-der-nis-se
entasten, du schwimmst, Wohnung	ent-asten – Woh-nung
beabsichtigen, strenger, Leistung	be-ab-sich-ti-gen stren-ger Lei-stung
stoßen, Verdauung, Übereinkunft	sto-ßen Ver-dau-ung, Über-ein-kunft
Flußufer, Abendessen, beißen	Fluß-ufer Abend-es-sen bei-ßen
Kreuzung, Pfingsten	Kreu-zung Pfing-sten

4.3. Test V: Alle Rechtschreibschwierigkeiten

Punkterennen 1

Der folgende Text weist eine derartige Menge von Schwierigkeiten auf, daß er selbst in diesem Buch etwas aus dem Rahmen fällt. Wer sich bis jetzt durch Regeln und Texte durchgearbeitet hat, der müßte auch hier eine gute Note erzielen. Zählen Sie Ihre *Fehler* (wenn Sie wollen)!

Benotung:	0 – 5 Fehler: 1	11 – 15 Fehler: 3	21 – 25 Fehler: 5
	6 – 10 Fehler: 2	16 – 20 Fehler: 4	ab 26 Fehlern: 6

Verschiedene Lebensauffa(s)ungen	ss
Es war einmal ein Mann, der alle ? (z)eit (m)aß ? gehalten hatte	∪ z m ∪
und en _ lich (d oder t) einen gro(s)en Besitz erworben hatte.	d ß
Er hatte jeder ? (z)eit aus dem (v)ollen schöpfen können; doch	∪ z v
lie(s) er in vernünftiger ? (w)eise nie das (k)leine außer (a)cht,	ß / W K a
und er wu(s)te ste(h)ts acht ? zu ? geben, da(s) sich alles, was er	ß – ∪ ∪ ß
tat, zu seinem Nutzen erwie(s). So hatte er viele (j)ahre ? lang	s J /
sein (b)estes getan und war im (a)llgemeinen in recht guten Ver-	B a
hältni(s)en.	ss

Ein entfernter Verwan(d - t?) er hatte unvernünftiger ? (w)eise	dt ∪ w
etwas ganz (a)nderes angestrebt. Er hatte nicht auf das (e)nt-	a E
scheidende gesehen und daher in (b)ezug auf die Pflichten des	b
Tages das (w)ichtigste verge(s)en. Nur beim Genu(s) war sein	W ss ß
(s)ehnen auf das (h)öchste gerichtet gewesen. Auf ? einmal war	S H /
er auf das (ä)ußerste erschrocken, als er erkennen mu(s)te, da(s)	ä ß ß
er es auf das (ä)ußerste hatte ankommen la(s)en und einen	Ä ss
(g)roß ? (t)eil seines Vermögens los ? geworden war.	G ∪ t ∪

Er hatte (j)ahre ? lang gepra(s)t, war (a)lkohol ? süchtig gewor-	j ∪ ß a ∪
den und dachte nur daran, sein Schäfchen ins (t)rockene zu	t
bringen. Nun war es ihm fa(s)t unmöglich, sich in den neuen	s
Verhältni(s)en zurecht ? zu ? finden. Er war sich nicht darüber	ss ∪ ∪
im (k)laren, wie er das (u)ngewi(s)e seiner Zukunft meistern	k U ss
sollte. So litt er (n)ot, und Hilfe tat ihm (n)ot. Er hoffte trotz	N n
(a)llem weiter ? hin auf das (b)este und dachte: Das (b)este ist,	a ∪ B b
wenn ich zu meinem (s)tein ? reichen Vetter gehe.	s ∪

Er klopfte guter ? (d)inge an dessen Türe an und begann, ihm	/ D
auseinander ? zu ? setzen, wie sehr er des (a)nderen Hilfe be-	∪ ∪ a
dürfe. Dieser lie(s) sich alles im (g)uten sagen und erw(i)derte	ß g i
dann: „Du hast viel zu (u)nrecht erworben und auch sehr im	U
(t)rüben gefischt. In (m)anchem hast (d)u (r)echt getan; (d)u	t m d r d
hast bei (d)einem (h)andeln nicht an das (s)chlechte gedacht,	d H S
da(s) (d)ir einmal zusto(s)en könnte. Bei (d)ir gab es immer	s d ß d
das (b)este und (t)euerste zu essen.	B T

Du hast in den Tag hinein ? gelebt und zu ? guter ? (l)etzt alles	/ / / L
verloren. Du scheinst (d)ir dessen nicht bewu(s)t, da(s) man	d ß ß
für alles im Leben (z)ahlen mu(s). Du hast mich so ? oft ausge-	z ß /
lacht. So ? oft ich (d)ich davon abhalten wollte, da(s) (s)inn-	∪ d s S
loseste zu unternehmen, hast (d)u mich ohne ? (w)eiteres ver-	d / w
spottet. Jetzt möchte ich mich mit (d)ir über diese Sache	d
nicht mehr auseinander ? setzen. Du sollst en _ lich (d oder	∪ d
t?) selbst im ? (s)tande sein, das (e)rforderliche zu ? tun, um	∪ s E /
ohne mein (z)u ? (t)un aufs (n)eue zu etwas zu ? kommen.	Z ∪ t n /

So ? lange (d)u (d)einer Verschwendungssucht nicht (h)alt ge-	∪ d d H
bietest, kann nichts be(s)er werden. Ein (j)eder mu(s) wi(s)en,	ss j ß ss
da(s) er mit seinem Geld vernünftig (h)aus ? halten mu(s). Es	ß h ∪ ß
tut mir (l)eid, wenn ich (d)ich unverrichteter ? (d)inge von	l d ∪ d
meiner Tür wei(s)en mu(s). Komm mit (d)ir selbst ins (r)eine.	s ß d r
In meinen Augen bist (d)u (s)chuld an (d)einem Unglück.	d s d
Ohne Schwei(s) kein Prei(s)."	ß s

Punkterennen 2

Auch dieser Text ist außergewöhnlich schwer; er wurde veröffentlicht in der Zeitschrift „Hör zu", Mai 1962. Da es nur um Groß- oder Kleinschreibung geht, ist hier alles klein gedruckt. – Setzen Sie, wo nötig, die großen Buchstaben!

Bewertung:	Alles richtig: 1	4 – 6 Wörter falsch: 3	10 – 12 Wörter falsch: 5
	3 Wörter falsch: 2	7 – 9 Wörter falsch: 4	über 12 Wörter falsch: 6

Der schwierige	*Schwierige*
Ist es dem begabten wirklich ein leichtes, das schwierigste	Begabten Schwierigste
zu leisten? Arthur hat es zeit seines lebens versucht. Er	Lebens
mußte erfahren, daß es das schwierigste ist, sich selbst zu	
bezwingen. Das verkannte er denn auch nicht im gering-	
sten. Er hoffte stets auf das beste und ließ – den mei-	Beste Meinungen
nungen anderer zum trotz – bedenken außer acht, daß	Trotz Bedenken
sogar den unbeteiligten angst werden konnte. Er dachte	Unbeteiligten
an den satz: „Tut nichts schlechtes, so wird euch nichts	Satz Schlechtes
schlechtes widerfahren; und fühlte sich sicher. Obwohl	Schlechtes
er gerecht war und keinen unterschied zwischen vorneh-	Unterschied Vornehmen
men und geringen oder zwischen arm und reich gelten	Geringen
ließ, hatte er am ende viele gegner.	Ende Gegner
So hielt er zu guter letzt nicht stand. Er wurde, auf gut	Letzt
deutsch gesagt, in bezug auf sein recht geradezu irre. Nie	Recht
hatte er unrecht getan; wie konnte ihm da alle welt nur	Welt
feind sein? Verzweifelt tappte er im finstern und verlor	
wie ein kind, das sich im dunkeln ängstigt, allen mut und	Kind Dunkeln Mut
alle zuversicht. Es wurde ihm nicht klar, daß sein bis zum	Zuversicht
äußersten selbstgerechter hochmut ihn verhindert hatte,	Hochmut
sich mit den sorgen der mitmenschen des näheren zu be-	Sorgen Mitmenschen
fassen. Da ihm die liebe fehlte, fehlten ihm kontakte.	Liebe Kontakte
Aus diesem grunde wiederum blieb er, was den menschen	Grunde Menschen
betraf, nicht auf dem laufenden und vermochte, wie er	
auch zu werke ging, niemals überragendes zu leisten.	Werke Überragendes

Punkterennen 3

Bewertung:	Bis zu 2 Fehler nicht gefunden: 1	5 u. 6 F. nicht gef.: 3	9 u. 10 F. nicht gef.: 5
	3 u. 4 Fehler nicht gefunden: 2	7 u. 8 F. nicht gef.: 4	über 10 F. nicht gef.: 6

Sehr gehrter Herr Ober Bürgermeister	geehrter Oberbürgermeister
Weil wir in unserer Gemeinte erfaren haben, dass auch	Gemeinde erfahren daß
dieses jar wider das Landwirtschaftsfeßt gefeiert werden	Jahr wieder -fest
soll, möchten wir ein Mal freundlichst bei ihnen Anfra-	einmal Ihnen anfragen
gen, ob sie für die vielen Leutte, die im Ocktober kom-	Sie Leute Oktober
men werten, schon einen guten Oxen haben oder nicht.	werden Ochsen
Wir hätten einen, der ser fiel gefreßen hat und Dick ist.	sehr viel gefressen dick
Auch ist er schwehr und noch recht jung. Wen er noch	schwer Wenn
lebt, wirt er im November dießes Jahres drei Jahre Alt.	wird dieses alt
Deßhalb soll er in die Großstatt, weil er jetzt gerade	Deshalb Großstadt
recht ist und past. Wir bitten sie Freundlichst, uns mit-	paßt Sie freundlichst
teilen zu wohlen, was sie dazu Sagen. Wenn man ihn	wollen Sie sagen
nicht gleich braucht, dan behallten wir ihn noch. Wir	dann behalten
haben noch mehr zum schlachten. In der zwischen Zeit	Schlachten Zwischenzeit
werden wir Sie weiter gut füttern, die Oxen. Aber so Et-	sie Ochsen etwas
was gutes haben alle Menschen, die in ihre Statt kom-	Gutes Ihre Stadt
men, noch garnicht geschmeckt. Wir würden Sie (die	gar nicht sie
Oxen) am Liebsten selber eßen; aber wir brauchen Geld.	Ochsen liebsten essen
Das wünscht sich ihr Alter Freunt Karl Oberhinterhofer.	Ihr alter Freund

5. Fremdwörter

Müssen Fremdwörter sein? Wir kommen ohne sie nicht mehr aus. Der deutsche Sprachschatz zerfällt in drei große Gruppen: Erbwörter, Lehnwörter und Fremdwörter. Erbwörter haben germanische Wurzeln (Messer, Kraft, Vater, geben, schön); es sind die zahlreichsten und meistgebrauchten. Lehnwörter stammen aus anderen Sprachen, haben aber deutsche Schreibweise und Betonung angenommen; man sieht ihnen meistens die fremde Herkunft nicht mehr an (Fenster, Mauer, Tisch, Frucht, Keller, schreiben).

Bei den Fremdwörtern gilt immer noch die alte Regel: Wo ein besseres oder gleichgutes deutsches Wort zur Verfügung steht, vermeide man das Fremdwort. Im deutschen Sprachschatz dürfte es etwa 100.000 Fremdwörter geben; die meisten von ihnen sind entbehrlich. Einige hundert sind jedoch fest eingebürgert; sie bezeichnen meist scharf umrissene Begriffe, und jeder versteht sie (Religion, Qualität, Melodie, konstruieren, elektrische Apparate). Unentbehrlich sind auch die wissenschaftlichen Fachausdrücke. Gerade die moderne Wissenschaft verbindet die Völker in aller Welt; hier entstehen oft Erfindung und Wortprägung gleichzeitig. Wir würden uns von der Weltkultur abkapseln, wenn wir versuchten, alles zu verdeutschen.

Sehr viele Fremdwörter werden falsch geschrieben. Das hängt damit zusammen, daß sie aus den verschiedensten Sprachen gekommen sind. Dort gibt es oft andere Schreibregeln. Man müßte also eigentlich bei jedem Fremdwort wissen, wo es herkommt. Damit wäre selbst ein Universitätsprofessor überfordert. Hier seien die wichtigsten Fremdwörter mit Herkunft, Bedeutung und Aussprache zusammengestellt. Wenn man Fremdwörter falsch schreibt oder spricht, macht man sich leicht lächerlich.

5.1. Schreibweise und Aussprache

Prägen Sie sich die Schreibung dieser Fremdwörter ein und erklären Sie ihre Bedeutung! (Am Rande können Sie sich überprüfen.)

Buchstaben und Silben	*Herkunft*	*Aussprache*		*Beispiele*	*Verdeutschung (meist nur eine)*
ai	franz.	ä		Saison, Relais, Palais, Renaissance	Hauptbetriebszeit, Schalteinrichtung, Palast, Kunstepoche
ai	engl.	ä		fair	anständig
aille	franz.	alje		Medaille, Taille	
ant	franz.	añ (nasaliert!)		Restaurant	
au	franz.	o		Restaurant, Chauffeur, Chaussee	-, Fahrer, Landstraße
eau	franz.	oh		Eau de Cologne, Niveau, Plateau	Kölnisch Wasser, Ebene Fläche
c	lat.	z	nur	Celsius	
c	franz.	ß	vor	Service	Dienstleistung
c	engl.	ß	e und i	Cent, City	(amerik. Münze), –
c	ital.	tsch		Cello, Cembalo, Cinzano	Musikinstrument, ebenso, (Wein)
c	engl.	k	vor a o	Cocktail, Copyright, Corned Beef, Camping, Couch	–, Druckerlaubnis, Rindfleisch in Büchsen, –, –
c	franz.	k	u	Corps (gespr. kohr), Clique, Courage Cousin	Gruppe Bande, Mut Vetter

Buchstaben und Silben	*Herkunft*	*Aussprache*	*Beispiele*	*Verdeutschung (meist nur eine)*
ch	franz.	sch	Chance, Chaussee, Chef, chiffrieren	–, – –, verschlüsseln
ch	griech.	ch	Chirurg	Facharzt für operative Medizin
ch	arab.	ch	Chemie	
ch	griech.	k	Christ, Chor, Chaos, Chlor, Orchester chronisch	–, –, – –, – langwierig
ch	ital.	k	Chianti, Michel-angelo	(Wein), (Künstler)
ee	franz.	e, betont	Allee, Idee, Klischee, Komitee, Resümee, Renommee	–, –, Abklatsch Ausschuß, Zusammenfas-sung, (guter) Ruf
é	franz.	e	Café	Kaffeehaus
ee	engl.	ih	Teenager	Junge oder Mädchen von 12 – 20
ei	franz.	eh	beige	sandfarben
eu	franz.	ö	Milieu, Feuilleton	Umgebung, literatischer Unterhaltungsteil
eur	franz.	öhr	Amateur, Ingenieur, Installateur, Monteur	
g	franz.	sch (stimmhaft)	Genie, Gelee, Loge, Ingenieur, Regime, Bourgeois (gespr. Burschoa)	–, –, besonderer Raum, –, Herrschaft Bürger
g	engl.	dsch (stimmhaft)	Gentleman	
gn	lat.	gn	Signal, Magnet	
gn	lt./frz.	nj	Bologna, Kognak	
ie	gr./lat.	ie	Kopie, Magie, Zere-monie, Allergie, Anatomie	–, Zauberei, Feierlichkeit, Überempfindlichkeit, Lehre vom Bau der Lebe-wesen
ie	lat./fr.	i–e	Aktie, Materie, Komödie, Tragödie, Orgie	–, –, Lustspiel, Trauerspiel, Gelage
ier	franz.	ihr	Papier, Kavalier, Manier, Revier, Visier	–, –, –, –, Gesichtsschutz oder Ziel-vorrichtung
ier	franz.	jeh	Portier, Bankier, Atelier, Premiere	–, –, –, Erstaufführung
in	franz.	äñ (nasaliert)	Bassin, Gobelin	Becken, Wandteppich
ine	franz.	ine	Maschine, Vitrine	–, Glasschrank
j	franz.	sch (stimm-haft)	Journal, Journalist, Jongleur, Jalousie	Zeitschrift, Schreiber für die Zeitung, –, Fensterschutz
j	engl.	dsch (stimm-haft)	Jet	Düse, Düsenflugzeug
j	span.	ch	Don Juán, Junta	–, Regierungsausschuß
oi, oy	franz.	oa	Reservoir, Memoi-ren, Toilette, Plä-doyer, oktroyieren	–, Erinnerungen, –, (Gerichts-)Rede, aufzwingen
oi	gr./lat.	oi	Celluoid	Zellstoff

Buchstaben und Silben	*Herkunft*	*Aussprache*	*Beispiele*	*Verdeutschung (meist nur eine)*
ou	franz.	uh	Limousine, Ragout (t ist stumm!), Routine	Pkw mit Dach, Mischgericht, Fertigkeit
qu	lat.	kw	Quadrat, Quartal, Quartier, Quotient, Quantum, Qualität	–, Vierteljahr –, Zahlenausdruck, –, –
qu	engl.	kw	Quäker	Anhänger einer rel. Sekte
qu	franz.	k	Queue (gespr. köh), Clique (gespr. klik)	Billardstock, Bande
tia	lat./fr.	tsia	Differential, Existentialismus, Initiative	Ausgleichsgetriebe, mod. Philosophie, Unternehmungsgeist
tie	lat./fr.	tsie	partiell, existentiell, Patient	teilweise, auf das Dasein bezogen, –
tion	lat.	tsion	Aktion, Inflation, Generation, Nation	
v	lat.	w	Diva, Ventil, Villa, Provisorium, Privileg	„Göttin", –, –, vorläufige Regelung, Vorrecht
y	engl.	ai	Nylon	(Stoffart)
y	engl.	i	City, Rowdy (gespr. Raudi)	
y	engl.	j	New York, Yankee	
y	griech.	ü	Analyse, Asyl, Physik, Psychologie	(chem.) Zerlegung, Schutzort, –, Lehre von der Seele

5.2. Test VI: Fremdwörter

Punkterennen

Prüfen Sie sich selbst! Decken Sie die rechte Hälfte zu! Zählen Sie Ihre Treffer! Es sind 60 zu erreichen.

Benotung:			
	60 – 56: 1	50 – 46: 2	40 – 36: 5
	55 – 51: 2	45 – 41: 4	unter 36: 6

Saison, Renaissance, Service, Copyright	Hauptbetriebszeit, Kunstepoche, Dienstleistung, Druckerlaubnis
Chance, Klischee, Komitee,	Gelegenheit, Abklatsch, Ausschuß,
Resümee, Renommee, Milieu, Allergie	Zusammenfassung, (guter) Ruf, Umgebung, Überempfindlichkeit
Anatomie, Tragödie	Lehre vom Bau der Lebewesen, Trauerspiel
Gobelin, Jet, Junta, Memoiren	Wandteppich, Düse(nflugzeug), Regierungsausschuß, Erinnerungen
oktroyieren, Clique, Aktion	aufzwingen, Bande, Handlung
Provisorium, Privileg	vorläufige Regelung, Vorrecht
Psychologie, abrupt	Lehre von der Seele, zusammenhanglos
Absolvent, absurd, Äquivalent	Schulabgänger mit Abschlußprüfung, widersinnig, Gegenwert
Ära, Affekt, Affront	Zeitalter, heftige Gefühlsregung, Beleidigung

Agio, Akkord, Akku(mulator)	Aufgeld, Übereinkommen, Stromspeicher
akut, Akzent	plötzlich auftretend, Betonung
Alibi, Allianz, Alternative	Nachweis der Abwesenheit vom Tatort, Staatenbündnis, andere Möglichkeit
Amnestie, Amortisation	Straferlaß, Abschreibung
Annonce, annullieren, anonym	Anzeige, für nichtig erklären, namenlos
Appell, Argument, Arithmetik	Aufruf, Beweis, Zahlenrechnen
Atmosphäre, Attrappe	Lufthülle der Erde, Nachbildung
authentisch, Autorität, Bagatelle	echt, Ansehen, geringfügige Sache
Baisse (gespr. Bäß), Belletristik	Fallen der Börsenkurse, Unterhaltungsliteratur
Bilanz, blanko	Schlußabrechnung, unbeschrieben
Bonus, Boom, borniert	Sondervergütung, Wirtschaftsaufschwung, beschränkt
Branche, Budget (gespr. Büdsche)	Geschäftszweig, Plan für den Staatshaushalt

5.3. Bau der Fremdwörter

Es ist hilfreich, wenn man einige fremde Wortstämme kennt. Dazu läßt sich die Bedeutung von Vor- und Nachsilben einprägen. Dann ist es manchmal gar nicht so schwer, ein unbekanntes Fremdwort zu erschließen. Sehen wir ein Beispiel an:

kon – stru – ieren bedeutet: Zusammen – bau – en

↓ ↓ ↓

Vorsilbe Stamm Nachsilbe

a) Lateinische Stämme

ager	Acker	Agrarstaat: vorwiegend landwirtschaftlicher Staat agrarisch: den Ackerbau betreffend, landwirtschaftlich
ag-/ak-	treiben, handeln, tun	agieren: besonders nachdrücklich etwas verfolgen, Aktion: Handlung; Akteur: Handelnder
aqua	Wasser	Aquarium, Aquädukt: Wasserleitung
bestia	wildes Tier	bestialisch, Bestie
cult-	Anbau, Pflege	Kultur, Kult, Kultus, kultivieren
cumulus	Haufe	Akkumulator: Stromspeicher; kumulieren: anhäufen
communis	gemeinsam	Kommune: Wohngemeinschaft; Kommunismus
fac-/fec-	machen	Fakten: Tatsachen; Faktor: „Macher"; Faktotum: einer, der alles macht; Affekt: heftige Gefühlsregung; Effekt: Wirkung; defekt: schadhaft; Defizit: Mangel; Infektion: Ansteckung; infizieren: anstecken
fab-, fan-	sprechen, verkünden	Fatum: Götterspruch, Fabel; infam: von üblem Ruf; famos: berühmt; infantil: „nicht sprechend", d.h. kindisch; diffamieren: in schlechten Ruf bringen; fatal: schicksalshaft; Fatalismus: Schicksalsglaube; Fanatiker: Schwärmer (Fanatismus); faszinieren: bezaubern; profan: unheilig; profanieren: entweihen
fin-	Grenze, Ende	Finale: Schluß; definieren: abgrenzen; Infinitiv: „unbegrenzte Form" des Zeitworts
ir-/it-	gehen	Abiturient: „Weggeher"; Ambition: Ehrgeiz; Initiative: Unternehmungsgeist: Transit: „Hinübergang"
jec-/jic-	werfen	projizieren: nach vorne werfen (Projektor, Projektion); Projekt: Entwurf
jus-/jur-	Recht	Jurist: Rechtskundiger; Justiz

leg-	Gesetz	legal; illegal; legitim: rechtmäßig; Legitimation: Ausweis der Richtigkeit; illegitim: unrechtmäßig; Legislative: Gesetzgebende Gewalt
mob-/mot-	bewegen	Motor; mobil: beweglich; motivieren: in Bewegung setzen; Motivation; Emotion: seelische Bewegung
parare	bereiten	Apparat; Präparat: „Vorbereitetes"; präparieren, reparieren; Reparatur
part-	Teil	Partikel: Teilchen; Partikularismus: Sonderbestrebungen der Teilgebiete eines Staates; partizipieren: teilnehmen
ped-	Fuß	Pedal; Expedition
pet-	erstreben	Appetit; Petition: Eingabe
plus/plur	mehr	Plural, pluralistisch
prim-/press-	drücken	Presse; deprimieren: „hinunterdrücken"; Depression: Senkung; repressiv: unterdrückend
reg-/rek-	lenken, leiten	Regent, Dirigent, Rektor, Direktor
socius	Begleiter, Gefährte	sozial: a) die Ordnung der menschlichen Gesellschaft betreffend, b) der Gemeinschaft verpflichtet, c) den Schutz der gesellschaftlich Schwachen oder Notleidenden betreffend Sozialprodukt: Erzeugnis der Gemeinschaft; Sozialkunde; soziales Verhalten; asozial: die Gemeinschaft schädigend (aber: assoziieren: zusammenschließen); Sozialrente; Sozialpolitik, unsozial; Sozialismus: erstrebte Gesellschaftsordnung; Soziologie: Wissenschaft von der Gesellschaft
sta-/stat-	stehen	Status: Stand; status quo: gegenwärtiger Zustand; Statut: Satzung; Statist: stumm dastehende Person; Station; stationieren; Stativ: Standvorrichtung; Statue; Statur; Konstitution: Verfassung; Institut: Anstalt; Institution: Einrichtung; Instanz: zuständige Stelle; konstant: feststehend
ven-	kommen	Advent: „Ankunft"; Konvention: Übereinkommen; Konvent: Versammlung der Mönche; präventiv: zuvorkommend

b) Griechische Stämme

anthropo	Mensch	Anthropologie: Menschenkunde; Anthroposophie: „Menschenweisheit"; anthropomorph: menschenförmig
astro	Gestirn	Astronomie: Sternkunde; Astrologie: Sterndeutung; Astrophysik: Lehre vom Aufbau der Gestirne
auto	selbst	Automobil (2. Teil ist lat.: beweglich); Autobiographie: Beschreibung des eigenen Lebens; Autogramm: eigenhändige Unterschrift; Autonomie: Selbstverwaltung; autogen: selbsttätig
bio	Lebens-	Biographie: Lebensbeschreibung; Biologie: Kunde vom Leben; Biochemie
chron	Zeit	synchronisieren: zeitlich aufeinander abstimmen; Chronometer: Zeitmesser
demo	Volk	Demokratie; Demagoge: Volksverführer
geo	Erd-	Geographie; Geometrie: „Erdmessung"; geozentrisch: „Erde als Mittelpunkt"
gramm/graph	schreiben	Graphik: „Zeichnung"; Graphologie: Handschriftendeutung; Grammatik
hekto	hundert	Hektoliter
hiero	heilig	Hierarchie: Rangordnung der geistlichen Gewalten; Hieroglyphen: heilige Zeichen
homo	gleich	homogen: gleichartig (Gegenteil: heterogen); homosexuell: gleichgeschlechtlich (der 2. Teil ist lateinisch)

kosmo	schöne Ordnung, Welt	kosmisch: das Weltall betreffend; Kosmogonie: Weltentstehungslehre; Kosmos: Weltall; Kosmetik: Schönheitspflege
-kratie	Herrschaft	Demokratie: Herrschaft des Volkes
-logie	Kunde, Lehre von	Biologie: Lehre vom Leben; Psychologie: Lehre von der Seele; Theologie: Lehre von Gott; Astrologie: Sterndeutung
makro	groß	Makrokosmos: die große Welt
mikro	klein	Mikrokosmos: die kleine Welt (der Mensch); Mikroskop
mono	einzig, allein	Monolog: „Alleingespräch"; Monographie: Schrift über einen einzigen Gegenstand; Monopol: Alleinhandel; Monarch: „Alleinherrscher"
morph	Gestalt	Morphologie: Lehre von den Gestalten; anthropomorph: menschenförmig
-nomie	Gesetzlichkeit	Astronomie: Sternkunde; Autonomie: Selbstregierung
pan	alles	Pantheismus: Verehrung Gottes in allem
path	leiden	Pathos: Leiden, Leidenschaft; pathetisch: feierlich, schwungvoll; pathologisch: leidend; psychopathisch: an der Seele leidend; Sympathie: das Mitfühlen; Antipathie: Abneigung; Telepathie: „Fernfühlung"
phil	Freund, Liebe	Philanthrop: Menschenfreund; Philharmonie: „Liebe zum guten Klang"; Philosoph: Freund der Weisheit; anglophil: das englische Wesen liebend (Gegensatz: anglophob)
phon	Ton, Klang	Phon: Maßeinheit der Lautstärke; Phonetik: Lautlehre; Megaphon: Lautsprecher
phys	Natur	Physik: Lehre von der unbelebten Natur; Physiologie: Lehre von den Lebensvorgängen; physisch: körperlich, natürlich
polem	Krieg	Polemik: Streit; polemisch: kämpferisch
poli	Gemeinschaft, Stadt	Poliklinik: Stadtklinik; Politik: die Gemeinschaft betreffenden Dinge; politisch; Polizei; Politologie: Wissenschaft von der Politik
poly	viel	Polygamie: Vielweiberei, polyphon: vielstimmig
pseudo	falsch	Pseudonym: falscher Name
psych	Seele	psychisch; Psychiatrie: Seelenheilkunde; Psychoanalyse: „Seelenzergliederung"; Psychologie: Kunde von der Seele
-skopie	Schau	Mikroskopie: „Schau des Kleinen"
tele	fern	Teleskop: „Fernschauer"; Telegraph (Telegraf): Fernschreiber; Telephon (Telefon): Fernsprecher
thes/thek	setzen, stellen	These: Satz; Thema: gestellte Aufgabe; Antithese: Gegensatz; Synthese: Zusammensetzung; Prothese: künstliches Glied, Ersatz; Bibliothek: Bücherabstelle; Hypothek: Belastung eines Grundstücks
theo	Gott	Theologie: Wissenschaft von Gott; Theokratie: Gottesherrschaft

c) Lateinische Vorsilben

ab, a	von, weg	abnorm: von der Regel weg; abstrakt: (von der Wirklichkeit) weggezogen
ad (ap, at, as)	zu, hin, nach	adoptieren: an Kindes Statt annehmen; addieren: hinzufügen; adaptieren: anpassen
bi	zwei	Bilanz: zwei Waagschalen, Waage; bilateral: zweiseitig
cum (com, con, col, co)	mit, zusammen	Kumpan: „Brotgenosse", Genosse; Kommilitone: „Mitkämpfer", Mitstudent; Komposition: Zusammensetzung; kondensieren: verdichten; konform: übereinstimmend; Konsonant: Mitlaut; Kollektion: Sammlung; Ko-Produktion: gemeinsame Herstellung

contra, conter (deutsch mit k geschrieben)	gegen	Kontrabaß, Konterrevolution
de	ab, von, aus, ent-	deformieren: verunstalten; dechiffrieren: entziffern; demontieren: abbauen
dis, di (wird franz. des)	auseinander, gegensätzlich	disqualifizieren: ausschließen; Diskussion; desinfizieren: gegen Infektion schützen; Desillusion: Enttäuschung
ex, e	aus, heraus, hinaus	exhumieren: (eine Leiche) ausgraben; exklusiv: (sich) ausschließend; Exkursion: Ausflug; Export: Ausfuhr, enorm: über die Regel hinausgehend
in	1. nicht, un- 2. hinein	indiskret: nicht verschwiegen; Individuum: (unteilbares) Einzelwesen; Inspektion: „Hineinschau"
inter	zwischen	Intervall: Abstand zwischen zwei Tönen; international: zwischen den Völkern
per	durch	perforieren: durchlochen
prä	vor	prähistorisch: vorgeschichtlich; Präposition: (vorgestelltes) Verhältniswort
pro	für, vor	Provision: Vergütung für Besorgung eines Geschäfts
re	wieder, zurück	reformieren: „wiederbilden"; Reflex: Zurückstrahlung
sub	unter	subtropisch: gleich unter (nahe bei) den Tropen; Subordination: Unterordnung
super	über	superfein; Superlativ: höchste Steigerungsform des Adjektivs
trans	hinüber	transatlantisch: über den (dem) Atlantik; Transfer: Übertragung; transzendent: die Erfahrung übersteigend, übersinnlich
tri	drei	Trikolore (drei Farben): Staatsflagge Frankreichs; Triangel: dreieckiges Schlaggerät
uni	ein	Uniform; uniform: einförmig

d) Griechische Vorsilben

a, an	ohne, un-	amusisch: ohne Kunstverständnis; anonym: ohne Namen; Anarchie: Gesetzlosigkeit; Analphabet: des Lesens und Schreibens Unkundiger
ana	wieder, hinauf, zurück	analog: entsprechend; Analyse: Zerlegung
anti	gegen	Antipathie: Abneigung; Antithese: Gegensatz
dia	durch, hindurch	Diagonale: „durch die Ecken gehend"; Diapositiv: „Durchscheinbild"
hyper	über	Hypertonie: gesteigerter Blutdruck; Hypertrophie: Überernährung
hypo	unter	Hypothese: unbewiesene wissenschaftliche Annahme; Hypothek: Belastung eines Grundstücks
kata	herab, hinab	Katastrophe: „Wendung hinab", Katarakt: Wasserfall; Katarrh: „Herabfluß"
peri	um, herum	Peripherie: Umkreis
sym, syn	mit, zusammen	Symmetrie: Gleichmaß; Sympathie: Mitfühlen; Symphonie: „Zusammenklingen", synchron: gleichzeitig; Synthese: Zusammenfügung; synthetisch: (künstlich) zusammengesetzt, Symbiose: Zusammenleben

e) Lateinische Nachsilben

-ität/-tät	Beschaffenheit	Universität; Pietät: Frömmigkeit
-or	einer, der etwas tut	Faktor: „Macher", bewirkende Kraft
-ismus (urspr. griech.)	geistige Richtung	Nationalismus, Kommunismus

f) Griechische Nachsilben

-eion (wird lat. eum)	Ort der Tätigkeit	Museum (aus Museion): Ort, wo sich Künste ereignen
-or	einer, der etwas tut	Rhetor: Redner
-ma	etwas, das getan ist	Dogma: etwas Beschlossenes, Beschluß

g) Französische Nachsilben

-eur weiblich: -euse	einer, der etwas tut	Kontrolleur; Spediteur; Dompteur: Bändiger von wilden Tieren; Monteur; Redakteur: Schriftleiter; Ingenieur (wörtl. Erfinder); Masseur, Masseuse; Souffleur, Souffleuse (eine, die flüsternd vorsagt); Chauffeur; Jongleur
-ieren – auch zuweilen an deutschen Wörtern: hantieren	Tätigkeit	massieren; montieren; frisieren

5.4. Test VII: Fremdwörter

Punkterennen 1

Decken Sie die rechte Hälfte der Seite zu und stufen Sie sich selbst ein! Zuerst müssen Sie 10 Vorsilben aus dem Lateinischen und Griechischen wissen; dann sollen Sie Herkunft und Bedeutung von 45 Fremdwörtern des täglichen Lebens bestimmen.
l = lat., g = griech., e = engl., f = franz., i = ital.

Benotung:	100 – 94: 1	86 – 80: 3	72 – 66: 5
	93 – 87: 2	79 – 73: 4	unter 66: 6

per, trans, super, re, dia	durch, hinüber, über, wieder (zurück), durch
prä, anti, bi, in, hyper	vor, gegen, zwei, nicht oder hinein, über
Apotheke, Methode, System	*g* Arzneiladen, *g* Verfahren, *g* Zusammenstellung
Filiale, Sensation, Labor	*l* Tochterbetrieb, *l* Aufsehen, *l* Arbeitsraum
Examen (Plur.: Examina), Toast	*l* Prüfung, *e* geröstetes Brot
Bouillon, Katalog, Valuta	*f* Fleischbrühe, *g* Verzeichnis, *l* Zahlungsmittel
Ökonomie, Prognose, Fiasko	*g* Wirtschaft, *g* Vorhersage, *i* Mißerfolg
Utensilien, provozieren, Szene	*l* Gerätschaften, *l* herausfordern, *g* Schauplatz
progressiv, Amateur, identisch	*l* fortschrittlich, *f* Liebhaber, *l* der-, die-, dasselbe
intensiv, Archäologie	*l* stark, *g* Wissenschaft von Altertum
Theorie, Praxis	*g* wissenschaftliche Erkenntnis, *g* Handeln
Applaus, Publikum, Boykott	*l* Beifall, *l* Zuschauer (Zuhörer), *e* Ächtung
Liga, separat, Territorium	*l* Bund, *l* getrennt, *l* Gebiet
frappieren, primitiv, Terror	*f* befremden, *l* sehr einfach, *l* schreckliche Gewalt
Interesse, Situation	*l* Anteilnahme (Spannung), *l* Lage
Temperatur, Temperament	*l* Maß (für Wärme und Kälte), *l* Wesensart
animalisch, prinzipiell, Skepsis	*l* tierisch, *l* grundsätzlich, *g* Zweifel
Schizophrenie, genieren	*g* Spaltungsirresein, *f* sich schämen
riskant, Pointe, Komposition	*f* gewagt, *f* Spitze (Hauptpunkt), *l* „Zusammenstellung"

Punkterennen 2

Benotung bei a):		Benotung bei b):	
30 – 28: 1	21 – 19: 4	60 – 56: 1	45 – 41: 4
27 – 25: 2	18 – 16: 5	55 – 51: 2	40 – 36: 5
24 – 22: 3	unter 16: 6	50 – 46: 3	unter 36: 6

a) Unterscheiden Sie:

rational – rationell	verstandesmäßig – zweckmäßig
Komödie – Kommode	Lustspiel – Möbelstück
rationieren – rationalisieren	einteilen – zweckmäßig gestalten
formal – formell	die Form betreffend – äußerlich
psychisch – psychologisch	seelisch – seelenkundlich
national – nationalistisch	den Staat betreffend – in übertriebener Weise für den eigenen Staat kämpfend
ideal – ideell, real – reell	vollkommen – geistig; wirklich – ehrlich
Institut – Institution	Anstalt – Einrichtung
irreal – irrational	unwirklich – verstandesmäßig nicht faßbar
sozial – soziologisch – sozialistisch	auf die Gemeinschaft bezogen – die Gesellschaftswissenschaft betreffend – die Vergesellschaftung anstrebend
physikalisch – physisch – physiologisch	naturwissenschaftlich – körperlich – die Lehre von den Lebensvorgängen betreffend
abnorm – abnormal – anomal – anormal	Kein Unterschied! Alle bedeuten unnormal, d.h. außerhalb der Regel

b) Aus welcher Sprache kommen die folgenden Fremdwörter? Was bedeuten sie?

Intelligenz, Rubrik, Prinzip	*l* Verstand, *l* Spalte, *l* Grundsatz
instruktiv, Vokabel, Teleskop	*l* lehrreich, *l* Wort, *g* Fernrohr
Orthographie, Prolog, faktisch	*g* Rechtschreibung, *g* Vorspruch, *l* tatsächlich
Apostroph, Tragödie, Vision	*g* Auslassungszeichen, *g* Trauerspiel, *l* Schau
Alliteration, Trilogie	*l* gleicher Anlaut bei mehreren Wörtern, *g* drei zusammengehörige Stücke
Phänomen, Anekdote, Epilog	*g* Erscheinung, *g* sehr kurze Geschichte, *g* Nachspruch
Monolog, Dialog	*g* „Alleingespräch", *g* Zwiegespräch
Ironie, Satire, Instruktion	*g* Spott, *l* spöttische Dichtung, *l* Belehrung
Nuance, Inspiration, Index	*f* Kleinigkeit, *l* Eingebung, *l* Verzeichnis
Allegorie, Dilettant, ästhetisch	*g* Sinnbild, *i* Nichtfachmann, *g* den Schönheitssinn ansprechend
Glosse, intellektuell	*g* spöttischer kurzer Artikel, *l* verstandesmäßig

Punkterennen 3

Es gibt insgesamt 60 Punkte, wenn die Bedeutung der Wörter annähernd erfaßt ist.

Benotung:			
	60 – 56: 1	50 – 46: 3	40 – 36: 5
	55 – 51: 2	45 – 41: 4	unter 36: 6

Chance, Chanson, Chassis	Gelegenheit, (spöttisches) Lied, Fahrgestell
clever, Couch, Coup (gespr. ku)	geschickt, Liegesofa, kühner Streich
Definition, Defizit, Deflation	Begriffsbestimmung, Fehlbetrag, Verminderung des Geldumlaufs

Delegation, Depression, Detail	Abordnung, wirtschaftlicher Rückgang, Einzelheit
Devise, Devisen, Differenz	Wahlspruch, Zahlungsmittel, Unterschied
Diskont, Dividende, Duplikat	Zinsabzug beim Kauf von Wechseln, Gewinnanteil, Zweitschrift
Elite, Emigrant, Emotion	Auslese der Besten, Auswanderer, Gemütsbewegung
en détail, en gros, Etat	im kleinen, im großen, Haushaltsplan des Staates
Ethik, Experte, fair	Lehre von den sittlichen Werten, Fachmann, anständig
Fan, fatal, Favorit	begeisterter Anhänger, verhängnisvoll, Liebling
Fazit, Fiasko, Fiktion	Ergebnis, Mißerfolg, Einbildung
flexibel, Föderation, Fond	biegsam, Staatenbund, Rücksitz im Wagen
Fonds, Fraktion, Frequenz	Geldvorrat, Zusammenschluß der Abgeordneten einer Partei im Parlament, Häufigkeit
Fusion, Giro, Hausse (gespr. oß)	Zusammenschluß (von Firmen), Überweisung im bargeldlosen Zahlungsverkehr, Ansteigen der Kurse
Glosse, gratis, Gremium	spöttischer kurzer Artikel, umsonst, Ausschuß
Guerilla, Guerillero, global	Kleinkrieg, Partisan, die ganze Erde betreffend
Hegemonie, Hygiene, Hypnose	Vorherrschaft, Gesundheitspflege, Schlafzustand
Idol, Idyll, illegal	Abgott, Bild friedlichen und ländlich-einfachen Lebens, ungesetzlich
Image (gespr. imidsch), imaginär, Imitation	bildlicher Eindruck, nur in der Vorstellung bestehend, Nachahmung
Immobilien, Immunität, Imperialismus	Grundstücke, Schutz der Abgeordneten vor Strafverfolgung (Unempfindlichkeit), Streben nach Erweiterung der Macht

Punkterennen 4

Berichtigen Sie alle falsch geschriebenen Wörter!

Bewertung:	20 Treffer: 1	17, 16 Treffer: 3	13, 12 Treffer; 5
	19, 18 Treffer: 2	15, 14 Treffer: 4	unter 12 Treffern: 6

Brief eines Türken an seine deutsche Freundin

Ich bin in eine andere Statt gekommen, und Du sollst	Stadt
wißen, was ich tue. Gestern war Fuhsball. Da geht alles	wissen Fußball
ins Stadiohn und schaut mit böser Fisasche auf die an-	Stadion Visage
deren. Der Träner ist der, der in seinem Tihm sagt, wer	Trainer Team
so holtzen muß, daß der andere Kieper nichts mehr	holzen Keeper
halten kann.	
Dann bin ich ins nächste Kaffee und habe mir ein	Café
Mennü bestellt. Das war ein Bujoh und hernach gab es	Menü Bouillon
Kodletten mit Pomm fritt. Sie hat dann Pudding gebracht	Koteletts Pommes frites
mit Fanilkrem als Dessär. Dann habe ich einen italieni-	Vanillekrem Dessert
schen Kianti getrunken. Jetzt bin ich fast bangrott. Drum	Chianti bankrott
geht morgen zum Schiroh-Konto	Giro-Konto

Dein Nökü

Punkterennen 5

Das folgende Stück ist fast ein Ulk. Hier wollen wir nicht bewerten oder benoten. Sie sollen bloß alles, was falsch geschrieben wurde, richtig auf ein Blatt schreiben. Dann können Sie mit der Lösung vergleichen.

Brief des kleinen Maxl an seine Großmutter

Liebe Omi, heute war ich beim großen Bruder in der höheren Schule; die heißt Ginasium. Dort haben sie viele Fächer. Am schwierigsten, glaube ich, ist Fisick, da, wo es elegdrische Funken gibt. Auch Kemie stinkt recht. Und in Mademadig machen sie lauter Mengen. Dann haben sie einen Zirgel; der macht Kreise und heißt dann Gemedri.

Gymnasium
Physik
elektrische Chemie
Mathematik
Zirkel
Geometrie

In einer anderen Stunde, die Edik heißt, reden sie über die bösen Kabidalisten. Das müssen arg schlechte Leute sein, weil einer der Lehrer, ein Histeriker, auch über sie schimpft. Wieder ein anderer hat eine Platte; der heißt Filosof.

Ethik
Kapitalisten
Historiker
Philosoph

Beim Dirrektor war ich nicht, weil man da nicht hinein kann. Der sitzt hinter einer Türe hinter einem Büffä und davor eine alte Segredärin, die immer mit allen Fingern auf der Maschiene herumspielt. Ich habe ihr gesagt, ich mag auch einmal; aber die Tippen, sagt sie, sind alle Krom. Sonst sind sie kapput.

Direktor
Büfett (Buffet)
Sekretärin
Maschine
Typen
Chrom kaputt

Auf einem Stuhl bin ich auch gesessen. Der Tisch heißt Pullt. Da waren greuliche dumme Figuhren. In der ganzen Anstallt wird halt viel gemahlt. In der Pause gehen sie in die Aulla, da kriegen sie was zum eßen. Das macht ein Mensch, der heißt Pedal.

Pult Figuren
Anstalt gemalt
Aula zum Essen
Pedell

Mein Bruder hat mir einen Becher Jokurt gekauft; der war in einer Blastigtüte. Hernach habe ich aufs Kloo müssen; da hat ein Großer eine Ziehgarre geraucht. Da ist mir schlecht geworden. Wie ich da herausgekommen bin, weis ich nicht. Das wünsche ich auch dir,

dein Maxl

Joghurt
Plastiktüte Klo(sett)
Zigarre
weiß
Dir
Dein

Punkterennen 6

Verfahren Sie wie beim vorhergehenden Text!

Brief des Innozenz Hinterdobler an seine Mutter

Liebe Mutter! Jetzt bin ich im Hosbidal, man sagt auch Glinick. Da gibt es viele Mediziener; die haben jetzt gerade Säsong, weil so viele Kranke da sind. Die brauchen keine Annongse in die Zeitung setzen oder an die Menschen apellieren, daß sie kommen, wie unser Pfarrer. Die Schwestern mit den Heubchen, die machen den Servis. Die schauen auch den Urihn an, ob er richtig ist; und messen die Tempratur mit einem Termometter und machen Massasche.

Hospital
Klinik Mediziner
Saison
Annonce
appellieren
Häubchen Service
Urin
Temperatur Thermometer
Massage

Die jungen Kerle, die da sind, kommen als Amatöre, hat man mir gesagt. Einer hilft auch in der Apoteke. Dort

Amateure
Apotheke

muß er Tinktuhren abfüllen. Mein Nachbar ist wegen	Tinkturen
Kreislaufkollabs eingeliefert worden. Das war eine	-kollaps
schlimme Kriese. Er hat sich mit Difterie schon früher	Krise Diphtherie
infisziert. Und später ist noch ein Exzehm dazugekom-	infiziert Ekzem
men. Er wird von einer Korrifä behandelt; das ist ein ganz	Koryphäe
großes Tier, ein Proffesser, aber noch besser, und verlangt	Professor
für jede Visitte gleich 20 Mark.	Visite
Das nennt man stazionäre Behandlung. Die Dockters hier	stationäre Doktoren
sind halt sehr gescheit und haben oft gleich zwei Tittel.	Titel
Einer hat gesagt, der Name ist gar nicht wichtig. Der	
bleibt anonüm. Weist du, was das heißt? Dann schreibe	anonym weißt Du
das einmal deinem treuen Sohn	Deinem
Innozenz	

Punkterennen 7

20 Treffer sind möglich.

Benotung:			
	20: 1	17, 16: 3	13, 12: 5
	19, 18: 2	15, 14: 4	unter 12: 6

Ist der Ausdruck so richtig geschrieben? Das Do-it-yourself-Verfahren — ja

Schreibt man getrennt oder zusammen?

Er hat wenig gearbeitet und sich die Sache leicht ? gemacht. In	∪
den Spielcasinos gibt es Leute, die hoch ? spielen. Man sollte	/
die Angelegenheit nicht so hoch ? spielen. Das bißchen Umgra-	∪
ben war doch leicht ? zu ? machen.	/ /
übel ? nehmen, übel ? genommen, acht ? geben, inne ? halten,	∪ ∪ ∪ ∪
irgend ? einmal, wunder ? nehmen, vorlieb ? nehmen, daran ?	∪ ∪ ∪ ∪
gehen, beiseite ? schieben, anheim ? stellen	/ ∪
Groß oder klein? Das nimmt mich (w)under.	w
Wie viele r? Konku(r)enz, ko(r)ekt, Ko(r)osion	rr rr rr

5.5. Besonderheiten

a) Fremdwörter haben kein ie:	intensiv, Krise, Maschine, Offensive, Textil Ausnahme: -ie, -ieren Diplomatie, kritisieren
b) Fremdwörter haben kein ck:	Artikel, elektrisch, Fabrik, Kautschuk, Koks, Pakt, Projekt, Insekt, publik, Rokoko, Schokolade, Sekt, Sekunde, Spektakel, Tabak, Trikot Ausnahmen: Attacke, Baracke, Blockade, Barock, Hockey, Jackett, Perücke, Picknick Ausnahmen mit 2 k: akklimatisieren, Akkord, Akku(mulator), Makkaroni, Okkultismus
c) Fremdwörter haben kein tz:	Matrize, Notiz, Kapuze, Strapaze Ausnahme: Matratze, Lakritze Ausnahmen mit 2 z: Jazz, Razzia (Fahndung der Polizei), Skizze

d) Fremdwörter haben kein Dehnungs-h:	Lektüre, Maschine, persönlich, Tribüne
e) Fremdwörter mit th:	Theater, Theke, Thema, Hypothek, Kartothek, Theorie, Apotheke, Prothese, Thermometer, Methode, Äther, Athlet, Mathematik aber: Kategorie, Hypotenuse
f) Fremdwörter mit ph:	Asphalt, Atmosphäre, Diphtherie, Paragraph, Phantasie (auch mit F), Physik, Philosophie, Phrase, Phosphor, Strophe
g) Fremdwörter mit rh:	Rhetor(ik), Rheumatismus, Rhythmus, Katarrh
h) betont und doppelt:	eventuell, formell, kaputt, Kompott, komplett, Kontrolle, Bankrott, boykott
i) nicht betont und doch doppelt:	abonnieren, Appetit, arrogant, Apparat, Differenz, Dissonanz, Ellipse, immun, kollidieren, Kollision, Illusion, kommandieren, Konkurrenz, Parallele, Porzellan
j) Zwei Verdoppelungen:	Allee, annullieren, Appell, aggressiv, Aggression, Attrappe, Karussell, Kommission, Kassette, Terrasse
k) ohne Verdoppelung:	alarmieren, Ananas, Kamera, Kamerad, Galerie, Hotel, Karikatur, Komitee, Palast, numerieren
l) Mehrzahl auf -e:	Admiral, General (auch Generäle), Ingenieur, Lift (auch Lifts), Prospekt
m) Mehrzahl auf -en:	Album, Datum, Drama, Doktor, Gymnasium, Studium
n) Mehrzahl auf -s:	Bankier, Chef, Radio, Restaurant

5.6. Sachgruppen

Vorwiegend aus der Erdkunde

Geographie, topographisch, kartographisch	–, das Gelände beschreibend, das Herstellen von Karten betreffend
Relief, Delta, Terrasse	Fläche mit Erhöhung und Vertiefungen, mehrarmige Flußmündung, –
Plateau, Hemisphäre, Horizont	(Hoch)-Ebene, Halbkugel, –
Tertiär, Paläozoikum	älterer Teil der Erdneuzeit, „Alttierzeit"
Atmosphäre, Agrarland, Plantage	Lufthülle, Ackerland, Pflanzung
Formation, Vegetation, mediterran	Schichtung, Pflanzenwuchs, mittelmeerisch
Expedition, Antipoden	Forschungsreise; „Gegenfüßler": Bewohner der auf dem Globus entgegengesetzten Erdteile
Eruption, Meridian, Planetarium	(Vulkan-)Ausbruch, Längenkreis, Darstellung der Gestirnumläufe
Observatorium, Archipel, Reservation	Gebäude zum Beobachten (der Gestirne), Kreis von Inseln, Schutzgebiet
Gravitation, Maximum, Minimum	Erdanziehung, Höchststand, Niedrigststand
Seismograph, Erosion, Produkt	„Erdbebenschreiber", Auswaschung, –
Import, Export	Einfuhr, Ausfuhr

Vorwiegend aus der Geschichte

historisch, Orient, Dekalog	geschichtlich, Osten, Sammlung der 10 Gebote
despotisch, Tyrann, Ära	gewalttätig, Gewaltherrscher, (längerer) Zeitraum
Tradition, Patriarchat	Überlieferung, „Väterherrschaft"
Matriarchat, Dynastie, dominieren	„Mütterherrschaft", Herrscherreihe, beherrschen

Hierarchie, Philosophie, antik	(heilige) Herrschaftsordnung, Liebe zur Weisheit, altertümlich
geozentrisch, heliozentrisch	die Erde als Mittelpunkt betrachtend, die Sonne ...
Monarchie, Insignien, Zölibat	„Alleinherrschaft", Abzeichen der Würde, Ehelosigkeit
Investitur, Proklamation, Patriot	Einweisung in ein geistliches Amt, Aufruf, „Vaterlandsfreund"
Diktator, Rebellion, Tribut	Gewaltherrscher, Aufstand, Zahlung eines bestimmten Betrages
Intrige, Intrigant, Archiv	Ränkespiel, ränkevoller Mensch, Sammlung von Dokumenten
Aquädukt, Viadukt	Wasserleitung, Straßenführung

Vorwiegend aus der modernen Umwelt

Materialismus, Idealismus	Glaube an das Stoffliche als Grundlage aller Dinge, Glaube an das Geistige . . .
Imitation, Kontakt, Projekt	Nachahmung, Beziehung, Vorhaben
Instanz, Illusion, illusorisch	zuständige Stelle, Täuschung, täuschend
intim, generell, dezent	eng befreundet, allgemein, anständig
intern, extern, Referenz	„im Innern", „im Äußern", Beziehung zu anderen Personen
Karikatur, Risiko, Attest	Zerrbild, Wagnis, Bescheinigung (ärztlich)
Allüren, Favorit, Faksimile	(schlechte) Umgangsformen, Liebling, getreue Nachbildung
plausibel, Publizist, Korrespondent	annehmbar, Schriftsteller, (Zeitungs-)Berichterstatter
Dementi, Kontrakt, Zyklus	Widerruf, Vertrag, „Kreis"
Parität, Zertifikat	Gleichheit, Bescheinigung
Quartal, immatrikulieren	Vierteljahr, sich (an einer Hochschule) einschreiben

Vorwiegend aus der Wirtschaft

Konjunktur, Konsum, Tendenz	(wirtschaftliche) Lage, Verbrauch, Neigung
Konfektion, Bilanz, Prokurist	(industrielle) Fertigung von Textilwaren, (geschäftliche) Abrechnung, Handlungsbevollmächtigter
Depression, Devise, propagieren	Verschlechterung der wirtsch. Lage, Zahlungsmittel oder Wahlspruch, werben
Fusion, Kontingent, Kartell	Zusammenschluß, Anteil, Vereinigung von Interessen
investieren, Offerte, Boykott	Geld langfristig im Betrieb anlegen, Angebot, Ächtung
sabotieren, Prospekt, prolongieren	absichtlich beschädigen oder stören, Werbeschrift, (Wechsel) verlängern
Immobilien, Textilien, Quantität	Grundstücke, Webwaren, Menge
Netto, Brutto, Tara	Reingewicht, Gesamtgewicht, Verpackung
Honorar, Tantieme, Tresor	Vergütung, Gewinnanteil, Panzerschrank
Duplikat, reklamieren	Zweitschrift, Einspruch erheben

Vorwiegend aus Naturwissenschaft und Technik

Experiment, Analyse, konservieren	Versuch, Zerlegung, aufbewahren
zentrifugal, zentripetal, physisch	den Mittelpunkt fliehend, den Mittelpunkt suchend, körperlich
horizontal, vertikal, hydraulisch	waagrecht, senkrecht, mit Flüssigkeitsdruck arbeitend
Rotation, imaginär, Dimension	Drehung, nur in der Vorstellung bestehend, Bereich
symmetrisch, asymmetrisch, Isotop	gleichmäßig, ungleichmäßig, „am gleichen Platz"
aerodynamisch, Ellipse	der Luft angepaßt, ovaler Kegelschnitt
Aggregat, Transformator, Mutation	Maschinensatz, Umspanner, sprunghafte Veränderung des Bestands an Erbanlagen

Kapazität, Äquivalent	Fassungs- oder Erzeugungsvermögen, gleichwertiges Gegenstück
Reflex, Statik, Kausalität	Ansprechen auf einen Reiz, Lehre von den Kräften im Gleichgewicht, Ursächlichkeit
Fusion, Exponent, Vakuum	Verschmelzung, Hochzahl (bei der Potenzrechnung), leerer Raum
Akustik, Kathode	Lehre vom Schall, Minuspol (bei der Elektrizität)

Vorwiegend aus der Medizin

Diagnose, Allopathie, Homöopathie	Bestimmung der Krankheit, chemisches Heilverfahren, Naturheilverfahren
Therapie, vegetatives Nervensystem	Behandlung; Nerven, welche Stoffwechsel, Wachstum und Fortpflanzung regeln
Orthopädie, Anämie, latent	Lehre von den Bewegungsorganen und deren Behandlung, Blutarmut, verborgen
Desinfektion, virulent, Virulenz	Vernichtung von Krankheitserregern, giftig, Giftigkeit
Tumor, Transfusion, toxisch	Geschwulst, Blutübertragung, giftig
Prophylaxe, prophylaktisch, Fermente	Vorbeugung, vorbeugend, Gärungsstoffe
Sekrete, Spasmus (Plur. Spasmen)	abgesonderte Stoffe von Drüsen, Krampf
Obduktion, immun, Ampulle	Leichenöffnung, unempfänglich für Krankheit, Glasröhrchen
antiseptisch, Diät, Rekonvaleszenz	frei von Krankheitskeimen, Heilnahrung, Wiedergesundung
infizieren, cholerisch, phlegmatisch	anstecken, jähzornig, träg
melancholisch, sanguinisch	trübsinnig, temperamentvoll

Vorwiegend aus der Sozialkunde

Ideologie, Absolutismus, Doktrin	Fanatische Denkrichtung, Willkürherrschaft, Lehre
Emanzipation, Koexistenz	„Freilassung" = Gleichstellung, Nebeneinanderbestehen von Staaten mit verschiedenen Gesellschafts- und Wirtschaftssystemen
Totalitarismus, autoritär	alles seiner Kontrolle unterwerfender Staat, völlige Unterwerfung beanspruchend
Bürokratie, Status, Demagoge	Herrschaft der Verwaltung, „Stand", Volks(ver)führer
Souveränität, intervenieren	Unabhängigkeit, eingreifen
Expansion, Kompetenz, radikal	Ausbreitung, Zuständigkeit, rücksichtslos
konservativ, agitieren, Agitation	bewahrend, hetzen, politische Hetze
Sanktionen, Konvention, Dilemma	Zwangsmaßnahmen, Abmachung, „Klemme"
Deklaration, Subvention, Zensur	Erklärung, Unterstützung, Prüfung von Druckschriften
Anarchie, Repressalien, Konstitution	Gesetzlosigkeit, Vergeltungsmaßnahmen, Verfassung
Legislative, Exekutive, Judikative	gesetzgebende Körperschaft, ausführende K., richterliche K.

Vorwiegend aus der Politik

legitim, Föderalist, Manifest	gesetzmäßig, Anhänger des Strebens nach einer gewissen Selbständigkeit der Staatsteile, Kundgebung
Fraktion, Plenum, Majorität	Zusammenschluß der Abgeordneten einer Partei im Parlament, ganzes Parlament, Mehrheit
Minorität, Privileg, Prestige	Minderheit, Vorrecht, Geltung
autonom, Prosperität, loyal	eigengesetzlich, Wohlstand, rechtlich gesinnt
Mandat, Administration, Kompromiß	Sitz im Parlament, Verwaltung, Ausgleich
Kooperation, Koordination	Zusammenarbeit, Abstimmung aufeinander
Demarkation, Deportation, konfiszieren	Abgrenzung, Verbannung, beschlagnahmen
Autarkie, ratifizieren	Selbstversorgung, einen Vertrag gültig machen
Emigrant, Agrément	Auswanderer, Zustimmung zur Ernennung eines diplomatischen Vertreters

Provokation, rehabilitieren	Herausforderung, das Ansehen wieder herstellen
Amnestie, resozialisieren	Straferlaß, wieder in die Gemeinschaft eingliedern
Toleranz, Integration	Duldsamkeit, Zusammenschluß

5.7. Test VIII: Fremdwörter

Punkterennen 1

Schreiben Sie die deutsche Bedeutung der folgenden Fremdwörter auf ein Blatt und vergleichen Sie! Insgesamt (a + b) sind 60 Punkte zu erreichen.

Benotung:			
	60 – 56: 1	50 – 46: 3	40 – 36: 5
	55 – 51: 2	45 – 41: 4	unter 36: 6

a)

Import, Improvisation, indiskutabel	Einfuhr, unvorbereitetes Handeln, nicht zu erörtern
Infektion, infizieren, Initiative	Ansteckung, anstecken, Unternehmungsgeist
inklusiv(e), inoffiziell, intervennieren	einschließlich, nichtamtlich, sich einschalten
investieren, irrational, irreal	Geld für den Betrieb anlegen, verstandesmäßig nicht faßbar, unwirklich
Jury, Kabinett, Kampagne	Preisrichterkollegium, kleines Zimmer (auch: Staatsregierung = Runde der Minister), Feldzug
Kaution, Kidnapper, Koalition	Bürgschaft, (Kind-)Entführer, Bündnis
Kollektiv, Kommuniqué, Kompromiß	Arbeits- oder Produktionsgemeinschaft, amtliche Mitteilung, Ausgleich
Kontokorrent, konziliant, Kredit	laufende Rechnung, entgegenkommend, befristete Überlassung von Geld
koordinieren, Korrespondent, labil	aufeinander abstimmen, (Zeitungs-)Berichterstatter, schwankend
Lappalie, Layout, Legislative	Belanglosigkeit, Anordnung einer Druckseite, gesetzgebende Körperschaft

b)

legitim, liquidieren, Lizenz	gesetzlich, „zum Verschwinden bringen", Erlaubnis
loyal, Make-up, Management	rechtschaffen, Aufmachung, Leitung eines Unternehmens
Manuskript, Marketing, Massaker	Druckvorlage, Steigerung des Absatzes, Gemetzel
Match, Mentalität, merkantil	Spiel, Denkart, kaufmännisch
Meteorologie, Minorität, monströs	Wetterkunde, Minderheit, ungeheuerlich
Motiv, Motto, mysteriös	Leitgedanke, Sinnspruch, geheimnisvoll
nasal, Neuralgie, nuklear	durch die Nase gesprochen, Nervenschmerz, den Atomkern betreffend
Ökologie, ökonomisch, Opponent	Umweltwissenschaft, wirtschaftlich, Gegner
Opportunismus, Opposition, paradox	Anpassung an die jeweilige Lage, Gegenpartei, widersinnig
Parodie, Passiva, per saldo	komische Umbildung ernster Dichtung, Schulden, durch Ausgleich der beiden Seiten eines Kontos

Punkterennen 2

Nehmen Sie ein Blatt, schreiben Sie Ihre Lösung darauf und vergleichen Sie! Es sind 28 Punkte zu erreichen.

Benotung:	28 – 27: 1	24 – 23: 3	20 – 19: 5
	26 – 25: 2	22 – 21: 4	unter 19: 6

a) Wie viele Mitlaute?

Li(t)eratur, Ra(f)ine(s)e, Ka(s)e(t)e — Literatur, Raffinesse, Kassette

Ka(r)u(s)e(l), Fa(s)ade, Te(l)eko(l)eg — Karussell, Fassade, Telekolleg

b) d oder t?

Repräsen . an . , Ren . i . e, ren . ieren — Repräsentant, Rendite, rentieren

Kan . i . a . , Soli . ari . ä . — Kandidat, Solidarität

c) b oder p?

Re(.)u(.)lik — Republik

d) Was ist:

Autosuggestion, Audodidakt — Selbstbeeinflussung, „Selbstlerner"

Dialektik — Kunst der Beweisführung in der Wechselrede

e) Was ist der Unterschied zwischen:

Magnet und Magnat — anziehendes Eisen / / Großgrundbesitzer

Amateur und Armatur — „Liebhaber" / / „Ausrüstung"

abnormal und anomal — kein Unterschied! Beide heißen unnormal

f) Mehrzahl von Individuum? — Individuen

g) Was ist falsch?

Rom wurde 753 vor Christi gegründet. — Endweder: vor Christi Geburt
Oder: Vor Christus

Wir saßen 2 Stunden im Kaffee und unterhielten uns gut. — im Café

Dieser Mann war eine große Konifere auf seinem Gebiet. — muß heißen: Koryphäe (bedeutende Persönlichkeit; Konifere ist ein Nadelbaum!)

h) Berichtigen Sie!

Eine wenig gebildete, aber angeberische Patientin sagte zu einem Professor, sie habe eine Explosion nach Berlin gemacht, um ihn zu insultieren, da sie an Konfektionen nach dem Kopfe leide. Der Professor erwiderte: „Dann schicken Sie rüber nach der Hypothek und lassen Sie sich Rhinozerosöl geben."

Exkursion
konsultieren Kongestionen
Apotheke
Rizinusöl

i) Wie muß es heißen?

Er hat sich eine Infektion zugezogen. Er hat sich also inf. . . — infiziert

Punkterennen 3

Es gibt insgesamt (a + b) wieder 60 Punkte.

Benotung:	60 – 56: 1	50 – 46: 3	40 – 36: 5
	55 – 51: 2	45 – 41: 4	unter 36: 6

a)

Phänomen, Pipeline, Plädoyer — Erscheinung, Erdölleitung, Vortrag des Staatsanwalts oder Verteidigers vor Gericht

Plenarsitzung, Plenum, Pogrom	Sitzung aller Abgeordneten, Vollversammlung, grausame Verfolgung
Prognose, Prosperität, Pseudonym	Voraussage, Wohlstand, falscher Name (Deckname)
Quarantäne, quasi, Quintessenz	Absonderung von Ansteckungsverdächtigen, gewissermaßen, Wesenskern
Quote, räsonieren, Ratifikation	Teilbetrag, schimpfen, Bestätigung eines Staatsvertrags
reduzieren, rehabilitieren, Reklamation	herabsetzen, das Ansehen wiederherstellen, Beanstandung
Repertoire, Reportage, Repressalie	Vorrat einstudierter Stücke, Berichterstattung, Vergeltungsmaßnahme
Resolution, Ressentiment, Ressort	Entschließung, heimlicher Groll, Geschäftsbereich
rhetorische Frage, Roboter, Safe	Frage ohne Antwort, Maschinenmensch, Geldschrank
sanieren, Satellit, Satire	gesund machen, dauernder Begleiter, Spottschrift

b)

Schikane, Schizophrenie, Selfmademan	Schinderei, Bewußtseinsspaltung, „selbstgemachter Mann"
Skepsis, Slogan, solidarisch	Zweifel, Werbespruch oder Schlagwort, gemeinsam
solvent, Spray, stagnieren	zahlungsfähig, Sprühflüssigkeit, stocken
Standard, Stipendium, Subvention	Normalmaß, Geldbeihilfe für Studenten, staatlicher Zuschuß
Synonym, Team, Terror	sinnverwandtes Wort, Arbeitsgruppe, Schrecken und Gewalt
Transaktion, transferieren, Tresor	Geldüberweisung, Geld in eine fremde Währung umwechseln, Panzerschrank
Trust, urban, vakant	Zusammenschluß wirtschaftlicher Großbetriebe, städtisch, unbesetzt
Valuta, Varieté, versiert	Währung, Schaubühne, bewandert
virtuos, Visite, Visum	meisterhaft, Besuch (meist des Arztes), Sichtvermerk im Reisepaß
vital, Zertifikat, Zynismus	lebensvoll, Bescheinigung, bissiger Spott

Punkterennen 4

Hier sind 30 moderne englisch-amerikanische Ausdrücke. Schreiben Sie Ihre Übersetzung auf ein Blatt Papier und vergleichen Sie dann! Die Benotung ist diesmal anders:

30 – 28: 1	24 – 22: 3	18 – 16: 6
27 – 25: 2	21 – 19: 4	unter 16: 6

Air-Conditioning, Appeal, Bandleader	Klima-Anlage, Anziehungskraft, Gruppenleiter
Beautyshop, Brain Trust, Cash and Carry	Schönheitsladen, Gruppe von Experten, „Zahle bar und nimm mit"
Checkpoint, Cockpit, Code	Kontrollpunkt, Platz für den Steuermann, „Schlüssel"
Container, Countdown, Deficit Spending	Behälter, „Herunterzählen", Vorgriff des Staates auf zukünftige Haushaltsmittel
Discount, Dumping, Eskalation	Preisnachlaß, Unterbieten, Steigerung
Happening, Laser, Leasing	Ereignis (meist künstlerischer Art), scharf gebündelter Lichtstrahl, mietweise Überlassung
Limit, Op-Art, Park and Ride	Grenze, moderne Kunstrichtung mit besonderen Lichtwirkungen, „Parke und laß dich fahren"

Penthouse, Pop Art, Pressure Group	schöne Dachwohnung, Kunstrichtung mit Motiven aus Massenmedien und Werbung, Druck ausübende Interessengruppe
Publicity, Public Relations (PR), Puzzle	Öffentlichkeit, Bearbeitung der Öffentlichkeit, Geduldspiel
Streß, Trend, White Collar Crime	Anpassung, Grundrichtung einer Entwicklung, Wirtschaftskriminalität

Punkterennen 5

Bewertung:			
	12 Treffer: 1	10 Treffer: 3	8 Treffer: 5
	11 Treffer: 2	9 Treffer: 4	weniger als 8 Treffer: 6

Machen Sie sich den Unterschied klar zwischen:

Monarchie – Aristokratie	„Herrschaft" eines einzelnen – Herrschaft der „Besten"
Monarchie – Republik	Gekröntes Haupt an der Spitze des Staates – gewählter Präsident ...
Demokratie – Diktatur	Das Volk hat die Macht – das Volk hat nicht die Macht
Zentralismus – Föderalismus	Einheitsstaat – Bundesstaat
Föderalismus – Partikularismus	Bundesstaat – Sonderbestrebungen einzelner Staatsteile

Heißt es: Parole bieten oder Paroli bieten? — Paroli (= Widerstand)

Was ist falsch?
Wir brauchen mehr Fremde in unserem Landkreis. Also muß der Terrorismus angekurbelt werden. — Muß heißen: Tourismus

5.8. Trennung der Fremdwörter

Regel:

a) Zusammengesetzte Fremdwörter trennt man nach ihren Bestandteilen. (Man müßte eigentlich die jeweilige Sprache können.)

b) Folgende Lautverbindungen werden nicht getrennt: gn; bl, gl, pl, tl, kl; br, dr, gr, pr, tr, kr

c) Ansonsten wie deutsche Trennung: Hos-pi-tal, Kon-kur-renz, Ho-steß

Beispiele

a) Zusammensetzungen:

Mi-kro-skop	Ab-itur	Sym-ptom	Trans-port
In-ter-es-se	Kau-tschuk	Päd-ago-ge	Ma-nu-skript
At-mo-sphä-re	an-onym	par-al-lel	An-ar-chie
So-wjet	Mon-arch	Phil-ate-list	Pro-gramm

b) oben angegebene Lautverbindungen:

Hy-drant	Zen-trum	Di-plom	Re-greß
Fa-brik	Ma-gnet	Zy-klus	mul-ti-pli-zie-ren

Bi-blio-thek	Ko-gnak	Fe-bru-ar	Se-kre-tär
Si-gnal	Pu-bli-kum	De-pres-sion	
Pro-blem	Te-le-gramm	Qua-drat	

c) Schlechte Trennung: Visage-bühren, Urin-stinkt

Übung 13: Trennen Sie!

Disziplin, Maschine, Balkon, Friseur	Dis-zi-plin, Ma-schi-ne, Bal-kon, Fri-seur
Terrasse, Apotheke, Drogerie	Ter-ras-se, Apo-the-ke, Dro-ge-rie
Alkohol, Garage, Sopran	Al-ko-hol, Ga-ra-ge, So-pran
Zentrum, neutral, Industrie	Zen-trum, neu-tral, In-du-strie
exemplifizieren, Symptom, System	ex-em-pli-fi-zie-ren, Sym-ptom, Sy-stem
Pädagoge, Examen, elektrisch	Päd-ago-ge, Ex-amen, elek-trisch
Jugoslawien, Hypnose, ignorieren	Ju-go-sla-wi-en, Hyp-no-se, ig-no-rie-ren
Illustrierte, egoistisch, Integration	Il-lu-strier-te, egoi-stisch, In-te-gra-ti-on
Arroganz, Indizien, Chronik	Ar-ro-ganz, In-di-zi-en, Chro-nik
Prestige, Phrase, Therapie	Pre-sti-ge, Phra-se, The-ra-pie
Chirurg, Resignation, stagnieren	Chir-urg, Re-si-gna-ti-on, sta-gnie-ren
Prognose, Diagnose, diszipliniert	Pro-gno-se, Dia-gno-se, dis-zi-pli-niert
Ministerium, aktuell, Meeting	Mi-ni-ste-ri-um, ak-tu-ell, Mee-ting
Saboteure, Chauffeure, Toilette	Sa-bo-teu-re, Chauf-feu-re, Toi-let-te
Jubiläum, Petroleum, Individuum	Ju-bi-lä-um, Pe-tro-le-um, In-di-vi-du-um
naiv, Ozean, Koffein, Matrose	na-iv, Oze-an, Kof-fe-in, Ma-tro-se
Spektrum, Intrige, nuklear	Spek-trum, In-tri-ge, nu-kle-ar

5.9. Test IX: Fremdwörter

Punkterennen 1

Setzen Sie für die deutschen Wörter Fremdwörter ein! (Die zwei Anfangsbuchstaben finden Sie in Klammern.) Schreiben Sie diese auf ein Blatt und vergleichen Sie hinterher!

Bewertung:	Alles richtig: 1	4 u. 5 falsch: 3	8 u. 9 falsch: 5
	1 u. 2 falsch: 2	6 u. 7 falsch: 4	mehr als 9 falsch: 6

Jugend und Gewalt (Te) — *Terrorismus*

In der heutigen Seelenkunde (Ps) ist man sich darüber einig, daß die Umgebung (Mi) des kleinen Kindes entscheidend seine Wesensart (seinen Ch) prägt. Es ist ja nicht nur die körperliche (ph) Entwicklung wichtig für das ganze spätere Leben, nein, die seelische (ps) Entwicklung ist noch viel bedeutungsvoller. Sonst kann es passieren, daß sich kein Mitgefühl (keine Sy) mit anderen Menschen bilden kann, ja daß der junge Mensch gesellschaftsfeindlich (as) wird und schließlich den Weg des Verbrechers (Kr) geht.

Psychologie
Milieu
Charakter
physische
psychische
Sympathie
asozial Kriminellen

Unsere Rechtsprechung (Ju) hat erkannt, daß eine spätere Hilfestellung sehr fragwürdig (pr) ist, wenn ein Jugendlicher einmal in so eine Gruppe (Cl) gekommen ist,

Justiz
problematisch
Clique

wo die Bandenangehörigen nach einem ausgeklügelten	
Plan (Sy) in einer Weise geschult werden, daß sie die	System
reinsten Gewaltverbrecher (Te) sind.	Terroristen
Das führt regelrecht zu einem Kleinkrieg (Gu), und die	Guerilla
Kämpfer beanspruchen auch den Titel „Kleinkriegskämp-	
fer" (Gu), ja, sie verlangen, nach den Regeln der Genfer	Guerilleros
Abmachung (Ko) über die Kriegsgefangenen behandelt	Konvention
zu werden, wenn sie von der Polizei festgenommen (ar)	arrestiert
werden. Ihr Verhalten ist nicht nur zerstörerisch (de),	destruktiv
was Sachen anbelangt, sondern verbrecherisch (kr) ge-	kriminell
gen Menschen.	
Besonders Jugendliche, die diese unangenehmen, merk-	
würdigen Wesen (Ty) zum – allerdings sehr kleinen –	Typen
Teil noch begeistert (en) verehren, merken nicht, daß es	enthusiastisch
sich fast ausschließlich um Schmarotzer (Pa) handelt, die	Parasiten
noch nie eine vernünftige Arbeit geleistet haben. Trotz-	
dem werden sie mitunter zu einer Art von Götzenbildern	
(Id) erhoben, und so manche versuchen, es ihnen im Aus-	Idolen
sehen (Im) gleichzutun.	Image
Die Nachrichtenmittel (Me) sind hier viel zu sorglos in	Medien
ihren Berichten (Re) und leisten oft unbewußt einer wei-	Reporten
teren Verbreitung (Pr) dieser seltsamen, ja geradezu ver-	Propaganda
rückten Gedanken (Id) Vorschub. Dabei sind diese sehr	Ideen
oft ausgesprochen blödsinnig (id). Aber wir sind leider	idiotisch
eine Gesellschaft geworden, die die Dinge nicht mehr	
richtig unterscheidet (di), und wir denken alle nur noch	differenziert
an eine Verbesserung unserer Lebenshaltung (unseres	
Lebensst.), die wir einem möglichst großen Verbrauch	Lebensstandards
(Ko) gleichsetzen.	Konsum
Dabei gäbe es für die Zeitungsleute (Jo) viel wichtigere	Journalisten
Fragen (Pr), z.B. die Leser einzuführen in die verwickel-	Probleme
ten (ko) Zusammenhänge, die man untersucht in einem	komplizierten
neuen Zweig der Wissenschaft, die man Umweltwissen-	
schaft (Ök) nennt. Wir dürfen ja nicht mehr rein wirt-	Ökologie
schaftlich (ök) denken und uns nach überholten kauf-	ökonomisch
männischen Grundsätzen (Pr) ausrichten. Wir können es	Prinzipien
uns in der heutigen mißlichen Lage (Si) der Welt nicht	Situation
mehr erlauben, so zu tun, als müsse alles so weitergehen.	
Das wäre eine Täuschung (Il). Hier könnte man der Ju-	Illusion
gend erstrebenswerte Wunschvorstellungen (Id) zeigen.	Ideale

Punkterennen 2

Berichtigen Sie alle fehlerhaften Fremdwörter! Bewertung wie in Punkterennen 1.

Brief der kleinen Ursel an ihren Opa

Lieber Großpapa! Früher sind wir immer mit dem Zug ge-	
fahren. Da hat der Papi das Biljet am Schalter gekauft.	Billet

Den gab es auf jeder Stazion. Ich habe mir immer gleich	Station
die Lokomotiefe angesehen, weil die gar so schön war. Du	Lokomotive
weißt, daß ich mich für alle Maschienen, die es gibt, sehr	Maschinen
interressiere. Dann muß man warten, bis der Zug geht.	interessiere
Wenn alle Passaschiere drin sind, hebt der Mann mit der	Passagiere
roten Mütze die Kelle. Papi sagte dann immer, er schläft	
im Ritmus der Schienen.	Rhythmus

Heuer haben wir zum erstenmal einen Dschet-Flug ge-	Jet-Flug
macht. Papi sagt, das ist kein richtiges Linienflugzeug,	
sondern ein Tschata-Flugzeug. Da sitzt vorn ein Mann mit	Charter
einer blauen Uniform. Der ist der Offizihr. Neben ihm ist	Offizier
noch so einer; der ist der Inschenör und paßt auf, daß der	Ingenieur
andere alles richtig macht. Er schaut immer auf die Arma-	Armaturen
tuhren vor sich. Das nennt man Navigazion. Papi hat genau	Navigation
aufgepaßt und sagt, der fliegt briljant.	brillant

Auf einmal kommt eine Stuardeß durch den Gang. Mutti	Stewardeß
hat gemeint, die ist atracktiv gekleidet. Es gab ein ganzes	attraktiv
Packet mit Brötchen und Schinkenscheiben. Papi hat ge-	Paket
sagt: „Schau, wie sich die rafiniert durch den Gang windet.	raffiniert
Die stößt nirgends an, weil sie noch jung und ellastisch	elastisch
ist." Wir haben viel gegessen. Hat da die Gesellschaft noch	
einen Provit?	Profit

Als wir ankamen, wollten alle hinaus. Das war kaotisch.	chaotisch
Es gab fast eine Panick. Ein junger Bursch stieß an Mutti.	Panik
Da brüllte mein Papi: „Sie sind ein Raudi! Mit Ihnen lasse	Rowdy
ich mich auf gar keine Diskusion ein." Unser Onkel, der	Diskussion
uns abholte, sagte: „Ihr seid präziese geflogen."	präzise

Auf einmal stand eine Frau da mit einem schwarzen Apa-	Apparat
ratt; der war viereckig. Sie sagte zu uns: „Ich brauche ein	
Interwjuh für die Zeitung." Da antwortete mein Vater	Interview
ganz laut: „Das hätte ich auch gern. Mir gibt auch nie-	
mand etwas." Da lachte das ganze Puplikum.	Publikum

Punkterennen 3

Die folgenden Fremdwörter sind falsch geschrieben. Schreiben Sie sie richtig.

Bewertung:	20 Treffer: 1	17, 16 Treffer: 3	13, 12 Treffer: 5
	19,18 Treffer: 2	15, 14 Treffer: 4	weniger als 12 Treffer: 6

Pupertät, korupt, annimieren, paralell	Pubertät, korrupt, animieren, parallel
Hypothenuse, Matemathik, Mannekin	Hypotenuse, Mathematik, Mannequin
Ingineur, Industriealisierung, aprupt	Ingenieur, Industrialisierung, abrupt
Dilema, depremiert, assozial, deffensiv	Dilemma, deprimiert, asozial, defensiv
Karambollage, agressiv, Karrikatur	Karambolage, aggressiv, Karikatur
Atleth, Komentar, Tunnell	Athlet, Kommentar, Tunnel (Tunell)

6. Zusammenfassende Übungen

Übung 14:

Verbessern Sie alles Fehlerhafte auf einem Blatt! Sie können sich allmählich selbst einschätzen, welche Note Sie etwa verdienen.

Sehr geehrte Textielgroßhandlung!	*Textil-...*
Ich weis, daß sie nicht wißen, wer ich bin. Aber mich hat	weiß Sie wissen
ein lang jähriger Geschäfftsfreund auf ihre Firma auf-	langjähr. Geschäftsfreund Ihre
mercksam gemacht. Deßhalb schreibe ich mit der Bite um	aufmerksam Deshalb Bitte
ein Angebod an Stoffen. Legen sie gleich einen Kathalog	Angebot Sie Katalog
bei und die neuesten Preißlisten. Es ist hier bekant, dass	Preislisten bekannt daß
ich an Wollstoffen reich sortirt binn; aus Gründen der	sortiert bin
Konkurenz sind wir nicht abgeneigt, noch so ettliche in-	Konkurrenz etliche
terresante Muster, die für Damen- und Kindermändel	interessante Kindermäntel
besonders geeignet sind, auf Lager zu nehmen.	
Vorallem möchte ich ihre Preiße, die nieder sein sollen,	Vor allem Preise
kennen lernen; den wenn die nicht gut sind, hat es gar	kennenlernen denn
keinen Zwek, dass wir mit einander anfangen. Teilen sie	Zweck daß miteinander Sie
mir mitt, wan und zu welchen Bedienungen Sie Liefern	mit wann Bedingungen liefern
können und ob es fiel Rabat giebt. Zahlen kann ich	viel Rabatt gibt
schon; aber am Liebsten hätte ich zwei gantze Monate	liebsten ganze
Ziehl.	Ziel
In dem ich mit einem besonders vorteilhaften Angebod	Indem Angebot
rechne, da ich ja auch bereit binn, bei günstigen Bedie-	bin
nungen regelmässig größere Posten abzunehmen und sie	Bedingungen regelmäßig
auch ziehmlich Pünktlich zu bezahlen, empfele ich mich	ziemlich pünktlich empfehle
mit den besten Grüssen und Wünschen für ihr weiteres	Grüßen Ihr
Wolergehen. Ich werde sie auch weiter Empfelen.	Wohlergehen Sie weiterempfehlen
Ihr Franz Murxowitz	

Übung 15:

Es handelt sich hier fast nur um ziemlich schwierige Fälle der Groß- und Kleinschreibung. Sie können Ihre Leistung auch ohne genaue Skala einigermaßen beurteilen.

Ein Brief aus alter Zeit

Ich bin alt und nicht mehr auf dem (l)aufenden. Es kann ohne	l
(w)eiteres sein, daß (e)uch das (g)anze zum (l)achen reizt. Im	w E G L
(g)roßen (g)anzen seid (i)hr im letzten Jahr um ein (b)eträchtli-	g g I b
ches reifer geworden. Deshalb nahm ich mir heute (n)acht vor,	n
(e)uch diesen (m)orgen einige Lehren fürs Leben des (n)äheren	E M n
aufzuschreiben. Zwar kann ich (e)uch nur (w)eniges hinterlas-	E w
sen; aber (e)uch etwas (g)ediegenes lernen zu lassen, dazu habe	E G
ich mein (b)estes getan.	B
Ihr seid alle im ? (s)tande, (e)uch redlich durchzuschlagen.	∪ s E
Sollte jedoch (e)iner von (e)euch je in (n)ot sein, so tut es	e E N
durchaus (n)ot, daß (i)hr (e)uch gegenseitig helft. Seid stets	n I E

(w)illens, (e)uch untereinander zu (w)illen zu sein. Irrt (e)iner	w E W e
von (e)uch, so sollen die (ü)brigen ihn eines (a)nderen, und zwar	E ü a
eines (b)esseren belehren. Achtet (j)edermann, (v)ornehme und	B j V
(g)eringe, (a)rm und (r)eich. Seht zu, daß (i)hr keinem (f)eind	G a r I f
seid; denn als (f)eind zu kämpfen bringt letzten ? (e)ndes große	F / E
Pein. Es heißt: „Tut nie (b)öses, dann widerfährt (e)uch nichts	B E
(b)öses." Macht (e)uch Toleranz zu (e)igen und handelt nach	B E e
dem Worte: „Gehst (d)u zur (r)echten, so gehe ich zur (l)inken."	d R L

Tut nie (u)nrecht! Seid (i)hr aber im (r)echt, so habt (i)hr	u I R I
(r)echt, wenn (i)hr (e)uer (r)echt sucht. Laßt nichts außer (a)cht	r I E R a
beim (l)eihen und (b)orgen! Wählt nicht den (e)rsten (b)esten	L B e b
als Freund! Wollt (i)hr (w)ichtiges zu ? (w)ege bringen, so müßt	I W ∪ w
(i)hr ernstlich zu ? (w)erke gehen. Seid (e)uch im (k)laren dar-	I / W E k
über, daß (a)lles zwei Seiten hat! Vorsicht beim (g)eld ? (a)us-	a G∪a
geben! Sonst steht (i)hr am Schluß vor dem (n)ichts.	I N

Zieht nie eine ernste Sache ins (l)ächerliche! Verachtet nie das	L
(l)eichte; so wird es (e)uch schließlich ein (l)eichtes sein, auch	L E l
das (s)chwierigste zu überwinden. Es ist immer noch das	S
(s)chwierigste, sich selbst zu bezwingen. Befolgt das (v)orste-	s V
hende, so braucht (e)uch nicht (a)ngst zu werden! Ohne	E a
(a)ngst könnt (i)hr dann zu guter ? (l)etzt auf das (b)este stand-	A I / L b
halten, auf das (b)este hoffen und (t)rotz aller Widerstände	B t
(z)eit (e)ures Lebens dem Schicksal (t)rotz bieten.	z E T

(nach Wolf-Dietrich Jägel, Übungs- und Prüfungsdiktate)

Übung 16:

Dieser Text wurde einem *Leserbrief* im „Rohzustand" entnommen. Übernehmen Sie die Rolle des Redakteurs und verbessern Sie die Rechtschreibfehler!

Obwohl in unserer Deutschen Bundesrepublick laut GG	Bundesrepublik
glücklicher Weise eine klare Regelung der verschiedenen	glücklicherweise
Kompetentzen ist, ist der Jahrhunderte lange erbittert	Kompetenzen jahrhundertelange
geführte Kampf noch nicht zuende gegangen. Sooft von	zu Ende
der Bildungskathastrophe, einem viel zitierten Wort, die	-katastrophe vielzitierten
Rede ist, fühlen sich stehts unsere Koniferen aufgerufen,	stets Koryphäen
das Ihre zutun oder wenigstens weise Sprüche vonsich	zu tun von sich
zu geben. Freilich ist es etwas unvermeidliches, dass ver-	Unvermeidliches daß
schiedene Konzeptionen im Wiederstreit mit einander	Widerstreit miteinander
liegen.	

Auf jedenfall lehnen wir Bayern es auf's Entschiedenste	jeden Fall aufs entschiedenste
ab, uns von irgend einem Bonner Organ herumkoman-	irgendeinem -kommandieren
dieren zu laßen. Wir sind ein sehr alter Staat. Wenn man	lassen
im Stillen uns auch für die dummen hält, so verweißen	stillen Dummen verweisen
wir doch mit Stolz auf unsere Leistungen in der Litteratur	Literatur
des Hochmittelalters. Wir brauchen uns nicht unserer gei-	
stigen Produckte zu schämen, die meißt viel beachtlicher	Produkte meist
sind als ganze Bücher, die während der letzten Jahre pu-	
pliziert worden sind.	publiziert

Natürlich kommt es auch nicht infrage, dass uns von	in Frage daß

Seiten der Anderen ein übertriebener Partikularismus vor-	seiten anderen
geworfen wird. Zuguterletzt heißt es noch, wir wären	Zu guter Letzt
schlechte deutsche. Dabei haben gerade wir Schiller's	Deutsche Schillers
Wort aus dem „Tell" immer hoch gehalten: „An's Vater-	hochgehalten Ans
land, an's teure, schließ Dich an!" Wielange dieser Pro-	ans dich wie lange Prozeß
zess ist, bis man vergangenes vergißt, daß wissen wir auch.	Vergangenes das
Aber jeder kann positives dazu beitragen.	Positives

Übung 17:

Noch einmal Glück gehabt

Durch geduldiges (s)paren kann man leicht 50 Mark zusammen ?	S ∪
bringen. Gisela zog mit ihnen los ins (b)laue, nach ? dem ihr für	B ∪
ihre Bereitschaft, des (ö)fteren Überstunden zu ? machen, ein	ö /
freier (n)achmittag angeboten worden war. „Da hast (d)u nun	N d
endlich ein (p)aar Stunden Zeit für (d)einen Einkaufsbummel	p d
durch die Stadt", sagte (i)hr Mann zu (i)hr, als er (i)hre Freude	i i i
sah.	

„Ist das nicht (i)hre schöne neue Einkaufstasche, die (i)hnen	I I
(i)hr Mann zu Weihnachten geschenkt hat?", fragte die freund-	I
liche Nachbarin, als sie Gisela fröhlich wie ein junges Mädchen	
vorbei ? gehen sah. So war es. Und heute wollte (s)ie sich für	∪ s
(i)hr Geld etwas besonders (s)chönes kaufen.	i S

Schon das (e)ntlangschlendern an den Auslagen machte ihr viel	E
(s)paß. Viel (v)erlockendes sollte an den Augen der jungen Frau	S V
vorüber ? ziehen, ehe sie sich entscheiden wollte. Sie geno(s) es,	∪ ß
die Vorfreude noch ein (b)i(s)chen zu verlängern. Auch in einem	b ß
(r)iesen ? (k)aufhaus, das auf das (m)odernste eingerichtet war,	R ∪ k m
kam sie nach einigem (n)achdenken zu dem Entschluß, (n)ichts	N n
zu kaufen.	

Beim (v)erlassen, als sie an einem Seitenausgang (h)alt ? machte,	V h ∪
um in Ruhe nachzudenken, legte auf ? einmal jemand die Hand	/
auf (i)hre Schulter. „Folgen (s)ie mir unauffällig, wenn (s)ie	i S S
einen Auftritt vermeiden wollen. Kriminalpolizei!" sagte ein	
Herr hinter (i)hr. Für Gisela hätte nichts (f)urchtbarer sein kön-	i f
nen als diese ekelhaften Sätze, die ans (g)roteske grenzten.	G
„Wie kommen (s)ie dazu," fragte (s)ie, nachdem (s)ie (i)hre	S s s i
Fassung wieder ? gewonnen hatte, „mich aufs (g)eratewohl so	∪ G
anzusprechen?" So ? etwas (s)eltsames hatte (s)ie noch nie er-	/ S s
lebt. Der (f)remde forderte: „Öffnen (s)ie bitte (i)hre Hand-	F S I
tasche!"	

Sie tat dem (a)nsinnen (g)enüge und war aufs (h)öchste erstaunt,	A G h
in (i)hrer Tasche das (m)erkwürdigste zu sehen, was es in (i)hren	i M i
Augen geben konnte: Von den Seidentüchern, die (s)ie gerade	s
bewundert hatte, lagen die zwei (b)untesten da, und von den	b
Seifen gerade die drei (t)euersten. Da war auch der hübsche	t
Elefant, den (s)ie (i)hrem (k)leinen hatte kaufen wollen. Sie	s i K
schrie: „Wenn (s)ie meinen, ich hätte das gestohlen, so sage ich	S
(i)hnen ein glattes (n)ein."	I N

„Das sagen (a)lle", erwiderte der hochmütige (f)remde und a F
packte all dies (s)chöne aus Gisela(')s Tasche in seine eigene. S –
„Ich verstehe, daß (s)ie nicht (w)illens sind, (i)hren Diebstahl S w I
zuzugeben; (s)ie werden aber (i)hrerseits begreifen, daß nichts S I
zu (i)hren (g)unsten spricht. Man wird (s)ie verhören; es wird I G S
(i)hnen schwer ? fallen, (i)hre Unschuld zu beweisen. Von I ∪ I
(r)echts wegen sind (s)ie zu verhaften. Allerdings . . . wenn (s)ie R S S
mir 50 Mark für(')s (r)ote Kreuz geben, mache ich nicht viel R
(a)ufhebens und tue alles in meiner Kraft (s)tehende, um die A S
Sache schnell in Ordnung zu ? bringen." /

Gisela braucht fast Kenntnisse in (e)rster Hilfe; (i)hr ist schreck- E i
lich zu ? (m)ute. Es gibt kein langes (h)in und (h)er in (i)hrem ∪ m H H i
Kopf; (ü)berstehen kann (s)ie das nur durch (z)ahlen. Auch ist ü s Z
die besagte Organisation etwas (n)ützliches und (g)utes. Sie N G
reicht dem (u)nbekannten (i)hr sauer (e)rspartes. Der nimmt es U i E
ohne (w)eiteres und verabschiedet sich von (i)hr, die nahe am w i
(w)einen ist, aufs (h)öflichste. W h

Kurz darauf redet (s)ie wieder irgend ? (j)emand an: „Kriminal- s / j
polizei! Hier, sehen (s)ie meinen Ausweis?" „Ja", entgegnet sie S
(a)ngesichts der neuen Befragung. Aber die Gegenstände seien a
ohne (i)hr (z)utun in (i)hre Tasche gekommen. Der Beamte i Z i
sagt: „Das glaube ich (i)hnen. Hat er Geld dafür verlangt, daß I
er (s)ie laufen ließ?" Jetzt weiß Gisela (b)escheid. S B

Und später geschah noch so (e)iniges: Der Betrüger wurde ge- e
schnappt (er war natürlich aufs (ä)ußerste erbost!); Gisela be- ä
kam (i)hr Geld wieder, und im Polizeipräsidium lernte sie echte i
Ausweise von (f)alschen zu unterscheiden, um in Zukunft si- f
cher ? zu ? gehen, daß sie auf keinen Betrüger herein ? fiel. ∪ ∪ ∪

Übung 18:

Der kleine Sohn eines Gastwirts erzählt:

Wenn das Fräulein kommt, müssen wir zum (k)lavier ? (s)pielen. K ∪ s
Das letzte ? (m)al war es nicht schön. Ich mußte ein (p)aar ∪ m p
Stücke auf ? einmal vorspielen. Des (a)bends höre ich in unse- / A
rem Garten Musik. Neulich kamen zum (a)ufstellen des Mai- A
baums viele Leute. Dann gibt es etwas (g)utes zum (e)ssen. G E
Auch ich wollte mit ? machen. So ? weit ich mich erinnern ∪ ∪
kann, trank ich einen (v)iertel Liter Bier. v

Dann ging(')s schnell, und ich mußte in(')s Bett. So spät ' –
(a)bends trinke ich sonst (n)ichts. Ich verstehe nicht, wie da(s) a n s
andere machen: Die lassen riesige Mengen in sich hinein ? lau- ∪
fen; und es macht (i)hnen gar ? nichts aus. i /

7. Texte zum Ansagen

Vorbemerkung:
Am besten ist es, wenn Ihnen jemand diese Texte ansagen kann. Geht das nicht, wäre ein guter Ausweg, die Stücke in Kurzschrift aufzunehmen und nach etwa 1 Woche in die Langschrift zu übertragen.

Als Bewertungsschema (wenn Sie sich benoten wollen) können Sie pro Seite ansetzen: 0 – 6 Fehler: 1; 7 – 12 Fehler: 2; 13 – 18 Fehler: 3 usw. Sind die Texte kürzer oder länger, dann ändern Sie den Schlüssel entsprechend.

1. Wie kam es zu dieser Katastrophe?

(Nach Hansjürgen Jendral, Süddeutsche Zeitung, 27.10.76)

Vorige Woche war ich ausnahmsweise einmal inmitten der Menschenmenge stehengeblieben, die sich vor der Zufahrt zu dem großen Münchner Krankenhaus versammelt hatte. Auf einer Ambulanz luden sie gerade vier offenbar betrunkene Kinder aus, und das sieht man nicht alle Tage. Meistens meide ich die Gaffer, die sich am Anblick des Unglücks ihres Nächsten weiden. Da ich ganz vorne stand, hörte ich die Frage einer grauhaarigen Dame an den Rotkreuzhelfer, der ein etwa zehnjähriges Mädchen behutsam hineintrug. „Die da und die andere, diese beiden haben einen Cola-Rausch", sagte er im Vorbeigehen. „Zwei größere Jungen sind kurz vor einem Fanta-Delirium; das ist diesmal besonders gefährlich, weil sie noch eine ziemliche Menge Kräuterbitter hinabgespült haben."

Die Dame neben mir stieß in ihrer Empörung nur Stichworte aus: „Schande – schamlose Jugend – scheußliche Zustände!" Der Rest ging in einem Zischen unter. Während wir den totalen Verfall der Sitten diskutierten, raste eine zweite Ambulanz mit heulenden Sirenen heran. Aus ihr hob man eine Trage heraus, auf der eng umschlungen, mit wirren Haaren und unordentlicher Kleidung, ein Pärchen lag, das nach der Melodie des bayerischen Defiliermarsches allerhand Ungereimtes sang. Die Menge erstarrte vor Abscheu. „War's ein Autounfall?" schrie ein dicker Mann von hinten.

Der Mann im weißen Kittel, der Notarzt, sagte ruhig: „Oh nein; soweit ich aus dem Geruch feststellen kann, ist's ein Vollrausch, bestehend aus Burgunder, Mosel, Rheinwein und Bocksbeutel, versetzt mit einem gehörigen Quantum Likör." Bevor die Leute handgreiflich werden konnten, trabten die Träger mit den stillvergnügt Singenden davon.

Inzwischen war die Zuschauermenge auf mehrere tausend angeschwollen. Weil bei so vielen Leuten die hinteren nichts sehen konnten, wurden sie umgehend informiert: Ein Minister ist blau geschlagen; Kaninchenzüchter halbtot zurück von einer Fahrt ins Blaue. – Polizei rückte an und sperrte die Kreuzung. Ich stand gepreßt wie in einem Schraubstock und sah, wie weitere Unfallwagen heranpreschten. Zwei Helfer schleppten einen älteren, solide wirkenden Herrn vorbei. Er wimmerte fortwährend, daß er sterben müsse. Der Helfer diagnostizierte: „Normale Salami-Vergiftung nach 130 Scheiben Hartwurst, die er gefressen hat."

Als die Revolution ausbrechen wollte, weil die Leute hinten nichts mitkriegten, stellte sich ein Polizeioffizier mit einem Megaphon auf und kommentierte: „Zwei einstmals dünne Damen; jede hat 68 Salzstangerl gefuttert; zusammen haben sie acht Pfund Avocadofrüchte und zwei Steigen Kiwis verdrückt. Da ist ein Oberbayer mit Trachtenhut, der 96 Käsewürfel und 128 Schoppen von verschiedenen Bieren inhaliert hat." Der Mann machte einen bewußtlosen, aber durchaus seligen Eindruck. Der Polizist kündigte eine besinnungslose Endfünfzigerin an, die beinahe an 16 Litern indischen Tees, geschlürft nach einem Mustertablett von 9 verschiedenen Mayonnaise-Gerichten, zugrunde gegangen wäre.

Zuletzt keuchten die menschlichen Packesel unter einem stämmigen Mann mit Vollbart, der dummerweise 97 Täßchen Fleischbrühe aller Sorten in sich hineingegossen hatte. Er stöhnte und wand sich in Krämpfen und versuchte, über die Teedame herzufallen, die sich fortwährend um ihre eigene Achse drehte. – War das eine Epidemie, eine grandiose Lebensmittelvergiftung, die ganz München ausrotten könnte?

Ich zwängte mich durch die schreckensstarre Menge, rannte ins Krankenhaus und fand meinen Bekannten, einen der Ärzte, gemütlich Kaffee trinkend. Er lauschte meiner wirren Katastrophenmeldung und gab dann gelassen von sich: „Kein Grund zur Besorgnis! Bei uns geht es immer so zu, wenn diese Verbrauchermesse stattfindet, bei der man kostenlos Schmankerl und Getränke probieren darf."

2. Die Dicken und die Dünnen

Kaum ein Wort macht uns in letzter Zeit so zu schaffen wie die vielzitierte Kalorie. Wer kalorienbewußt ist, steckt nicht den Kopf samt Hamsterbacken und Doppelkinn in den Sand, sondern schlägt mit heimlicher Wißbegier in einem Lexikon nach. Bei der nächsten Party sagt er dann mit salopper Hochnäsigkeit: „Da sieht man, daß ihr faulen Brüder die Lateinstunde geschwänzt habt! Kalorie kommt von calor, was Wärme heißt. Auch wird so eine Menschenrasse geschaffen, die man die Dicken heißt."

Wenn nimmt es nun wunder, daß man bei zu vielen Kalorien ins Schwitzen kommt? Selbst der Laie weiß, daß sich Körper ausdehnen. Wollen wir den Spaß beiseite lassen! Die Panik hat uns gepackt; denn wer korpulent ist, steigt vor dem Schlafengehen in banger Vorahnung auf die Waage und zittert mit dem schicksalhaften Zeiger um die Wette.

Wenn die neumodische „Schwind-Sucht" im bisherigen Tempo um sich greift, werden wir einen schweren Verlust erleiden: Es wird keine gemütlichen Dicken mehr geben, die stolz ihren Bierbauch betätscheln, keine phlegmatischen Paschas der Kalbshaxe und keine genußvoll aufgeblähten Falstaff-Typen. Man wird den Wanst als sichtbaren Ausdruck einer abgeklärten und in sich ruhenden Weltanschauung vermissen. Hagere Männer, die für das Üppige schwärmen, werden so sehr verzweifeln, daß sie sich vielleicht einen Kummerspeck anfressen müssen.

Andererseits wird die körperliche Ästhetik durch Diät-Kuren Triumphe feiern. Jeder wird den Ehrgeiz haben, auf leichten Sohlen schwerelos dahinzuschweben. Um die hemmungslose Freßlust zu bekämpfen, gibt es amüsante und originelle Tricks. Man könnte zum Beispiel dem Schlingenden, der alles in Rekordzeit in sich hineinstopft, einen Kontrollspiegel hinstellen. Dann würde er an seiner zügellosen Freß-Mimik schaudernd erkennen, wie gierig er mampft. Immerhin wäre es denkbar, daß er – von reuiger Scham befallen – etwas langsamer und bedächtiger kauen würde.

Ein uralter Trick ist der, dem verfressenen Eßpartner durch ebenso hämische wie undelikate Randglossen alles zu vermiesen, was auf seinen Teller kommt. Diese sadistische Methode wenden mit Vorliebe futterneidische Kinder an. Das wird unter Ehegatten keiner dem anderen antun. Wenn man einem den Appetit beim Essen verderben will, ist es eine raffinierte Bosheit, bloß ein bißchen auf Trichinen anzuspielen, damit der nimmersatte Vielfraß seinen Teller angewidert wegschiebt.

Unverzeihlich wäre es vor allem, wenn die Hausfrau hinterhältigerweise ungenießbar kochte und so das Beste kaputtmachte. Sirup-Soße gehört nicht auf Artischocken-Gemüse! Wer ist eigentlich schuld daran, daß manche sich den gastronomischen Launen des Magens hemmungslos überlassen? Um ein krasses Beispiel für unbezähmbare Gelüste zu nennen: Mitten in der Nacht verspürte ein Bekannter, der nicht schlafen konnte, ein unwiderstehliches Verlangen nach Omeletten mit Aprikosenmarmelade und weckte seine Frau. Und was tat die Arme? Anstatt weiterzuschlafen, sauste sie ohne Besinnen in die Küche und fing dort an zu brutzeln.

Gefährlich ist auch das lange Ausharren vor der Mattscheibe, weil es zum Knabbern und Lutschen animiert. Aus purer Langeweile greift man automatisch – nur um etwas im Mund zu haben – nach Erdnüssen oder Pralinen und ist baß erstaunt, wenn man rapide zunimmt. Dann wieder heißt es: Die Dicken sind heute nicht mehr modern. Also ab in die Entschlackungskur! Dort genießt man dann das Fasten, das man sinnigerweise auch noch klotzig bezahlen muß.

3. Wir Armen sind alle Schlucker

Was braucht der Mensch am notwendigsten? Ein Aktienpaket? Einen Telefonanschluß? Eine akademische Bildung? Nichts von alledem! Er braucht Pillen – und natürlich nicht die Pille! Denn mit ihr hört er bekanntlich auf, noch ehe er angefangen hat. Gemeint sind die runden Dinger in Gelb, Weiß und Rosa, die einst von Heil- und Unheilkundigen gedreht wurden und heute von Maschinen produziert und in handelsübliche Packungen hineingezählt werden.

Allerdings, solange sie im Blechschächtelchen, im Gläschen bleiben, das eines Tages halbgeleert in die Hausapotheke wandert, sagen sie nichts Positives über ihren Besitzer aus. Halsweh und Sodbrennen, Frühjahrsmüdigkeit und Kopfschmerzen, auch eine konventionelle Grippe, ein sauber gezielter Hexenschuß, eine bescheidene Gastritis verschaffen niemandem einen Ehrentitel.

Nicht einmal größere Krankheiten bringen einem ohne weiteres das Image eines gereiften Menschen ein. Sie bringen das Opfer zwar eventuell um, aber nichts ein. Erst die gräßlichen Leiden, zu mehreren auf eine Person vereint, nageln uns an das Märtyrerkreuz des Daseins. Der Ältere kennt das nur zu gut: die chronischen Beschwerden, die unabänderlichen Insuffizienzen, die Depressionen aus nicht nur föhnig heiterem Himmel – alles, was in der Zeit zwischen Seelen- und Klinikreife nicht mehr gut ist und nicht mehr besser wird, was zwickt, sticht, zieht, krampft, schwillt, lähmt, kollabiert und irritiert, ohne schon bedrohlich zu sein.

Daß der Mensch nur durch das Ertragen von Leiden sich zu etwas Höherem erheben kann, wer's glaubt, dem ist wohl. Viele Heimgesuchte wären lediglich Griesgräme, Kopfhänger und Hypochonder, hätten sie nicht ihre Pillen und diese Pillen nicht immer im Döschen dabei. Diese, meist im Antiquitätenladen aufgespürt, sind ein Vergnügen für sich: aus Schildpatt, Porzellan und Silber. Manchmal sind sie recht stattlich; dann nämlich, wenn ihr Eigentümer heimtückisch kombinierte Leiden zu besänftigen hat.

Wer je, etwa bei einer Einladung, neben ein solches Mitglied der Leidensprominenz zu sitzen kommt und erlebt, wie es vor dem Essen seine Pillendose öffnet, wird den Anblick nicht so leicht vergessen: Da sieht man sie kunterbunt durcheinanderliegen, die Juwelen der Medizin: blaßviolette neben schwefelgelben, kaffeebraune neben kalkweißen, zweifarbige auch und marmorierte, kleine wie Ameisenlarven, große wie Feuerbohnen, linsenrunde, elliptische, rhombische, lackglatte – halb Minikiesel, halb Zauberzeug.

Muß man das alles wirklich hinunterkippen? Gott sei Dank, gibt es Doktrinen, die nichts von dem ganzen Kram halten. Medizinen gibt es nämlich nicht gegen alle speziellen Strapazen. Und wer nichts zu tun hat, als seinen Cholesterinspiegel zu messen, der ist nicht der Ärmste der Armen.

4. Die perfekte Sekretärin – Konkurrenz für die Ehefrau?

Allen Filmklischees und sensationellen Enthüllungen ehemaliger amerikanischer Sekretärinnen zum Trotz haben ernstzunehmende Umfragen etwas sehr Eigenartiges ergeben: daß nämlich die vollkommene Sekretärin die Kunst beherrschen muß, ihre Vorzüge nicht zur Geltung zu bringen. Sex-Appeal, der heute die Titelseiten der Illustrierten tyrannisiert, ist hier fehl am Platze. Vielmehr wollen die Chefs auf ihre Vorzimmerdamen die Eigenschaften übertragen wissen, die man früher so sehr an den rar gewordenen „Perlen" der besseren Haushaltungen mit Recht schätzte: äußerlich größtmögliche Unauffälligkeit, gepaart mit dem Gedächtnis eines Computers. Nicht das neue Make-up wird dem Boß imponieren, sondern die diskrete Mahnung an das termingerechte Ferngespräch mit der Firma Meyer und Co.

Die Chefsekretärin muß intelligenter sein als das allwissende Lexikon; denn ihre Ambitionen überschreiten die Enge ihres Arbeitsplatzes. In einem Restaurant hat sie einen mit lukullischen Genüssen überfüllten Tisch für ein Diner mit einem Geschäftspartner servieren lassen, Theaterkarten sind zuverlässig bestellt, das Buchen der Flugkarte in die USA obliegt ihr. Sie ist der Knigge für Kleidungs- und Benimmfragen; sie rät zum Smoking, für die Dame zum großen Abendkleid; sie weiß, welcher Film diskutiert wird.

Die Ehefrau des Chefs mag anfangs scheel auf die Macht der Vielbeschäftigten schauen; doch wenn sie sich ihres eigenen Einflusses und Wirkungsbereiches sicher ist, wird sie mit Hilfe eines solchen Faktotums ihrem Eheliebsten das Dasein und Wirken zu einem Paradies machen; ja, sie wird sich charmant bei ihrem Double bedanken, indem sie sie am Donnerstag abend zu einem kleinen Imbiß einlädt.

Die Kundigen wissen wohl, daß die Vorzimmerdame das wichtigste Bollwerk ist, das es zu nehmen gilt, will man ins Allerheiligste des Chefs vordringen. Sie entrichten deshalb an sie ihren Obolus in Form eines Veilchenstraußes oder eines kleinen Fläschchens mit ihrem Lieblingsparfüm. Mit ihrer Hilfe, so munkeln augenzwinkernd die Experten, kann man möglicherweise bekommen, was man ersehnt. Daran mag etwas Wahres sein; erfährt aber der Allgewaltige davon, stößt man leicht auf die größte Empörung und Entrüstung von ihrer Seite.

Ein solches Lob, das von außen kommt, mindert die Größe des Chefs. Wenn er selbst, der Unvergleichliche, ihr ein ähnliches Kompliment macht, so ist das etwas ganz anderes; sie quittiert es lächelnd; denn im Grunde glaubt er selbst nicht recht daran – und sie weiß es sowieso besser.

5. Ist denn der Putzfimmel so etwas Schreckliches?

Der Richter sah sich das bucklige, angsterfüllte Männlein mit einer Mischung aus Spott und Verständnis an und mahnte: „Es ist klar, daß Sie die ganze Wahrheit sagen müssen. Also, warum sind Sie von zu Hause davongerannt? Sie haben die staatliche Fürsorge ein halbes Jahr lang für Ihre Frau und Ihre Kinder sorgen lassen. Ein Heizungsmonteur verdient doch so viel, daß er die Seinen verköstigen kann. Soviel ich weiß, tragen Sie pro Monat an die 3.000 Mark nach Hause. Stimmt's?"

Der Angeklagte rappelte sich zusammen und erwiderte: „Ich habe das Geld nicht verpraßt und nicht verschleudert. Das Junggesellendasein ist teuer; es ist mir nicht viel übriggeblieben. Aber ich mußte ausschnaufen. Ich gehe jetzt schon wieder nach Hause. Weggelaufen bin ich nämlich, weil die Sylvia mit ihren unmenschlichen Putzereien das Heim zur Hölle gemacht hat; es war zum Verrücktwerden:

Sie lief immer mit Schrubber und Kehrbesen herum; über Teppichkehrmaschine, Blocker und Mopp bin ich x-mal gestolpert. Ohne Putzlappen war meine Liebste nie zu sehen. Bohnermaschine und Plastikeimer standen so kunstvoll vor der Wohnzimmertüre, daß ich immer wieder darüberfallen mußte. Mit dem Besenstiel hat sie mich hundertmal ins Kreuz gestoßen. Schrank und Vertiko wurden mit Möbelpolitur beschmiert und mußten glänzen und blitzen. Und die Dosen tummelten sich auf den Eßplätzen.

Das wäre im großen und ganzen noch zu ertragen gewesen; aber das schlimmste war die Hygiene: Für die Fliesen und die Toilette gab es Riesentonnen mit Reinigungsmitteln; Spülmittel und Flüssigwachs waren in Zellophantüten gestapelt. Aufs Sofa durfte ich mich nicht setzen, weil der karierte Schonbezug sonst abgenützt worden wäre; und auch die Polstergarnitur war nicht zur Benützung freigegeben. Die Schuhe waren vor der Wohnungstür auszuziehen, um die Stragula reinzuhalten; jedesmal, wenn ich die Klinke angefaßt hatte, hat sie sie dann poliert. Das habe ich jahrelang ausgehalten; dann ging's nicht mehr.

Natürlich war Rauchen verboten, weil die Gardinen sonst braun geworden wären. Auf dem Linoleum bin ich mindestens ein dutzendmal ausgeglitten; um den Sisalteppich mußte ich herumgehen. Und beim Plüschteppich mußte ich des öfteren als Abendbetätigung mit einem Kamm die Fransen und Härchen geradekehren. Die Kleiderhaken waren zum Abstauben da, und an die ganze Garderobe durfte man nichts Schweres hängen, am besten gar nichts.

Und immer wieder die Hygiene! Das Bad ist eine Mini-Apotheke. Das Dümmste, was ich kenne, ist Desodorant. Zum Kapitel Kosmetik gehören Haarspray und Kölnisch Wasser und an die zwanzig Likörfläschchen mit Parfüm. Die standen wie die Soldaten. Ich durfte kaum hineinriechen. In der Küche ist Sylvia vor lauter Abspülen kaum zum Kochen gekommen. Das Kaffee-Service, die Soßenschüsseln und Suppenterrinen wurden selten benutzt. Der Besteckkasten und das Tablett waren nur zum Scheuern da. Die Aluminium-Folie, die sie zum Backen nahm, wurde gebügelt. Ja, und das Essen! Alles wäre dagewesen: die Karotten und rote Beete, Endiviensalat, Majoran und Thymian, Auberginen und Roquefort-Käse – ich hab's ja alles heimgetragen! Das war alles mehr zum Anschauen als zum Essen. Gott sei's geklagt: Da kann man sich doch nicht wohl fühlen!"

So etwas hatte der Richter nicht im entferntesten erwartet. Er war aufs tiefste betroffen. Sollte er den Armen freisprechen? Welches Gefängnis war vorzuziehen? – Wir überlassen die endgültige Entscheidung der Intelligenz des Lesers.

6. Gnade vor Recht

Dicht drängen sich alljährlich die Kauflustigen durch die Innenstadt, die Gott sei Dank zur autofreien Fußgängerzone geworden ist. Vorweihnachtlich ist auch die Stimmung im vollbesetzten Saal des Jugendgerichts. Seit dem frühen Morgen stehen hier die allzu Neugierigen, die sich so sehr drängen, um der Verhandlung zuzuhören, bei der es um eine junge Sünderin geht, die auf einen Angeber hereingefallen ist.

Seitdem die Jugendkriminalität weltweit ins Blickfeld gerückt ist, bemühen sich allerorten Jugendrichter mit ebensoviel Fingerspitzengefühl wie psychologischer Schulung um angemessene Urteile. So und so oft ist es viel klüger, noch einmal Gnade vor Recht ergehen zu lassen, als den Übeltäter von vorneherein aus der Gesellschaft auszuschließen. Mehr als einmal hat schon eine salomonische Entscheidung, ja geradezu eine symbolische Strafe in Form einer gutgemeinten

Ermahnung, einen länger dauernden Erfolg gezeigt und den Gesetzesbrecher nachhaltiger wachgerüttelt als stures Festhalten am Paragraphen.

Normalerweise lassen sich die Jugendlichen keine überschweren Delikte zuschulden kommen. Wie irregeleitete Schafe geben sie oft nicht acht; des öfteren bringen sie auch fremdes Eigentum beiseite und suchen auf diese Weise besser voranzukommen. Auch in dem anstehenden Fall war noch einmal alles gutgegangen, so daß eine allzu große Erregung nicht vonnöten war. Die 20jährige Hausfrau Ella mußte ihr Vergehen dadurch gutmachen, daß sie für ein Waisenhaus einen Kinderpullover strickte.

Inwiefern war sie trotz des festgestellten Tatbestands der Unterschlagung mit einer vergleichsweise so milden Strafe davongekommen? Wie bei so vielen war auch bei ihr so viel zusammengekommen, was als strafmildernder Hintergrund berücksichtigt werden konnte. Allzu früh war die zierliche Blondine im Alter von 16 Jahren Hausfrau und Mutter geworden. Dabei hatte sie noch unverdientermaßen Glück gehabt. Die frischgemietete Wohnung war gut eingerichtet; ihrem gleichfalls noch sehr jungen Mann kam gar nichts anderes in den Sinn, als ihr treu zu bleiben. Auch hatte er eine gutbezahlte Stellung, so daß die junge Frau zu Hause bleiben konnte.

Aber statt sich mit diesen wohlgeordneten Verhältnissen zufriedenzugeben, erschien der jungen Frau in ihrer Weltunerfahrenheit das Leben spießig. Sie wollte nicht vorliebnehmen mit dem, was sie hatte, sondern hielt lieber Ausschau nach einem vielversprechenden Abenteuer. Fest steht, daß sie anfing sich gehenzulassen, als sie auf einmal einen gewissen Flori aus einer norddeutschen Stadt kennenlernte. Sie ließ sich von ihm weismachen, er sei ein gutsituierter Hotelierssohn. Jedenfalls schien der junge Mann ein ernstzunehmender Verehrer. Ella wollte nicht länger mit ihrem viel zu alltäglichen Mann zusammenbleiben und verließ Mann und Kind, um das langersehnte Leben in der großen Welt zu führen.

Statt dessen entpuppte sich Flori als arbeitsscheuer Gaststättengehilfe, und ehe sich Ella alles richtig klargemacht hatte, mußte sie selbst tüchtig arbeiten, indem sie als Servierfräulein tätig war. Zu guter Letzt überredete der faule Galan die völlig übermüdete junge Frau, doch kurzerhand eine Tageseinnahme zu unterschlagen. Es könne gar nichts schiefgehen. Um es gleich vorwegzunehmen: Ella fielen, nachdem sie das Geld genommen hatte, die vielzitierten Schuppen von den Augen, und sie offenbarte ihre Not der Polizei.

Mutwillig hatte sie ihr früheres Glück zunichte gemacht. Tränenüberströmt tauchte die Hilflose schließlich wieder im altvertrauten Münchner Heim auf, von Mann und Töchterchen willkommen geheißen. Selbstverständlich erbot sich der Mann, sofort den finanziellen Schaden des norddeutschen Restaurants wiedergutzumachen, so daß auch der Staatsanwalt das irregeleitete junge Ding nicht mehr verdammen wollte. Als der Richter am Ende fragte, ob sie überhaupt stricken könne, nickte sie glücklich mit hochrotem Kopf.

Teil 2: Wie vermeide ich Grammatik- und Satzzeichenfehler?

1. Wortlehre

Der gesamte Bestand unseres Wortschatzes läßt sich aufteilen in verschiedene Arten von Wörtern, die eine besondere Funktion im Satz haben und dementsprechend besondere Formen aufweisen.

1. Hauptwort (Substantiv)		
2. Geschlechtswort (Artikel)		
3. Eigenschaftswort (Adjektiv)	deklinierbar	
4. Fürwort (Pronomen)		veränderlich
5. Zahlwort (Numerale)		
6. Tätigkeitswort (Verb)	konjugierbar	
7. Umstandswort (Adverb)		
8. Verhältniswort (Präposition)		unveränderlich
9. Bindewort (Konjunktion)		
10. Ausrufewort (Interjektion)		

1.1. Das Hauptwort (Substantiv)

Das Hauptwort gibt der Sprache Festigkeit. Fast die Hälfte aller unserer Wörter sind Hauptwörter. Die Zahl wächst, da immerfort Neues erfunden und also benannt werden muß.

Wiederholung

Einteilung

1. Dingwörter (Konkreta)
   a) Dinge: Stuhl, Haus
   b) Eigennamen: Hans, Köln, Europa
   c) Gattungsnamen: Mensch, Säugetier
   d) Sammelnamen: Gebirge, Schmuck
   e) Stoffnamen: Bier, Eisen
2. Begriffe (Abstrakta): Liebe, Weisheit, Spielerei

Nachsilben, die Hauptwörter bilden: -ung, -nis, -heit, -keit, -schaft, -tum, -ei
Ladung, Zeugnis, Hoheit, Ewigkeit, Barschaft, Eigentum, Heuchelei

Geschlecht (Genus)

1. Formale Festlegung
   a) Wörter männlichen Geschlechts (Maskulina)
   b) Wörter weiblichen Geschlechts (Feminina)
   c) Wörter sächlichen Geschlechts (Neutra)
2. Natürliches und grammatisches Geschlecht
   Hier ist im Deutschen nicht alles logisch:

   Die Gabel, der Löffel, das Messer (3 Sachen!)
   Die Frau, das Mädchen (2 weibliche Personen!)
   Die Sanftmut, der Hochmut (2 Eigenschaften!)

3. Bei manchen Wörtern schwankt das Geschlecht:
Der oder das Meter, der oder das Bonbon, der oder das Katheder

4. Manche Wörter haben verschiedene Bedeutung:
der Band (Buch) – das Band (Stoffstreifen)
der Bund (Bündnis) – das Bund (Zusammengebundenes)
der Erbe (der etwas erbt) – das Erbe (Erbteil)
der Flur (im Haus) – die Flur (Fläche des Feldes, der Wiese)
der Gehalt (was drinnen ist) – das Gehalt (Besoldung)
der Schild (des Ritters) – das Schild (Aushängeschild)
der See (Binnensee) – die See (Meer)
der Verdienst (Geld) – das Verdienst (Anspruch auf Anerkennung)

Beugung

Die 4 Fälle heißen lateinisch: Nominativ, Genitiv, Dativ, Akkusativ
Einzahl = Singular; Mehrzahl = Plural

1. männlich

stark		*schwach*	*gemischt*
der Sohn	der Geist	der Bote	der Schmerz
des Sohn(e)s	des Geist(e)s	des Boten	des Schmerzes
dem Sohn(e)	dem Geist(e)	dem Boten	dem Schmerz(e)
den Sohn	den Geist	den Boten	den Schmerz
die Söhne	die Geister	die Boten	die Schmerzen
der Söhne	der Geister	der Boten	der Schmerzen
den Söhnen	den Geistern	den Boten	den Schmerzen
die Söhne	die Geister	die Boten	die Schmerzen

2. weiblich

stark	*schwach*	
die Nacht	die Neuheit	die Frau
der Nacht	der Neuheit	der Frau
der Nacht	der Neuheit	der Frau
die Nacht	die Neuheit	die Frau
die Nächte	die Neuheiten	die Frauen
der Nächte	der Neuheiten	der Frauen
den Nächten	den Neuheiten	den Frauen
die Nächte	die Neuheiten	die Frauen

3. sächlich

stark		*gemischt*
das Kind	das Gesuch	das Bett
des Kindes	des Gesuch(e)s	des Bettes
dem Kind(e)	dem Gesuch(e)	dem Bett(e)
das Kind	das Gesuch	das Bett
die Kinder	die Gesuche	die Betten
der Kinder	der Gesuche	der Betten
den Kindern	den Gesuchen	den Betten
die Kinder	die Gesuche	die Betten

4. Bei der gemischten Deklination wird in der Einzahl stark, in der Mehrzahl schwach gebeugt.
Die weiblichen Wörter bilden keine gemischte Deklination.
Die sächlichen Wörter bilden keine schwache Deklination.
Viele Hauptwörter bilden in der Mehrzahl einen Umlaut: Vater – Väter, Laus – Läuse, Haus – Häuser.

Mehrzahl der Wörter auf -el:
männlich ohne Endung: der Schlüssel – die Schlüssel
weiblich mit Endung: die Schüssel – die Schüsseln (sonst wären Einzahl und Mehrzahl gleich, da auch die Artikel gleich sind!)

5. Besonderheiten bei der Deklination von Eigennamen:
Stehen mehrere Personennamen nacheinander, so wird der letzte dekliniert: Konrad Adenauers Leistungen
Steht ein Titel ohne Artikel vor dem Namen, so wird der Name dekliniert: die Regierungszeit Kaiser Karls
Steht ein Titel mit Artikel vor dem Namen, so wird der Titel dekliniert: die Regierungszeit des Kaisers Karl
Daß Wort Herr wird stets dekliniert: die Überlegungen des Herrn Meier, Herrn Meiers Überlegungen
Geographische Namen haben im 2. Fall ein s, auch wenn der Artikel vorausgeht: die Schönheit des Rheins, das Klima des nördlichen Europas

Übung 1:

Sie finden in dem folgenden Text 19 Konkreta und 17 Abstrakta. Unterstreichen Sie die Konkreta rot und die Abstrakta grün. Es zählen nur echte Hauptwörter! Wörter, die ursprünglich einer anderen Wortart angehörten (also zum Hauptwort erhoben = substantiviert wurden) zählen nicht! Halten Sie die Randleiste zunächst zu! Sie können sich kontrollieren, wenn Sie fertig sind.

Kleine Ursache – große Wirkung
Einen Zusammenstoß mit schlimmen Folgen für den Betroffenen gab es beim Spiel der Eishockeyweltmeisterschaft um den dritten Rang im Jahr 1976 in der Stadt Prag. Schweden kämpfte gegen die Tschechoslowakei, und etwas sehr Merkwürdiges ereignete sich bei Herrn Meier: Beim Zuschauen ärgerte sich dieser Fanatiker vor seinem Apparat derart, daß er diesen vom dritten Stock auf die Straße warf.
Die Ironie des Schicksals wollte es, daß er damit sein eigenes Auto demolierte, das vor der Türe des Hauses stand. Der Bejammernswerte, der seinen Treffer selbst gesehen hatte, setzte sich voller Wut in seinen Wagen, um ihn in die Werkstatt zur Reparatur zu bringen. Schon an der nächsten Straßenecke erwies sich ein anderes Fahrzeug für den vor Ärger Blinden als Katastrophe. Das Ganze kostete den Mann außer dem angerichteten Schaden noch 400 Kronen an die Polizei.

Konkreta:
Stadt, Prag, Schweden, Tschechosl., Herrn, Meier, Fanatiker, Apparat, Stock, Straße, Auto, Tür, Haus, Wagen, Werkstatt, Straßenecke, Fahrzeug, Mann, Kronen, Polizei

Abstrakta:
Ursache, Wirkung, Zusammenstoß, Folgen, Spiel, Eishockeyw., Rang, Jahr, Ironie, Schicksal, Treffer, Wut, Reparatur, Ärger, Katastrophe, Schaden

Test I: Fragen zum Hauptwort

Sie sollen Ihr eigener Lehrer sein und sich prüfen. Anhand des jeweiligen Bewertungsschemas können Sie Ihre Leistungen benoten. Sie werden sich nicht selbst betrügen wollen; halten Sie also die rechte Randleiste stets sofort zu, wenn Sie mit dem Test beginnen, und schreiben Sie Ihre Lösung auf ein Blatt!

Punkterennen 1

Wertung:	20 Treffer: 1	18 Treffer: 3	16 Treffer: 5
	19 Treffer: 2	17 Treffer: 4	15 u. weniger: 6

Bestimmen Sie das Geschlecht von:

Anteil, Dynamo, Magnet, Proviant, Zehe, Fasson	m, m, m, m, w, w
(Machart), Mühsal, Möbel, Messing, Aluminium, Datum,	w, s, s, s, s,
Radio, Nikotin, Monopol, Petroleum, Tunnel, Tunell,	s, s, s, s, m, s
Barock, Bereich, Liter	alle 3 m oder s

Punkterennen 2

Wertung wie bei 1

Bestimmen Sie das Geschlecht von:

Augenmerk, Kartoffel, Monat, Teller, Butter	s, w, m, m, w

Bilden Sie die Mehrzahl von:

Kartoffel, Zwiebel, Ader, Teller, Koffer	-n, -n, -n, -, -
Schüssel, Stiefel, Artikel, Segel, Mittel	-n, -, -, -, -
Lebensmittel, Café, Hotel, Doktor, Professor	-, -s, -s, -en, -en

Punkterennen 3

Wertung wie bei 1

Bilden Sie die Mehrzahl von:

Komma, Thema, Drama	Kommas u. Kommata, Themen u. Themata, Dramen
Kaktus, Atlas, Lexikon	Kakteen, Atlanten u. Atlasse, Lexika
Motor, Villa, Museum, Album	Motoren, Villen, Museen, Alben
Laboratorium, Labor, Visum	Laboratorien, Labore u. Labors, Visa
Gymnasium, Individuum, Faktum	Gymnasien, Individuen, Fakten u. Fakta
Direktor, Chef, Stadion	Direktoren, Chefs, Stadien
Stadium (Zustand, Stufe)	Stadien

Punkterennen 4

Wertung wie bei 1

Bilden Sie die Mehrzahl von:

Globus, Zirkus, Zyklus	Globusse u. Globen, Zirkusse, Zyklen
Schema, Index	Schemas u. Schemata, Indexe u. Indizes
Lift, General, Dosis	Lifts u. Lifte, Generale u. Generäle, Dosen
Gully, Gummi, Porto	Gullys, Gummi u. Gummis, Porti u. Portos
Kaufmann, Ehemann, Bau, Erbe	Kaufleute, Ehemänner, Bauten, Erbschaften
Betrug, Kummer, Raub	Betrügereien, Kümmernisse, Räubereien
Streit, Unglück	Streitereien, Unglücksfälle

Punkterennen 5

Wertung wie bei 1

Bilden Sie die Mehrzahl von:

Vergnügen, Zank, Schmuck	Vergnügungen, Zänkereien, Schmucksachen
Rat, Junge, Mädel, Kerl	Ratschläge, Jungen, Mädel, Kerle
Deutschland (die beiden D.)	Deutschland
Herr und Frau Schmidt = die . . .	die Schmidts
Treue, Wachstum, Geld	–, –, Gelder (nicht sehr schön!)
Wein	Weine (besser: Weinsorten)

Bilden Sie die Einzahl von:

Eltern, Ahnen, Ferien	–, –, –
Geschwister	–

Was ist der Unterschied zwischen:

Wörter – Worte	Bausteine der Sprache – Aussage
Länder – Lande	normales Wort – dichterischer Ausdruck
Bänder – Bande	Stoffstreifen – Verbindungen (dichterisch)

Punkterennen 6

Wertung:			
	10 Treffer: 1	8 Treffer: 3	6 Treffer: 5
	9 Treffer: 2	7 Treffer: 4	darunter: 6

Was ist der Unterschied zwischen:

der Gehalt – das Gehalt	Inhalt, Wert – Besoldung
der Verdienst – das Verdienst	Geld – Anspruch auf Anerkennung
der Kunde – die Kunde	Käufer – Botschaft, Nachricht

Richtig oder falsch?

Wir waren gestern in „Die Zauberflöte"	Falsch! – (Richtig: In der „Zauberflöte" Oder: In der Oper „Die Zauberflöte")
Das steht in „Die Räuber" von Schiller	Falsch! – (Richtig: In den „Räubern" . . . Oder: In dem Drama „Die Räuber" . . .)

Wie verbindet man:

der Hund – Herr Direktor	der Hund des Herrn Direktor
die Taten – Kaiser Karl der Große	die Taten Kaiser Karls des Großen
der Goldkelch – Herzog Tassilo	der Goldkelch des Herzogs Tassilo
Johann Wolfgang von Goethe – Werke	Johann Wolfgang von Goethes Werke

Was ist der Unterschied zwischen:

Das ist das Zimmer meines Freundes – das ist meines Freundes Zimmer	im Sinn kein Unterschied; die zweite Formulierung ist dichterisch

Punkterennen 7

(Wertung hier nicht möglich, weil es verschiedene Lösungen gibt. Hier werden Beispiele in der entsprechenden Zahl geboten.)
Versuchen Sie, je 10 Wörter auf -ung zu finden, und zwar:

a) Mehrzahl möglich:	Bindung, Versicherung, Erinnerung, Versprechung, Veranstaltung, Bestrebung, Neigung, Überlegung, Darbietung, Bestrahlung;
b) Mehrzahl nicht möglich:	Bildung, Erziehung, Fortpflanzung, Nahrung, Verherrlichung, Anbiederung, Beschaffung, Verstimmung, Technisierung, Normierung

Punkterennen 8

Wertung wie bei 6

Bestimmen Sie den Fall der schräggedruckten Wörter!

Ich gedenke *der Frau* in Dankbarkeit.	2. F.
Der König überreichte *den Boten* eine Urkunde.	3. F.
Wir zeigten *der Frau* den Weg.	3. F.
Frauen waren hier nicht anzutreffen.	1. F.
Menschen kann man das nicht antun.	3. F.
Elefanten gibt es hier eine ganze Menge.	4. F.
Löwen war ich nie sehr gewogen.	3. F.
Er wurde sich *seiner Fehler* bewußt.	2. F.
Fehler sollte man bei dieser Arbeit nicht machen.	4. F.
Das Haus steht am Rande des Waldes.	1. F.

Übung 2:

Berichtigen Sie die Fehler in den folgenden Sätzen. In jedem Satz ist mindestens 1 Fehler.

1.	Gibt es noch ein Planet, auf dem Menschen wohnen?	einen Planeten
2.	Der Mensch ist oft des Menschens schlimmster Feind.	des Menschen
3.	Das macht man am besten mit einem Automat.	einem Automaten
4.	Als Arbeiter und Angestellter wurde dem Menschen die Zeit vorgeschrieben, in der er etwas zu leisten hatte.	als Arbeiter und Angestelltem
5.	Auch die Ausführung von Wertpapiergeschäfte geschieht durch Sparkassen.	von Wertpapiergeschäften
6.	Als Bürger unseres Staates werden uns gewisse Rechte eingeräumt.	als Bürgern
7.	Die Maschine ersetzt sehr oft den Mensch.	den Menschen
8.	Als letzten Punkt wäre das Gesundheitswesen zu nennen.	als letzter Punkt
9.	Dieser Arzt behandelt mich nur als Privatpatient.	als Privatpatienten
10.	Einen wichtigen Punkt, den Meinungsumfragen beeinflussen können, ist die Gesetzgebung.	ein wichtiger Punkt
11.	Der größte Teil der Bevölkerung kann man als uninteressiert an künstlerischen Dingen bezeichnen.	den größten Teil
12.	Es ist schön, einen Urlaub an die Adria zu machen.	an der Adria
13.	Die Redaktion des „Spiegel" stellt fest, daß sie sich geirrt hat.	des „Spiegels"

14. Als berufstätige Hausfrau fehlt mir einfach die Zeit dazu. — als berufstätiger Hausfrau
15. Dem Kunden erfährt hier besonders entgegenkommende Behandlung. — der Kunde erfährt
16. Dieses Problem spaltete das Volk in zwei Lager: den Befürwortern und den Gegnern der Atomkraftwerke. — die Befürworter und die Gegner
17. Es ist schlimm, wenn die Preise von den Lebensmitteln angehoben werden. — die Preise der Lebensmittel
18. Als weiteren Vorschlag wäre die Anlage eines Fußballplatzes zu nennen. — als weiterer Vorschlag
19. Die Werbung bedient sich heute der modernsten Massenmedien, z.B. Film und Fernsehen. — z.B. des Films und des Fernsehens
20. Die Leute hatten früher kein Radio oder Fernseher. — oder keinen Fernseher
21. Wir verbrachten zwei Wochen Ferien in den Alpen und gingen auf vielen Gipfeln. — auf viele Gipfel

1.2. Das Geschlechtswort (der Artikel)

Wiederholung:

Es gibt zwei Arten:

1. bestimmt
   Einz.: der, die, das   Mehrz.: die
2. unbestimmt
   Einz.: ein, eine, ein   Mehrz.: –

Übung 3:

In jedem Satz ist mindestens 1 Fehler. Berichtigen Sie!

1. Die Verbreitung und Ursachen des Krebses sucht die Medizin schon lange zu ergründen. — die Verbreitung und die Ursachen
2. Es ist Pflicht eines Staatsbürgers, genau über die Ziele, Bestrebungen und Orientierung der Partei informiert zu sein, die er wählt. — und die Orientierung (2 verschiedene *die:* Einz. und Mehrz.!)
3. Verläßt ein Junge oder Mädchen das Elternhaus, dann beginnt der Ernst des Lebens. — oder ein Mädchen
4. Die Pflege der Wäsche und Böden ist sehr viel leichter. — und der Böden
5. Jeder Hersteller will seine Sachen an den Mann bzw. Frau bringen. — bzw. an die Frau
6. Ob im Fernsehen, Radio oder Zeitung – überall wird man von Werbung berieselt. — oder in der Zeitung
7. Das bedeutet ein Mehrverbrauch an Energie. — einen Mehrverbrauch
8. Wird bei einem Betrieb, Geschäft oder Firma eine Stelle frei, so bewerben sich sehr viele. — einem Geschäft oder einer Firma

9. Viele Leute sind mit dem Lohn oder Gehalt nicht zufrieden. — oder dem Gehalt (*dem* ist einmal m, einmal s!)
10. Über den Lautsprecher und Radio wurde bekanntgegeben, daß die Schule ausfällt. — und das Radio
11. Der Kunde wird hier von einem netten Verkäufer bzw. Verkäuferin bedient. — bzw. einer netten Verkäuferin

1.3. Das Tätigkeitswort (Zeitwort, Verb)

Das Tätigkeitswort macht die Sprache lebendig. Die Beugung des Tätigkeitswortes heißt Konjugation.

Wiederholung:

Arten

1. a) Volle Verben: kommen, arbeiten, handeln, gehen, schreien
   b) Hilfsverben
   der Zeit (sie helfen die Zeiten zu bilden): sein, haben, werden
   der Art und Weise: können, müssen, dürfen, sollen, wollen, mögen, lassen
2. a) Persönliche Verben: *sie singt, er ißt*
   b) Unpersönliche Verben: *es blitzt*
3. a) zielend (transitiv; es ist eine Ergänzung im 4. Fall nötig oder möglich): *ich besteige den Berg*
   b) nichtzielend (intransitiv; keine Ergänzung im 4. Fall!): *sie gehorcht mir; er schweigt*
   c) sowohl zielend als auch nichtzielend: *ich fahre meinen Freund; ich fahre nach Berlin*
   d) rückbezüglich (reflexiv; diese Verben können keine Leideform bilden!): *ich freue mich; du fürchtest dich*

Formen

1. nicht festgelegt (infinit)
   a) Nennform (Infinitiv): tragen, ackern, führen
   b) Mittelwort der Gegenwart (Partizip Präsens): tragend, führend
   c) Mittelwort der Vergangenheit (Partizip Perfekt): getragen, geführt
   Das Mittelwort steht zwischen Tätigkeitswort (Abstammung) und Eigenschaftswort (Gebrauch).
   Bildung des Mittelworts der Vergangenheit: Die Vorsilbe ge- nehmen alle einfachen Verben an und alle zusammengesetzten, bei denen der Ton auf der Vorsilbe liegt: gegangen, übergesetzt (über den Fluß); die Vorsilbe ge- fehlt, wenn die andere Vorsilbe nicht betont ist: erlébt, übersétzt; ebenso ist es bei Fremdwörtern: studiert, kommentiert.
2. festgelegt (finit)
   alle anderen Formen; bei diesen tritt ein Hauptwort (oder ein Vertreter) hinzu: *Der Zug kommt; ich pfeife.*
   Hier sind Person, Zahl, Zeit, Art des Handelns und Aussageweise gegeben.

Arten des Handelns

1. Tätigkeitsform (Aktiv): *Der Hund beißt den Briefträger.*
2. Leideform (Passiv): *Der Briefträger wird vom Hund gebissen.*

Zeiten (Tempora; Einzahl: Tempus)

1. Drei Hauptzeiten:
   Gegenwart (Präsens): *ich esse*
   1. Vergangenheit (Imperfekt): *ich aß*
   1. Zukunft (Futur I): *ich werde essen*

2. Drei Nebenzeiten:
   2. Vergangenheit (vollendete Gegenwart; Perfekt): *ich habe gegessen*
   3. Vergangenheit (vollendete Vergangenheit; Plusquamperfekt): *ich hatte gegessen*
   2. Zukunft (vollendete Zukunft; Futur II): *ich werde gegessen haben*
   Die 3. Vergangenheit ist bloß zu verwenden, wenn ausgedrückt werden soll, daß etwas, was geschehen ist, noch weiter zurückliegt als das, was in der 1. Vergangenheit berichtet wird: *Ich bemerkte, daß der Hund die Wurst bereits gefressen hatte.*

Aussageweisen (Modi; Einzahl: Modus)

1. Wirklichkeitsform (Indikativ): *er kommt; er kam; er ist gekommen*
2. Möglichkeitsform (Konjunktiv): *er komme; er käme; er sei gekommen*
3. Befehlsform (Imperativ): *komm! kommt!*

Beugungsarten (Arten der Konjugation)

1. stark (mit Ablaut!): singen, sang, gesungen
2. schwach: arbeiten, arbeitete, gearbeitet

Es gibt nur noch etwa 200 starke Verben; allerdings werden die meisten davon sehr häufig benutzt.

Ablautreihen:

i – a – u: binden, finden, sinken, trinken, winden
i – a – o: beginnen, gewinnen, besinnen, rinnen, schwimmen
e – a – o: befehlen, erschrecken, nehmen, stechen, treffen
ie – o – o: biegen, gießen, fliegen, fliehen, frieren, genießen, ziehen
a – u – a: fahren, schaffen, wachsen, waschen, tragen
a – ie – a: blasen, braten, fallen, lassen, schlafen
e – a – e: geschehen, genesen, lesen, sehen, messen
ei – ie – ie: leihen, scheinen, schreien, schweigen, verzeihen
ei – i – i: beißen, gleiten, greifen, reiten, schleichen, weichen

Wörtliche (direkte) und nichtwörtliche (indirekte) Rede

Beispiel: er geht – er gehe; er tut – er tue
er ist – er sei (er *wäre* ist falsch!)

Gebrauch: In der indirekten Rede wird der Konjunktiv I (Gegenwart) verwendet, auch wenn der Einleitungssatz in einer anderen Zeit steht. Wenn aber Wirklichkeits- und Möglichkeitsform in der Gegenwart gleichlauten, dann wird Konjunktiv II (1. Vergangenheit) verwendet:
Er sagte, er habe Hunger und wolle essen. (Konj. I)
Ich sagte, ich bekäme Hunger.

Unterschied:

Er sagt, er sei hier. (Er ist tatsächlich hier!)
Er sagt, er wäre hier. (Er ist in Wirklichkeit nicht da; eine Bedingung geht voraus oder folgt, z.B.: wenn er Zeit hätte.)

Erforderlicher Fall (Rektion)

2. Fall: bedürfen, entbehren, ermangeln, gedenken, spotten; sich annehmen, sich bedienen, sich befleißigen, sich bemächtigen, sich erbarmen, sich rühmen

3. Fall: antworten, begegnen, befehlen, danken, dienen, drohen, folgen, frönen, gefallen, gehorchen, gehören, genügen, gleichen, helfen, nützen, raten, schaden, schmeicheln, trotzen, weichen

4. Fall: beneiden, benutzen, bestrafen, bewundern, ehren, erwarten, leiten, lieben, kennen, richten, suchen, verdienen, werfen, zerstören

doppelter 4. Fall: lehren, nennen, schelten, schimpfen

4. Fall der Person und 2. Fall der Sache:
beschuldigen, bezichtigen, berauben, entbinden, entheben

3. Fall + 4. Fall: bewilligen, beweisen, bieten, borgen, bringen, entziehen, erteilen, erzählen, geben, gebieten, gestatten, gestehen, gewähren, gönnen, leihen, liefern, melden, rauben, reichen, schenken, schulden, senden, stehlen, stiften, übergeben, verzeihen, widmen, zeigen

Beispiele:

Wenn Sie Ihr Können von Anfang an testen wollen, dann halten Sie die rechte Hälfte zu!

Bestimmung von Verbformen nach Person, Zahl und Zeit:

1. Ich hatte früher viel Geld.	1. P E 1. V (1. Pers. Einz. 1. Verg.)
2. Mein Hund ist dumm.	3. P E G
3. Morgen werden wir im Gebirge sein.	1. P M 1. Z
4. Hat er die Wurst gefressen?	3. P E 2. V
5. Bist du in den Fluß gesprungen?	2. P E 2. V
6. Wird es morgen regnen?	3. P E 1. Z
7. In 2 Wochen werdet ihr von Spanien zurückgefahren sein.	2. P M 2. Z
8. Nachdem wir ihn gesehen hatten,	1. P M 3. V
liefen wir fort.	1. P M 1. V
9. Die Kinder werden etwas erleben.	3. P M 1. Z

Bilden Sie Verbformen nach den folgenden Angaben:

1. trinken / 1. P M 3. V	wir hatten getrunken
2. Brief senden / ?. P E G	du sendest den Brief
3. schneien / 3. P E 2. Z	es wird geschneit haben
4. gehen / 2. P M 2. V	ihr seid gegangen
5. einkaufen / 1. P E 1. V	ich kaufte ein
6. Briefe schreiben / 3. P M 1. V	sie schrieben Briefe
7. fertig sein / 3. P E G	er ist fertig
8. fortfahren / 3. P M 1. Z	sie werden fortfahren
9. auf dem Berg stehen / 2. P E 3. V	du warst auf dem Berg gestanden

Wir haben bisher nur Aktiv-Formen gebildet. Versuchen wir uns nun an den Passiv-Formen! Zuerst eine Übersicht:

	Aktiv	Passiv
G	ich sehe	ich werde gesehen
1. V	ich sah	ich wurde gesehen
2. V	ich habe gesehen	ich bin gesehen worden
3. V	ich hatte gesehen	ich war gesehen worden
1. Z	ich werde sehen	ich werde gesehen werden
2. Z	ich werde gesehen haben	ich werde gesehen worden sein

Bestimmen Sie folgende Formen:

1. er ist bestraft worden	3. P E 2. V
2. wir waren verwarnt worden	1. P M 3. V
3. du wurdest übersehen	2. P E 1. V
4. sie werden gelobt werden	3. P M 1. Z
5. werde ich abgeholt?	1. P E G

Bilden Sie Verbformen nach den folgenden Angaben: (alles Passiv!)

1. fragen / 1. P M G	wir werden gefragt
2. das Buch – lesen / 3. P E 1. Z	das Buch wird gelesen werden

3. bemerken / 2. P E 2. V	du bist bemerkt worden
4. beobachten / 1. P E 1. V	ich wurde beobachtet
5. der Brief – schreiben / 3. P E 3. V	der Brief war geschrieben worden.

Wir wandeln Sätze um aus dem Aktiv ins Passiv und umgekehrt. (Stilistisch ist das Passiv meistens nicht gut.) Bei der Umwandlung muß die gleiche Zeit eingehalten werden!

1. Gestern biß ein Einbrecher unseren Bello.	Gestern wurde unser Bello von einem Einbrecher gebissen.
2. Wir mußten das arme Tier ins Krankenhaus bringen.	Das arme Tier mußte von uns in Krankenhaus gebracht werden.
3. Dr. Hundsdorfer wird Bello operieren.	Bello wird von Dr. Hundsdorfer operiert werden.
4. In 3 Jahren wird man die Narbe nicht mehr sehen.	Die Narbe wird in 3 Jahren nicht mehr gesehen werden.
5. Nachdem ihn der Arzt verbunden hatte, gab er ihm Schlafpulver.	Nachdem er vom Arzt verbunden worden war, wurde ihm von ihm Schlafpulver gegeben.
6. Der Hund hat nichts gezahlt.	Vom Hund ist nichts gezahlt worden.
7. Er bevorzugt jetzt künstliche Würste.	Von ihm werden jetzt künstliche Würste bevorzugt.
8. Wer wird ihn nächstes Jahr füttern?	Von wem wird er nächstes Jahr gefüttert werden?
9. Wir haben ihn immer geliebt.	Er ist von uns immer geliebt worden.
10. Jetzt trinkt er gerne Bier.	Jetzt wird gerne Bier von ihm getrunken.

1. Wann ist das Gespenst von dir im Schlosse Gruslingen gesehen worden?	Wann hast du das Gespenst im Schlosse Gruslingen gesehen?
2. Wird es von uns mit einem Holzhammer bearbeitet werden?	Werden wir es mit einem Holzhammer bearbeiten?
3. Nachdem es von Großmutter bemerkt worden war, wurde es nicht mehr gesehen.	Nachdem Großmutter es bemerkt hatte, sah man es nicht mehr.
4. Aber der Friedhof wird von ihm oft besucht.	Aber es besucht oft den Friedhof.
5. Heute ist von ihm ein Stein zerbrochen worden.	Heute hat es einen Stein zerbrochen.
6. Gestern wurde von dem Geist ein Junge angefallen.	Gestern fiel der Geist einen Jungen an.
7. Mancher Mensch wird von Angstgefühlen gequält.	Manchen Menschen quälen Angstgefühle.

Es gibt 3 verschiedene *werden:*

1. Zukunft:	ich werde kommen		
2. Passiv:	ich werde gesehen	//	Zukunft: ich werde gesehen werden
3. Vollverb:	ich werde Lehrer	//	Zukunft: ich werde Lehrer (werden)

Das Mittelwort der Vergangenheit (Partizip Perfekt) eines rückbezüglichen (reflexiven) Verbs kann nicht als Beifügung verwendet werden:

Ein geheilter Patient – aber nicht: ein sich erholter Kranker

Auch bei nichtzielenden (intransitiven) Verben ist Vorsicht geboten:

Ein von den Polizisten verfolgter Räuber
Aber nicht: Ein von seinen Getreuen gefolgter Herzog

Verben, die Richtung oder Ziel einer Bewegung angeben, bilden die 2. und die 3. Vergangenheit mit *sein* (statt mit *haben!*). Also:

Ich habe neulich zu lange geschwommen.	Ich bin an das andere Ufer geschwommen.
Es hat sehr geeilt.	Er ist zum Bahnhof geeilt.
Wir haben gerne miteinander getanzt.	Wir sind durch den Saal getanzt.
Nachdem er mehrere Stunden geritten hatte, zog er sich um.	Nachdem er in den Wald geritten war, suchte er Pilze.

Manche Verben bilden einen Umlaut:

Ich laufe – du läufst; ich grabe – du gräbst; ich stoße – du stößt;
aber: ich frage – du fragst (der Duden läßt *du frägst* als landschaftliche Besonderheit gelten; es ist aber nicht gut!)

In der Einzahl der Befehlsform ändert sich bei einigen Verben der Laut *e* zu *i*. Regel: Man bildet die 2. Person der Einzahl. Danach richtet sich die Befehlsform. Also:

nehmen – du nimmst – nimm! pflegen – du pflegst – pflege!
brechen – du brichst – brich! fehlen – du fehlst – fehle nicht!

Die Zeitenfolge

Vorzeitigkeit wird bei der Gegenwart durch die 2. Vergangenheit ausgedrückt.
Vorzeitigkeit wird bei der 1. Vergangenheit durch die 3. Vergangenheit ausgedrückt.

Nachdem ich jetzt 3 Stunden gearbeitet habe, gehe ich ins Bett.
Nachdem ich 3 Stunden gearbeitet hatte, ging ich ins Bett.

Hinter *wenn* soll kein *würde(n)* stehen! Wandeln Sie die schlechten Sätze um:

Wenn ich genug Geld haben würde, würde ich verreisen.	Wenn ich genug Geld hätte, würde ich verreisen.
Ich würde etwas trinken, wenn ich Durst bekommen würde.	Ich würde etwas trinken, wenn ich Durst bekäme.

2. Vergangenheit bei Hilfsverben der Art und Weise:

Bei können, dürfen, müssen, sollen und wollen gilt: Wenn ein anderes Zeitwort in der Nennform vorausgeht, stehen die Hilfsverben auch in der Nennform. Also:

Ich habe zum Arzt gemußt.	Ich habe zum Arzt gehen müssen.
Sie hat nach Hause gedurft.	Sie hat nach Hause fahren dürfen.
Er hätte auf den Platz gewollt.	Er hätte auf den Platz laufen wollen.

Direkte und indirekte Rede:

Die Frau sagte zu ihrem besoffenen Mann: „Wo kommst du her?	Die Frau sagte zu ihrem besoffenen Mann, wo er herkomme;
Wo warst du die ganze Zeit ?	wo er die ganze Zeit gewesen sei;
Hast du viel Geld ausgegeben?	ob er viel Geld ausgegeben habe;
Ich habe es satt, so zu warten.	sie habe es satt, so zu warten;
Ich bin doch nicht dein Sklave!	sie sei doch nicht sein Sklave;
Ich werde nun das Geld verwalten.	sie werde nun das Geld verwalten;
Schäme dich!"	er solle sich schämen!

Übung 4:

1. Unterstreichen Sie im folgenden Text das Vollverb rot und das Hilfsverb grün! Auf dem Rand (Lösung!) erscheint das Verb noch einmal; dahinter ein V oder ein H.

Wie ein Räuber gefangen wurde.
Es war eine lautlose Nacht; man konnte also alle Geräusche hören. Die junge Frau flüsterte zu ihrem Mann, der wie sie im Bett lag: „Ich weiß nicht, ob wir gut abgesperrt haben. Du hättest noch einmal nachsehen müssen, bevor du ins Bett gingst!" Er erwiderte: „Du kannst dich darauf verlassen; es wird niemand kommen! Ich will jetzt schlafen."

gefangen (V), wurde (H)
war (H), konnte (H)
hören (V), flüsterte (V)
lag (V), weiß (V), abgesp. (V),
ha. (H), hä. (H), na. (V) mü. (H)
gingst (V), erw. (V), ka. (H)
verl. (V), wird (H), ko. (V)
will (H), schlafen (V)

Auf einmal schreit die junge Frau halblaut: „Jonas, da ist ein Räuber gekommen. Fange ihn!" Sofort ist Jonas aufgesprungen, reißt die Türe auf und stürzt sich auf den Mann: „Das sollst du dir merken! Mir kannst du nicht entkommen!" Jonas übergibt die Pistole seiner Frau, während er sich im Nu angezogen hat. Dann nimmt er das Schießeisen wieder, packt den fremden Mann am Kragen; und schon haben die beiden die Wohnung verlassen.

schreit (V)
ist (H), gek. (V), fa. (V), ist (H)
aufg. (V), reißt (V), stürzt si. (V
sollst (H), merken (V), ka. (H)
entkommen (V), übergibt (V)
angez. (V), hat (H), nimmt (V)
packt (V)
haben (H), verlassen (V)

Draußen können sie auf die Schauspielerei verzichten. Jonas hat die Pistole längst weggesteckt und sagt zu seinem Freund: „Das werde ich dir nie vergessen. Nachdem ich nun 6 Monate verheiratet bin, darf ich endlich einmal wieder ausgehen."

können (H), verzichten (V)
hat (H), wegg. (V), sagt (V)
werde (H), vergessen (V)
verh. (V), bin (H), darf (H)
ausgehen (V)

2. Setzen Sie alle Verben in die 1. Vergangenheit!

Ein armer Mann sitzt hilflos dabei.
Sie kommt jeden Morgen und hält den Staubsauger in ihren Händen. Dann geht es los. Ich rufe: „Bitte, mich nicht wegsaugen!" Aber schon frißt das surrende Untier alle Stäubchen und fängt sogar Papierstückchen. Der Saugnapf wandert auf den Schreibtisch. Ich schreie um Gnade für die wertvollen Werke, die ich gerade gebäre. (Sie sagt zwar: Ich verbreche sie!) Endlich zieht die Putzteufelin wieder los, und Friede umgibt mich. Solch eine Störung ertrage ich oft.

saß
kam, hielt
ging, rief
fraß
fing
wanderte, schrie
gebar
sagte, verbrach, zog
umgab
ertrug

Ein anderesmal erscheint dieses Wesen, hebt Tische und Stühle weg und setzt sie woanders hin. Der Aschenbecher steht hernach nicht rechts von mir, sondern links; die Lampe döst am falschen Platz. Nur noch die Sonne scheint richtig durch das Zimmer. Ich finde nichts mehr. Da bleibt einem nur noch, im Zimmer umherzuwandern. Es stimmt dann: Wer sucht, der findet!

erschien, hob
setzte
stand
döste
schien, fand
blieb
stimmte, suchte, fand

Im Frühjahr beginnt der ganz große Putz. Hier hilft immer	begann, half
nur die Flucht. Ich lasse alles im Stich und gewinne das	ließ, gewann
Weite. Das wird eine Art Tobsucht. Hernach ist nichts	wurde, war
mehr an seinem Platz. Die Frauen greifen auch das Größte	griffen
an. Sogar das Klavier verschwindet. Das empfinde ich	verschwand, empfand
nicht mehr als gemütlich. So leidet man halt.	litt

3. Setzen Sie alle Verben in die Gegenwart!

So etwas konnte schlimm ausgehen.	*kann*
Herr Zampano, der Inhaber des berühmten Zirkus Omni-	
bestia, schaute und dachte: Das war doch unmöglich! Das	schaut, denkt, ist
gab es doch nicht! Er fuhr sich mit der Hand über die Au-	gibt, fährt
gen. Aber es war so: Das Gitter des Raubtierkäfigs stand	ist, steht
gerade so weit offen, daß der schlanke Körper des Pan-	
thers hindurchging. Jetzt fing Zampano an zu schimpfen.	hindurchgeht, fängt an
Aber er wußte auch, daß das nichts half.	weiß, hilft

Also besann er sich und rief Polizei und Rundfunk an.	besinnt, ruft
Auch die Stadtverwaltung wurde eingeschaltet. Und nun	wird eingeschaltet
begann die Hetze: Man schaufelte Fallgruben, legte	beginnt, schaufelt, legt
Schlingen, brach Äste ab und lud Hindernisse vor den	bricht, lädt
Schulen ab. Der Rundfunk hielt mit Musik inne, und die	hält
Kinder waren glücklich und bekamen rote Ohren. Den	sind, bekommen
Panther fand man nicht.	findet

Nun trug sich der Präfekt mit der folgenden Absicht: Er	trägt
wollte ein Ausgangsverbot für die ganze Nacht erlassen.	will
Da, im letzten Augenblick, bevor die Entscheidung fiel,	fällt
rief der Inhaber des Zirkus an. Der Präfekt erfuhr: Der	ruft, erfährt
Panther schlich am späten Abend zum Käfig. Dort lag	schleicht, liegt
sein Weibchen. Dieses ließ ihn sofort ein. Damit schloß	läßt, schließt
der Präfekt die Akten über diesen Fall.	

4. Konjugieren Sie die folgenden Sätze durch alle Zeiten – zuerst im Aktiv, dann im Passiv: (Schreiben Sie auf ein Blatt, und decken Sie nach der ersten Zeile zu!)

G	ich trage das Kind	er legt die Karten
1. V	ich trug das Kind	er legte die Karten
2. V	ich habe das Kind getragen	er hat die Karten gelegt
3. V	ich hatte das Kind getragen	er hatte die Karten gelegt
1. Z	ich werde das Kind tragen	er wird die Karten legen
2. Z	ich werde das Kind getragen haben	er wird die Karten gelegt haben

G	das Kind wird von mir getragen	die Karten werden von ihm gelegt
1. V	das Kind wurde von mir getragen	die Karten wurden von ihm gelegt
2. V	das Kind ist von mir getragen worden	die Karten sind von ihm gelegt worden
3. V	das Kind war von mir getragen worden	die Karten waren von ihm gelegt worden
1. Z	das Kind wird von mir getragen werden	die Karten werden von ihm gelegt werden
2. Z	das Kind wird von mir getragen worden sein	die Karten werden von ihm gelegt worden sein

5. Wandeln Sie im folgenden Text alle aktiven Formen, bei denen es möglich ist, ins Passiv um! Schreiben Sie am besten die ganze umgeformte Geschichte auf einen Zettel, und vergleichen Sie sie mit der Lösung! Diese ist nach diesem Text abgedruckt.

Wie der eine die anderen sieht.

Ein reicher Mann uns gegenüber baut ein neues Haus. Das alte hat er abgerissen. Vor einiger Zeit begannen die Maurer, nachdem große Lastwagen den Schutt abgefahren hatten, die Arbeit. Alle Leute dachten, daß sie die Mauern schnell hochziehen würden. Wann werden die Zimmerleute wohl den Dachstuhl aufsetzen? Aber so schnell ging es nicht! Wenn ich am Morgen aufstehe und die Rolläden hochziehe, ist das Haus immerhin schon wieder höher geworden. Auch die Maurer habe ich gründlich beobachtet.

Einmal, als ich eine Pause in meiner Arbeit eingelegt hatte und die Schreibmaschine allein ließ, ging ich auf den Balkon. Was konnte ich sehen? Die Leute drüben saßen und vesperten. Sie wickelten dicke Brotschnitten aus und verzehrten sie mit Gemütsruhe. Wer hetzt solche Menschen? Das kann sowieso niemand tun! Mich plagte die Neugier, wie lange sie so eine Sitzung ausdehnten. Ich wartete lange.

Aber da kam ein literarischer Einfall. Ich hämmerte diesen in die Maschine. So habe ich die Sache mit den Maurern vergessen. Man kann nicht alles zur selben Zeit erledigen. Allerdings saßen die Leute drüben nicht immer beim Vespern. Einmal sah ich sie, wie sie einen großen Eisenträger hin und her schoben. Sie berieten, wie sie ihn in die richtige Lage bringen könnten. Irgend etwas störte mich dann. So konnte ich nicht entdecken, wie das Wunder zustande kam, daß sie den Träger bis zum nächsten Tag in den ersten Stock gebracht hatten.

Lösung:

(Bedenken Sie, daß stilistisch das Aktiv meist viel besser ist als das Passiv. Sie üben hier nur, um Ihr Sprachgefühl zu verfeinern!)

Wie die anderen von dem einen gesehen werden.

Von einem reichen Mann uns gegenüber wird ein neues Haus gebaut. Das alte ist von ihm abgerissen worden. Vor einiger Zeit wurde von den Maurern die Arbeit begonnen, nachdem der Schutt von großen Lastwagen abgefahren worden war. Von allen Leuten wurde gedacht (stilistisch nicht gut!), daß die Mauern von ihnen schnell hochgezogen würden. Wann wird der Dachstuhl wohl von den Zimmerleuten aufgesetzt werden? Aber so schnell ging es nicht! Wenn ich am Morgen aufstehe und die Rolläden von mir hochgezogen werden, ist das Haus immerhin schon wieder höher geworden. Auch die Maurer sind von mir gründlich beobachtet worden.

Einmal, als von mir eine Pause in meiner Arbeit eingelegt worden war und die Schreibmaschine allein gelassen wurde, ging ich auf den Balkon. Was konnte von mir gesehen werden? Die Leute drüben saßen und vesperten. („Es wurde von ihnen gevespert." – ist stilistisch arg schlecht!) Dicke Brotschnitten wurden von ihnen ausgewickelt und mit Gemütsruhe verzehrt. Von wem werden solche Menschen gehetzt? Das kann sowieso von niemand getan werden! Ich wurde von der Neugier geplagt, wie lange so eine Sitzung von ihnen ausgedehnt wurde. Ich wartete lange. (Passiv ist hier fast unmöglich, jedenfalls unschön!)

Aber da kam ein literarischer Einfall. Dieser wurde von mir in die Maschine gehämmert. So ist die Sache mit den Maurern von mir vergessen worden. Nicht alles kann zur selben Zeit erledigt werden. Allerdings saßen die Leute drüben nicht immer beim Vespern. Einmal wurden sie von mir gesehen, wie ein großer Eisenträger von ihnen hin und her geschoben wurde. Es wurde von ihnen beraten, wie er in die richtige Lage gebracht werden könnte. Von irgend etwas wurde ich dann gestört. So konnte von mir nicht entdeckt werden, wie das Wunder zustande kam, daß der Träger bis zum nächsten Tag in den ersten Stock gebracht worden war.

6. Wandeln Sie im folgenden Text alle passiven Formen, bei denen es möglich ist, ins Aktive um!

Wie der eine von den anderen gesehen wird.
Ein andermal wurde der Frau des Hausmeisters von den Maurern beim Einfangen des Kätzchens geholfen. Es hatte nicht durch die zärtlichsten Worte vom Gerüst heruntergelockt werden können. Ist das eigentlich schon einmal von diesen Leuten geübt worden, solch ein Biest zu fangen? Dazu werden sie vielleicht noch häufig eingesetzt werden. Immer wieder werden solche Menschen gebraucht.

Das Kätzchen wurde von ihnen ausgiebig gestreichelt und der Fall besprochen. Natürlich muß ich von ihnen gesehen werden, wenn ich an ihnen vorbeigehe. Das wird von mir oft gemacht, weil mein Hund von mir ausgeführt wird. Neulich wurden sie nach einer Viertelstunde von mir immer noch beim Kauen angetroffen. Ob von diesen Leuten an manchen Tagen überhaupt etwas getan wird? Trotzdem wurden die Mauern von ihnen hochgezogen, und bald wird das Dachgeschoß aufgesetzt werden.

Von der Frau des Hausmeisters ist mir allerdings erzählt worden, daß sie von ihnen über mich ausgefragt worden sei: „Von wem wird dieser Kerl eigentlich erhalten? Gearbeitet wird von ihm nichts! Wir werden von den Umständen gezwungen zu arbeiten!" Da könnte man doch verrückt werden! Wird von diesen Leuten nicht begriffen, was von mir in den letzten Tagen alles geschrieben worden ist? Wird von ihnen nicht begriffen, was von mir noch vollendet (werden) wird? Diesen Menschen müßte ein Vortrag darüber gehalten werden, was Arbeit ist und daß nicht alles nach dem äußeren Schein beurteilt werden kann.

Lösung:

Wie die andern den einen sehen.
Ein andermal halfen die Maurer der Frau des Hausmeisters beim Einfangen des Kätzchens. Man hatte es nicht durch die zärtlichsten Worte vom Gerüst herunterlocken können. Haben diese Leute das eigentlich schon einmal geübt, solch ein Biest zu fangen? Dazu wird man sie vielleicht noch häufig einsetzen. Immer wieder braucht man solche Menschen.

Sie streichelten das Kätzchen ausgiebig und besprachen den Fall. Natürlich sehen sie mich, wenn ich an ihnen vorbeigehe. Das mache ich oft, weil ich meinen Hund ausführe. Neulich traf ich sie nach einer Viertelstunde immer noch beim Kauen. Ob diese Leute an manchen Tagen überhaupt etwas tun? Trotzdem zogen sie die Mauern hoch, und bald wird man das Dachgeschoß aufsetzen.

Die Frau des Hausmeisters hat mir allerdings erzählt, daß sie sie über mich ausgefragt hätten: „Wer erhält eigentlich diesen Kerl? Er arbeitet nichts! Uns zwingen die Umstände zu arbeiten!" Da könnte man doch verrückt werden! (Dieses *werden* ist nicht Passiv!) Begreifen diese Leute nicht, was ich in den letzten Tagen alles geschrieben habe? Begreifen sie nicht, was ich noch vollenden werde? Diesen Menschen müßte man einen Vortrag darüber halten, was Arbeit ist und daß man nicht alles nach dem äußeren Schein beurteilen kann.

7. Bilden Sie bei folgenden Formen die Wirklichkeitsform der Gegenwart:

er äße, er sänke, er führe (von fahren!) — er ißt, er sinkt, er fährt

8. Bilden Sie die 3. Person Einzahl 1. Verg. Möglichkeitsform von folgenden Verben:

brechen, bitten, tragen, denken, mögen, — er bräche, bäte, trüge, dächte, möchte,

beten, nehmen, müssen, wachsen, sein, gewinnen	betete, nähme, müßte, wüchse, wäre, gewänne oder gewönne

9. Berichtigen Sie die folgenden Sätze, wenn nötig!

Wenn er meint, er ist zu Unrecht bestraft worden, dann täuscht er sich.	er sei . . .
Viele behaupten, man muß das tun.	man müsse . . .
Er tut so, als hat er das Geld nicht mehr.	als habe . . .
Viele Leute sind sogar heute noch der Meinung, das Sparen von Energie ist nur in Betrieben sinnvoll.	sei nur . . .
Viele glauben, es hat noch Zeit, einen Beruf zu suchen.	es habe . . .
Wir sind der Meinung, daß sich das so gehört.	so gehöre.
Die Meinung, für das Wohl unseres Volkes wären die Politiker verantwortlich, ist ganz falsch.	seien . . .
Sie sagte, sie wäre ein Mädchen; deshalb ginge sie Politik nichts an; sie verstünde das ja doch nicht.	sie sei . . . gehe . . . verstehe . . .
Jeder glaubt, ohne Hetzen geht es nicht.	gehe es . . .
Man hat Angst, die Zeit läuft einem davon.	laufe einem . . .
Es stellt sich die Frage, ob das Sparen noch einen Sinn hat.	–
Es heißt, daß die Zinsen, die man bekommt, nicht sehr hoch sind.	seien
Er sagt, er ist heute nachmittag zu Hause.	er sei . . .
Er behauptet, daß er das nicht getan hat.	–
Es wäre mir sehr peinlich, wenn ich den Schlüssel verlieren würde.	verlöre
Wenn du dieses Lokal meiden würdest, das wäre besser für dich.	miedest
Ich würde mein Auto nicht hergeben, auch wenn er mir 3000 Mark böte.	– –
Wenn er rechtzeitig käme, hätten wir Zeit genug.	–

10. Unterstreichen Sie im folgenden Text **alle** Mittelwörter, auch die, die in Zeiten eingebaut oder zum Hauptwort erhoben sind. Schreiben Sie über das betreffende Wort ein G (= Gegenwart) oder ein V (= Vergangenheit).

Das entscheidende Geschenk	*entscheidend (G)*
Diese oft erzählte Geschichte spielt im verflossenen frühen 19. Jahrhundert in den damals mit Macht aufstrebenden Vereinigten Staaten von Amerika. – Etwas hintersinnig blinzelnd, redete der allseits wohlgeachtete Farmer Smith seinen durchtriebenen Anwalt an: „Sie sind doch ein gelehrter Mann. Haben Sie schon einmal gehört, wie man solch einen aufregenden Prozeß, der eigentlich verloren ist, doch noch gewinnt? Ich werde einfach dem strengen Herrn Richter kurz vor Beginn der angesetzten Verhandlung eine schöne gemästete Gans ins Haus schicken."	erzählt (V), verflossen (V) aufstrebend (G) vereinigt (V) blinzelnd (G), geachtete (V) durchtrieben (V) gelehrt (V), gehört (V) aufregend (G) verloren (V) angesetzt (V) gemästet (V)

Der entsetzte Anwalt erwiderte: „Wollen Sie sich wie ein Verrückter benehmen? Sie würden den Prozeß wegen versuchter Bestechung sofort verlieren; und ich stehe da wie ein begossener Pudel!" Der also Angedonnerte verschwand, ohne ein Wort zu sagen.

entsetzt (V)
verrückt (V)
versucht (V)
begossen (V), angedonnert (V)

Der erwähnte Prozeß fand statt – und wer hat gewonnen? Am folgenden Tag kommt der über das ganze Gesicht strahlende Smith zu seinem ebenso hochbeglückten Anwalt und verkündet lachend: „Ich habe damals Ihren Rat nicht befolgt und die Gans doch geschickt." Der Anwalt stößt erbleichend hervor: „Das kann ich nicht glauben!" – „Doch", erklärt triumphierend Smith, „bloß: ich habe die Visitenkarte meines Prozeßgegners beigelegt."

erwähnt (V), gewonnen (V)
folgend (G)
strahlend (G), beglückt (V)
lachend (G)
befolgt (V), geschickt (V)
erbleichend (G)
triumphierend (G)
beigelegt (V)

11. Berichtigen Sie die folgenden Sätze, wenn nötig!

Das Problem ist, daß solche Menschen stumpfsinnig und in ihrer Gesundheit geschädigt werden.	stumpfsinnig werden und ...
Manche arbeiten so viel, um das sich gesteckte Ziel zu erreichen.	um das Ziel zu erreichen, das sie sich gesteckt haben
Dieser in die Geschichte eingegangene Schriftsteller verdient es, gelesen zu werden.	dieser Schr., der in die Geschichte eingegangen ist, ...
Eine heute sich bereits bewährte Dienstleistung ist, Geld auch nachts auszuzahlen.	Eine D., die sich heute bereits bewährt hat, ist . . .
Die zur Prüfung zugelassene Studentin machte einen guten Eindruck.	–
Soviel ich sehe, ist dieser Stuhl verrückt geworden.	worden
Der berühmte Forscher wurde im Urwald verschollen.	ist . . . verschollen
Gestern wurde mir ein Paket gesandt.	–
Das Hörspiel meines Freundes wird heute gesendet.	–
Ich bin froh, daß du das geschafft hast.	–
Dieser Mann schuf ein imponierendes Werk.	–
Er sagt, daß er mir freundlich gesonnen ist.	. . . gesinnt sei
Ich bin nicht gesonnen, dir das Geld zu leihen.	–
Man lernt schon dem jungen Menschen sprechen und lesen.	lehrt schon den . . .
Meine Großmutter hat mir das Schreiben und Rechnen gelernt.	hat mich . . . gelehrt

12. Berichtigen Sie, wenn nötig, die folgenden Sätze!

Ich fühle mich für diese Sache durchaus gewachsen.	dieser Sache
Er kann sich seinen Eltern nicht annehmen.	seiner Eltern
Ich bin mir dieses Fehlers selbst bewußt.	–
So wurden diese Geschäfte um ihre Existenz beraubt.	um . . . gebracht; oder: ihrer Existenz beraubt

Der Winterurlaub erfreut sich immer mehr an Beliebtheit.	immer größerer Beliebtheit (Gen. **muß** ausgedrückt werden!)
Er bedarf meines Schutzes nicht.	–
Man kann für diese Sache nicht abgeneigt sein.	dieser Sache
Die Gesellschaft sollte sich den Jugendlichen annehmen, die in die Droge flüchten.	der Jugendlichen
Ich lasse dir wissen, wenn ich angekommen bin.	dich wissen
Der Mensch bedarf das dynamische Element in der Politik.	des dynamischen Elements
Es bedarf nur ein paar Handgriffe, um das ins Werk zu setzen.	nur einiger H. (Gen. **muß** ausgedrückt werden!)
Dazu bedarf es Käufer.	man braucht Käufer; Käufer werden benötigt.
Es besteht ein Unterschied zwischen dem Erleben einer Oper, dem Lauschen eines Konzerts und der selbstgespielten Hausmusik.	dem Lauschen auf ein K.

Test II: Fragen zum Tätigkeitswort

Punkterennen 1

Wertung:			
	20 Treffer: 1	18 Treffer: 3	16 Treffer: 5
	19 Treffer: 2	17 Treffer: 4	15 und weniger: 6

Sind folgende Sätze richtig? (Wenn falsch, dann berichtigen Sie!)

1. Die Jugendlichen werden aggressiv und in Schlägereien verwickelt.	Falsch! – . . . aggressiv und werden in Schl. . . (2 verschiedene *werden!)*
2. Ich werde mir das überlegen und heute abend zu dir kommen.	Richtig!
3. Ich hoffe, daß mein Sohn ein Beamter und zufrieden wird.	Richtig!
4. Er wurde in schlechte Gesellschaft gezogen und später ein Verbrecher.	Falsch! – . . . und wurde später ein V. . . . (2 verschiedene *werden!)*
5. Ich habe es und werde es immer so halten.	Falsch! – Ich habe es so gehalten und werde . . .
6. Das Schienennetz mußte erweitert und die Züge komfortabler werden.	Falsch! . . . mußte erweitert werden, und . . .
7. Der kritische Mensch wird sich wenig um die Werbung kümmern und auch von ihr nicht sehr beeinflußt.	Falsch! . . . und wird auch . . . beeinflußt.
8. Die Ware wird gerade bei uns verpackt und in den nächsten Tagen bei Ihnen eintreffen.	Falsch! – . . . und wird . . . bei Ihnen eintreffen.
9. Ich habe es nicht und konnte es nicht erfahren.	Falsch! – Ich habe es nicht erfahren und . . . (Nennform und Mittelwort der Vergangenheit!)

10. Du kannst und sollst mich immer besuchen, wann du willst.	Richtig!
11. Er wird Schachmeister, zum Turnier nach England fahren und von mir sehr beneidet.	Falsch! – . . ., wird . . . fahren und wird . . . beneidet. (3 verschiedene *werden!)*
12. Die Diktatoren bestehen auf der ihnen angeeigneten Macht.	Falsch! – . . . auf der Macht, die sie sich angeeignet haben.
13. Jeder Mensch verteidigt die ihm zugesprochenen Rechte.	Richtig!
14. Man muß die sich gewandelten Verhältnisse berücksichtigen.	Falsch! – . . . die V., die sich gewandelt haben, berücksichtigen.
15. Die aus dem Bodensee gewonnene Trinkwasserversorgung ist gefährdet.	Richtig, aber nicht schön! – Die Versorgung mit Tr., die der B. liefert, ist gefährdet.
16. Die hieraus erwachsenen Gefahren sind beträchtlich.	Falsch! – Die G., die hieraus erwachsen sind, . . .
17. Manche Leute setzen sich in berauschendem Zustand an das Lenkrad.	Falsch! – . . . in berauschtem . . .
18. Die durch die Inflation hinaufgeschnellten Preise zerstörten die Volkswirtschaft.	Falsch! – Die Pr., die infolge der I. hinaufgeschnellt waren, . . .
19. Ich habe und werde es immer wieder betonen, daß ich dazu stehe.	Falsch! – Ich habe es immer betont und . . .
20. Wir können und werden verhindern, daß dies geschieht.	Richtig!

Punkterennen 2

Wertung wie bei 1

1. Setzen Sie den folgenden Satz in die 2. Vergangenheit: Er kann mir Hilfe leisten.	Er hat mir Hilfe leisten können.
2. In die 3. Vergangenheit!	Er hatte mir Hilfe leisten können.
3. Führen Sie den Gedanken mit dem obigen Satz zu Ende: Es wäre schön gewesen, wenn er mir . . .	Es wäre schön gewesen, wenn er mir Hilfe hätte leisten können.

Wandeln Sie ins Passiv um:

4. Der Hund erwischt den Hasen nicht.	Der Hase wird vom Hund nicht erwischt.
5. Hast du diese Arbeit erledigt?	Ist diese Arbeit von dir erledigt worden?
6. Der Mercedes konnte den Porsche nicht überholen.	Der Porsche konnte vom Mercedes nicht überholt werden.

Setzen Sie den folgenden Satz in alle Zeiten! Schreiben Sie auf ein Blatt Papier! (links Aktiv, rechts Passiv!)

7. Man schneidet die Bäume.	Die Bäume werden geschnitten.

8. + 9. Man schnitt die Bäume.	Die Bäume wurden geschnitten.
10. + 11. Man hat die Bäume geschnitten.	Die Bäume sind geschnitten worden.
12. + 13. Man hatte die Bäume geschnitten.	Die Bäume waren geschnitten worden.
14. + 15. Man wird die Bäume schneiden.	Die B. werden geschnitten werden.
16. + 17. Man wird die Bäume geschnitten haben.	Die B. werden geschnitten worden sein.

Richtig oder falsch? Wenn falsch, berichtigen Sie!

18. Die Polizei konnte des Verbrechers nicht habhaft werden.	Richtig!
19. Bei eingesetztem Aufschwung verdienen auch die Arbeiter besser.	Falsch! – Wenn der Aufschwung eingesetzt hat, verdienen . . .
20. Auch in der Schule darf sich nicht überarbeitet werden.	Falsch! – Auch in der Schule darf man sich . . .

Punkterennen 3

Wertung wie bei 1

Geben Sie die 3 Kennformen der folgenden Verben an:

1. hängen (er hängt den Mantel auf.)	hängen – hängte – gehängt
2. hängen (der Mantel hängt am Haken.)	hängen – hing – gehangen
3. erlöschen (die Kerze erlischt.)	erlöschen – erlosch – erloschen
4. löschen (einen Brand.)	löschen – löschte – gelöscht
5. erschrecken (= zusammenfahren)	erschrecken – erschrak – erschrocken
6. erschrecken (jemand anderen)	erschrecken – erschreckte – erschreckt

Bilden Sie die 1. Vergangenheit!

7. Er bietet sich an	er bot sich an
8. ich trage den Koffer	ich trug den Koffer
9. wer fragt mich?	wer fragte mich? (*frug* ist unschön!)
10. Warum kommst du nicht?	warum kamst du nicht!

Bilden Sie die 3. Person!

11. ich lade ein	er lädt ein
12. ich backe	sie bäckt
13. ich frage	er fragt (*frägt* ist unschön!)

Setzen Sie in die 1. Vergangenheit!

14. er lädt mich ein	er lud mich ein
15. ich bitte dich	ich bat dich

Setzen Sie in die 2. Vergangenheit!

16. sie winken	sie haben gewinkt
17. die Sonne scheint	die Sonne hat geschienen

Richtig oder falsch? Wenn falsch, berichtigen!

18. Der sich stark verschuldete Unternehmer machte Bankrott.	Falsch! – Der U., der sich stark verschuldet hatte, . . .

19. Ich möchte ein tatsächlich passiertes Beispiel anführen. — Falsch! – . . . ein B., das tatsächlich passiert ist, anführen

20. Der von mir gesehene Einbrecher war ein großer Mann. — Richtig!

Punkterennen 4

Wertung wie bei 1

Bilden Sie die Befehlsform der Einzahl von folgenden Verben:

1. – 3. sprechen, sehen, nehmen — sprich, sieh, nimm

4. – 6. essen, brechen, nicht erschrecken — iß, brich, erschrick nicht

7. – 9. helfen, vergessen, erwerben — hilf, vergiß, erwirb

Sind folgende Doppelformen richtig!

10. backen – buk (backte) – gebacken — alle Formen richtig

11. saugen – sog (saugte) – gesogen (gesaugt) — alle Formen richtig

12. sieden – sott (siedete) – gesotten — alle Formen richtig

Was ist der Unterschied dieser Doppelformen?

13. er wurde – er ward — die 2. Form ist dichterisch

14. er bewegte – er bewog — die 2. Form ist bildlich

15. er schliff – er schleifte — 1. Form: schärfen; 2. Form: ziehen

16. ich bin gelaufen – ich habe gelaufen — 1. Form: allgemeine Feststellung; 2. Form: bestimmte Zeit oder Strecke

Was ist der Unterschied zwischen:

17. 1. und 2. Vergangenheit? — in der Bedeutung kaum ein Unterschied; die 1. Verg. gilt als schriftdeutsch, die 2. Verg. wird vor allem im süddeutschen Raum verwendet.

18. brauchen und gebrauchen? — ich brauche, was ich nicht habe; ich gebrauche (verwende), was ich schon habe.

19. starker und schwacher Beugung? — die starke hat Ablaut, die schwache hängt -te und -t an.

20. einem gefällten Baum und einem gefallenen Mädchen? — 1. Form: umgelegter Baum; 2. Form: gemeint ist wohl ein M., das gefallen ist; Bedeutung in früherer Zeit: M., das seine Unschuld verloren hat

Punkterennen 5

Wertung wie bei 1

Richtig oder falsch? Wenn falsch, berichtigen Sie!

1. Bitte, sind Sie so freundlich und schreiben Sie uns! — Falsch! – Seien Sie . . .

2. Er bezichtigt mich des Diebstahls.	Richtig!
3. Sie gedachten an die tapferen Leute, die hier gekämpft haben.	Falsch! – Sie gedachten der . . .
4. Es muß doch gelingen, den Unfalltod besser Herr zu werden.	Falsch! – . . . des Unfalltodes . . .
5. Er weiß, daß er das nicht getan hatte.	Falsch! – . . ., daß er das nicht getan hat.
6. Nachdem er gekommen ist, aßen wir zu Mittag.	Falsch! – Nachdem er gekommen war,
7. Ich habe mich schon vorher entschlossen gehabt, dieses Fach zu studieren.	Falsch! – Ich habe mich schon vorher entschlossen, . . . Vielleicht auch: Ich hatte mich . . . entschlossen, . . .
8. Früher konnte sich fast jeder die Arbeit aussuchen, die ihm gefällt.	Falsch! – . . ., die ihm gefiel
9. Sie ist gekündigt worden.	Falsch! – Ihr ist . . .
10. Es hatte den ganzen Tag geregnet gehabt, dann wurde es wieder schön.	Falsch! – Es hatte den ganzen Tag geregnet, dann . . .
11. Wo hast du das Buch liegengelassen?	Falsch! – . . . liegenlassen
12. Mein Kollege Schneider hat gesagt, daß ich ein Rindvieh bin.	Falsch! – . . ., daß ich ein R. sei. (Andernfalls ist der Sprecher selbst überzeugt, daß er ein R. ist.)
13. Er meint, er sei sehr tüchtig.	Richtig!
14. Sie behauptet, sie wäre da gewesen.	Falsch! – . . . sie sei da gewesen

Zu welcher Wortart gehören folgende Wörter?

15. das Sterben	Nennform des Verbs, zum Hauptwort erhoben
16. der Essende	Mittelwort der Gegenwart, gebildet vom Verb – zum Hauptwort erhoben
17. das Gebratene	Mittelwort der Vergangenheit, gebildet vom Verb – zum Hauptwort erhoben

Beugen Sie *das Einkaufen* wie ein Hauptwort!

18. Genitiv	des Einkaufens
19. Dativ	dem Einkaufen (zum, beim E.)
20. Akkusativ	das Einkaufen

Übung 5:

Übertragen Sie alle *direkten* Reden in *indirekte*, und schreiben Sie diese auf ein Blatt. Die Lösung finden Sie im Anschluß an den Text.

1. Der Angler

Ein stets wacher Reporter stieß einmal auf einen jungen Angler, der seine Rute in ein Rosenbeet hielt und dort sage und schreibe fischte. Der Junge forderte von sich aus den Zeitungsmann auf: „Fragen Sie mich nur!" Der Reporter begann: „Was tun Sie hier? Ich bin sehr überrascht. Gestern war ich noch am Meer; da sah ich wirkliche Fischer. Gibt es hier tatsächlich etwas zu fangen? Leben Sie von Ihrer Beute? Ich werde nicht glauben, daß es Ihr Ernst ist, hier Fische herauszuziehen. Also, was ist los?"

Der Junge erwiderte: „Ich werde jede Ihrer Fragen beantworten. Allerdings bitte ich Sie zu bedenken, daß jede Antwort ihres Lohnes wert ist. Gestern stand ich auch schon hier auf diesem Platz, da ich das Beet schon vor Jahren entdeckt habe. Ich bin nie kleinlich gewesen; aber man lebt teuer in dieser Zeit. Also, wieviel wollen Sie ausgeben?"

„Ich denke, 20 Mark werden genügen; ich kann nicht zuviel wagen. Am Schluß wird es mir von der Zeitung nicht ersetzt; und meine Frau ist ein verschwenderisches Wesen. Verstehen Sie das?"

„Ich bin für 40; dann bekommen Sie die Lösung des Rätsels."

„Ich bin einverstanden. Sagen Sie mir also, was los ist!"

„Ich angle hier."

„Und haben Sie schon etwas gefangen?"

„Ja, Sie sind der elfte, der mir etwas gegeben hat."

Lösung:

... Der Junge forderte von sich aus den Zeitungsmann auf, er solle ihn nur fragen. Der Reporter begann, was er (der Junge) da tue. Er (der Rep.) sei sehr überrascht. Am Tage vorher sei er noch am Meer gewesen; da habe er wirkliche Fischer gesehen. Ob es da tatsächlich etwas zu fangen gebe. Ob er von seiner Beute lebe. Er (der Rep.) werde nicht glauben, daß es sein (des Jungen) Ernst sei, da Fische herauszuziehen. Also, was los sei.

Der Junge erwiderte, er werde jede seiner (des Rep.) Fragen beantworten. Allerdings bitte er ihn zu bedenken, daß jede Antwort ihres Lohnes wert sei. Am Tage vorher sei er auch schon auf diesem Platze gestanden, da er das Beet schon vor Jahren entdeckt habe. Er sei nie kleinlich gewesen; aber man lebe in dieser Zeit teuer. Also, wieviel er (der Rep.) ausgeben wolle.

Er denke, 20 Mark würden genügen; er könne nicht zuviel wagen. Am Schluß werde es ihm von der Zeitung nicht ersetzt; und seine Frau sei ein verschwenderisches Wesen. Ob er (der Junge) das verstehe.

Er sei für 40; dann bekomme er (der Rep.) die Lösung des Rätsels.

Er sei einverstanden. Er (der Junge) solle ihm also sagen, was los sei.

Er angle hier.

Und ob er schon etwas gefangen habe.

Ja, er (der Rep.) sei der elfte, der ihm (dem Jungen) etwas gegeben habe.

(Verfahren Sie wie bei 1!)

2. Merkwürdige Treue

Rechtsanwalt: „Herr Poppkorn, was führt Sie zu mir?"

P: „Ich will mich scheiden lassen."

R: „Ich übernehme Ihren Fall, wenn Sie zahlen können. Haben Sie einen triftigen Scheidungsgrund?"

P: „Habe ich! Hören Sie dieses Gespräch, das ich auf Tonband aufgenommen habe!" (Band läuft!)

P: „Ich halte das nicht mehr aus, Ursi! Du betrügst mich! Wer ist es?"

U: „Wenn du es weißt, warum fragst du mich?"

P: „Also ist es der Milchmann!"

U: „Höre auf, mich zu quälen!"

P: „Ist er es oder nicht?"

U: „Ich gebe keine Antwort mehr."

P: „Das genügt. – Ich werde nach Hamburg versetzt. Gehst du mit?"
U: „Bin ich nicht immer mitgegangen?" (Ende des Tonbands)

P: „Verstehen Sie nun, worum es geht?"
R: „Nein, mir ist nichts klar."
P: „Ich bin in den letzten zwei Jahren sechsmal innerhalb Deutschlands umgezogen."
R: „Und die Frau ging immer mit?"
P: „Ja, das tat sie. Aber der Milchmann kommt auch immer."
R: „Seien Sie doch froh, wenn er Ihnen die Milch bringt!"
P: „Ja, es ist aber seit zwei Jahren derselbe; und er ist immer mit umgezogen! Er bringt am Morgen getreulich die Milch. Was er während des Tages tut, weiß ich nicht."
R: „Ja dann ist alles klar."

Lösung:

R: Was ihn (Herrn P.) zu ihm führe.
P: Er wolle sich scheiden lassen.
R: Er übernehme seinen Fall, wenn er zahlen könne. Ob er einen triftigen Scheidungsgrund habe.
P: Habe er. Er (R) solle dieses Gespräch hören, das er auf Tonband aufgenommen habe.
P: Er halte das nicht mehr aus. Ursi betrüge ihn. Wer es sei.
U: Wenn er es wisse, warum er sie frage.
P: Also sei es der Milchmann.
U: Er solle aufhören, sie zu quälen.
P: Ob er es sei oder nicht.
U: Sie gebe keine Antwort mehr.
P: Das genüge. – Er werde nach Hamburg versetzt. Ob sie mitgehe.
U: Ob sie nicht immer mitgegangen sei.
P: Ob er nun verstehe, worum es gehe.
R: Nein, ihm sei nichts klar.
P: Er sei . . . umgezogen.
R: Und die Frau sei immer mitgegangen.
P: Ja, das habe sie getan. Aber der Milchmann komme auch immer.
R: Er (P) möge froh sein, wenn er ihm die Milch bringe.
P: Ja, es sei aber seit zwei Jahren derselbe; und er sei immer mit umgezogen. Er bringe . . . Was er während des Tages tue, wisse er nicht.
R: Ja, dann sei alles klar.

Beim folgenden Text ist es umgekehrt: Sie übertragen die *indirekte* Rede in die *direkte*.

(Aus dem Protokoll der Gerichtsschreiberin; es sprechen der Richter und der Tischler Leimer.)

3. Die unmögliche Vaterschaft

Der Richter fragt den Angeklagten, ob er wirklich behaupten wolle, der Junge, um den es gehe, sei nicht der seinige.
Der Angeklagte antwortet, er sei sich seiner Sache völlig sicher. Der Junge könne nicht von ihm sein; denn er habe seine ehemalige Verlobte im Januar erst kennengelernt, und im Juni sei das Kind zur Welt gekommen. Er habe aber damals keinen Wirbel machen wollen, weil seine Verlobte ihm versichert habe, sie würden ja doch heiraten. Sie sei sehr lieb zu ihm gewesen. Darum sei er auch zum Jugendamt gegangen und habe die Vaterschaft offiziell anerkannt. Sofort nachher habe ihn das Mädchen verlassen. Er sei mit dem Kind allein dagesessen und sei in allerlei Schwierigkeiten geraten. Er könne jetzt auch gar nichts mehr zahlen.
Der Richter ergänzt, daß das Mädchen verschwunden sei. Es habe zweifellos den un-

erfahrenen und gutmütigen Angeklagten über das Ohr gehauen und verdiene eher eine Strafe als dieser.
Der Angeklagte wirft ein, daß das auch seine Meinung sei. Er fragt, ob er jetzt die Vaterschaft widerrufen könne.
Der Richter belehrt ihn, das müsse er sofort vor dem Jugendamt machen; dann werde man keine Forderungen mehr an ihn stellen. Er müsse ihm allerdings vorhalten, daß er (der A.) unglaublich dumm gehandelt habe.
In einem Schlußwort erklärt der Angeklagte, auch seine Mutter habe ihm gesagt, daß er (der A.) ein Rindvieh sei. Er (der R.) habe ihm das nicht noch einmal sagen müssen. Jeder Mensch mache eben Fehler.

Lösung:

Richter zum Angeklagten: „Wollen Sie wirklich behaupten, daß der Junge, um den es geht, nicht der Ihrige ist?"
Angeklagter: „Ich bin mir meiner Sache völlig sicher. Der Junge kann nicht von mir sein; denn ich habe meine ehemalige Verlobte im Januar erst kennengelernt, und im Juni ist das Kind zur Welt gekommen. Ich wollte aber damals keinen Wirbel machen, weil meine Verlobte mir versichert hat, wir würden ja doch heiraten. Sie war sehr lieb zu mir. Darum bin ich auch zum Jugendamt gegangen und habe die Vaterschaft offiziell anerkannt. Sofort nachher hat mich das Mädchen verlassen. Ich bin mit dem Kind allein dagesessen und in allerlei Schwierigkeiten geraten. Ich kann jetzt auch gar nichts mehr zahlen."
Richter: „Das Mädchen ist verschwunden. Es hat zweifellos Sie unerfahrenen und gutmütigen Menschen über das Ohr gehauen und verdient eher eine Strafe als Sie."
Angeklagter: „Das ist auch meine Meinung. Kann ich jetzt die Vaterschaft widerrufen?"
Richter: „Das müssen Sie sofort vor dem Jugendamt machen; dann wird man an Sie keine Forderungen mehr stellen. Ich muß Ihnen allerdings vorhalten, daß Sie unglaublich dumm gehandelt haben."
Angeklagter (im Schlußwort): „Meine Mutter hat mir auch gesagt, daß ich ein Rindvieh bin. Das haben Sie mir nicht noch einmal sagen müssen. Jeder Mensch macht eben Fehler."

1.4. Das Eigenschaftswort (Adjektiv)

Das Eigenschaftswort gibt der Sprache Farbe.
Nachsilben, die Eigenschaftswörter bilden, sind: -bar, -en, -n, -ern, -los, -haft, -ig, -isch, -lich, -sam

Wiederholung:

Beugung (Deklination)

stark: wenn weder der bestimmte Artikel noch ein ihm ähnliches Wort vorausgeht: für liebe Menschen
schwach: wenn das vorausgehende Wort die entsprechende Beugung zeigt: für diese lieben Menschen

Stehen mehrere Eigenschaftswörter vor einem Hauptwort, so werden sie alle gleich gebeugt:
bei warmem, herrlichem, sonnigem Wetter
Aber: bei diesem schönen, milden, frühlingshaften Wetter

stark:		schwach:	
	guter Wein		der gute Wein
	guten Weines		des guten Weins
	gutem Wein		dem guten Wein
	guten Wein		den guten Wein
	gute Weine		die guten Weine
	guter Weine		der guten Weine
	guten Weinen		den guten Weinen
	gute Weine		die guten Weine

Steigerung (Komparation)

1. Bildung
   Grundstufe (positiv): klein, erfahren, alt
   Steigerungsstufe (Komparativ): kleiner, erfahrener, älter
   Höchststufe (Superlativ): am kleinsten, erfahrensten, ältesten
   Die Stammvokale werden im Komparativ und Superlativ oft umgelautet: klüger, am höchsten

2. Vergleich
   Nach der Grundstufe steht *wie*,
   nach der Steigerungsstufe *als*.
   Oder: auf *so* folgt *wie*.
   Also: Er ist ebenso reich wie ich.
   Er ist nicht so reich wie ich.
   Aber: Er ist reicher als ich.

3. Steigerung zusammengesetzter Formen:
   Sie schwankt je nachdem, ob das Wort als Einheit oder als Verbindung von zwei Teilen empfunden wird. Eine doppelte Steigerung ist immer falsch (bestmöglichst).
   altmodisch – altmodischer – am altmodischsten; die hochfliegendsten Pläne
   Aber: eine hochgelegene Stadt – die höchstgelegene Stadt
   eine hochgestellte Person – eine höhergestellte Person
   die meistgelesene Zeitung – größtmögliche Rücksicht

4. Verwendung von Mittelwörtern in der Funktion von Eigenschaftswörtern:
   belebend – belebender – am belebendsten
   verdorben – verdorbener – am verdorbensten

Beispiele:

Wenn Sie den rechten Rand zuhalten, können Sie Ihr Wissen überprüfen.

Unterschied zwischen zweistündig und zweistündlich:
-ig = einmalige Dauer; -ich = Wiederholung

ein zweistünd. . Konzert	-iges
ein zweistünd. . Wechsel	-licher
die Reise war viertäg. .	-ig
die S-Bahn fährt zwölfmal täg.	-lich

Dativ der Einzahl:

bei dem hell. . Schein	-en
bei einem hell. . Schein	-en
beim hel. . Schein	-en
bei hell. . Schein	-em
mit solch einem schön. . Kleid	-en
mit einem solch(en) schön. . Kleid	-en
Aber: nach alt. . deutsch. . Weise	-er -er
nach lang. . schwer. . Leiden	-em -em
von best. . alt. . Metall	-em -em
wegen viel. . groß. . Gefahren	-er -er (auch: -er -en!)

Falsch oder richtig? Wenn falsch, berichtigen Sie!

Das Sparen ist von großen Vorteil.	F = von großem V.
Ich schlafe in einem schönem Zimmer.	F – in einem schönen Z.
In welchem besonderem Fach leistest du Gutes?	F – in welchem besonderen
Die Ware kann man bei etwaigen Nichtgefallen umtauschen.	F – bei etwaigem N.
Man kann von der Werbung nicht bloß als modernen Verführer sprechen.	F – als modernem V.
Ein sehr wesentlicher Vorzug bedeutet auch die Möglichkeit, seine Arbeit selbst einteilen zu können.	F – einen sehr wesentlichen V.
Mailand mit dem berühmten, aus weißem Marmor erbauten Dom ist eine besondere Sehenswürdigkeit.	R
Er wollte sich auf einem ihm besonders viele Freude machendem Gebiet betätigen.	F – auf einem . . . machenden
Das ist der optimalste Weg, das Studium zu finanzieren.	F – der optimale Weg
Ein Atomkraftwerk ist den Gefahren der Umwelt genauso ausgesetzt als ein anderes Kraftwerk.	F – . . . wie ein anderes K.
Das ist teuerer als wie in den großen Einkaufszentren.	F – . . . teuerer als in

Test III: Fragen zum Eigenschaftswort

Punkterennen

Wertung:			
	20, 19 Treffer: 1	16, 15 Treffer: 3	12, 11 Treffer: 5
	18, 17 Treffer: 2	14, 13 Treffer: 4	10 und weniger: 6

1. Wie steigert man hoch?	hoch – höher – am höchsten
2. Wie steigert man viel?	viel – mehr – am meisten
3. Ist eine ältere Dame älter als eine alte Dame?	nein, sie ist jünger; zwischen alt und jung

Richtig oder falsch? Wenn falsch, berichtigen Sie!

4. Die Ausnutzung der Kapazität ist dadurch optimaler.	F – optimal ist bereits Superlativ! Also: besser
5. Die meistbesuchtesten Filme waren . . .	F – die meistbesuchten ...
6. Er ist das einzigste Kind seiner Eltern.	F – das einzige K.

Zu welcher Wortart gehören die folgenden Wörter:

7. der Gescheite, die Dummen, nichts Schönes, Neues und Altes	alle 5 sind zum Hauptwort erhobene Eigenschaftswörter

Richtig oder falsch? Gegebenenfalls berichtigen!

8. Jeder Deutscher sollte seine Bürgerrechte kennen.	F – jeder Deutsche . . .
9. Jeder gute Deutscher fühlt sich für die Politik seiner Regierung verantwortlich.	F – jeder gute Deutsche . . .

10. Heißt es: Wir Glückliche? Oder: Wir Glücklichen?	Beides ist richtig!
11. Heißt es: Wir Deutsche? Oder: wir Deutschen?	Beides ist richtig!

Richtig oder falsch? Gegebenenfalls berichtigen!

12. Mit offenem Mund und Augen bestaunte er alles.	F – Mit offenem Mund und offenen Augen . . .
13. Beim erwachsenen Sohn oder Tochter können die Eltern kaum dazwischenreden.	F – . . . oder bei der erwachsenen Tochter . . .
14. Die wirtschaftlichen schwächeren Kreise wollen auch am allgemeinen Aufstieg teilnehmen.	F – Die wirtschaftlich schwächeren . . .
15. Dieser Mensch war noch dümmer, wie man geglaubt hatte.	F – noch dümmer, als man . . .
16. Mir graut, alt zu werden unter Leuten, die älter sind oder genauso alt wie ich.	F – . . . die älter sind als ich und genauso alt wie ich.
17. Man kann im Fernsehen besser sehen, wie wenn man direkt als Zuschauer dabei ist.	F – . . ., als wenn man . . .
18. Die Umweltverschmutzung ist heute größer wie noch nie in der Geschichte der Menschheit.	F – . . . größer als je . . .

Sind diese Sätze alle beide richtig, und wo liegt der Unterschied?

19. Er hat höhere Leistungen erbracht, als man von ihm erwartet hatte.	Sinn: Man hatte nicht so hohe Leistungen erwartet.
20. Er hat höhere Leistungen erbracht, wie man von ihm erwartet hatte.	Sinn: Man hatte diese hohen Leistungen von ihm erwartet.

Übung 6:

Setzen Sie sämtliche fehlenden Endungen ein! Sie sind immer mit zwei Punkten markiert.

Automatisch – automatischer – am automatischsten

Dies. . merkwürdi. . Titel kann man entnehmen, daß der Ver-	-em, -en
fasser eine Geschichte mit seltsam. . Hintergrund geschrieben	-em
hat. Begleiten wir die drei jung. ., fesch. . Herren, die zu	-en, -en
ein. . viert. . gehen, mit dem sie bei gemeinsam. . Mittagessen	-em, -en, -em
etwas zu besprechen haben. Nach gut. . alt. . Brauch bewirtet	-em, -em
sie der Hausherr zunächst mit klar. ., kühl. . Sekt; denn bei	-em, -em
dies. . unerträglich. . Beschuß mit Sonnenstrahlen benötigt	-em, -en
man Kühlung. So sitzen sie auch unter einem breit. ., farbig. .	-en, -en
Sonnenschirm.	

Leicht. . Fußes war man gekommen und steigerte sich auch	-en
bald in ein. . gemütlich. . Plauderton hinein. In bestechend. .	-en, -en, -em
Stil pries nun der erste sein eigenes Heim: „Unsere Maschine	
mit automatisch. . Waschvorgang bedarf nicht der geringst. .	-em, -en
Wartung." Der zweite ergänzte im nebensächlichst. . Aller-	-en
weltston: „Wir haben dazu noch eine Geschirrspüleinrichtung,	

die mit leis. . Brummen die Teller, Löffel und Gabeln ableckt."	-em
Nun dachte der dritte: Auf ein. . grob. . Klotz gehört ein	-en, -en
grob. . Keil! Er berichtete, daß sie nicht auf halb. . Wege ste-	-er, -em
henbleiben wollten:	
„Meine Frau, die mit enorm. . Reichtum gesegnet ist, ließ sich	-em
hinsichtlich ein. . unübertrefflich. . Traumküche beraten.	-er, -en
Dies. . klug. . Ratschlag folgten wir. Das Schicksal all. . groß. .	-em, -en, -er, -en
Erfindungen ist ungewiß. Jedenfalls sollte meine Frau nicht	
unter mein. . dün. . Geldbeutel leiden. Außer selbsttätig . .	-em, -en, -em
Kochvorgang reinigt und spült die Supermaschine alles, was	
schmutzig wird. Bei unvorsichtig. . Umgang mit ihr kann man	-em
selbst der Reinigung verfallen."	
„Aber, aber" gibt der Hausherr von sich, „meine Universalma-	
schine macht alles, was man sich bei ein. . herkömmlich. . Haus-	-em, -en
haltsgerät nur ausdenken kann. Mit still. ., gewaltlos. ., gütig. .	-em, -em, -em
Singen geht sie zu Werk; sie putzt, wäscht, flickt, strickt, steri-	
lisiert, stellt ein und aus, kauft ein, verwaltet das Geld, erzieht	
in ein. . unvernünftig. . Zeitalter Kinder und hilft ihnen bei	-em, -en
rätselhaft. . Unterricht, z.B. bei der blödsinni. . Mengenlehre	-em, -en
und beim mühseli. . Wörterlernen. – Und hier, seht sie an! Sie	-en
begrüßt euch auch noch mit zauberhaft. ., fröhlich. . Lächeln."	-em, -em
Darauf öffnete er die Tür zur etwas altmodisch. . Küche – und	-en
heraus trat seine Frau, die dem hektisch. ., nervenaufreibend. .	-en, -en
Berufsleben entsagt hatte, um nur bei ihr. . lieb. . und ge-	-em, -en
liebt. . Gatten und bei den Kindern zu sein.	en

Setzen Sie *als* oder *wie* ein!

Auf der Suche nach dem schönsten Urlaub

Es gibt Leute, die behaupten, es sei nirgends so schön . . . in	wie
Deutschland. Andere aber meinen, im Sommer müsse man viel	
mehr sehen, . . . es in unserem Heimatland überhaupt zu sehen	als
gibt. Noch weiter weg . . . im Vorjahr – das ist die Parole. Das	als
Meer sei in Griechenland wärmer . . . in Italien, die Preise dort	als
weniger hoch . . . in Österreich, und die Landschaft sei nicht so	als
überlaufen . . . in den Alpen. Für Kunstfanatiker sind Tempel	wie
und Statuen wichtiger . . . leibliche Genüsse; Speise und Trank	als
bedeuten ihnen nicht soviel . . . das Staunen auf der Akropolis,	wie
die in Wirklichkeit noch überwältigender ist . . . in den Büchern.	als
Im Zeustempel zu Olympia zu stehen ist ein größeres Erlebnis,	
. . . am Strand zu liegen. Freilich ist das Meer in Griechenland	als
auch nicht mehr so rein, . . . es einmal war; und manche Bucht	wie
ist ebenso überlaufen . . . die an Italiens Küsten. Man muß	wie
schon Glück haben, wenn man eine ruhigere Stelle finden will	
. . . an einem bayerischen See.	als

Auch der Parthenontempel in Athen, der den Altertumsfreun-
den immer noch heiliger ist . . . alle anderen Stätten auf der als
Welt, ist nicht mehr zu betreten. Hier hat die moderne Technik
schlimmer gehaust . . . die Barbaren. Die Marmorsäulen, die als
empfindlicher sind, . . . man dachte, leiden unter den Abgasen. als
Und die Flieger, die ebenso knallig . . . überall die Schallmauer wie
durchbrechen, haben dort größeren Schaden angerichtet . . . als
alle Besucher. So mancher Fernsüchtige fand schon: Es ist nir-
gends besser . . . zu Hause. als

1.5. Das Fürwort (Pronomen)

Die Fürwörter stehen stellvertretend für Hauptwörter, oder sie begleiten sie.

Wiederholung:

Persönliche Fürwörter (Personalpronomen)

ich	du	er	sie	es		
meiner	deiner	seiner	ihrer	seiner		Sie
mir	dir	ihm	ihr	ihm	Höflichkeitsform:	Ihrer
mich	dich	ihn	sie	es		Ihnen
						Sie
wir	ihr		sie			
unser	euer		ihrer			
uns	euch		ihnen			
uns	euch		sie			

Besitzanzeigende Fürwörter (Possessivpronomen)

männl.	weibl.	sächl.
mein	meine	mein
dein	deine	dein
sein	seine	sein
ihr	ihre	ihr
sein	seine	sein
unser	unsere	unser
euer	euere	euer
ihr	ihre	ihr

Unterschied: *sein* Buch (Besitzer ist männlich oder sächlich, z.B. Kind)
ihr Buch (Besitzer ist weiblich)

Alleinstehende besitzanzeigende Fürwörter werden stark gebeugt:
Dieser Ball ist meiner = der meinige.
Siehst du diese Bücher? Gib mir deines = das deinige.

Rückbezügliche Fürwörter (Reflexivpronomen)

Das rückbezügliche Fürwort ist immer fest mit einem Tätigkeitswort verbunden.

Einzahl		Mehrzahl		Höflichkeitsform	
Dativ	Akkusativ	Dativ	Akkusativ	Dativ	Akkusativ
mir	mich	uns	uns		
dir	dich	euch	euch		
sich	sich	sich	sich	sich	sich

sich kann auch die Gegenseitigkeit bedeuten: *Sie haben sich geschlagen (= einander).*

Hinweisende Fürwörter (Demonstrativpronomen)

1. dieser diese dieses (alleinstehend: dies) diese
2. jener jene jenes jene
3. der die das die
   (wird als Fürwort *betont* ausgesprochen!) Es wird wie der Artikel gebeugt, wenn es beim Hauptwort steht. Steht es allein, so wird es so gebeugt:

der	die	das	die
dessen	deren	dessen	deren, derer
dem	der	dem	denen
den	die	das	die

   deren ist zurückweisend; *derer* vorausweisend!

   Beispiel: *Ich denke an deine Brüder und deren Leistungen.*
   Ich gedenke derer, die einst mit uns waren.

4. solch; ein solcher eine solche ein solches
   solch hat keinen Apostroph!

Bezügliche Fürwörter (Relativpronomen)

1.

der	die	das	die
dessen	deren	dessen	deren
dem	der	dem	denen
den	die	das	die

2. welcher welche welches welche
   (gilt stilistisch als schlecht!)

3. wer = derjenige, welcher
   was = das, was

   Beispiel: Wer einmal lügt, dem glaubt man nicht.
   Was du hier tust, ist nicht schön.

Fragefürwörter (Interrogativpronomen)

1.

wer	was
wessen	wessen
wem	wem
wen	was

   Beachte: es gibt weder die weibl. Form noch eine Mehrzahl!

2. welcher welche welches welche

3. was für ein, was für

Unbestimmte Fürwörter (Indefinitpronomen)

1. man, etwas, nichts, irgendeiner, keiner, niemand, jemand, mancher, alle, andere, einer, einige, ein paar, etliche, mehrere, sämtliche, welche, wer

Beugung von *jemand:*		Beugung von *man:*
jemand		man
jemandes	genauso geht	eines
jemand(em)	*niemand!*	einem
jemand(en)		einen

Beispiele:

(Sie können hier bereits wieder Ihr Wissen überprüfen, wenn sie die rechte Randleiste zunächst zuhalten.)

Bayern ist von Bergen umgeben, die sie von der Außenwelt abtrennen.	F – . . ., die es . . .
Das kleine Kind will eine Antwort und bekommt sie auch vielleicht; aber leider nicht die, die für ihm geeignet ist.	F – . . . nicht die, die für es . . .
Er erbarmt sich ihr, weil sie so allein ist.	F – erbarmt sich ihrer . . .
Das Eichhörnchen sammelt im Sommer eifrig Früchte, um den für sie harten Winter überstehen zu können.	F – um den für es . . .
Die Masse der Bevölkerung ist bestrebt, das ihnen zur Verfügung stehende Geld in Sachwerten anzulegen.	F – das ihr zur V. . . .
Er kann sich mir nicht mehr annehmen.	F – Er kann sich meiner ...
Drei kleine Buben liefen einem Frosch nach, um seiner habhaft zu werden.	R
Wenn eine Ware am Fernseher angepriesen wird, wird es am nächsten Tag gleich gekauft.	F – . . . wird sie . . .
Man erinnert sich plötzlich wieder gerne an die kleinen Geschäfte; es hatte nämlich auch seine Vorteile.	F – . . .; sie hatten . . . ihre Vorteile
Der Vorteil eines kleinen Geschäfts ist, daß sie meist gleich in der Nähe der Wohnungen sind.	F – . . ., daß es . . . ist. (besser von Anfang an Mehrzahl!)
Auch die Freiheit hat seine Grenzen.	F – . . . hat ihre Grenzen.
Das Kreditinstitut kann Geld an ihre Kunden ausgeben.	F – . . . an seine K. . . .
Diese Entwicklung hat seinen Ursprung darin, daß die Preise gewaltig stiegen.	F – . . . hat ihren U. . . .
Dies Mädchen ist schön.	F – dieses . . .
Nachdem ich dieses getan hatte, hörte ich zu arbeiten auf.	F – . . . ich dies getan . . .
Das Geld, was ich verdiene, ist mir zu wenig.	F – Das Geld, das ich . . .
Es gibt zuviel Hausaufgaben, dessen Erledigung gleich Stunden beansprucht.	F – . . ., deren E. . . .
Man kauft oft Dinge, die man nicht braucht und von einem dann weggeworfen werden.	F – . . . und die von . . . (das erste *die* ist 4. Fall, das zweite 1. Fall!)
Das ist ein wertvolles Gebäude, das es zu erhalten gilt und auch vor Zerstörung geschützt werden muß.	F – . . . und das auch . . . (2 verschiedene *das!)*
Mancher geht seinen Hobbys nach, das im Sammeln von Briefmarken und Hören von Musik besteht.	F – nach, die . . . bestehen.

Die Industrie kann nicht mehr so viele Leute beschäftigen, das eine schlimme Sache ist.	F – . . . beschäftigen, was . . .
Es gibt leider manchmal Waren, bei den die Aufbrauchfrist schon abgelaufen ist.	F – . . ., bei denen . . .
Die Allgemeinheit, zu derem Schutz wir verpflichtet sind, verlangt das.	F – . . ., zu deren Sch. . . . (*dessen* und *deren* sind unveränderlich!)
Aufgrund dessen braucht man wenig Personal, das für den Verbraucher von Vorteil ist.	F – . . . Personal, was . . .
Die Stadt, wo ich wohne, liegt sehr schön.	F – Die Stadt, in der . . .
Der Vorwurf, wogegen ich mich wehre, ist, daß ich das gewußt haben sollte.	F – Der Vorwurf, gegen den . . .
Es gelingt dem Fernseher immer wieder, einem von der Arbeit abzubringen.	F – . . ., einen . . .
Der Beruf füllt einem nicht immer aus.	F – . . . füllt einen . . .
Man hat nicht mehr Zeit für Geselligkeit, Ausflüge und etwas anderem.	F – . . . und etwas anderes

Test IV: Fragen zum Fürwort

Punkterennen 1

Benotung:			
	20 Treffer: 1	18 Treffer: 3	16 Treffer: 5
	19 Treffer: 2	17 Treffer: 2	unter 16 Treffern: 6

Falsch oder richtig? Wenn falsch, berichtigen Sie!

1.	Man kann sehen, daß uns die Werbung heute überall begegnet und verfolgt.	F – . . . und uns verfolgt. (erstes *uns* ist 3. Fall, zweites *uns* 4. Fall!)
2.	Wir sollen uns nicht nur ansehen, was uns gefällt und interessiert.	F – . . . und uns int. . . . (wie im Satz 1)
3.	Die Jugendlichen lernen, sich mit anderen zu unterhalten und begreifen.	F – . . . und sie begreifen.
4.	Kann man diesen Gefahren für die Menschheit begegnen und noch aufhalten?	F – . . . und sie noch aufhalten?
5.	Jeder erlebt, daß ihm die Technik nicht nur hilft, sondern auch schädigt.	F – . . ., sondern ihn auch ...
6.	Wir sind verpflichtet, den Gurt beim Autofahren anzuschnallen. Wie viele Leute könnten heute noch leben, hätten sich dieses bedient!	F – . . ., hätten sie sich seiner (dessen, dieser Sache) bedient!
7.	In seiner Not und körperlichem Schmerz verlor der Mensch die Nerven.	F – . . . und seinem k. . . .
8.	Er erbarmte sich ihrer und auch ihrer Geldbörse.	R
9.	Schon immer bestand bei der ganzen Menschheit der Wunsch, Dinge, die außerhalb seines Wahrnehmungsbereichs lagen, zu beobachten.	F – . . ., Dinge, die außerhalb ihres W. . . .

10.	Auch das Zeitgeschehen findet in der Tagesschau ihren Niederschlag.	F – . . . in der T. seinen N.
11.	Es kommt darauf an, den Kunden das Gefühl zu vermitteln, daß sein Anliegen genau überdacht wird.	F – . . ., daß ihr A. . . .
12.	Diese gemütliche Art des Kaufens hat auch seine Vorteile.	F – . . . hat auch ihre V.
13.	Die Sonderangebote und Plakate tun das Seine dazu, daß der Mensch irritiert wird.	F – . . . tun das Ihre dazu, ...
14.	Die Arbeitslosigkeit der Jugend zeigt seine Auswirkungen überall.	F – zeigt ihre A. . . .
15.	Die Wissenschaft hat das Ihrige getan, um den Menschen von der Natur unabhängig zu machen.	R
16.	Es gibt auch für Laien Möglichkeiten, um sein Geld geschickt anzulegen.	F – . . ., um ihr Geld . . .
17.	Im Prinzip hat diese Frage seine Berechtigung.	F – . . . Frage ihre B. . . .
18.	Das ist deiner Mutter sein Handtuch.	F – Das ist das H. deiner M.
19.	Die Demokratie gibt einem die Freiheit, ihren Beruf frei zu wählen.	F – . . ., seinen B. . . .
20.	Die Demokratie gibt uns die Freiheit, seinen Beruf frei zu wählen.	F – . . ., unseren B. . . .

Punkterennen 2

Wertung wie bei 1

1.	Unaufhaltsam flutet der Menschenstrom herein; auf ihren Gesichtern kann man Neugier lesen.	F – (für *ihren* ist kein Bezugswort da! Also vorne. der Strom der Menschen ...)
2.	Das Sparen soll nicht nur den Sinn haben, seine Bedürfnisse zu befriedigen.	F – (für *seine* fehlt das Bezugswort; Sparen kann es nicht sein!)
3.	Er läßt sich gerne beraten und die neuesten Artikel zeigen.	F – . . . und sich die . . . (2 verschiedene Fälle!)
4.	Was können wir gegen diese Umweltverschmutzung und dicken Rauchschwaden unternehmen?	F – . . . und diese dicken R. . . . (Einzahl und Mehrzahl!)
5.	Derjenige, der viel arbeitet, dem wird es bald gelingen, ein Haus zu kaufen.	F – Demjenigen, der viel arbeitet, wird es . . .
6.	Denjenigen, die bereit sind, sich bilden zu lassen, vermittelt das Fernsehen, was sie brauchen.	R
7.	Eines jener Häuser oder Wohnungen würde mir passen.	F – . . . oder eine jener W. (verschiedenes Geschlecht!)
8.	Das Mädchen hat ihre Haare gewaschen.	Möglich, aber nicht gut! (Nach dem Sinn!)
9.	Es wird nur wenig Geschäfte geben, in dem man alles findet, was man braucht.	F – . . . geben, in denen . . .
10.	Das sind die Wagen, in denen man die ausgewählten Waren legen kann.	F – . . ., in die man . . .

11.	Die Sparkassen haben einen Kundenstamm erworben, die sehr treu sind.	F – . . . einen Stamm von Kunden, die . . .
12.	Das sind Personen, dessen Aufgabe es ist, immer da zu sein.	F – . . ., deren A. . . .
13.	Viele unserer Waren sind im Ausland billiger als deren Eigenprodukte.	F – . . . als dessen E. (stilistisch besser: . . . in anderen Ländern . . . als deren E.!)
14.	Hier ist Dankbarkeit zu erwarten, das für vieles entschädigt.	F – . . ., was . . .
15.	Der Staat ist verpflichtet, im einzelnen den Menschen zu sehen, dem er in würdiger Form begegnen und behandeln muß.	F – . . . begegnen und den er ebenso behandeln muß.
16.	Das ist keine Theorie, sondern eine Wahrheit, die der Mensch akzeptieren und Konsequenzen daraus ziehen muß.	F – . . . akzeptieren und aus der er K. ziehen muß.
17.	Das höchste Gut, das ein Mensch besitzt, ist die Gesundheit.	R
18.	Das Höchste, was ein Mensch besitzt, ist die Gesundheit.	R
19.	Erinnert euch dankbar derer, deren Hilfe euch gefördert hat!	R
20.	Es sind schon ganze Flüsse und Seen verseucht worden, die durch die Gleichgültigkeit des Menschen verursacht wurden.	F – . . ., was . . . verursacht wurde.

Punkterennen 3

Wertung wie bei 1

1.	In der heutigen Zeit, wo doch alle ein Auto haben, möchten auch die jungen Leute eines haben.	F – . . ., in der . . .
2.	In der Straße, wohin ich einbog, steht unser Haus.	F – . . ., in die . . .
3.	Dieses Tun entspricht dem demokratischen Grundgedanken, nach dem wir leben und auch handeln wollen.	R
4.	Das ist ein Fach, das viele Schüler nicht interessiert oder sie auch nicht dafür begabt sind.	F – . . . oder für das sie auch nicht . . .
5.	Ein Streik ist ein Ausfall von Leistungen, die zur Verminderung des Sozialprodukts führen.	F – . . ., der . . . führt.
6.	Manchen Menschen treffen Leiden aller Art, deren Sinn er nicht kennt und sich daher auch nicht positiv dazu einstellen kann.	F – . . . kennt und zu denen er sich . . .
7.	Es sind nicht nur wirtschaftliche Probleme, vor die unser Staat steht.	F – . . ., vor denen . . . Besser: Vor die sich unser St. gestellt sieht.
8.	Ein weiterer Nachteil sind die spärlichen Schneefälle, die die Bergbahnen in die roten Zahlen rut-	F – . . . ließen, die somit nur noch Verluste anzeigen.

schen ließen und somit nur noch Verlustbetriebe darstellen.

9. Es ergibt sich mehr Freizeit für die Mutter, die sie dann mit ihrer Familie verbringen oder ihren Hobbys nachgehen kann.	F – . . . oder in der sie ihren . . .
10. Sicher solltet ihr schon oft etwas tun, was eure Eltern angeordnet haben, euch aber nicht besonders gefallen hat.	F – . . . haben, was . . . (das erste *was* ist 4., das ergänzte *was* 1. Fall!)
11. In dem Abteil des Zuges, in das wir uns setzten und auf die Abfahrt warteten, waren noch drei Leute.	F – . . . und in dem wir . . .
12. Es ist Nebensache, welcher Beruf oder Tätigkeit ausgeübt wird.	F – . . . Beruf oder welche . . .
13. Das ist eine Frau, die ich schätze und viel arbeitet.	F – . . . und die viel . . .
14. Dies ist ein Wandel, den die Zeit mit sich brachte und durchaus zu begrüßen ist.	F – . . . und der durchaus ...
15. Der Beatschuppen mit seinem neuen Diskjockey, der am Ende der Stadt liegt, erhält großen Zulauf.	F – Der B. am Rande der Stadt mit seinem n. D. erhält großen Zulauf.
16. Tüchtige Zugehfrau für eine Arztfamilie gesucht, die alle Arbeiten selbständig erledigt.	F – Tüchtige Z., die alle Arb. s. erl., für eine A. gesucht.
17. Es sollte ein Beruf sein, der einen befriedigt und einiges abverlangt.	F – . . . und einem einiges . . .
18. Auf diese Weise lernen einen die Verkäufer besser kennen.	R – (4. Fall von *man!)*
19. Hätte man so gesprochen, so hätten einem die Leute wenig Glauben geschenkt, vielleicht nicht für ganz gescheit gehalten.	F – . . ., vielleicht einen nicht . . .
20. So verfolgt einem die Werbung überall.	F – So verfolgt einen . . .

Übung 7:

Setzen Sie jeweils bei den vier Punkten das passende persönliche oder besitzanzeigende Fürwort ein!

Welch ein Glück für ihn, ihre Wünsche erfüllen zu dürfen!	
Wenn der Ausverkauf beginnt, dann nimmt so manche Frau	ihren
Mann unter den Arm und schleppt . . . . zum Kaufhaus. Dort	ihn
spricht sie meist recht freundlich zu . . . .: „Ich bin jetzt	ihm, deiner
überdrüssig. Warte, bis ich komme!" Er aber sorgt sich sehr um	
die Ehefrau; denn er liebt . . . .; so fleht er zu Gott: „Erbarme	sie
dich . . . .! (= habe Mitleid mit ihr!)" Das Geld reicht sowieso	ihrer
hinten und vorne nicht. Man kann jedoch nichts kaufen ohne	
. . . . (= das Geld). Natürlich ersteht das kauftolle Weib auch	es
einiges für den Ehemann; denn manchmal denkt sie auch an	
. . . . Den Pelzmantel kauft die Frau allein; und der Mann darf	ihn
. . . . nicht einmal beraten. Nur der Verkäufer darf das; und er	sie
sagt: „Kann ich noch etwas für . . . . tun, gnädige Frau? Ich	Sie

glaube, auch dieser Ozolürkenpelz würde . . . . sehr gut stehen!	Ihnen
Er kostet die Kleinigkeit von 7.500 Mark, und soviel können	
. . . . schon für . . . . ausgeben." In der Zwischenzeit kommt das	Sie, ihn
Frauchen auch einmal zum geplagten Wartenden und benötigt	
die Handtasche. Er darf . . . . (= Handtasche) . . . . (= Frauchen)	sie, ihm
geben. Dafür lehrt sie . . . die unerschöpfliche Geduld eines	ihn
Schafes. Am allerliebsten ist . . . ., daß sie . . . . jetzt zu einem	ihm, ihn
Lastesel macht. Er darf alles, was er . . . (= der Frau) indirekt ge-	ihr
schenkt hat, auch noch nach Hause schleppen. Dort darf er	
seine Eheliebste betrachten und muß . . . . gehörig bewundern.	sie
Denn sie läßt . . . . an all ihren Freuden teilnehmen.	ihn

Setzen Sie das entsprechende bezügliche Fürwort (Relativpronomen) ein!

Der Mann, ... Arbeit eine Frau zum Schwärmen brachte	*dessen*
Viele Frauen, ... Autos eine Reparatur dringend benötigen,	deren
denken überhaupt nicht daran, das Fahrzeug, . . . sie diese Pfle-	dem
ge angedeihen lassen wollen, den besten Händen zu übergeben.	
Nicht alle Mechaniker, . . man sein Kleinod anvertraut, sind	denen
gleich tüchtig. Das Auto, von . . . . Besitzerin wir hier sprechen,	dessen
war nicht mehr ganz neu; aber die Scheibenwischer, über	die
man sich ja oft ärgert, funktionierten besonders schlecht.	
Die Dame, von . . . . wir eben sprachen, betrat also das Büro.	der
Sie stimmte sofort ein Loblied auf den Mechaniker an, ... sie	den
draußen hatte arbeiten sehen: „Die Limousine, ... Motor er	deren
prüfte, ist bei ihm in besten Händen. Ich möchte mein Auto,	
mit . . . . ich noch lange fahren muß, auch nur einem Menschen	dem
übergeben, ... ich voll vertrauen kann und . . . . alle Hand-	dem, der
griffe so meisterlich ausführt.	
Ihr Mechaniker draußen hat die Zündkerzen, ... verrußt wa-	die
ren, mit größter Sorgfalt gereinigt; er hat auch das Ventilspiel,	
von . . . . soviel abhängt, genau nachgestellt. Vor allem hat er	dem
die Dichtung des Kühlsystems, ... natürlich nicht ewig hal-	die
ten kann, gewechselt."	
Der Werkstattleiter wunderte sich über die Frau, ... Kennt-	deren
nisse wirklich beachtlich waren: „Gnädige Frau, die Kenntnisse,	
. . . . Sie sich rühmen können, würden fast einem Meister zur	deren
Ehre gereichen." Sie erwiderte: „Sehen Sie, ich möchte meinen	
Schlitten nur Leuten übergeben, ... man glauben kann, daß	denen
sie das Auto, ... Überprüfung sie vornehmen sollen, wie ihr	dessen
eigenes behandeln. Diesen Eindruck hatte ich von Ihrem Mann	
im Hof, ... Arbeitseifer verblüffend war." – „Gnädige Frau,	dessen
alle Achtung vor der Schärfe Ihrer Beobachtung, auf . . . . Sie	die
stolz sein können! Das Auto, ... er so gut behandelte, war	das
nämlich wirklich sein eigenes."	

1.6. Das Zahlwort (Numerale)

Wiederholung:

Grundzahlen (Kardinalzahlen)

eins, zwei, drei; ab und zu gibt es Beugung: zu zweien, auf allen vieren

Ordnungszahlen (Ordinalzahlen)

der erste, der dritte, der vierzigste

Unbestimmte Zahlwörter

einige, manche, mehrere, etliche, sämtliche, alle, alles, viel, viele, wenig, wenige, jeder, jeglicher, ganz, etwas, genug, nichts.

Nicht gebeugt werden: etwas, genug, nichts;

die übrigen können gebeugt werden: *einigen ging es zu langsam.*

Beispiele

(Es wird empfohlen, rechts zuzuhalten!)

Die Demokratie garantiert jeden Bürger ein Maximum an Freiheit.	jedem Bürger . . .
Das ist auf jedem Fall besser.	auf jeden Fall
Das ist in jedem Fall besser.	–
Jedem Bürger, dem es finanziell möglich ist, schaffte sich ein Auto an.	Jeder Bürger . . .
Er ist jeden Anforderungen gewachsen.	allen Anforderungen . . .
Es kann so weit kommen, daß jeder anfängt, sich gegenseitig anzuekeln.	. . ., daß alle anfangen, . . .
Jedes Tal oder Gemeinde möchte seinen Schilift bauen.	. . . oder jede G. möchte seinen oder ihren Sch. . . .
Er zählt bestimmt, auch wenn er viel zu wenig bekannt ist, zu einem der besten Liedersänger.	. . . zu den besten Liedersängern.
Man kann vor dem Fernseher mehr sehen, als wenn man direkt im Stadion wäre.	–
Er verdient weniger als wie ich.	. . . weniger als ich.

1.7. Das Umstandswort (Adverb)

Wiederholung:

Ort: Wo? Wohin? Woher? – Hier, dort, innen, rechts

Zeit: Wann? Wie lange? – Jetzt, oft, gestern

Art und Weise: Wie? – So; schön, richtig (die letzten beide sind eigentlich Eigenschaftswörter!)

Grund: Warum? – Darum, deswegen, daher

Einräumung oder Gültigkeit: Ja, vielleicht, wohl, keineswegs, nein, nicht

Zahl und Maß: Zweimal, selten, sehr

Umstandswörter lassen sich kaum steigern. Ausnahme: oft – öfter – am öftesten

Beispiele

(Lösung rechts außen!)

Bei allzu oftem Besuch eines solchen Lokals bekommt der Geldbeutel Schwindsucht.	Bei allzu häufigem B. . . .
Wer immer dieselbe Arbeit macht, braucht einen öfteren Wechsel seiner Beschäftigung.	. . . einen häufigeren . . . (*öfteren* kann man nicht wie ein Eigenschaftswort verwenden!)
Ich bin ein leidenschaftlich gerner Schifahrer.	Ich fahre leid. gerne Schi.
Auch der auszugsweise Nachdruck ist verboten.	N., auch auszugsw., ist v.
Den Helfern gelang die teilweise Beseitigung der Schneemassen.	Den H. gelang die B. der Schn. teilweise.
Der alte Mann kam nicht zu mir hinauf.	. . . herauf (ich bin heroben!)
Laß die Tür nicht auf!	offen!
Ich ging in der ganzen Stadt herum, um den Laden zu finden.	. . . Stadt umher, . . .

1.8. Das Verhältniswort (die Präposition)

Wiederholung:

Stellung: Das Wort Präposition heißt Voranstellung; d.h., das Verhältniswort steht normalerweise vor dem Hauptwort.

Nachgestellt werden: halber, zuwider, gegenüber
Dringender Geschäfte halber, dem Verbot zuwider, der Kirche gegenüber
Zweiteilige Verhältniswörter: von Mittag an, um Gottes willen, von Amts wegen

Verhältnisse:

1. räumlich: in, an, auf, bei, gegenüber, gegen, aus
2. zeitlich: an, in, während, binnen, seit, nach
3. Art und Weise: mit, um, dank, für, ohne
4. Grund: wegen, infolge, aufgrund, mit, bei; trotz (Gegengrund)

Geforderter Fall:

1. Genitiv: infolge, betreffs, bezüglich, angesichts, inmitten, hinsichtlich, unweit, mittels, kraft, während, laut, vermöge, ungeachtet, unbeschadet, oberhalb, unterhalb, innerhalb, außerhalb, diesseits, jenseits, halber, wegen, um – willen, statt
2. Genitiv und Dativ (wahlweise): längs, trotz, dank, binnen; entlang, zufolge (die beiden letzten nachgestellt!)
3. Dativ: mit, nach, nächst, nebst, samt, bei, seit, von, zu, zuwider, entgegen, gegenüber, aus, außer, gemäß
4. Akkusativ: durch, für, ohne, um, gegen, wider; sonder (veraltet!)
5. Akkusativ und Dativ: (Auf die Frage wo? *Dativ!* Auf die Frage wohin? *Akkusativ!)* an, auf, hinter, neben, in, über, unter, vor, zwischen

Diese Verhältniswörter bezeichnen meist Ortsbestimmungen, und zwar entweder die Lage oder die Richtung.
Beispiel: *Ich bin in dem Zimmer. (Lage)*
Ich gehe in das Zimmer. (Richtung)

Besondere Schwierigkeit: durch

Durch steht, wenn man fragen kann: wodurch? – *Ich gehe durch den Wald. Das Rad wurde durch Menschenkraft bewegt.*
Fragt man aber: warum? oder: weshalb?, dann muß es in der Antwort heißen: wegen, aufgrund, infolge.
Also ist falsch: *Durch das schlechte Wetter blieben wir zu Hause.*

Besondere Schwierigkeit beim Genitiv

Läßt sich der Genitiv des Hauptworts nicht klar ausdrücken und fehlen Begleiter des Hauptworts, dann nimmt man den Dativ.
Beispiel: *Er wurde mangels eindeutiger Beweise freigesprochen.*
Er wurde mangels Beweisen freigesprochen.

Enge Verbindung mit dem bestimmten Artikel
in dem = im, an dem = am, über dem = überm, in das = ins, auf das = aufs.

Beispiele:

Richtig oder falsch? Wenn falsch, berichtigen Sie! (Lösung rechts!)

Wegen Umbau geschlossen.	wegen Umbaus
Wegen Platzmangel können wir nicht erweitern.	wegen Platzmangels
Er konnte die Schule wegen Umzugs nicht besuchen.	Richtig!
Früher lief man wegen jedem Pfund Fleisch eigens zum Metzger.	wegen jedes Pfundes Fleisch (stilistisch nicht schön!)
Wegen mir kannst du das tun.	meinetwegen
Wegen schlimmen Stürmen konnte die Regatta nicht stattfinden.	wegen schlimmer Stürme
Wegen Stürmen konnte die Regatta nicht stattfinden.	Richtig!
Die Oma aß soviel, daß sie statt dem Heimweh Bauchweh bekam.	statt des Heimwehs; oder: statt Heimweh
Das läßt sich mittels Plakaten ausdrücken.	Richtig!
Die Sparkasse hilft bei der Finanzierung von großen, der Allgemeinheit dienenden Objekte.	. . . dienenden Objekten
Das läßt sich schlecht mit diesen Beruf vereinbaren.	mit diesem B.
Sie handeln ohne egoistischem Denken.	ohne egoistisches Denken
Schöne Plakate werben für diese Mitteln.	für diese Mittel
Es kommt auf den Inhalt der jeweiligen verfilmten Geschichte und auf dem Geschick der Schauspieler an.	. . . und auf das Geschick
Es gibt Gesetze, ohne denen ein Zusammenleben der Menschen nicht möglich ist.	. . . ohne die . . .
Für die kleinen Kinder werden schöne Sendungen gebracht.	Richtig!
Sie denken nicht an ihren Schularbeiten.	an ihre Sch.
Durch den Lärm, Staub und die Hast der Tage sehnt sich der Großstädter nach Erholung und guter Luft.	wegen des Lärms, Staubes und der Hast der Tage . . .
Die Schifahrer blieben durch fehlenden Schnee aus.	infolge des fehlenden Schnees blieben . . .
Durch die Qualität wird dieser Wein gerne gekauft.	Wegen der Qu. . . .
Es setzte eine Großfahndung ein; dadurch wurde den Terroristen eine Flucht ins Ausland unmöglich.	. . .; deshalb . . .

Durch den bevorstehenden Wahlkampf interessieren sich alle Leute für Politik.	Infolge des vorbestehenden Wahlkampfes . . .

Übung 8:

Setzen Sie die fehlenden Artikel und Endungen ein!

Gang in d . . Einsamkeit	*die*
Auf d . . Land ist es bekanntlich sehr schön. Darum ziehen die	dem
Großstädter in d . . ersten schönen Tagen mit Kind und Kegel	den
auf d . . Land. Das tat auch ein junges Ehepaar. Die kleine,	das
süße Frau ließ sich halb von ihr . . Ehemann ziehen; sie hing	-em
an sein . . Arm. Vermutlich hatte sie sich schon zu Hause in	-em
sein . . Arm gehängt. Nun gingen sie zunächst einmal an d . .	-en, den
Bach und spazierten an d . . Bach eine Zeitlang entlang. In der	dem
Zwischenzeit war das liebe Hündchen hinter ein . . verfallene	-e
Mauer gelaufen und hatte sich hinter ein . . abgebrochenen	-er
Säule versteckt. Dann legte sich Schwanzolino vor ein . . Baum,	-en
und vor dies . . Baum lag er nun lange. Er nahm einen Knochen	-em
zwischen d . . Pfoten und hielt ihn zäh und verbissen zwischen	die
d . . Pfoten fest.	den
Das junge Paar wollte nicht lange auf das Tier warten und ging	
ohne . . . (= das Tier) weiter. Das wäre wider d . . Regeln der	es, die
Vernunft gewesen, wenn Herrchen nicht gewußt hätte, daß	
Schwanzelino gemäß sein . . Berechnungen in Kürze anrasen	-en
würde. An dies . . schön . ., herrlich . . Tag hätten die beiden	-em, -en, -en
fast den Zweck ihres Spaziergangs vergessen.	
Wegen d . . bevorstehend . . Ostergetümmels hatten sich die	des, -en
beiden in ein . . einsame Gegend zurückgezogen. Unterhalb	-e,
ein . . Hügels, ganz in der Nähe von ein . . klein . . Teich, fan-	-es, -em, -en
den sie ihr Blockhäuschen. Während d . . Osterfest . . wollten	des, -es
sie hier nichts als eine idyllische Ruhe haben. Und siehe da –	
die Hütte war unberührt und bestens ausgestattet mit all . . Nö-	-em
tig . . ! Leider gab es an dies . . lieblich . . Ort nicht genug	-en, -em, -en
Hundefutter, so daß sich Schwanzelino notgedrungen d . . be-	der
sten Würste erbarmen mußte.	

Test V: Fragen zum Verhältniswort

Stellen Sie fest, ob die Sätze richtig oder falsch sind! Sind sie falsch, dann verbessern Sie! –, Bitte nicht mogeln, und den Rand zuhalten!

Punkterennen 1

Benotung:	20 Treffer: 1	18 Treffer: 3	16 Treffer: 5
	19 Treffer: 2	17 Treffer: 4	unter 16 Treffern: 6

1.	Das Flugzeug fliegt über dem Ozean. – Oder: . . . über den Ozean?	Beides richtig! Dativ = Lage; Akk. = Richtung
2.	Er strotzt von (oder: vor?) Energie.	Beides richtig!
3.	Wir haben Leistungen vollbracht, um die uns die Welt beneidet und bewundert.	F – . . . und wegen deren sie uns . . .
4.	Bevor sich die Angeklagte äußerte, wollte das Gericht wissen, was von oder über sie gesprochen wurde.	F – . . ., was von ihr oder über sie . . .
5.	In und während des Unterrichts muß Ruhe herrschen.	F – Im Unterricht und während des Unterrichts . . .
6.	In diesen Fernsehfilmen handelt es sich meistens von Abenteuer.	F – Diese F. handeln meistens von Abenteuern. – Oder: . . . handelt es sich . . . um Abenteuer.
7.	In und durch die Werbung kann man die Kunden anlocken.	F – in der Werbung und durch sie . . .
8.	Wir nehmen Familien mit und ohne Kinder.	Möglich! Stilistisch nicht gut! Besser: . . . mit Kindern und ohne Kinder
9.	Durch Zuschüsse läßt sich das leichter machen.	R
10.	Wie man im Rundfunk und Zeitung erfährt, ist die Krise noch nicht ausgestanden.	F – . . . im Rundfunk und in der Zeitung . . .
11.	Große Möglichkeiten sind uns durch Raumschiffe und einer Vielzahl von Satelliten gegeben.	F – . . . und eine Vielzahl . . .
12.	Leute, die am Lande wohnen, haben wenig Gelegenheit zum Theaterbesuch.	F – . . ., die auf dem L. . . .
13.	Dieser Mann hat kein Interesse um das Wohl seiner Mitbürger.	F – . . . Interesse für das . . .
14.	Wir müssen uns Gedanken um diese Sache machen.	F – . . . über diese Sache . . .
15.	Es ist Aufgabe des Staates, die Bevölkerung über diese Notwendigkeit zu überzeugen.	F – . . . Bevölkerung von dieser N. . . .
16.	Viele Leute sind zur modernen Technik sehr aufgeschlossen.	F – . . . sind gegenüber der m.T. Besser: . . . der modernen T. gegenüber . . .
17.	Das ist die Atmosphäre, um die viele Leute dankbar sind.	F – . . ., für die . . .
18.	Die Werbung durch und mit Kindern ist besonders wirkungsvoll.	F – . . . durch Kinder und mit ihnen . . .
19.	Da sind Plakate, die uns auf das so oft gehörte Angebot aufmerksam machen und erinnern wollen.	F – . . . und daran erinnern wollen
20.	Die Leute sollten sich am politischen Geschehen informieren.	F – . . . sich über das politische G. . . .

Punkterennen 2

Wertung wie bei 1

1.	Grundstücke in und um die Stadt sind sehr teuer.	F – . . . in der Stadt und um sie herum . . .

2.	Das hängt vom guten Willen und der Geldbörse meines Vaters ab.	F – . . . und von der G. . . .
3.	Er entschloß sich zu einen Einkauf im Donau-Center.	F – . . . zu einem E. . . .
4.	Man lernt nicht nur für sein berufliches Fortkommen und den damit verbundenen Verbesserungen des Einkommens.	F – . . . und die damit v. . . .
5.	Man kann das Programm durch Tagesausflüge, einen Theaterbesuch und einem gemütlichen Abend zu Hause auflockern.	F – . . . und einen g. . . .
6.	Durch die 3 Programme, die man wählen kann, kommt es in manchen Familien zu Streitereien.	F – Infolge der 3 Programme,
7.	Es bestehen Engpässe infolge der großen Nachfrage.	R
8.	Dadurch, daß die Sonne scheint, gehe ich heute baden.	F – Da die S. . . .
9.	Immer mehr Einzelgeschäfte müssen durch die Supermärkte schließen.	F – . . . müssen wegen der Supermärkte . . .
10.	Die Leute verdienten früher nicht soviel, wodurch auch am Essen gespart werden mußte.	F – . . . soviel; deshalb mußte . . .
11.	Die Menschen waren früher durch die Umweltbedingungen und dem Lebenskampf ziemlich verroht.	F – . . . infolge der Umweltbedingungen und des Lebenskampfes . . .
12.	Der Polizeibeamte wird durch seinen Beruf und seiner Uniform von der Bevölkerung beobachtet.	F – . . . aufgrund seines Berufs und seiner Uniform . . .
13.	Mit mehr Kinder in den Urlaub zu fahren ist eine kostspielige Sache.	F – Mit mehr Kindern . . .
14.	Bevor man sich für eine Wohnung in der Stadt oder einem Haus auf dem Land entschließt, sollte man alle Vor- und Nachteile überprüfen.	F – . . . oder ein Haus . . .
15.	Diese Lage entstand aufgrund der niederen Geburtenrate und dem Bestreben, immer mehr zu rationalisieren.	F – . . und des Bestrebens, immer . . .
16.	Trotz geringem Einkommens sind die Leute bereit, das zu tun.	F – Entweder: trotz geringem Einkommen; oder- trotz geringen Einkommens
17.	Es gibt Leute, für denen das Wort Rücksicht ein Fremdwort ist.	F – . . . für die . . .
18.	Es besteht für ihn und seiner Familie die Gefahr der Verarmung.	F – . . . und seine F. . . .
19.	Die Kunden wurden über den Vorteil und die Nützlichkeit dieser Neuerung aufgeklärt.	R
20.	Mangels Geldknappheit konnte niemand nach dem Kriege etwas kaufen.	F – Entweder: Mangels Geldes; oder: wegen Geldknappheit

1.9. Das Bindewort (Konjunktion)

Wiederholung:

Bindewörter verbinden Satzglieder und Sätze miteinander; ihre Form ändert sich nicht.

Einteilung nach der Form:

1. eingliederige: und, daß, weil . . .
2. mehrgliederige: sowohl – als auch, nicht nur – sondern auch, einerseits – andererseits, je – desto, entweder – oder, weder – noch

Einteilung nach der Funktion:

1. nebenordnende (koordinierende): und, auch, aber, dagegen, zudem, indessen, daher, darum, denn, also, deshalb, außerdem
2. unterordnende (subordinierende; Subjunktionen): als, daß, so daß, bis daß, seit, seitdem, indem, wenn, falls, da, während, ob, obwohl, obgleich, damit, nachdem, weil, bevor, ehe, bis, sobald

Beispiele:

(Sie können sich am Rand wieder selbst kontrollieren.)

Trotzdem, daß es regnete, ging er fort.	Obwohl es regnete, . . .
Viele Erwachsene als auch kleine Kinder wissen das nicht.	. . . Erw. wie auch . . .
Das kommt daher, weil die feinen Leute dafür keine Zeit haben.	. . . daher, daß . . .
Der Kapitalmarkt wird sowohl von der öffentlichen Hand und von der Privatwirtschaft beeinflußt.	. . . Hand als auch von der . . .
Desto mehr der Vater arbeitet, desto besser ist das für die Familie.	Je mehr der Vater . . .

1.10. Das Ausrufewort (Interjektion)

Ausrufewörter drücken eine Gefühls- oder Willensäußerung aus oder malen Klänge: oh! o weh! hallo! ah! ach! aha! pfui! husch!

Übung 9:

Unterstreichen Sie im folgenden Text die Grammatikfehler (in jedem Satz ist 1 Gr.-Fehler!), und schreiben Sie die berichtigten Ausdrücke auf ein Blatt Papier! Die Rechtschreibfehler sind bereits verbessert. Die Lösung ist anschließend abgedruckt.

Wertung:			
	20 gefundene Fehler: 1	18 gefundene Fehler: 3	16 gefundene Fehler: 5
	19 gefundene Fehler: 2	17 gefundene Fehler: 4	weniger als 16: 6

Liebe Oma!

1. Ich erzähle Dir von einer schönen, langen Autotour, bei derem Verlauf uns viel passiert ist. 2. Durch den starken Verkehr sind wir erst spät aus der Stadt herausgekommen. 3. Dann gelangten wir mit unserem gutem Wagen bald in ein romantisches Dorf. 4. Dort waren viele Leute am Kriegerdenkmal und gedachten ihren

Toten. **5.** Bei herrlichem, schönen Wetter fuhren wir dann weiter. **6.** Die Straße verlief meistens oberhalb einem sprudelnden Bach. **7.** Wegen den engen, unübersichtlichen Kurven fuhr mein Vater sehr vorsichtig. **8.** Er sagte zu uns: „Das hat mir mein Fahrlehrer so gelehrt." **9.** Dann fragte er Mutti: „Hast du an die Speziallandkarte für diese Gegend daran gedacht?" **10.** Während dem langen Fahren bekamen wir alle auf einmal einen schrecklich großen Hunger.

11. Mein Vater hielt vor einem großen Restaurant, wo heraußen ein Tisch und ein Stuhl stand. **12.** Ich bediente mich zuerst dem Klosett, weil es mir pressierte. **13.** Als ich zurückkam, hatten wir vier Stühle, und meine Eltern haben ihre Sachen abgelegt. **14.** Mutti hängte seinen schönen, weißen Hut an einen Haken, den wir gut beobachten konnten. **15.** Vater wollte etwas bestellen, aber der Kellner kümmerte sich eine ganze Zeit nicht wegen ihm. **16.** Das Verhalten von diesem Menschen erregte unseren Haß, und Vater nannte den Kellner einen superfeinen Hammel. **17.** Nach einiger Zeit bekamen wir dann doch etwas zu essen; aber das war auch nicht besser, als wie Mutti es macht. **18.** Als wir bezahlt hatten, stiegen wir wieder in unserem Vater sein Auto ein. **19.** Er erklärte mir nun auf der Fahrt viel von partnerschaftlichen Verhalten auf den unübersichtlichen, engen Straßen. **20.** Es ist ein Jammer, wie die Leute oft fahren und wie sich über alle Verkehrsregeln hinweggesetzt wird!

In Liebe! Dein Hansi

Lösung:

1. . . ., bei deren Verlauf . . .
2. Infolge des starken Verkehrs . . .
3. . . . mit unserem guten . . .
4. . . . gedachten ihrer Toten.
5. Bei herrlichem, schönem Wetter . . .
6. . . . oberhalb eines sprudelnden Baches.
7. Wegen der engen, unübersichtlichen Kurven . . .
8. . . . „Das hat mich mein Fahrlehrer so gelehrt."
9. . . . an die Speziallandkarte für diese Gegend gedacht?"
10. Während des langen Fahrens . . .
11. . . . ein Tisch und ein Stuhl standen.
12. . . . mich zuerst des Klosetts, . . .
13. . . ., und meine Eltern hatten ihre Sachen abgelegt.
14. Mutti hängte ihren schönen, . . .
15. . . . eine ganze Zeit nicht um ihn.
16. Das Verhalten dieses Menschen . . .
17. . . . auch nicht besser, als Mutti es macht.
18. . . ., stiegen wir wieder in das Auto unseres Vaters ein.
19. . . . viel von partnerschaftlichem Verhalten . . .
20. . . . fahren und wie sie sich über alle Verkehrsregeln hinwegsetzen!

Übung 10:

Verfahren Sie wie in Übung 9! Auch in diesem (erfundenen) Brief eines Türken an seine deutsche Bekannte finden Sie in jedem Satz einen Grammatik-Fehler.

Liebe Strippsi!

1. Weil wir uns über das Wochenende nicht treffen, muß ich Dir von meinem ganz tollen, sehr lohnendem Großeinkauf erzählen. **2.** Ich weiß nicht, ob Du Dir über die Tatsache bewußt bist, daß man da unheimlich Geld spart. **3.** Jetzt lebe ich mit einen ganz neuen Plattenspieler, mit dem man vieles Gute hören kann. **4.** Und dann habe ich 200 Dosen Chappi gekauft; denn ich hänge an meinem Tier und tue alles für ihn. **5**. Ich habe mich auch über Haushaltswaren befaßt und einen riesigen Vorrat angelegt. **6**. Ohne dem möchte ich nicht mehr leben, und jetzt geht mir nie mehr das Mehl aus. **7**. Auch Käse, Butter, Rot- und Weißwein und Feigenmark geht mir nicht mehr aus. **8**. Wenn ich jetzt von irgendeinen Menschen eingeladen werde, dann weiß ich gleich, was ich alles an Gutem mitnehmen kann. **9**. Ich bin mir auch darüber im klaren, daß meine Wohnung, die nicht größer ist als wie zwei Zimmer, zu klein ist. **10**. Ich wollte viele Dinge in den großen, trockenen Keller tun; aber der Hausherr verbietet, daß ich das nicht tue.

11. In diesem großem Haus ist doch eigentlich so viel Platz, daß man alles unterbringen könnte. **12**. Und wenn der Hausherr das genehmigen hätte können, dann hätten wir dank diesem Entgegenkommen viel mehr Platz für uns beide gehabt. **13**. Infolge diesem dummen Verbot muß ich halt jetzt alles in meinem kleinen Zimmer stapeln. **14**. Wegen den 500 Rollen Klopapier brauchst Du Dir keine grauen Haare wachsen zu lassen. **15**. Die lege ich unter das Bett, und dort kann man sie ebenso schön erreichen als im Schrank. **16**. Durch den großen Einkauf im Discount-Laden habe ich mir einen breiten, starken Dachträger angeschafft. **17**. Unterhalb den Klorollen fand ich eine Kiste mit 1000 Dosen schwarzer Schuhcreme, die ich mitgenommen habe. **18**. Du kannst mir jetzt Deine schwarzen Schuhe bringen, in derem Leder schon Risse sind, damit ich sie behandle. **19**. Ich habe auch eine Tonne mit 20 kg Tomatenmark erstanden, weil es ist billiger als bei meinem Kramer. **20**. Und auch 200 verschiedene Marmeladen habe ich, die alle so süß sind wie Du; darum möchte ich gar nicht mehr ohne Dir leben.

Dein Bülbül

Lösung:

1. . . ., sehr lohnenden . . .
2. . . ., ob Du Dir der Tatsache bewußt . . .
3. . . . mit einem ganz neuen Pl. . . .
4. . . . tue alles für es.
5. Ich habe mich auch mit Haushaltswaren befaßt . . .
6. Ohne den möchte ich . . .
7. . . . und Feigenmark gehen mir nicht mehr aus.
8. . . . von irgendeinem Menschen . . .
9. . . ., die nicht größer ist als zwei Zimmer, . . .
10. . . . der Hausherr verbietet, daß ich das tue.
11. In diesem großen Haus . . .
12. . . . der Hausherr das hätte genehmigen können, . . .
13. Infolge dieses dummen Verbots . . .
14. Wegen der 500 . . .
15. . . . erreichen wie im Schrank.
16. Wegen des großen Einkaufs im . . .
17. Unterhalb der Klorollen fand ich . . .
18. . . ., in deren Leder . . .
19. . . ., weil es billiger als bei meinem Kr. ist. – Oder: . . ., weil es billiger ist als bei meinem Kr.
20. . . . gar nicht mehr ohne Dich leben.

Übung 11:

Fahnden Sie nach allen Grammatik-Fehlern in diesem (erfundenen) Schreiben eines Griechen an den bayerischen Innenminister! Rechtschreibfehler gibt es nicht, und Ausdrucksfehler brauchen Sie nicht zu beachten!

Halten Sie sofort die Lösung und die Wertungstabelle zu; diese steht diesmal bei der Lösung. Wenn Sie brav gehorchen, wartet auf Sie eine Überraschung.

Hochverehrter Herr Minister!

1. Da ich von schlimmem Unglück betroffen bin, scheint mir der einzige gangbare Weg der zu Ihrem Herzen zu sein. 2. Ich wurde vor sieben Jahren bei großem, ja überwältigendem Andrang zur Münchner Universität aufgrund meines außerordentlich guten Zeugnisses als Medizinstudent zugelassen. 3. Ich war mir des großen Vertrauens bewußt, das mir die bayerische Landesregierung entgegengebracht hat, und glaube, angesichts des schwierigen Anfangs meine Studien in einer ziemlich kurzen Zeit beendet zu haben. 4. Ich promovierte vor einem Jahr, wurde auch binnen kurzem als Assistenzarzt angestellt und habe mich bei wunderbarem, herrlichem Wetter in Bayern recht wohlgefühlt. 5. Auch durch den Föhn fühlte ich mich, trotz seinem heißen Hauch, nicht im mindesten belästigt.

6. Unter den vielen hübschen bayerischen Mädchen habe ich mir eine junge Frau ausgesucht, die mir mehr gefällt als alle meine früheren griechischen Freundinnen. 7. Ihretwegen schreibe ich auch dieses Gesuch, das ich in erster Linie betreffs der Aufforderung abfasse, die an mich ergangen ist, nämlich wieder nach Griechenland zu gehen. 8. Ich bitte Sie, hochgeehrter Herr Minister, sich meiner und auch ihrer anzunehmen. 9. In Anbetracht des Unglücks, das über uns schwebt, flehe ich Sie aus vollem, blutendem Herzen an. 10. Ich liebe dieses Mädchen! Ich kann ohne es nicht sein.

11. Aber Maria will nicht ins Land meiner Väter, nach Griechenland. 12. Also muß ich nach dem übereinstimmenden Urteil aller Liebenden hier in diesem schönen Bayern bleiben. 13. Ich hoffe, Sie sind sich des Unrechts bewußt, das Sie meinem heißen und schmerzenden Herzen antun, wenn Sie mich samt meinem lieben Mädchen nicht in Ihrem wunderbaren Lande lassen. 14. Ich bin Ihres gütigen Verständnisses gewiß und schäme mich nicht meines etwas zudringlichen Briefes. 15. Gedenken Sie auch des langen und innigen Verhältnisses, das zwischen Bayern und Griechenland seit den Tagen Ihres unvergeßlichen Königs Ludwig besteht!

16. Trotz dem drohenden Trennungsschmerz habe ich mir in gläubigem Vertrauen auf eine gute Wendung der Dinge ein neues, kleines Zimmer gemietet. 17. Dort habe ich auch ein herrliches Radio aufgestellt, vor dem wir an manchem langen Abend sitzen. 18. Des Umzugs halber bin ich auch in großer Eile und bitte sie, mir zu glauben, daß ich mich sonst eines guten Sprachstiles befleißige. 19. Ich fühle mich schon mehr als Deutscher als als Grieche. 20. Wenn ich 10.000 Drachmen gewönne, wenn mich mein Vater selbst nach Athen trüge – ich würde vorziehen, hier bei meinem lieben, netten, guten, goldigen Mädchen zu bleiben und bei Ihnen, hochverehrter Herr Minister.

Ergebenst Ihr Joannis Papanikolulos

Lösung:

Der Brief ist stilistisch nicht schön, er enthält Stellen in gespreizter Sprache. Damit soll angedeutet werden, daß der Schreiber kein Deutscher ist. In dem Brief ist kein einziger Grammatik-Fehler!

Deshalb muß die Wertung diesmal genau umgekehrt sein:

0, 1 Fehler: 1	4, 5 Fehler: 3	8,9 Fehler: 5
2, 3 Fehler: 2	6, 7 Fehler: 4	10 und mehr: 6

2. Satzlehre

Der Kern der Grammatik ist die Satzlehre, weil alleinstehende Wörter fast nicht vorkommen oder keinen Sinn ergeben. Im Satz werden aus den Wörtern Satzglieder.

Wiederholung:

2.1. Einteilung der Sätze

Nach dem Inhalt:

Aussagesatz: *Der Politiker hielt eine Rede.*
Fragesatz: *Wurde er von den Leuten ausgelacht?*
Aufforderungssatz: *Hören Sie mit Ihrem Unsinn auf!*
Wunschsatz: *Wenn doch die Frau dieses Mannes käme und ihn mit sich fortzöge!*
Ausrufesatz: *Das ist vielleicht ein eingebildeter Mensch!*

Nach der Form:

Bejahende Sätze: *Hier erfahren wir allerhand Neuigkeiten.*
Verneinende Sätze: *Das Wichtigste sagt er uns nicht.*

Nach der Anzahl der Satzglieder:

Einfache Sätze, bestehend aus Satzgegenstand und Satzaussage: *Der Redner tobt.*
Erweiterte Sätze (sie enthalten noch andere Satzglieder): *Der ehrgeizige Politiker hielt in Astadt am Abend eine Ansprache.*

Nach der Verbindung der Haupt- und Nebensätze:

Satzreihe (Hauptsatz + Hauptsatz oder Hauptsätze): *Er kommt, die Leute jubeln, ein Sprecher stellt ihn vor.*
Satzgefüge (Hauptsatz + Nebensatz oder Nebensätze): *Der Mann, der sehr abgehetzt wirkte, weil er dauernd unterwegs ist, stellte sich den Reportern.*

Wir betrachten der Reihe nach den einfachen Satz, den erweiterten Satz, die Satzreihe und das Satzgefüge.

2.2. Der einfache Satz

Satzgegenstand (Subjekt)

1. Er kann sein: ein Hauptwort: *Die Berge leuchten*
ein Fürwort: *Sie schimmern*
ein zum Hauptwort erhobenes anderes Wort: *Schwitzen ist gesund.*

2. Abfragen: Wer oder was tut?
Wer oder was leidet?
was geschieht?
} Die Antwort ist immer im 1. Fall!

Satzaussage (Prädikat)

1. Besteht aus: einem selbständigen Verb: *Der Rucksack drückt.*
einem Hilfsverb + Verb: *Sie haben aufgepaßt.*
einer Gruppe sinngemäß zusammengehörender Wörter: *Der Führer erweist sich als umsichtig.*

2. Abfragen: Was wird vom Satzgegenstand ausgesagt?

Kurzformen

Das sind dem Sinne nach vollständige Sätze, weil ein logischer Satzgegenstand zu denken ist: *Komm! Abseilen! Gelungen?*

Übereinstimmung (Kongruenz)

Satzgegenstand und Satzaussage stimmen nach Person und Zahl überein:
Das Kind schreibt – die Kinder schreiben.
Ein Junge und ein Mädchen erreichen den Gipfel.

Beispiele zur Kongruenz:

Berichtigen Sie die Fehler, und schauen Sie erst hinterher auf die Lösung!

Die Auswertung der Umfragen ergaben viele interessante Tatsachen.	ergab
Hier wäre zu nennen das Arbeitslosen- und das Krankengeld.	wären zu nennen
Die Bedeutung von Streik und Aussperrung sind nicht für alle gleich.	. . . Aussperrung ist . . .
Können ein Haushalt und eine Familie die Mutter tagsüber entbehren?	–
Der Tag ist zu Ende, die Sterne schon aufgegangen.	die Sterne sind . . .
Das Warenangebot ist kleiner und die Waren im kleinen Laden teuerer.	. . ., und die Waren sind . . .
„Dann schmeckte mir Trinken und Essen, dann könnt' ich mit Fürsten mich messen." (Aus Mozarts „Zauberflöte")	– (die beiden Wörter sind zu *einem* Begriff zusammengewachsen!)
Erst die Verständigung zwischen Menschen und Völkern schaffen ein nützliches Leben.	schafft
Bei diesen Gelegenheiten werden über Verbesserungen in den Betrieben diskutiert.	wird . . . diskutiert
An ihm ist Hopfen und Malz verloren.	– (*ein* Begriff!)
Die Gesundheit der Menschen, die dieses Gebiet bewohnen, sind besonders bedroht.	ist . . . bedroht
Dort ist die Verkehrsstruktur günstiger und somit die Kosten niedriger.	. . ., und somit sind die K. . . .
Die ältere und die jüngere Generation verträgt sich schlecht.	vertragen
Es begannen auch wieder die Aufnahme der Beziehungen zu anderen Ländern.	begann

Übung 12:

Unterstreichen Sie in den folgenden Sätzen die Satzgegenstände! Sie können sich selbst am Rande kontrollieren.

1. *Darüber wunderten sich viele Leute.*	*viele Leute*
2. Ich lebte friedlich zu Hause bei meiner lieben Heizung.	ich

3.	Da kam meine junge Frau Charlotte auf einen sehr schicken Gedanken:	meine junge Frau Charlotte
4.	„Wollten wir nicht nach St. Moritz fahren und unsere eingerosteten Knochen etwas trainieren?"	wir
5.	Mit meinem Onkel Alex hatten meine Frau und ich öfter darüber gesprochen.	meine Frau und ich
6.	Dieser weise Mann meinte immer:	dieser weise Mann
7.	„Mein Leben lang bin ich gesund geblieben.	ich
8.	Sport ist durchaus nicht für kräftige Menschen nötig.	Sport
9.	Bei euch Jungen ist das wohl etwas anders."	das
10.	Mir gehörte kein einziges Sportgerät.	kein einziges Sportgerät
11.	Also mußte mir mein Vetter Oskar sein Eislaufkostüm leihen.	mein Vetter Oskar
12.	Dann hatten uns bald die Berge.	die Berge
13.	In St. Moritz stachen goldene Sonnenstrahlen aus dem hellen Himmel in unsere Augen.	goldene Sonnenstrahlen
14.	Lotte trug eine herrlich schimmernde Bluse.	Lotte
15.	Dazu trabte sie in dicksohligen Stiefeln durch die Gegend.	sie
16.	Wer hätte hinter ihr eine Faulenzerin vermuten können?	wer
17.	Und was sollte man in diesem eleganten Nest nun tun?	man
18.	Was war in der Stadt und in der ganzen Gegend überhaupt los?	was
19.	Wegen der auffälligen Aufmachung zog meine Frau viele Blicke auf sich.	meine Frau
20.	Von mir wurden diese jungen Gecken mit Verachtung gestraft.	diese jungen Gecken
21.	Drei Tage saß ich in meinem glitzernden Eislaufkostüm in der warmen Wintersonne.	ich
22.	Indessen tummelte sich Lotte auf ihren Skiern.	Lotte
23.	Am vierten Tage meinte sie:	sie
24.	„Leih dir doch Schlittschuhe und zeig es ihnen!"	du (log. Satzgegenst.!)
25.	Es blieb mir nichts anderes übrig.	nichts anderes
26.	Mich zogen also die spöttischen Reden meiner Frau aufs Eis.	die spött. Reden meiner Frau

Übung 13:

Unterstreichen Sie in den folgenden Sätzen die Satzaussagen!

27.	Also rannte ich flotten Schrittes zur Kasse und zückte ein Geldstück.	rannte, zückte
28.	„Von Ihnen nehmen wir doch keine Eintrittsgebühr!"	nehmen
29.	So wehrte der Kassier mein Angebot ab.	wehrte ab
30.	Das erschien mir höchst merkwürdig.	erschien

31.	Wer sollte mich hier kennen?	sollte kennen
32.	Ich war ja noch nie hier gewesen.	war gewesen
33.	Allerdings bin ich ein weitgereister Mann.	bin ein weitg. Mann
34.	Jedenfalls ruderte ich ohne größere Panne bis zur Mitte des Eisplatzes und schaute umher.	ruderte, schaute umher.
35.	Zu meiner Verwunderung standen bald allerhand Eisläufer um mich herum.	standen herum
36.	Ich wurde von ihnen aufs genaueste beobachtet.	wurde beobachtet
37.	Dann vollführte ich mit Todesverachtung einige lange, kräftige Schritte.	vollführte
38.	Muß man sich nicht vor so vielen Leuten ganz automatisch blamieren?	muß sich blamieren
39.	Schon geschah das von mir erwartete Unglück:	geschah
40.	Mit gewaltigem Krachen stürzte ich auf die glatte Fläche.	stürzte
41.	Und was taten nun alle diese neugierigen Menschen?	taten
42.	Die leichtfüßig auf Schlittschuhen schwebenden Jungen und Mädchen bogen sich vor Lachen.	bogen sich
43.	Nun wollte ich gute Miene zum bösen Spiel machen.	wollte machen
44.	Ich verneigte mich und fiel sofort wieder hin.	verneigte mich, fiel hin
45.	Das war mir genug.	war genug
46.	Die Menge klatschte Beifall, und der Kassier entließ mich mit einem wissenden Lächeln.	klatschte, entließ
47.	Lotte empfing mich mit den Worten:	empfing
48.	„Du bist die größte Blamage aller Zeiten.	bist die . . . Zeiten
49.	Diese Leute haben dich mit deinem Vetter verwechselt.	haben verwechselt
50.	Seit Jahren ist dieser ein Mitglied des besten Eislaufvereins von Davos.	ist ein Mitglied
51.	An deiner Brust hängen seine hohen Auszeichnungen."	hängen
52.	Dann erkundigte sich Lotte behutsam über den von mir gemachten Eindruck.	erkundigte sich
53.	Von allen Seiten wurde mir nur vorbehaltlose Anerkennung zuteil.	wurde zuteil
54.	Man hatte mein Auftreten für den gelungenen Scherz eines Meisters gehalten.	hatte gehalten

2.3. Der erweiterte Satz

Hier treten zu den unbedingt nötigen Satzgliedern noch weitere Satzglieder. Es gibt insgesamt noch drei: Ergänzung, Umstand und Beifügung.

Wiederholung:

Ergänzung (Objekt)

1.	Sie ist:	ein Hauptwort:	*Ich ersteige den Berg.*
		ein Fürwort:	*Der Führer stützt mich.*
		ein Eigenschaftwort:	*Wir tragen den Müden.*
		ein Verb	*Er beginnt abzusteigen.*

2. Sie kann in verschiedenen Fällen stehen:
   2. Fall (Frage: wessen?): *Das Kind bedarf des Vertrauens.*
   3. Fall (Frage: wem) : *Das Buch gehört dem Studenten.*
   4. Fall (Frage: wen oder was?): *Er beobachtet den Himmel.*
   in Verbindung mit einem Verhältniswort (Frage hier: an wen oder was?): *Der Schüler denkt an die Ferien.*

Beispiele:

Unterstreichen Sie die Ergänzung, und vergewissern Sie sich auf dem Rand!

Was tut ihr am Abend?	was
Laden wir morgen eine junge Dame ein?	eine junge Dame
Welches Mädchen sehen wir uns näher an?	welches Mädchen
Wie viele Kinder hat dein Freund?	wie viele Kinder
Gestern hat mein Junge den Zaun und die Gartentüre gestrichen.	den Zaun, die Gartentüre
Was raschelt im Gras hinter dem Haus?	(Ergänzung fehlt!)
Welches Mädchen liebt seit vielen Jahren meinen Freund am meisten?	meinen Freund
Wie viele Kinder haben den Kirschbaum bestiegen?	den Kirschbaum
Gibt es hier etwas Gutes?	etwas Gutes
Die Großmutter trägt ein ganz modernes Kleid.	ein ganz modernes Kleid
Dieses herrliche Stück hat sie im Supermarkt gekauft.	dieses herrliche Stück

Übung 14:

Unterstreichen Sie in den folgenden Sätzen die Ergänzungen!

1. *Nur der Fahrstuhl verwirrte die Menschen.*	*die Menschen*
2. Uns allen gefällt ein alter Gasthof.	uns allen
3. Der Wirt führt seine Gäste durch die Zimmer und zeigt ihnen alles.	seine Gäste, ihnen, alles
4. Er kümmert sich um jeden und fragt nach seinem Begehr.	um jeden, nach seinem Begehr
5. Die modernen Hotels weisen viele Bequemlichkeiten und technische Feinheiten auf.	viele Bequemlichkeiten, technische Feinheiten
6. Wie soll man sich da zurechtfinden?	–

7.	So erging es der Familie Brotschneider.	der Fam. Brotschneider
8.	Sie bewohnten ein Zimmer im 18. Stock des Hotels.	ein Zimmer
9.	Frau Brotschneider erklärte ihrem Mann:	ihrem Mann
10.	,,Wir bedürfen an diesem Abend nicht der Ruhe.	der Ruhe
11.	Wir laden die Familie Soßenprinz ein und essen gemeinsam eine große Käseplatte.	die Fam. Soßenprinz, eine große Käseplatte
12.	Rufe sie gleich an!"	sie
13.	Der Mann entledigte sich des Auftrags und beschrieb seinen Bekannten den Weg.	des Auftrags, seinen Bekannten, den Weg
14.	Herr Soßenprinz betrat mit seiner Frau das Hotel und fragte den Portier nach dem Weg.	das Hotel, den Portier, nach dem Weg
15.	Dieser gab mit wenigen Worten Auskunft:	Auskunft
16.	,,Sie finden sie im Zimmer 18, 18. Stock."	sie
17.	Also bestiegen die Soßenprinze den Fahrstuhl und fuhren hinauf.	den Fahrstuhl
18.	Zur gleichen Minute fuhren die Brotschneiders herunter.	–
19.	Wer traf nun wen?	wen
20.	Beide Familien hatten die Gesuchten verpaßt.	die Gesuchten
21.	Nun bedienten sich beide wieder des Fahrstuhls und machten die Reise umgekehrt.	des Fahrstuhls, die Reise
22.	Wieder traf niemand niemanden.	niemanden
23.	Herr Brotschneider wußte Rat:	Rat
24.	,,Wir warten oben auf die Soßenprinze."	auf die Soßenprinze
25.	Unten hatte der andere Herr den gleichen Gedanken und machte ihn wahr.	den gleichen Gedanken, ihn
26.	Sie warteten je eine Viertelstunde.	–
27.	Dann hatten beide zum selben Zeitpunkt denselben Einfall und traten wieder in den Fahrstuhl.	denselben Einfall
28.	Wozu ist dem Menschen der Verstand gegeben?	dem Menschen
29.	Herr Brotschneider gebrauchte ihn als erster:	ihn
30.	,,Das halte ich nicht mehr aus.	das
31.	Liebe Charlotte, bleibe du hier! Ich suche die Soßenprinze alleine."	die Soßenprinze
32.	Einen Augenblick später machte Herr Soßenprinz seiner Frau den gleichen Vorschlag.	seiner Frau, den gleichen Vorschlag
33.	Er kam unten an, Herr Soßenprinz oben.	–
34.	Dieser lotste Frau Brotschneider in den Fahrstuhl und steuerte diesen nach unten.	Frau Brotschneider, diesen
35.	Genau das Gegenteil tat Herr Brotschneider.	das Gegenteil
36.	Ihm kam dann der rettende Gedanke:	ihm
37.	Frau Soßenprinz solle die beiden alleine holen.	die beiden
38.	Die beiden Familien erlebten noch mancherlei Schwierigkeiten.	mancherlei Schwierigkeiten
39.	Der Zeitpunkt ihrer glückseligen Vereinigung ist uns unbekannt.	uns

40. Sie wollen ein Hotel nie mehr betreten, noch weniger einen Fahrstuhl.	ein Hotel, einen Fahrstuhl

2.4 Test VI: Fragen zu den Satzgliedern

Punkterennen

Benotung:	20 Treffer: 1	18 Treffer: 3	16 Treffer: 5
	19 Treffer: 2	17 Treffer: 4	unter 16 Treffern: 6

1. Wie viele Satzglieder unterscheiden wir?	fünf
2. In welchem Fall steht stets der Satzgegenstand?	im 1. Fall
3. Wie fragen wir den Satzgegenstand ab?	Wer oder was tut? Wer oder was erleidet? Was geschieht?
4. Wie heißt der Satzgegenstand in dem folgenden Satz: Es entstand ein Lärm.	Der eigentl. Satzgegenstand ist Lärm. Das Wort *es* deutet auf ihn hin.
5. Was bedeutet Übereinstimmung (Kongruenz) zwischen Satzgegenstand und Satzaussage?	Diese beiden Satzglieder stimmen nach Person und Zahl überein.

Eng zusammengehörende Wortpaare gelten als ein Begriff. Überlegen Sie, ob die Sätze richtig oder falsch sind! Schreiben Sie auf ein eigenes Blatt!

6. Hoffen und Harren macht manchen zum Narren.	R
7. Junge und Alte paßt nicht zusammen.	F – passen
8. Hier steht ein Tisch und ein Stuhl.	F – stehen
9. In dieses Konzert durfte mein Freund und meine Freundin.	F – durften

Berichtigen Sie!

10. Hoffe auf baldiges Wiedersehen.	Ich hoffe . . .
11. Bin seit 1979 in der Lehre.	Ich bin . . .

Welcher Satz ist richtig?

12. Ein Sturm erhob sich. Oder: Es erhob sich ein Strum.	Beide Sätze sind richtig.

Bestimmen Sie den Fall, in dem die jeweiligen Ergänzungen stehen!

13. Tiere sollte man lieben.	4. Fall
14. Der Polizist überführte den Gauner des Diebstahls.	4. Fall / 2. F.
15. Der Betrunkene gab ihm eine Ohrfeige.	3. F. / 4. F.
16. Ich bin deiner Lehren überdrüssig.	2. F.
17. Es graut mir vor dem nächsten Montag.	Verhältniswortergänzung
18. Denkst du noch immer an die großen Ferien?	Verhältniswortergänzung
19. Er sieht uns und hilft uns.	4. F. / 3. F.

Was ist gebräuchlicher?

20. Ich erinnere mich an unsere Reise. — 1. Fassung
Ich erinnere mich unserer Reise.

Wiederholung:

Umstand (Adverbiale)

1. Es wird gebildet durch ein Umstandswort: *Das Klavier steht hier.*
ein Hauptwort: *Er spielt eine Stunde.*
ein Hauptwort mit Verhältniswort: *Er spielt im Saal.*
Die Nennform des Verbs: *Er kam abzusagen.*
ein Eigenschaftswort: *er spielt gut.*

2. Unterscheidung der verschiedenen Umstände:

Ort	Frage: Wo? woher? wohin? wie breit? wie hoch? *Letztes Jahr fuhr ich nach Tokio.*
Zeit	Frage: wann? wie lange? *Im Jahre 1969 wurde der Mond erreicht.*
Art und Weise	Frage: wie? *Das Auto fuhr ruhig.*
Grund	Frage: warum? *Wegen meiner Fußbeschwerden ging ich langsam.*
Zweck	Frage: wozu? *Die Schilder sind zur Angabe der Richtung angebracht.*
Bedingung	Frage: unter welcher Bedingung (Voraussetzung)? *Bei Regen bleiben wir zu Hause.*
Einräumung	Frage: trotz welchen Umstands? *Trotz des schlechten Wetters fand das Rennen statt.*
Vergleich	Frage: – *Er fährt schneller als ich.*
Maß und Grad	Frage: wie sehr? *Er ist bei weitem der Schnellste.*
Stoff	Frage: woraus? *Autos sind aus Blech gemacht.*
Mittel	Frage: womit? *Kann man mit Geld alles kaufen?*
Urheber	Frage: von wem? *Die Reifen werden vom Monteur gewechselt. (Passiv!)*

Beispiele:

Unterstreichen Sie in den folgenden Sätzen die Umstände! Die Lösung finden Sie am Rand.

So manche Leute fahren ohne Gepäck.	ohne Gepäck
Der Plan wird vom Architekten gezeichnet.	vom Architekten
Ich habe soviel Geld wie mein Bruder.	wie mein Bruder
Die Ziegel werden aus Lehm gebrannt.	aus Lehm
Dieses Auto kaufte ich mit Einverständnis meines Mannes.	mit Einverständnis meines Mannes
Das Auto hat Blinklichter zum Anzeigen der Richtung.	zum Anzeigen der R.
Wir tun unsere Arbeit mit Umsicht und Erfolg.	mit Umsicht und Erfolg
Er konnte wegen des schlechten Wetters nicht kommen.	wegen des schl. W.
Heute nachmittag gehen wir auf den Sportplatz.	heute nachm., auf den Sportplatz

Mein Bruder fuhr heute um 7.44 Uhr nach London.	heute, 7.44 Uhr, nach London
Wir gingen trotz des kalten Windes ins Wasser.	trotz des k. W., ins W.

Die meisten kurzen Umstandsbestimmungen sind solche der Art und Weise. Hier stehen fast immer Eigenschaftswörter. Wer in eine Fremdsprache übersetzt, muß wissen, welcher Satzteil das betreffende Eigenschaftswort ist. Es gibt drei Möglichkeiten: Der *gute* Arbeiter verdient viel Geld. (Beifügung)
Seine Arbeit ist *gut.* (Teil der Satzaussage)
Er arbeitet *gut.* (Umstand der Art und Weise / / Frage: wie?)

Unterstreichen Sie in den folgenden Sätzen wieder die Umstände!

Die Leute kämpften fair.	fair
Es waren tapfere und faire Kämpfer.	–
Sie waren fair.	–
Deine Hausaufgabe ist nicht schön; du mußt sauber schreiben.	sauber
Ich habe gewußt, daß er schnell steigen kann.	schnell
Dieses Auto fährt schnell.	schnell
Es ist ein schneller und schnittiger Wagen.	–
Es ist schnell und billig.	–
Manche moderne Hupen klingen abscheulich.	abscheulich

Übung 15:

Unterstreichen Sie den Umstand, und vergewissern Sie sich auf dem Rand!

1. *Fast wären sie in einen schrecklichen Abgrund gefallen!*	*fast, in einen schrecklichen Abgrund*
2. Lange hatten alle dem Wein zugesprochen.	lange
3. Jeder hatte mit Freude eine Flasche mitgebracht.	mit Freude
4. Jetzt konnten die Herren mit ihren eigenen Wagen nicht mehr nach Hause fahren.	jetzt, mit ihren eigenen W., nicht mehr, nach Hause
5. Was ist unter solchen Umständen zu tun?	unter solchen Umständen
6. Der Gastgeber erklärte wegen dieser Gegebenheiten:	wegen dieser Gegebenheiten
7. „Sie müssen bei mir übernachten.	bei mir
8. Gehen Sie in den ersten Stock hinauf!	in den ersten Stock
9. Dort geht es rechts zu Ihrem Zimmer.	rechts, zu Ihrem Zimmer
10. Links führt die Türe zum Neubau.	links, zum Neubau
11. Dieser ist noch nicht fertig.	noch nicht
12. Es sind nur einige Bretter ausgelegt, und diese liegen schlecht."	schlecht
13. Die zwei alten Gäste waren Stanislaus Freßlust und Robert Hüpfling.	–
14. Der müde Robert H. war ein paar Minuten früher gegangen.	ein paar Minuten früher

15. Oben stieß Stanislaus F. in der Dunkelheit heftig gegen seinen Freund.	oben, in der D., heftig, gegen seinen Freund
16. Dieser meinte zitternd:	zitternd
17. „Wir sind trotz genauem Aufpassen in die falsche Richtung gegangen.	trotz genauem Aufpassen in die falsche Richtung
18. Rühren wir uns nicht, sonst sind wir des Todes!"	nicht
19. Stanislaus aber tastete mit einem Stock nach Wand und Fußboden.	mit einem Stock, nach Wand und Fußboden
20. Er konnte nichts fühlen und erreichte auch keine Decke.	–
21. Die beiden Männer umklammerten sich und warteten auf den Morgen.	–
22. Endlich wurde es hell.	endlich, (*hell* gehört zur Satzaussage!)
23. Da sahen sie unter sich einen breiten Teppichläufer.	da, unter sich
24. Der morsche Stock aber war dicht unter dem Handgriff abgebrochen.	dicht unter dem Handgriff

Wiederholung:

Beifügung (Attribut)

Die Beifügung dient der näheren Bestimmung von Hauptwörtern. Es kann in einem Satz mehrere Beifügungen geben, weil jedes Satzglied Hauptwörter enthalten kann. Sogar ein einziges Satzglied kann mehrere Beifügungen bei sich haben.

1. Sie steht auf die Frage: was für ein?
   Meine hübsche Frau trägt ein schönes Kleid.

2. Sie wird ausgedrückt durch ein:
   Eigenschaftswort: Das ist ein *schöner* Film.
   Mittelwort: Wir sahen einen *springenden* Fisch.
   Zahlwort: Der Wagen kostet *9000* Mark.
   Fürwort: *Dieser* Mensch gefällt mir gar nicht.
   Hauptwort im 2. Fall: Das Auto des *Nachbarn* macht Lärm.
   Hauptwort in Verbindung mit einem Verhältniswort: Der Mann *auf dem Motorroller* ist mein Freund.
   Verb: Die Kunst *zu singen* ist gar nicht so einfach.
   Umstandswort: Der Junge *dort* ist ein Held.
   Hauptwort im gleichen Fall: Heinrich *der Löwe* gründete München.
   Onkel *Friedrich* liebt Krimis.
   Bonn, *die Bundeshauptstadt*, liegt am Rhein.
   (Diese letzte Beifügung – zwischen 2 Kommas! – nennt man Apposition; sie ist im Grund ein verkürzter Nebensatz.)

Übung 16:

Unterstreichen Sie die Beifügungen, und vergewissern Sie sich am Rande!

1. *Wie man ein tapferes Leben beenden kann.*	*tapferes*
2. Im Wilden Westen Amerikas gab es vor einigen Jahrzehnten einen berühmten Obersten.	Wilden, Amerikas, einigen, berühmten
3. Dieser Mann erzählte unglaubliche Geschichten über schlimme Erlebnisse mit Indianern und wilden Tieren:	dieser, unglaubliche, über schlimme Erlebnisse mit Indianern und wilden Tieren

4.	„Die Rothäute des Sacramento-Tales verfolgten mich eine ganze Weile.	des Sacramento-Tales, ganze
5.	Ich ritt ein hervorragendes Pferd und verstand mich auf die Kunst zu reiten.	hervorragendes, zu reiten
6.	Eine schöne Zeit konnte ich einen beträchtlichen Abstand zu den Indianern halten.	schöne, beträchtlichen, zu den Indianern
7.	So konnten mich die reitenden Verfolger mit ihren giftigen Pfeilen nicht erreichen.	reitenden, ihren, giftigen
8.	Schließlich hatte ich meine letzte Patrone verschossen.	meine, letzte
9.	Ich dachte schnell: Die enge Schlucht da drüben könnte dich retten.	enge, da drüben
10.	Plötzlich endete der schmale Weg an einem senkrechten Felsen.	schmale, senkrechten
11.	Jetzt war ich ein gefangener Mann.	gefangener
12.	Der Häuptling „Brüllendes Ohr" rief mir zu:	Brüllendes Ohr
13.	‚Siehst du meine heranstürmenden Krieger?	meine, heranstürmenden
14.	Siehst du die steilen Wände?	steilen
15.	Nun lernst du eine schnelle Art zu sterben kennen.' "	schnelle, zu sterben
16.	Die Zuhörer fragten atemlos „Was geschah nun?"	–
17.	„Tja, da haben diese verdammten Burschen mich doch tatsächlich totgeschossen." –	diese, verdammten
18.	„Ein anderes Mal jagte ich im dichten Dschungel Brasiliens.	anderes, dichten, Brasiliens
19.	Ich geriet in einen unübersehbaren Sumpf.	unübersehbaren
20.	Von allen Seiten glotzten gefräßige Kaimane zu mir her.	allen, gefräßige
21.	Fast bekam ich selbst gewaltigen Appetit auf solch einen fetten Bissen.	gewaltigen, auf solch einen fetten Bissen
22.	Mit meiner wundervollen 17-läufigen Flinte schoß ich Tausende dieser Ungeheuer nieder.	wundervollen, 17-läufigen, dieser Ungeheuer
23.	Dann hatte ich keine Kugel mehr in den glühenden Läufen.	keine, glühenden
24.	Da raste von vorne ein schwarzer Panther mit gewaltigen Sätzen und ausgebreiteten Armen auf mich Armen zu.	schwarzer, gewaltigen, ausgebreiteten, Armen
25.	Von hinten schleicht der größte Kaiman aller Zeiten heran.	größte, aller Zeiten
26.	Der Panther setzt zu einem mächtigen Sprung an.	mächtigen
27.	Im letzten Augenblick ducke ich mich – und Kaiman und Panther zerfleischen sich in einem furchtbaren Kampf."	letzten, furchtbaren
28.	„Noch schlimmer war es auf der Insel Krokofressia.	Krokofressia
29.	Auf einer Seefahrt soff der alte Kasten mit Mann und Maus ab.	alte

30.	Ich allein erschwamm ein treibendes Holzstück und hängte mich daran.	treibendes
31.	Die Insel dort mußte ich erreichen, dachte ich.	dort
32.	Und siehe da – es gelang!	–
33.	Der schaurige Felsklotz war nur von Krokodilen mit aufgesperrten Mäulern bevölkert.	schaurige, mit aufgesperrten Mäulern
34.	Sie rissen sie vor übergroßer Freude fast bis zu ihren Schwänzen auf.	übergroßer, ihren
35.	Ich hatte keine Waffe bei mir." –	keine
36.	„Und wie entkamen Sie?" –	–
37.	„Ich entkam natürlich nicht; sie fraßen mich in wenigen Sekunden auf."	wenigen

2.5. Test VII: Fragen zu den Satzgliedern

Punkterennen

Benotung:			
	20 Treffer: 1	18 Treffer: 3	16 Treffer: 5
	19 Treffer: 2	17 Treffer: 4	weniger: 6

Wie viele Beifügungen finden Sie?

1.	Mein alter Großvater ist ein großer Tierfreund.	3: mein, alter, großer
2.	Er hat schon in seiner frühen Jugend die Kunst zu tischlern gelernt.	3: seiner, frühen, zu tischlern
3.	Der Preis eines Schrankes lag früher zwischen 200 und 400 Mark.	3: eines Schrankes, 200, 400

Wie viele Ergänzungen finden Sie?

4.	Wir besichtigen eine Tischlerei und einen Sägebetrieb.	2: Tischlerei, Sägebetrieb
5.	Der Meister zeigte uns die verschiedenen Maschinen seines Betriebes.	2: uns, Maschinen
6.	Wir achteten besonders auf die komplizierten Fräsen in der Ecke.	1: Fräsen

Wie viele Umstände finden Sie?

7.	Zuerst erblickten wir am Eingang drei Arbeiter an einer großen Hobelbank.	3: zuerst, am Eingang, an einer Hobelbank
8.	Wegen des Lärms erklärten sie uns laut ihre Tätigkeit.	2: wegen des Lärms, laut
9.	Dann verließen wir die mächtige Halle durch eine Seitentüre.	2: dann, durch eine Seitentüre

Umstand (der Art und Weise) oder Teil der Satzaussage?

10.	Informatiker sind sorgfältig.	Satzaussage
11.	Sie arbeiten auch sorgfältig.	Umstand
12.	Auch die Berichte sind sorgfältig abgefaßt.	Umstand

13. Warum bist du eigentlich so böse gewesen. — Satzaussage
14. Dieser Husten wird immer böser. — Satzaussage
15. Er hustet seit drei Wochen böse. — Umstand
16 Ich bin lange Zeit krank gewesen. — Satzaussage

Was ist an den folgenden Sätzen falsch?

17. Er sprach baldige Genesungswünsche aus. — Wünsche für die baldige G.
18. In unserer Gemeinde ist ein goldenes Hochzeitspaar. — . . . ein Paar, das die Goldene Hochzeit feiert(e)
19. Zu den ärgsten Betroffenen gehören die Beamten. — Zu den am ärgsten Betr. ...

Erklären Sie den folgenden Wiener Witz:

20. Graf Bobby handelt nach dem Kochrezept: Man schneide 3 Tage alte Semmeln!" Angesichts des Semmelberges und der Überraschung seines Freundes stellt er fest: „Dabei schneid' ich erst seit 2 Tagen." — *3 Tage alt* ist Beifügung, nicht Umstand der Zeit!

2.6. Die Satzreihe

Wiederholung:

Wesen

Es werden Hauptsätze aneinandergeschlossen: Schema: 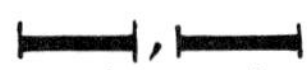
Oder: 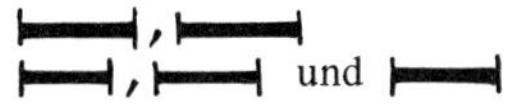

Die Verbindung wird meist von Bindewörtern hergestellt.

1. zusammenstellende Bindewörter:
   und, auch, außerdem, sogar, teils – teils, nicht nur – sondern auch, weder – noch
2. entgegenstellende Bindewörter:
   aber, dagegen, doch, dennoch, trotzdem
3. begründende Bindewörter:
   denn, nämlich
4. folgernde Bindewörter:
   daher, deshalb, also, demnach, somit

Die Sätze können auch unverbunden nebeneinander stehen:
Die Mannschaft gewann den Pokal nicht, zwei Spieler wurden verletzt.

Beispiele:

Wir zeichnen Satzbilder. Nehmen Sie dazu ein Blatt Papier! Die Lösungen finden Sie wieder rechts.

Doppelter Schaden

1. Ein Bankdirektor in einer Kleinstadt in Brasilien brachte ein besonderes Kunststück fertig; denn er überfuhr sich selbst. 
2. Er parkte den Wagen an einer leicht abschüssigen Straße, und dann wollte er in die Bank gehen. 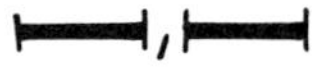
3. Natürlich sollte der Wagen ruhig stehenbleiben; aber er fing an zu rollen. 

4. Nun brachte der arme Mann den Wagen weder zum Stehen, noch half ihm jemand.

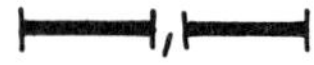

5. Er stemmte sich mit seiner ganzen Kraft dagegen, ihm blieb fast die Luft weg vor Anstrengung; doch der Wagen rollte weiter.

6. Er wurde sogar schneller; deshalb warf sich der Direktor vor ihm auf die Straße, und er schickte zum Himmel ein Stoßgebet.

7. Der Wagen blieb stur, er rollte weiter, er überrollte unseren Direktor, und er fuhr auf einen anderen Wagen auf.

8. Die Polizei nahm den Tatbestand auf, meldete alles dem zuständigen Richter und gab ein Gutachten ab.

9. Der Mann wurde bestraft; denn er hatte Schaden angerichtet; auch mußte er sich wegen Körperverletzung verantworten – und am allerschönsten ist: Der verletzte Körper war der seinige.

2.7. Das Satzgefüge

Wiederholung:

Wesen:

Ein Hauptsatz wird mit einem Nebensatz oder mehreren Nebensätzen verbunden.
Einen Nebensatz erkennt man daran, daß
 er allein keinen Sinn gibt: . . ., *weil du so lieb bist.*
 die Satzaussage umgestellt ist: . . ., *daß er soviel arbeitet.*

Grundformen in Satzbildern: 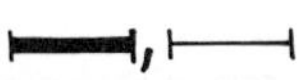 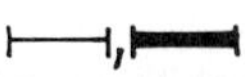 

Am Anfang des Nebensatzes steht meistens ein einleitendes Wort (= echter Nebensatz): *Wenn er das tut, freue ich mich.*
Wenn das einleitende Wort fehlt, spricht man von einem unechten Nebensatz: *Tut er das, freue ich mich.*

Einteilung:

1. nach der Einleitung
   a) Bindewortsatz (Konjunktionalsatz), eingeleitet durch ein unterordnendes Bindewort: als, daß, so daß, seit, seitdem, indem, während, nachdem, bevor, ehe, bis, sobald, wenn, falls, da, weil, sooft, damit, obwohl, obgleich, obschon; ob
   b) Bezugswortsatz (Relativsatz), eingeleitet durch ein bezügliches Fürwort oder ein bezügliches Umstandswort: der, die, das; welcher, welche, welches; wer (= derjenige, welcher), was (= das, was); wo, wie, warum, weshalb
   c) Indirekter Fragesatz, eingeleitet durch Fragewörter: wie, wann, wo, warum, weshalb, wozu, wodurch, wann; ob

2. nach dem Inhalt
   Aus einem Satzglied kann ein Nebensatz werden; es gibt also Subjekt-, Prädikat-, Objekt-, Adverbial- und Attributsätze.
   Beispiel für die Umwandlung: *Er arbeitet in schöner Umgebung.*
   Er arbeitet, wo die Umgebung schön ist.

Beispiele:

Wir zeichnen Satzbilder. Nehmen Sie dazu ein Blatt Papier!

1. Da es regnete, ging ich nicht fort.

2. Der Mann, dessen Hund so böse ist, möchte nicht gestört werden.

3. Komm bitte zu mir, wenn du dich nicht auskennst!
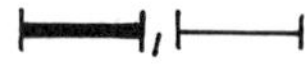
4. Nachdem ich meiner Frau das Geld gegeben hatte, kaufte sie sich 3 neue Kleider, weil sie erst 24 hat.

5. Der Mensch erfährt, er sei auch, wer er mag, ein letztes Glück und einen letzten Tag.
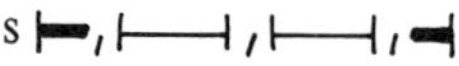
6. Lebe, wie du, wenn du stirbst, wünschen wirst, gelebt zu haben!
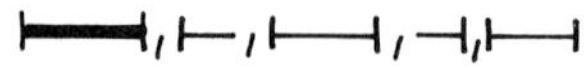
7. Weht der Föhn, der, wie wir wissen, aus dem Süden kommt, werden in München, wo dieser Wind bekanntlich sehr stark ist, viele Menschen von ihm geplagt.
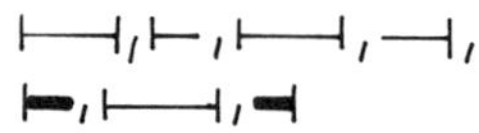

Übung 17:

Wir zeichnen Satzbilder.

1. *Wie man einen unliebsamen Gast los wird.*

2. Rechtsanwalt Leberecht konnte kaum noch seine Augen offenhalten, weil der alte Oberst von nebenan seit dem frühen Nachmittag auf seinem Sofa saß.

3. Oberst Kriegsfuß meinte, er habe dem Nachbarn durch seinen Besuch einen besonderen Dienst erwiesen.
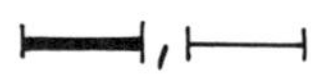
4. Gerade berichtete er mit seiner schnatternden Stimme, wie er einst im Feld von einem wütenden Hunde gebissen worden sei.
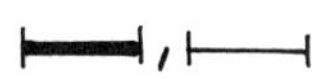
5. Sobald die Geschichte zu Ende war, begann er, sie von neuem zu erzählen.

6. Was hätte Leberecht darum gegeben, wäre er seinen Gast endlich losgeworden!

7. In Abständen von 5 Minuten verließ er den Raum, wobei er seinen Gast allein ließ; aber es half alles nichts.
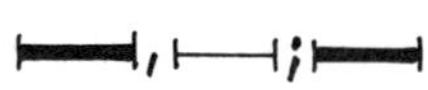
8. Leberecht dachte, er müsse, wenn zarte Andeutungen nichts helfen sollten, deutlicher werden.
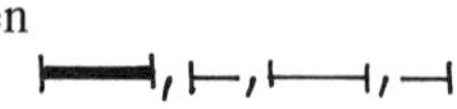
9. Der Oberst verkündete, daß er das Leben auf dem Lande liebe, weil man sich die Zeit nach Belieben einteilen könne.

10. „Wir stehen um 9 Uhr auf, um 3 essen wir zu Mittag, um 8 folgt das Abendessen, und um 11 gehen wir ins Schlafzimmer .
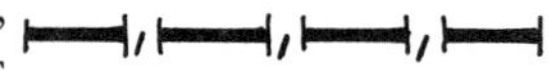

11. Lege ich mich später hin, so leide ich am nächsten Tag unter scheußlichen Kopfschmerzen, die sehr schwer verschwinden. 
12. Ich glaube aber, das ist Gewohnheitssache." 
13. Die Uhr schlug 12, es ging auf halb eins, Oberst Kriegsfuß erzählte weiter. 
14. Der arme Leberecht überlegte nur noch, wie er den alten Schafskopf, der sich so wichtig nahm, loswerden könnte. 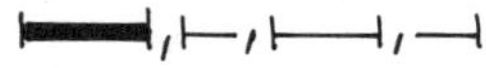
15. Er unterbrach dessen Geplapper, indem er ihm mitteilte, daß er vielleicht Diphtherie habe. 
16. „Es handelt sich ja nicht nur darum, daß ich selber krank bin, sondern ich stecke alle an, mit denen ich zusammenkomme." 
17. „Mich stecken Sie nicht an; denn ich bin ein alter Mann, und alte Leute sind zäh. 
18. Es kommt bei mir vor, daß ich nachts gar nicht schlafe, wenn ich in guter Gesellschaft bin. 
19. Heute habe ich nach Tisch so gut geschlafen, daß ich überhaupt nicht müde bin." 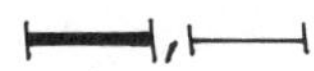
20. Auch als Leberecht erwähnte, er müsse am nächsten Tage sehr früh aufstehen, merkte der Oberst nicht, daß er unerwünscht sei. 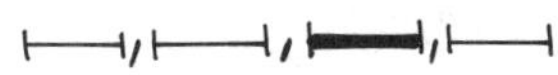
21. Da schützte der Rechtsanwalt eine merkwürdige Krankheit vor, die ihm öfter zu schaffen mache, je älter er werde: 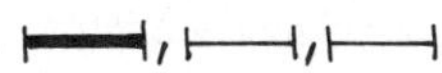
22. „In meinen Ohren braust es, bis ich die Besinnung verliere, so daß ich mit schweren Gegenständen um mich werfe." 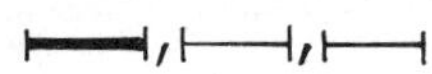
23. „Wenn das so ist, dann müssen Sie eine Kur machen, die Ihnen bestimmt helfen wird." 
24. „Obwohl es spät ist, möchte ich Ihnen aus einem Roman von mir, der aus 5 Teilen zu je 400 Seiten besteht, vorlesen." 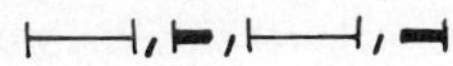
25. Leberecht dachte, daß der Oberst, dem Literatur ein Greuel war, sich jetzt bestimmt verabschieden würde. 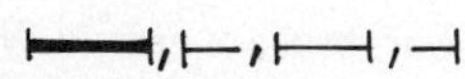
26. Aber Oberst Kriegsfuß hörte zu, bis die Uhr 2 schlug. 
27. Da dem Rechtsanwalt die Stimme versagte, schlug der Oberst vor, man möge noch ein paar Stunden gemütlich beisammensitzen, da es gar so nett sei. 
28. Nachdem Leberecht lautlos gestöhnt hatte, beschloß er, daß er den alten Geizhals um Geld anpumpen wollte. 
29. Noch während der todmüde Anwalt bescheiden seine Bitte vortrug, der andere möge ihm 200 Rubel leihen, merkte dieser auf einmal, daß er viel zu lange geblieben sei, und er verabschiedete sich hastig. 

Verkürzte Nebensätze

Es gibt drei Möglichkeiten:

1. Infinitivsatz (Nennform-Satz)
   Es gab für mich eine Gelegenheit, daß ich schwamm. → es gab für mich eine Gelegenheit zu schwimmen.
   Eine Verkürzung ist nur möglich bei gleichem Satzgegenstand im Haupt- und Nebensatz!

   Kommasetzung: Bei reinem Infinitiv *kein* Komma! *Er hofft zu kommen.*
   Bei erweitertem Infinitiv Komma! *Er hofft, heute zu kommen.*
   Mit *um zu* kann nur verkürzt werden, wenn eine Absicht vorliegt.

2. Partizipialsatz (Mittelwortsatz)
   Auch hier muß in Haupt- und Nebensatz der gleiche Satzgegenstand sein. Die Kommasetzung ist wie beim Infinitivsatz:
   Schwimmend erreichte er das Ufer.
   Aber: *Mit gewaltigen Stößen schwimmend, erreichte er das Ufer.*
   Statt des Mittelworts kann auch einmal ein Eigenschaftswort stehen. (Eigentlich ist dann das Mittelwort *seiend* ausgelassen!)
   Mein Großvater, schon achtzig Jahre alt, fährt noch gerne Auto.

3. Apposition (Anfügung)
   Sie steht im gleichen Fall wie das Hauptwort, zu dem sie gehört. Vorher und hinterher steht ein Komma.
   Auf der Zugspitze, dem höchsten Gipfel Deutschlands, steht eine Wetterstation.

Beispiele:

Wir verkürzen Nebensätze.

1.	Die Schüler schliefen, anstatt daß sie aufpaßten.	Die Sch. schliefen, anstatt aufzupassen.
2.	Sie verstellten die Uhr, damit sie heimgehen konnten.	. . ., um heimgehen zu können,
3.	Sie rieben das Thermometer, damit es stieg.	(Verkürzung nicht möglich, da verschiedene Satzgegenst.!)
4.	Der Lehrer sprach laut, damit er verstanden wurde.	. . ., um verstanden zu werden.
5.	Der Lehrer sprach laut, damit sie ihn verstanden.	(Verkürzung nicht möglich, da versch. Satzgegenst.!)
6.	Er näherte sich ihr, wobei er sich stumm verneigte.	. . ., sich stumm verneigend
7.	Da er durch die unerwartete Ehrung ganz verwirrt war, brachte er kein Wort hervor.	Durch die unerw. Ehrung ganz verwirrt, . . .
8.	Der Direktor der Fabrik, der stolz auf seine Maschinen war, führte die Gäste selbst.	Der Dir., stolz auf seine Maschinen, führte . . .
9.	Ich ging zu meiner Freundin, die ein liebes Mädchen ist.	. . ., einem lieben Mädchen.
10.	Meine Eltern leben in Hengsbach, das ein Dörfchen im Voralpenland ist.	. . ., einem Dörfchen im Voralpenland.

Stummelsätze

Bei jedem normalen Satz sind 2 Satzglieder unentbehrlich: Satzgegenstand und Satzaussage. Bei Befehlen, kurzen Fragen und Antworten sind Ausnahmen von dieser Regel möglich. Gedanklich läßt sich hier ohne weiteres der vollständige Satz herstellen:

Wie die Frau (ist), so (ist) das Haus.

Ich werde, falls (es) nötig (ist), am Montag kommen.
Noch eine Stunde (brauchen wir), und wir sind fertig.
Er hat es getan, nicht ich (habe es getan).

Parenthese

Wenn ein ganzer Satz oder ein satzwertiges Stück in einen anderen Satz eingeschoben wird, spricht man von einer Parenthese (Zwischensatz):

Mein Freund – er ist großzügig – hat mir sein Auto geliehen.
Der Angeklagte erinnerte sich – höchst seltsam! – an nichts mehr.

Übung 18:

Verwandeln Sie die Umstandsbestimmungen in Nebensätze!

1. Ich komme bei Einbruch der Dunkelheit zu dir.	Ich komme zu dir, wenn es dunkel wird.
2. Wegen des schlechten Wetters blieben wir zu Hause.	Weil das Wetter schlecht war, . . .
3. Bei Arbeit brauche ich Ruhe.	Wenn ich arbeite, . . .
4. Beim Einzug der Elefanten jubelten die Kinder.	Als die E. einzogen, . . .
5. Trotz dem guten Wetter warten wir noch ab.	Obwohl das Wetter gut ist, ...
6. Ich singe aus Freude.	Ich singe, weil es mir Freude macht.

Verwandeln Sie die Beifügungen in Nebensätze!

1. Ein ungeduldiger Zuhörer schaute immer wieder auf seine Uhr.	Ein Z., der ungeduldig war,
2. Diese Fahrt durch Bayern gab uns sehr viele Anregungen.	Diese F., die wir durch Bayern machten, gab uns . . .
3. Das in Washington unterzeichnete Abkommen berücksichtigt vor allem die armen Völker.	Das Abkommen, das in W. unterzeichnet wurde (worden ist), berücksichtigt . . .
4. Wir haben die Hoffnung auf ein Wiedersehen.	Wir haben die H., daß wir uns wiedersehen.
5. Bellende Hunde beißen nicht.	Hunde, die bellen, beißen nicht.

Verwandeln Sie die Ergänzungen in Nebensätze!

1. Ich sah den Sturz des Radfahrers.	Ich sah, wie der R. stürzte.
2. Wer weiß die Entfernung zum Mond?	Wer weiß, wie weit der M. entfernt ist?
3. Alle warten immer noch auf sein Erscheinen.	Alle warten immer noch, bis er erscheint.
4. Kümmere dich um deine eigenen Angelegenheiten.	Kümmere dich um das, was dich angeht!

Übung 19:

Zeichnen Sie Satzbilder auf ein Blatt, und vergleichen Sie hinterher mit der Lösung! Behandeln Sie verkürzte Nebensätze wie volle Nebensätze!

1. *Wie Leberkäsingen, die schlummernde Kleinstadt, aufgeweckt wurde.*

2. Den Bürgern dieser Stadt, die am Rande der Welt lag, ging es schlecht, weil sich nichts rührte.
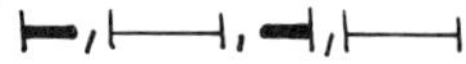
3. Es war kurz vor Weihnachten, und niemand wußte, wie es weitergehen sollte.

4. Da fuhr an einem Wintermorgen, der trüb über Leberkäsingen hing, ein elegantes Auto vor dem größten Autogeschäft des Ortes vor.

5. Sofort rannte der Besitzer zur Tür, um den Mann, dessen Auto ihn so beeindruckt hatte, zu begrüßen.
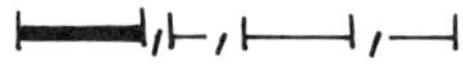
6. Dieser schritt, tänzelnd wie ein Pfau, in den Salon und bestellte gleich 2 Rolls Royce.
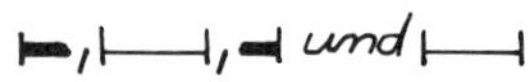

7. Der Ladeninhaber, glücklich über dieses Geschäft, versprach, die Wagen bis zum angegebenen Termin bereitzuhalten.
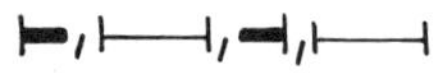
8. Nachdem der Fremde gegangen war, berichtete der Autohändler gleich seiner Frau, was sich zugetragen hatte.

9. Sie, ganz und gar unbescheiden, meinte, sie habe sich längst eine goldene Halskette gewünscht.
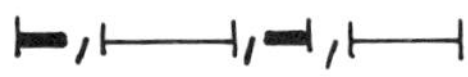
10. Sie fuhr zum Juwelier der Stadt, um eine auszusuchen, und dieser, ein kurzatmiger Mann, bekam vor Freude einen roten Kopf.
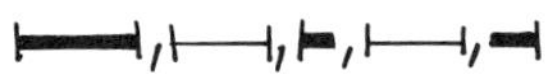
11. Natürlich hatte er keinen Anlaß, Genaueres zu erfahren, warum die Frau auf einmal soviel Geld hatte.
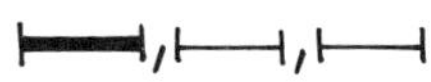
12. Begeistert von dem Kauf, den er eben abgeschlossen hatte, forderte er seine Frau auf, sich einen Pelzmantel zu kaufen, der schöner war als der ihrer Nachbarin.

13. Die Frau, eitel wie alle anderen, hatte nichts anderes zu tun, als schleunigst zum Pelzhändler zu rasen, um den Mantel sofort zu erstehen.

14. Nachdem der Pelzhändler das Geld erhalten hatte, versorgte er sich mit einem neuen Anzug, einem weißen Hemd und einer supermodernen Krawatte.
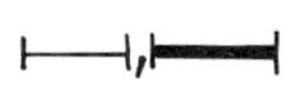
15. Bald tat sich so einiges in Leberkäsingen, diesem stillen Örtchen.
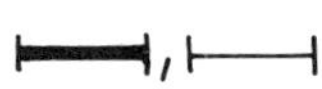
16. Als Weihnachten kam, wartete der Besitzer des Autosalons auf den eleganten Herrn, um ihm die Wagen, die längst gekommen waren, auszuhändigen.
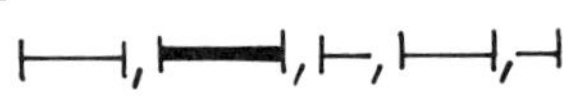
17. Dieser kam nicht; jedoch tauchte ein Freund des Geschäftsmannes auf.
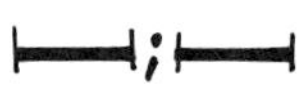

18. Über alle möglichen Dinge redend, kamen sie auch auf ein Ereignis, das nicht sehr viel Staub aufgewirbelt hatte:

19. Aus der Klappsmühle war einige Wochen vorher ein Mann entwichen; dessen Spruch war immer gewesen:

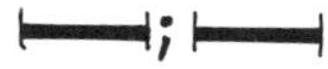

20. „Was du ererbt von deinen Vätern hast, erwirb es, um es zu besitzen!"

21. Der Freund wollte wissen, ob der Autohändler von ihm gehört habe.

22. Es habe sich nämlich herumgesprochen, daß zwei Rolls Royce bestellt worden seien.

23. Da hob der Autohändler, obwohl er nun Bescheid wußte, sein Glas auf den verrückten Fremden, der das kleine Nest wieder zum Leben erweckt hatte.

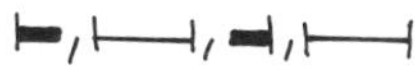

24. Die 2 Rolls Royce, die die ganze Zeit in seinem Schaufenster gestanden waren, hatten viele Leute dazu gebracht, seinen Salon zu besuchen, so daß er reich geworden war.

2.8. Test VIII: Fragen zu den Nebensätzen

Punkterennen 1

Wertung:	20 Treffer: 1	18 Treffer: 3	16 Treffer: 5
	19 Treffer: 2	17 Treffer: 4	weniger: 6

1. Wie viele Nebensätze können mit einem Hauptwort verbunden sein?	theoretisch unzählige
2. Welche Satzglieder kann ein Nebensatz vertreten?	alle 5
3. Warum verwendet man überhaupt Nebensätze, und nicht nur Hauptsätze?	Nebensätze geben dem Stil Spannung; sie verknüpfen Gedanken besser.

Verwandeln Sie folgende echte Nebensätze in unechte (verkappte) und umgekehrt!

4. Wenn ich komme, dann bringe ich Gäste mit.	Komme ich, dann . . .
5. Falls du mich nicht triffst, mußt du mich anrufen.	Triffst du mich nicht, . . .
6. Warum erklärst du, daß du das nicht gewußt hast?	. . ., du habest das nicht gewußt.
7. Ich bat ihn, daß er mir helfe.	. . ., er möge mir helfen.
8. Schneit es im Mai, dann erfrieren die Knospen.	Wenn es im Mai schneit, . . .
9. Mein Vater schrieb, daß ich sofort kommen solle.	. . ., ich solle sofort kommen.
10. Ich antwortete, ich hätte keine Lust.	. . ., daß ich keine Lust hätte.

Die meisten der folgenden Sätze sind falsch. Suchen Sie diese, und stellen Sie sie auf einem eigenen Blatt richtig!

11. Beim Davonlaufen vor der Polizei verlor der Verbrecher einen Schuh; er wurde festgenommen.	. . .; der Mann wurde festgenommen.
12. Die Größe meines Freundes ist etwa 1,65 m und wiegt 60 kg.	. . . 1,65 m, und er wiegt . . .
13. Teils lebt er von der eigenen Arbeit, teils unterstützen ihn die Eltern.	Richtig!
14. „Zur nächsten Generalversammlung können die alten Mitgliedskarten und Damen mitgebracht und umgetauscht werden." (Aus einem Rundschreiben)	. . . können Damen mitgebracht und die alten Mitgliedskarten umgetauscht werden.
15. Der Magen knurrte mir und ging in die nächste Gaststätte, damit ich meinen Hunger stillen konnte.	. . . mir, und ich ging . . .
16. In dem Hochhaus richten sich die Preise nach den Stockwerken und werden frei vermietet.	. . . Stockwerken; die Wohnungen werden frei vermietet.

Bestimmen Sie den Satzgegenstand der Nebensätze!

17. Der Schüler, der zu spät kam, erfand eine Entschuldigung.	der
18. Der Trainer verwarnte die Spieler, die er rauchen sah.	er
19. Die Buben, die Fußball spielten, kamen zu spät in die Schule.	die
20. Wir kauften ein Auto, das mein Onkel ein Jahr gefahren hatte.	mein Onkel

Punkterennen 2

Wertung wie bei 1

Berichtigen Sie auf einem Blatt diese Relativsätze!

1. Zwei Waldarbeiter wurden von Wildschweinen angefallen, die gerade mit Forstarbeiten beschäftigt waren.	Zwei Waldarbeiter, die gerade . . . waren, wurden . . .
2. Die Mütze, die ich auf dem Kopf trage und schön ist, ist aus Nylon.	Die Mütze, die . . . trage, ist aus Nylon; sie ist schön.
3. Wem dies nicht paßt, kann etwas anderes tun.	Der, dem dies . . .
4. Der Mensch, der sich durch Mißerfolge nicht entmutigen läßt, dem winkt endlich doch der Erfolg.	Dem Menschen, der . . .
5. Es gab Leute, denen dies gefiel und das gerne hatten.	Es gab Leute, denen dies gefiel und die das . . .
6. Ein Fremder, der zu Arbeiten ins Haus kommt, sollte man nicht allein lassen.	Einen Fremden, der . . .
7. Es gibt schöne Seen, an dessen Ufern die Menschen gerne baden.	. . ., an deren Ufern . . .
8. Mein Vater, der viel arbeitet, ihm wird es bald gelingen, ein Haus zu kaufen.	Meinem Vater, der . . . wird es bald . . .

9.	Das sind die Wasserwege, die uns entweder die Natur geschenkt hat oder von Menschenhand geschaffen wurden.	. . ., die uns . . . geschenkt hat oder die von . . .
10.	Der Mann, der das will, den kann man darauf hinweisen, daß das nicht geht.	Den Mann, der das will, kann man . . .

Auf zur Fehlerjagd! Die meisten Sätze – nicht alle! – sind falsch gebaut! Berichtigen Sie die falschen auf einem Blatt Papier!

11.	Der Bauer brachte dem Pferd Hafer, um zu fressen.	. . ., damit es fressen konnte.
12.	Durch Zähnefletschen brachte es der bissige Hund fertig, den Briefträger zu verjagen.	Richtig!
13.	Die Frau legte das Fleisch in die Pfanne, um zu braten.	. . ., um es zu braten
14.	Anstatt das Gerät abzuschalten und ein Buch zu lesen, läuft die Sendung weiter.	. . ., läßt man (lassen die Leute) die S. weiterlaufen.
15.	Es ist eine alte Weisheit, daß Fehler dazu gemacht werden, um etwas zu lernen.	. . ., damit man daraus lernt.
16.	Es war mir lästig, ihn dauernd zu beaufsichtigen.	Richtig!
17.	Im Brutbeutel des Känguruhs versteckt, konnten wir von den Jungen nur den Kopf sehen.	Von den Jungen, die . . ., konnten wir nur den K. sehen.
18.	Fröhliche Lieder singend, dampfte der Zug mit den Fußballfans ab.	Der Zug dampfte ab mit den F., die . . . sangen.
19.	Angeregt durch schlechte Filme, vollführen manche Jugendliche Einbrüche und Diebstähle.	Richtig!
20.	Es vollzog sich die Entwicklung einer bedenklichen Zeiterscheinung, dem Starkult.	. . ., des Starkults

Punkterennen 3

Wertung wie bei 1

Berichtigen Sie, was falsch ist!

1.	Mit den breiten Flossen wild um sich schlagend, fing der Wärter den Delphin.	Der Wärter fing den D., der . . . um sich schlug.
2.	Der Schlagersänger wird zum Idol erhoben, anstatt selbst zu singen.	. . ., anstatt daß man selbst singt (anstatt daß die Leute singen).
3.	Um zu erfahren, wohin die Fahrt ins Blaue gehen sollte, erkundigte ich mich gerade.	Richtig!
4.	Die Ferien sind nicht eingerichtet worden, um zu arbeiten.	. . ., damit man arbeitet; (. . ., damit die Schüler a.)
5.	Das Bild zeigt das schönste Tor Rothenburgs ob der Tauber, dem reizenden fränkischen Städtchen.	. . ., des reizenden fränkischen Städtchens.
6.	Mit den breiten Flossen wild um sich schlagend, schwamm der Delphin zum Wärter.	Richtig!

7. Die Reise des Ministers dient dazu, sich einen Einblick in die Lage zu verschaffen.	. . ., damit er sich . . . verschaffen kann.
8. Wer lebt, um zu arbeiten, hat den Sinn des Daseins nicht erfaßt.	Richtig!
9. So kommt es, daß sich ein Strom von Autos aufs Land wälzt, um das Wochenende dort zu verbringen.	. . ., weil die Leute das Wochenende dort verbringen wollen.
10. Mit wenig Unterlagen, meist Prospekte und Pläne, kann man sich heute eine Reise zusammenstellen.	. . ., meist Prospekten und Plänen, . . .
11. Die Lage der Saalburg, einer wichtigen römischen Befestigung, ist genau bekannt.	Richtig!
12. Von der Hast des Alltags geplagt, kommt es oft zu Streitigkeiten.	Da die Menschen von der Hast des A. geplagt sind, kommt es . . .
13. Der Hund zertrampelte die Bücher des Lehrers, eine sehr belesene Person.	. . ., einer sehr belesenen Person.
14. Er ging um 5 Uhr von mir weg, um schon um 6 Uhr überfahren zu werden.	. . .und wurde schon um 6 Uhr überfahren.
15. Weite Strecken werden in Stunden bezwungen, gebettet in weiche Sessel, von Stewardessen betreut.	Die Menschen bezwingen weite Strecken, gebettet . . .
16. Abends war Ball beim Präsidenten, der sehr voll war.	. . . Präsidenten; der Saal war voll.
17. Ich wäre froh, wenn er bald käme.	Richtig!
18. Mein Freund behauptete, das hat er nicht gesehen.	. . ., das habe er nicht gesehen.
19. Der Chef begrüßte die sich inzwischen eingefundenen Kollegen.	. . . die Kollgen, die sich inzwischen eingefunden hatten.
20. Wichtig ist die Versorgung der Hütten mit Lebensmitteln, die durch die Bergbahnen ermöglicht werden.	. . ., die durch die Bergbahnen ermöglicht wird.

Übung 20:

Stellen Sie die Fehler im folgenden Text fest, und berichtigen Sie diese auf einem Blatt Papier! Die Lösung ist wie üblich auf dem Rand.

(Brief eines in Deutschland verheirateten Nigerianers an seinen Schwiegervater; Rechtschreibfehler kommen nicht vor!)

Lieber Schwiegervater!

Du weißt selbst, ich bin mit Deiner Tochter glücklich verheiratet.	. . ., daß ich . . . verheiratet bin.
Nun hat sie einen Apparat ins Haus gebracht, der mir nicht gefällt und ich nicht mag.	. . . der mir nicht gefällt und den . . .
Ich bin auch nicht über das Fernsehen der Kinder einverstanden.	. . . mit dem Fernsehen der Kinder . . .
Mein eben angekommener Bruder sagt auch, daß das falsch wäre.	Mein Br., der eben angekommen ist, . . ., daß das falsch sei.

Wegen unserem kleinen Jungen brauchen wir den Fernseher sicher nicht.	Wegen unseres kleinen Jungen; besser: für unseren kleinen Jungen
Früher haben uns Bekannte eingeladen und mit ihnen Fußballspiele gesehen.	. . . eingeladen, und wir haben mit ihnen . . .
Auf die Idee bin ich nicht darauf gekommen, daß wir selbst alles zu Hause haben müssen.	. . . bin ich nicht gekommen, daß . . .
Während dem Abendessen redet man jetzt nicht mehr.	Während des Abendessens ...
Deine Tochter sagt, ohne dem Fernseher geht es nicht.	. . ., ohne den F. gehe es nicht.
Für sie ist Mode wichtig. Auch Theaterstücke und Gesang.	Für sie sind Mode, Theaterstücke u.G. wichtig.
Wir Eltern sind aber verpflichtet, die Jugend zu verführen, daß sie nicht alles sehen.	. . . die Jugend so zu führen, daß sie . . . sieht.
Mit solche Elemente will ich nichts zu tun haben.	Mit solchen Elementen . . .
Ich möchte meine Kinder etwas Gutes bieten.	. . . meinen Kindern . . .
Kinder müssen nachts ins Bett, nicht vor dem Schirm!	. . ., nicht vor den Schirm!
Ich bin froh, das ist auch die Ansicht deiner Tochter, meine Frau.	. . ., daß das . . ., meiner Frau, ist.
Ohne unserem Wissen darf Karl nicht einschalten.	Ohne unser Wissen . . .
Wenn die Kindheit von unserem Sohn zu Ende ist, kann er hinschauen.	. . . Kindheit unseres Sohnes . . .
Ich würde froh sein, wenn wir den Apparat gar nicht haben würden.	Ich wäre froh, wenn . . . gar nicht hätten.
Dein Dich liebender Schwiegersohn Kuzikucki	

Übung 21:

Stellen Sie die Fehler fest, und berichtigen Sie wie im vorhergehenden Brief! (Es schreibt ein in Deutschland lebender Kroate an seine deutsche Freundin.)

Liebe Bibi!

Du willst wissen, was ich tue, wenn es dunkel wird.	–
Fernsehen. Machen alle.	Ich sehe fern; das m. . . .
Habe selbst einen Apparat.	Ich habe . . .
Ist sehr groß und wunderbare Farbbilder.	Er ist . . . und bringt . . .
Jeden Abend mein Hauptvergnügen.	Das ist jeden . . .
Andere Leute sehen auch in die Röhre.	–
Ist auch zu schön. Immer etwas Neues.	Es ist . . .: immer . . .
Tagesschau und am Samstag Fußball.	Ich sehe die T. . . .
Sogar Spiele von der Weltmeisterschaft.	. . . W. erlebt man.
Man fragt Leute: Was tun Sie? Meist die Antwort, wahrscheinlich fernsehen.	. . .? Meist erhält man die Antwort: wahrsch. . . .
Fühlen sich alle wie im Hauskino.	Sie fühlen . . .
Ein Blick auf die Dächer. Antenne neben Antenne.	. . . Dächer zeigt uns: . . .
Was mag wohl der Grund sein?	–
Wahrscheinlich die niedrigen Preise oder weil der Nachbar hat auch einen Fernseher.	Wahrsch. sind es . . ., oder weil d. N. . . . hat.

Aber dich würde ich gern nah bei mir sehen. Ganz nahe. Und vielleicht so, wie man neulich ein schönes Mädchen gesehen hat. Fast nichts an.

. . ., ganz nahe und vielleicht so, . . .: fast nichts an.

Das wünscht Dir Dein Ferdo

2.9. Test IX: Fehler im Satzbau

Bei den folgenden Punkterennen sind *fast* alle Sätze – aber eben nicht *alle* Sätze! – falsch. Berichtigen Sie in der üblichen Weise!

Wertung:	20 Treffer: 1	18 Treffer: 3	16 Treffer: 5
	19 Treffer: 2	17 Treffer: 4	unter 16 Treffern: 6

Punkterennen 1

1. So etwas geht nicht und kann nicht so schnell, wie die Leute sich das vorstellen.	. . . und kann nicht so schnell gehen, wie . . .
2. Es fällt manchem schwer, welchem Vergnügen er nachgehen soll.	. . . schwer zu entscheiden, welchem . . .
3. Einen Hund, den man zur Jagd tragen muß, taugt nichts.	Ein Hund, . . .
4. Das Versäumte nachzuholen, daran wurde zwar oft gedacht, selten aber verwirklicht.	. . . gedacht, es wurde aber selten verwirklicht.
5. Jedes Kind tummelt sich gerne im Freien, und das am liebsten mit Spielgenossen.	Richtig! – Stummelsatz!
6. Nichts gegen die Pressefreiheit! Aber ihr sollte zur Auflage gemacht werden, bei der Wahrheit zu bleiben.	. . . gegen die Freiheit der Presse! . . .
7. Kreisblattanzeige aus dem Jahre 1901: „Für ein Herrengut wird zum 1. Okt. ein tüchtiger Kuhhirt gesucht; er muß verheiratet sein und muß seine Frau mitmelken.	. . . sein, und seine Frau muß mitmelken.
8. Ob nun die Hausfrau einen Kochtopf oder der Handwerker ein Arbeitsgerät benötigt – das kleine Einzelhandelsgeschäft erfüllt ihm alle Wünsche.	. . . erfüllt ihr und ihm alle Wünsche.
9. Die Lage wurde ernster, wie vorauszusehen war.	Richtig! Sinn: Das war vorauszusehen.
10. Ein 13 Monate altes Baby versuchte in der Krokodilstraße eine 32jährige Frau zu erwürgen.	Umstellung! Eine 32jährige Frau . . .
11. Als junger Mensch, der diese Zeit nicht mehr miterlebt hat, stellt sich unwillkürlich die Frage: Wie war es nun wirklich?	Als jungem Menschen, . . ., stellt sich einem . . .
12. So wurde die Konkurrenz ausgeschaltet und führte zu einem großen Erfolg.	. . . ausgeschaltet, und das . . .
13. Diese Reklame sieht nicht nur der Erwachsene, sondern verführt auch Kinder und Jugendliche.	. . ., sondern sie verführt auch . . .

14. Wichtig ist, daß der Geldbeutel voll bleibt und möglichst viele Waren bekommt.	... voll bleibt, und man ...
15 Werbung gibt es schon lange und ist nichts als das Anbieten von Waren.	... lange, und sie ist ...
16. Er wurde mit der Lehre des Philosophen XY bekannt und ein Anhänger dessen Anschauungen.	... und ein Anhänger von dessen A.
17. Es ist niemand da, der sie stören und den sie stören könnten.	..., der sie stören könnte und ...
18. Elektromagnetisch getriebene Schwebebahnen fahren ohne jeglichem, außer dem durch die Luftreibung verursachenden Lärm.	2 Fehler! – ... ohne jeglichen, ... durch die Luftreibung verursachten L.
19. Den anwesenden Kurslehrern können Fragen vorgelegt werden, die durch deren Antwort die Zweifeln beseitigen.	1. die Zweifel; 2. es sind zwei Sätze erforderlich: ... werden; sie beseitigen durch ihre Antworten ...
20. Man hat abends, wenn man durch die Straßen der Stadt nach Hause geht, Angst, nicht überfallen zu werden.	Das *nicht* gehört weg!

Punkterennen 2

1. Durch das Fernsehen werden viele Produkte dem Verbraucher nähergebracht und so zum Kauf angeregt.	..., und so wird er zum Kauf angeregt.
2. Was bietet sich und bekommt man an diesem Ort?	..., und was bekommt ...
3. Was tust du und sieht man in diesem Land?	Richtig!
4. So mancher macht den Sport zum Beruf; bei wem das nicht möglich ist, versucht wenigstens, für Sportartikel zu werben.	..., bei wem das nicht möglich ist, der versucht ...
5. Es gibt Leute, die wissen am Schluß nicht mehr, ob und was sie benötigen.	..., ob sie etwas und was sie ...
6. Er bekommt später eine niedrigere Rente, die vielleicht nicht ausreicht, um den Lebensunterhalt zu sichern und dann Sozialhilfe beantragen muß.	... zu sichern, so daß er Sozialhilfe ...
7. Gerade wenn man alleinstehend ist, z.B. alte Leute, ist das Leben auf dem Dorf besser.	..., wie es bei alten Leuten der Fall ist, ist ...
8. Schauen wir in eine größere Familie hinein, so wird fast jede Hausfrau durch Maschinen entlastet.	Der Vordersatz ist ein Bedingungssatz. Das ist falsch! ... hinein! Jede ...
9. Früher warb man um den Verbraucher, indem man sein Schaufenster hübsch dekorierte.	*sein* ist zweideutig! ... das eigene ...
10. Die Bedenken, die einige Leute hatten und deshalb wegen der hohen Kosten gegen den Baubeginn stimmten, wurden zerstreut.	... hatten, weshalb sie ...
11. Es könnte Leute geben, die einen Fehler machen, den sie später bereuen, ihn aber nicht mehr gutmachen können.	... bereuen, den sie ..

12. Es müssen alle Tiere untersucht sein, die geschlachtet werden und das Fleisch an die Menschen geliefert wird.	. . . werden und deren Fleisch . . .
13. Sie spielt mit ihm, was ihn reizt und sie schließlich zusammenleben.	. . . reizt, so daß sie . . .
14. Sie unterhalten sich gerne mit der Verkäuferin, die sie ja schon lange kennen und eine gute Bekannte ist.	. . . lange kennen und die . . .
15. Ich lernte eine Französin kennen, zwischen der und mir ein Briefwechsel entstand.	. . .;zwischen ihr und mir . . . . . . Oder: zwischen uns . . .
16. Die Hausfrau hat zu wenig Bewegung, die später dem Kreislauf schadet.	zu wenig Bewegung, was ...
17. Ein Jahr nach den Olympischen Spielen standen in München immer noch viele Wohnungen leer, die damals die Sportler beherbergten und später als Wohnungen angeboten wurden.	Richtig! (Das zweite zu ergänzende *die* steht auch im 1. Fall.)
18. Das sind Waren, die ursprünglich gar nicht eingekauft hätten werden sollen.	. . . die ursprünglich gar hätten eingekauft w. s.
19. Für meine Party würde ich eine Zeit wählen, in der die Gäste nicht mit Arbeit überladen sind und an dem Tag nach der Party keinen Dienst haben.	. . . sind; an dem Tag nachher sollten sie keinen Dienst haben.
20. Was ist falsch an Morgensterns Satz: „Korff erfindet eine Mittagszeitung, welche, wenn man sie gelesen hat, ist man satt."	(Der Rel.-Satz, der mit *welche* begonnen wird, ist nicht zu Ende geführt.) . . ., welche . . ., satt *macht*.

Punkterennen 3

1. Die Frau, die ihr Geld selbst verdient, kann sich ruhig so manche Dinge kaufen, für die der Mann nicht immer Verständnis aufbringt und glaubt, sie werfe ihr Geld zum Fenster hinaus.	. . . aufbringt und von denen er glaubt, . . .
2. Die schlechten Abgase gelangen in die Lungen, welche der Gesundheit sehr schaden.	. . . was der G. sehr schadet.
3. Viele Jugendliche müssen Lehrstellen annehmen, die ihnen nicht gefallen und also auch keinen Spaß an ihnen haben.	. . . gefallen und an denen sie auch keinen Spaß haben.
4. Manchmal wurde ich zum Kauf eines Artikels von einem Verkäufer überredet, der mir doch nicht recht gefällt.	. . . Artikels, der mir doch nicht recht gefällt, von einem . . .
5. Sie nahm den Mantel ihres Bruders, den sie ausbürsten wollte.	. . .; sie wollte das Kleidungsstück ausbürsten.
6. Die Straße überquerend, erhellt ein Lächeln ihr Gesicht.	Während sie die Straße überquert, erhellt . . .
7. Kaum aus dem Hause getreten, sieht man überall Werbung.	Kaum ist man . . .
8. Ob jung oder alt, die Werbung hat jedem etwas zu bieten.	Ob man alt oder jung ist,...

9. Durch mehrere Schüsse getötet, fanden die Polizisten den Konsul in seinem Amtszimmer.
   Die P., fanden den K., durch . . . getötet, in . . .
10. Er wurde von seiner Braut, ein böses Mädchen, beraubt.
   . . . einem bösen Mädchen, . . .
11. Der Verbrecher wurde durch Maria, einem klugen Kind, überführt.
   . . . Maria, ein kluges Kind, . . .
12. Er greift in der Wahl seiner Hauptperson, dem Musiker Kreisler, in die Geschichte zurück.
   Hauptperson, des Musikers Kreisler, . . .
13. Angefüllt mit herrlichem Riesling, überreiche ich Ihnen, gnädige Frau, dieses Glas.
   Gn. Frau, ich . . . Glas, angefüllt mit . . .
14. Um Kundinnen wird auch durch eine Verbilligung der Ware, dem sog. Probierpreis, geworben.
   . . ., den sog. Probierpreis, . . .
15. Es braucht sich nicht um so große Projekte zu handeln, wie der Bau von Atomkraftwerken.
   . . ., wie den Bau . . .
16. Der Beamte handelt im Auftrage seines Dienstherrn, also des Staates.
   Richtig!
17. Die Sparkassen bieten viele Möglichkeiten an, um zu Geld zu kommen.
   . . ., damit man zu Geld kommen kann.
18. Die Frau geht neben der Hausarbeit noch in die Fabrik; die Kinder bleiben allein und ohne Aufsicht, um das ersehnte Fernsehgerät anschaffen zu können.
   . . . Aufsicht, damit man . . . anschaffen kann.
19. Die Zigarettenstummel werden achtlos weggeworfen, ohne zu bedenken, daß sie eine große Gefahr bieten.
   . . ., ohne daß man bedenkt, . . .
20. Meine persönlichen Neigungen deuten darauf hin, einen vorwiegend geistigen Beruf zu ergreifen.
   . . ., daß ich . . . ergreife.

Punkterennen 4

1. Diese Geschäfte sind nicht mehr konkurrenzfähig. Konkurrenzfähig gegenüber dem Supermarkt.
   . . . konkurrenzfähig – konkurrenzfähig . . .
2. Der junge Mensch muß den Anforderungen des zukünftigen Berufs gewachsen sein. Körperlich und geistig.
   . . . sein, und zwar k. . . .
3. Man muß sich genau überlegen, was man später ein Leben lang arbeiten wird. Eine schwere Entscheidung.
   . . . wird – eine schwere E. . . .
4. Wie schön waren die alten „Tante-Emma-Läden"! Hinter dem Ladentisch meist der Besitzer.
   Hinter dem Ladentisch stand . . .
5. Man bekommt im Supermarkt eine große Auswahl von Waren. Bedingt durch den günstigen Einkauf, oft zu sehr niederen Preisen.
   . . . Waren. Infolge des günstigen Einkaufs sind die Preise sehr niedrig.
6. Es war geplant, die Sommerzeit im Jahre 77 einzuführen. Wurde jedoch verschoben.
   . . . einzuführen. Dies wurde . . .
7. Ein weiteres Problem, das bei diesen Leuten festzustellen ist, daß sie eine andere Mentalität haben.
   . . . festzustellen ist, ist, daß . . .
8. Sie brauchen unsere Kataloge nur anzufordern. Unverbindlich. Mit dem beiliegenden Gutschein.
   . . . anzufordern. Das ist für Sie u.; benützen Sie . . .

9. Turbo-Fahrer sind eine Klasse für sich. Fair. Dynamisch. Auch im Beruf.	. . . sich. Sie sind fair und d. – auch im Beruf.
10. Wenn ich am Morgen das Radio anschalte, mit Sicherheit ist Werbung dabei.	. . . anschalte, ist mit . . .
11. Das führt dazu, daß auch der Tierbestand zurückgeht in jenen Gegenden.	. . ., daß in jenen G. auch der T. zurückgeht.
12. Es gibt auch unter den Gastarbeitern Leute, die es zum Meister gebracht haben unter großen Schwierigkeiten.	. . . die es unter gr. Sch. zum Meister gebracht haben.
13. Der Mensch wenn einmal krank ist, braucht viel länger, um wieder arbeiten zu können.	Wenn der M. . . . ist, braucht er viel . . .
14. Hoffen wir, daß die Atomkraftwerke dem Fortschritt der Menschheit dienen, und nicht eine Art Bedrohung für alle Völker.	. . . dienen, und nicht eine . . . darstellen.
15. Aber nicht nur das Auto ist reformbedürftig; auch die Straßen, auf denen es sich bewegt.	. . .; auch . . . bewegt, sind es.

Zeichnen Sie die Baupläne der folgenden Sätze! Sie sind ziemlich schwer.

16. Es war die Pflicht der Deutschen Bundesbank, hier einzugreifen, ist sie doch die Hüterin der Währung.

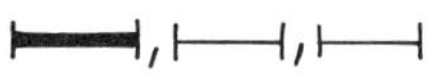

17. Der Hund, der mich gebissen hat, wurde, obwohl die Wunde sehr schmerzhaft war, von seinem Besitzer nicht bestraft.

18. Wer nie etwas arbeiten will – das gibt es auch –, muß sich einen Millionär als Vater suchen.

19. Der Computer hat sich in der Wirtschaft ziemlich durchgesetzt, und, wie man hört, mit Erfolg.

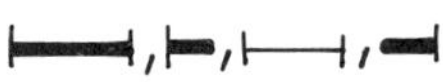

20. Als mir, während ich ein Haus baute, das Geld ausging, verweigerte mir ein Bekannter, der, wenn es um nichts geht, mein Freund sein will, jegliche Hilfe.

Punkterennen 5

1. Der Anzug des Beamten ist sauber, die Schuhe sind geputzt, frisch rasiert und gut gelaunt.	. . ., geputzt, er ist . . .
2. So manche Ware findet man nicht im „Tante-Emma-Laden", weil der Platz dafür nicht vorhanden oder vielleicht schon verkauft ist.	. . . vorhanden oder weil sie . . .
3. Wenn man heute auf die Straße geht, leiden viele Menschen an Dickleibigkeit.	. . ., kann man bemerken, daß v. M. . . . leiden.
4. Wer im Supermarkt hungrig wird, kann in das eigene Restaurant gehen.	. . ., kann in das angeschlossene R. gehen.
5. Manche Bürger meinen, der Polizist halte sie nur deshalb an, weil ihm sein Gesicht nicht gefalle.	. . ., weil ihm ihr Gesicht . . .
6. Niemand will den Anschluß verpassen und auf dem neuesten Stand sein.	. . . verpassen, und jeder will . . .

7. Man kann heute viele Lebensmittel chemisch herstellen. Einige bestehen fast nur daraus.	... Einige bestehen fast nur aus Chemikalien.
8. Beim Versuch, einen Halter an der Wand einer Scheune zu verschweißen, geriet der Heustock in Brand.	Als Arbeiter versuchten, ...
9. Der Depotauszug wird dem Kunden zugeschickt; er ist aufzubewahren.	Der K. erhält einen D., er ist aufzubewahren.
10. Als er die Zweigstelle geprüft hatte, fuhr der Innenrevisor in die Hauptstelle zurück.	Als der I. ... hatte, fuhr er ...
11. Die Jugendkriminalität betrifft nicht nur diese selbst, sondern das ganze Volk.	... nicht nur die Jugend selbst, ...
12. Die Tochter bat ihren Vater, den jungen Gelehrten zum Mann zu nehmen.	..., daß sie den j.G. zum Mann nehmen dürfe.
13. Die Unfälle gingen unter Alkoholeinfluß zurück.	Die U. unter Alkoholeinfluß ...
14. Die Fernsehleute bringen auch den Jugendlichen schon Berichte von Einbrüchen, Raubtaten und Morden und werden so schon jung zu Verbrechern.	... Morden, und so werden diese ...
15. Sofort wurde der Schmerz gestillt, verbunden und vernäht.	... gestillt und die Wunde ...
16. Verrufene Lokale, Gaststätten und Frauen soll der Polizeibeamte außerhalb des Dienstes nicht betreten.	Verr. L. und G. soll ... betreten; auch soll er sich von Frauen mit schlechtem Ruf fernhalten.
17. Herr Heilpraktiker Singer heilte unsere Tochter völlig und ist heute wieder ein blühendes Mädchen.	... völlig; sie ist ...
18. Rat in der Religionsstunde: Wenn euch eine schöne Frau in die Augen sticht, so schlage sie nieder!	..., so schlage diese nieder!
19. Die Ärzte warnen in erschreckendem Maße vor Drogenmißbrauch.	... warnen vor dem in erschreckendem Maße zunehmenden Drogenmißbrauch.
20. Oft wird auf den Angeklagten zu wenig als Mensch eingegangen.	(*als Mensch* bezieht sich auf Richter usw.) *als Menschen* auf Angeklagten!

Punkterennen 6

(Delikatessen für Sprachknobler!)

1. Wird festgestellt, daß der Besitzer eines chemischen Werks Abwässer in einen Fluß leitet, so ist dieser zu bestrafen.	... leitet, so ist der Übeltäter ...
2. Die Bausparkassen helfen mit, sich ein eigenes Haus zu errichten.	..., daß man sich ... errichten kann.
3. Der Angeklagte wurde wegen Diebstahls von zwei Ochsen freigesprochen.	... wurde von der Beschuldigung freigesprochen, er habe 2 Ochsen gestohlen.

4. Ein Posten Handtaschen für Damen aus Schlangenhaut ist soeben eingetroffen. — ... Handtaschen aus Schl. für Damen ...
5. Wer verkauft gut erhaltene Schi an jungen Mann mit Sicherheitsbindung? — ... Schi mit S. an jungen Mann?
6. Vor zwei Wochen wurde ein Wolf von meinem Vater in einer Fallgrube gefangen; jetzt ist er schon ziemlich zahm. — ..., jetzt ist das Tier ...
7. Dieser Krach raubt mir die Ruhe, und dazu bin ich doch berechtigt. — ..., auf diese habe ich doch ein Anrecht.
8. Der Mittelstürmer lenkte nur die Aufmerksamkeit auf sich, als sein Schuh durch die Luft flog und gegen einen Ersatzmann ausgetauscht wurde. — ... flog und der Spieler ...
9. Wenn ich Herrn Meier einen Ochsen genannt habe, so lag es mir fern, diesen zu beleidigen. — ..., diesen Herrn Meier ...
10. Wir bemühen uns, aus der sich schon gebesserten, aber noch schlimm genugen Situation herauszukommen. — ..., aus dieser S. herauszukommen, die sich schon gebessert hat, aber noch schlimm genug ist.
11. In Connecticut/USA hat man die gesetzliche Erlaubnis, einen Damm bauen zu dürfen, wenn man ein Biber ist. — In C. gestattet das Gesetz den Bibern, Dämme zu bauen.
12. Nach 50jähriger glücklicher Ehe nahm Gott der Allmächtige meine gute Frau zu sich. — Gott d.A. nahm mir meine gute Frau nach 50j. E.
13. Knappe 2 Jahre alt, wurde sein Vater nach München versetzt. — Der Junge war knapp 2 J. alt, als sein Vater ...
14. Unter der Voraussetzung, daß du mir auch hilfst, bin ich bereit, dir das Geld zu leihen. — Richtig!
15. Viele Leute stürzen sich immer wieder in den Sonntagsverkehr, um auf den Straßen die schlechte Luft einzuatmen. — ... Sonntagsverkehr und atmen ... (keine Absicht!)
16. Obwohl der Radfahrer in das Krankenhaus eingeliefert wurde, erlitt er keine Verletzungen. — Der R. wurde in das Kr. eingeliefert, obwohl er keine V. erlitten hatte.
17. Es besteht die Gefahr, daß der Scheck bei Verlust des Eigentümers in falsche Hände gerät. — ... Scheck, wenn der Eig. ihn verliert, ...
18. Es wurden Versammlungen abgehalten, bei deren Nichterscheinen man mit Strafe rechnen mußte. — ... abgehalten; erschien man nicht, mußte man ...
19. Um nicht unterzugehen, warfen die Matrosen Ballast ab. — Richtig!
20. Als Mutter verreiste, heiratete sie. — (Es handelt sich offenbar um 2 verschiedene Personen; also zweite Person nennen!)

3. Satzzeichenlehre

3.1. Alle Satzzeichen (ohne Komma)

Die Satzzeichen erleichtern das Lesen und Verstehen eines Textes. Wie sie zu setzen sind, dafür gibt es Richtlinien. Darüber hinaus hat der Schreibende aber eine gewisse Freiheit. So läßt sich z.B. der verschiedene Stimmungsgehalt andeuten:

„Hilfst du mir?" – „Nein, ich habe keine Zeit."

„Hilfst du mir?" – „Nein! Ich habe keine Zeit!"

Ohne Zeichen kann ein Text unklar bleiben: *Fritz sagt Kurt ist faul.* Es entsteht durch verschiedene Zeichensetzung ein verschiedener Sinn:

Fritz sagt: „Kurt ist faul."

„Fritz", sagt Kurt, „ist faul."

Wiederholung:

Punkt

Nach dem Komma ist er das häufigste Satzzeichen.

Er steht:

1. nach dem Aussagesatz:
   Heute regnet es.
   Er fragt ihn, ob er das wisse. (Der angeschlossene Nebensatz ist ein indirekter Fragesatz!)
2. nach den Ordnungszahlen:
   Ludwig I., 3. April
3. nach den meisten Abkürzungen:
   d.h., z.B.
   Beachten Sie: Steht eine Abkürzung mit Punkt am Satzende, dann steht der Abkürzungspunkt zugleich als Schlußpunkt des Satzes:
   Die Leute tranken Kaffee, Tee, Limonade usw.

Ausrufezeichen

Es steht:

1. nach Ausrufe-, Wunsch- und Befehlssätzen (auch verkürzten):
   Hilf mir! Bleiben Sie doch! Schau her! Unglaublich! Gute Reise!
2. nach Ausdrücken der Gemütsbewegung:
   Das ist großartig! Achtung! Pfui!
3. meist nach der Anrede:
   Sehr geehrter Herr Huber!

Es steht nicht:

am Briefschluß hinter *hochachtungsvoll* und *mit herzlichem Gruß* usw.

Fragezeichen

Es steht:

1. nach einem direkten Fragesatz (auch verkürzt):
   Warum kommt er nicht?
   Wie viele Geschwister?
2. nach einem Fragewort:
   Wohin? Woher?

Es steht nicht:

nach einem indirekten Fragesatz:
Wir wußten nicht, warum er soviel arbeitet.

Doppelpunkt

Er steht:

1. vor angekündigter direkter Rede:
Er sagte: ,,Das gefällt mir sehr."
2. vor angekündigten Sätzen oder Satzteilen:
Das Sprichwort heißt: Eigener Herd ist Goldes wert.
Gebrauchsanweisung: Man nehme . . .
Französisch: gut
3. vor angekündigter Aufzählung:
Die Namen der Wochentage sind: Sonntag, Montag, usw.
Hier gibt es alles zu kaufen: rostfreie Nägel, Schrauben, usw.

Beachten Sie: Man schreibt nach Doppelpunkt normalerweise groß; Kleinschreibung nach Aufzählung und Zusammenfassung oder Folgerung:
Er plagt sich sehr: kein Wunder, daß er es zu etwas bringt.

Anführungszeichen

Sie stehen:

1. vor und nach direkter Rede:
,,Begleitest du mich?" – ,,Ja, gern."
,,Ich hoffe", sprach der Vater, ,,du wirst mich bald besuchen."
2. bei Titeln, Redewendungen u.ä., die in einem Satz stehen:
Wir lasen ,,Die Räuber" von Schiller.
,,Eile mit Weile!" ist ein altes Sprichwort.

Sie stehen nicht:

wenn keine direkte Rede folgt:
Er dachte: So geht das nicht.

Beachten Sie: Soll in einer direkten Rede ein Satzteil noch besonders hervorgehoben werden, so geschieht das durch halbe Anführungszeichen:
Er fragte: ,,Kennst du das Schauspiel ‚Maria Stuart' von Schiller?"

Schema für das Zusammentreffen mit anderen Zeichen:

,,Das weiß ich noch nicht", sagte er.
,,Heute abend", sagte Fritz, ,,gehe ich fort."
Als ich sie fragte: ,,Warum tust du das?", bekam sie einen Weinkrampf.
Ich sagte ihm: ,,So ist das nicht richtig."
Sie schrie: Warum kommst du nicht?" und begann zu schluchzen.
Spielt ihr eben ,,Wer hat Angst vor dem schwarzen Mann?"?
Stets höre ich dein ,,Ich will nicht!"
Hör auf mit deinem Geschrei ,,Zu Hilfe!"!

Gedankenstrich

Er steht:

1. als Ersatz für ein nicht ausgesprochenes oder ausgeschriebenes Wort:
Laß mich in Ruhe, sonst – (Hier könnten auch drei Auslassungspunkte stehen.)
2. zur Schaffung von Spannung:
Er erhoffte ein Jawort – und erhielt einen Korb.
3. zur Kennzeichnung eingeschalteter, aus dem Gedankengang herausfallender Sätze oder Satzteile:
Mein Freund – er ist ein rasanter Fahrer – kauft immer die schnittigsten Modelle.
4. zur Kennzeichnung des Wechsels der Sprechenden:
,,Das erlaube ich nicht." – ,,Dann eben nicht."

Beachten Sie: Bei einem eingeschobenen Satz werden beide Sätze (der umschließende wie der eingeschobene) so behandelt, als gäbe es die Gedankenstriche nicht; d.h., jeder Satz bekommt zusätzlich seine vollen Satzzeichen:

Ich fürchte – hoffentlich mit Unrecht! –, daß du das nicht schaffst.

Strichpunkt (Semikolon).

Er wird als Satzzeichen der Verknüpfung gesetzt, wenn das Komma zu schwach und der Punkt zu stark wäre. Die Steigerung von Verbindung zu Trennung ist so: Komma → Doppelpunkt → Gedankenstrich → Strichpunkt → Punkt. Hier gibt es keine festen Regeln.

Der Strichpunkt empfiehlt sich:

1. wenn Hauptsätze ihrem Inhalt nach eng zusammengehören:
   Der Chef kam früh ins Büro; die Angestellten arbeiteten bereits.
2. vor allem vor Bindewörtern wie: denn, doch, darum, daher, deshalb; nämlich
3. zum Untergliedern von großen Sätzen oder langen Aufzählungen.

Übung 22:

Setzen Sie sämtliche Satzzeichen in den Text! Die Lösung ist anschließend abgedruckt.

Onkel Hämmerlein klopft einen Nagel in die Wand

Ab und zu machte Onkel Hämmerlein eine Kleinigkeit in seinem Hause das war für alle sehr aufregend einmal kam ein Bild an es sollte aufgehängt werden Onkel verkündete laßt mich nur machen das kann ich recht gut alle waren wir ihm sehr dankbar

Dann zieht er den Rock aus und beginnt zuerst schickt er das Hausmädchen fort hole mir für einen halben Schilling Nägel es weiß aber nicht die Größe der Nägel also muß noch jemand gehen in dieser Weise setzt er nach und nach das ganze Haus in Bewegung denn andere müssen den Hammer und das Lineal holen auch ein Küchenstuhl ist notwendig und ohne Wasserwaage geht gar nichts

Maria darf das Licht halten denn es ist Nacht geworden Thomas wird sofort eine Bilderschnur kaufen ohne diese kann man ja das Bild nicht aufhängen das sieht doch jeder ein endlich darf Fritz das Bild nach oben reichen selbstverständlich läßt es Onkel Hämmerlein sofort fallen dabei geht der Rahmen auseinander

Onkel will das Glas retten leider schneidet er sich dabei in den Finger wo ist nun das Taschentuch wer findet es alle rennen und suchen niemand findet etwas Onkel hat das Taschentuch ja in seinem Rock wo ist aber der Rock weiß niemand im Haus meinen Rock so ruft er mit gewaltiger Stimme wer kümmert sich überhaupt um mich natürlich niemand dann fährt er auf einmal in die Höhe auf dem Rock hat er selbst gesessen

Nach einer halben Stunde ist der Finger verbunden auch ist über dem Bild ein neues Glas angebracht Handwerkszeug Leiter und Küchenstuhl sind herangeschafft die ganze Familie steht im Kreis herum alle wollen ihm helfen zwei müssen den Stuhl halten ein dritter hilft ihm hinauf und hält ihn droben die anderen reichen ihm die Werkzeuge

Er bekommt den Hammer da läßt er den Nagel fallen alle dürfen nun den Nagel suchen natürlich kann man ihn nicht so schnell finden soll der Onkel nun den ganzen Abend auf dem Stuhl stehen zuletzt wird der Nagel gefunden aber wo ist nun der Hammer wer hat ihn auch ihn erblicken scharfe Augen in der großen Tasche des Onkels steckt er nun werden Entfernungen Höhen und Tiefen gemessen und Löcher geschlagen könnte das ein Tapezierer besser nirgends hält der Nagel die Wand weist zahllose Löcher auf am Schluß hängt das Bild ganz woanders aber es hängt was ist nun das Ergebnis die Operation ist gelungen

Lösung:

Onkel Hämmerlein klopft einen Nagel in die Wand.
Ab und zu machte Onkel Hämmerlein eine Kleinigkeit in seinem Hause. Das war für alle sehr aufregend. Einmal kam ein Bild an; es sollte aufgehängt werden. Onkel verkündete: „Laßt mich nur machen! Das kann ich recht gut." Alle waren ihm sehr dankbar.

Dann zieht er den Rock aus und beginnt. Zuerst schickt er das Hausmädchen fort: „Hole für einen halben Schilling Nägel!" Es weiß aber nicht die Größe der Nägel; also muß noch jemand gehen. In dieser Weise setzt er nach und nach das ganze Haus in Bewegung; denn andere müssen den Hammer und das Lineal holen; auch ein Küchenstuhl ist notwendig, und ohne Wasserwaage geht gar nichts.

Maria darf das Licht halten; denn es ist Nacht geworden. Thomas wird sofort eine Bilderschnur kaufen; ohne diese kann man ja das Bild nicht aufhängen. Das sieht doch jeder ein. Endlich darf Fritz das Bild nach oben reichen. Selbstverständlich läßt es Onkel Hämmerlein sofort fallen; dabei geht der Rahmen auseinander.

Onkel will das Glas retten. Leider schneidet er sich dabei in den Finger. Wo ist denn nun das Taschentuch? Wer findet es? Alle rennen und suchen. Niemand findet etwas. Onkel hat das Taschentuch ja in seinem Rock. Wo ist aber der Rock? „Weiß niemand im Haus meinen Rock?" So ruft er mit gewaltiger Stimme. „Wer kümmert sich überhaupt um mich? Natürlich niemand!" Dann fährt er auf einmal in die Höhe. Auf dem Rock hat er selbst gesessen!

Nach einer halben Stunde ist der Finger verbunden; auch ist über dem Bild ein neues Glas angebracht. Handwerkszeug, Leiter und Küchenstuhl sind herangeschafft. Die ganze Familie steht im Kreis herum. Alle wollen ihm helfen. Zwei müssen den Stuhl halten; ein dritter hilft ihm hinauf und hält ihn droben; die anderen reichen ihm die Werkzeuge.

Er bekommt den Hammer; da läßt er den Nagel fallen. Alle dürfen nun den Nagel suchen. Natürlich kann man ihn nicht so schnell finden. Soll der Onkel nun den ganzen Abend auf dem Stuhl stehen? Zuletzt wird der Nagel gefunden. Aber wo ist nun der Hammer? Wer hat ihn? Auch ihn erblicken scharfe Augen. In der großen Tasche des Onkels steckt er. Nun werden Entfernungen, Höhen und Tiefen gemessen und Löcher geschlagen. Könnte das ein Tapezierer besser? Nirgends hält der Nagel. Die Wand weist zahllose Löcher auf. Am Schluß hängt das Bild ganz woanders; aber es hängt. Was ist nun das Ergebnis? Die Operation ist gelungen!

Übung 23:

Setzen Sie wieder sämtliche Satzzeichen! Lösung gleich anschließend!

Wer glaubt Ammenmärchen

Mit einem großen Nelkenstrauß kam er ins Krankenhaus wo seine Frau eben von einem Kinde entbunden worden war außer sich vor Freude fiel er seiner Frau um den Hals während die Schwester sich beeilte das Kind hereinzubringen kaum hatte er es gesehen wurde er kreidebleich das Kind war schwarz

Erschrick nicht rief die Wöchnerin es ist nicht so wie du vielleicht meinst ich hatte einfach nicht genug Milch um das Kind zu stillen und da haben sie mir als Amme eine Negerin gegeben und das hat sich ausgewirkt wie du siehst aber es wird sich schon geben.

Zu Hause angekommen setzte er sich hin um schnell seiner Mutter die Freude mitzuteilen liebe Mutter schrieb er ich komme gerade aus dem Krankenhaus nun haben wir endlich nach acht Jahren ein Kind wir sind sehr glücklich nur weißt Du Mutter Anni hat nicht genug Milch um das Kind zu stillen da haben sie ihr im Krankenhaus eine Negerin gegeben und das hat sich auf das Kind ausgewirkt es ist schwarz das wird sich aber bestimmt geben

Lieber Sohn schrieb die Mutter zurück auch mich freut es außerordentlich daß Ihr endlich ein Kind habt was die Sache mit der Amme betrifft so kann ich Dir nur sagen daß es mir ähnlich ergangen ist als ich Dich zur Welt brachte wir hatten damals eine Kuh und so habe ich Dich an deren Euter angelegt und seitdem bist Du das größte Rindvieh auf dieser Welt.

Lösung:

Wer glaubt Ammenmärchen?
Mit einem großen Nelkenstrauß kam er ins Krankenhaus, wo seine Frau eben von einem Kinde entbunden worden war. Außer sich vor Freude, fiel er seiner Frau um den Hals, während die Schwester sich beeilte, das Kind hereinzubringen. Kaum hatte er es gesehen, wurde er kreidebleich: Das Kind war schwarz.

„Erschrick nicht!" rief die Wöchnerin, „Es ist nicht so, wie du vielleicht meinst! Ich hatte einfach nicht genug Milch, um das Kind zu stillen, und da haben sie mir als Amme eine Negerin gegeben, und das hat sich ausgewirkt, wie du siehst. Aber es wird sich schon geben."

Zu Hause angekommen, setzte er sich hin, um schnell seiner Mutter die Freude mitzuteilen. „Liebe Mutter", schrieb er, „ich komme gerade aus dem Krankenhaus. Nun haben wir endlich nach acht Jahren ein Kind. Wir sind sehr glücklich. Nur weißt Du, Mutter, Anni hat nicht genug Milch, um das Kind zu stillen. Da haben sie ihr im Krankenhaus als Amme eine Negerin gegeben, und das hat sich auf das Kind ausgewirkt: Es ist schwarz. Das wird sich aber bestimmt geben."

„Lieber Sohn", schrieb die Mutter zurück, „auch mich freut es außerordentlich, daß Ihr endlich ein Kind habt. Was die Sache mit der Amme betrifft, so kann ich Dir nur sagen, daß es mir ähnlich ergangen ist, als ich Dich zur Welt brachte. Wir hatten damals eine Kuh, und so habe ich Dich an deren Euter angelegt, und seitdem bist Du das größte Rindvieh auf dieser Welt."

3.2. Komma (Beistrich)

Das Komma ist ein Zeichen der Verknüpfung und Ordnung. Die Setzung folgt im Deutschen den Regeln der Grammatik. Auch für ein Genie ist es keine Schande, die Kommas dahin zu setzen, wohin sie gehören. Gerade bei diesem Satzzeichen werden die meisten Fehler gemacht.

Wiederholung:

Komma bei Reihung von Wörtern

Es können alle Satzglieder gereiht werden:

1. Satzgegenstand: *Frauen, Mädchen, Männer und Buben drängten in das Haus.*
2. Satzaussage: *Sie betrachteten, untersuchten, betasteten und begutachteten die Waren.*
3. Ergänzungen: *Sie kauften Lebensmittel, Haushaltswaren, Schmucksachen und Textilien.*
4. Umstandsbestimmungen: *Die Leute drängten sich im Untergeschoß, im Erdgeschoß, im 1. und 2. Stock.*
5. Beifügungen: *Sie aßen leckere, knusperige, wohlschmeckende Hühnchen.*

Beachten Sie:

1. bei folgenden Bindewörtern steht immer Komma: einerseits – andererseits, nicht nur – sondern auch, bald – bald, teils – teils

2. bei folgenden Bindewörtern steht kein Komma: und, oder, als, wie, sowie; (außer es folgt darauf ein ganzer Satz!) ferner: sowohl – als auch, weder – noch, entweder – oder
Wandern sowie Bergsteigen fördern den Kreislauf.
Er ist weder fleißig noch begabt.
Aber: *Ich komme, und du sollst mich begleiten.*
3. Zwischen verschiedenen Satzteilen steht kein Komma:
Mein Freund sah mich gestern auf der Straße beim Spazierengehen mit einem hübschen Mädchen. (Verschiedene Umstände!)
4. Achtung bei eigenschaftswörtlichen Beifügungen!
Wir trinken herrliches, süffiges Bier.
Aber: *Wir trinken gutes bayerisches Bier.* (Probe: Man kann nicht sagen: *Das Bier ist gut und bayerisch!)*

Komma bei Hervorhebung eines Wortes oder einer Wortgruppe

1. Anreden: *Herr Meier, wie geht es? Auf Wiedersehen, Frau Schulz!*
2. Empfindungswort: *Oh, ich kann heute nicht mehr.*
3. Hervorhebung anderer Wörter:
Der Junge, faul und frech, tat nie etwas.
In der Heimat, da gibt's ein Wiedersehn.
Bitte, kümmern Sie sich um mich! (Ist das *bitte* wenig betont, kann das Komma entfallen.)

Beachten Sie: Kein Komma bei einer Wortgruppe zwischen Artikel und Hauptwort:
Der in der Straßenbahn gefundene Handschuh gehörte mir. (Keine Hervorhebung!)

Komma bei Satzreihen (Hauptsatz + Hauptsatz)

1. unverbunden: *Friede ernährt, Unfriede verzehrt.* Satzbild: 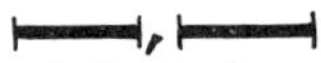
2. verbunden durch *und: Meine Frau arbeitet, und seine Frau arbeitet auch.*
Satzbild: 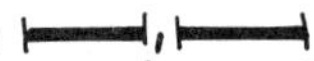
Gib jetzt endlich Ruhe, und schalte das Radio aus! Satzbild: 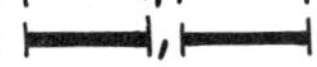
3. Verbunden durch beiordnendes Bindewort: *Jetzt ist es sehr schön, aber es wird wohl bald regnen.* (Hier wäre auch Strichpunkt möglich.)
4. Bei Stummelsätzen (diese Sätze lassen sich gedanklich zu vollen Sätzen ergänzen.):
Wie der Koch, so der Brei. Er hat mich verdächtigt, und das nicht ohne Grund.
Hierher gehören auch die Aufzählungen, die mit folgenden Wörtern eingeleitet werden: z.B., nämlich, und zwar, d.h., bes., also
Er hat sich um seine Firma verdient gemacht, und zwar hauptsächlich in puncto Rationalisierung.
Sonderregel bei *wie:* Stehen hinter *wie* nähere Erläuterungen, so kann man Komma setzen oder nicht:
Hier konnten wir die gesamte Ausrüstung (,) wie Rucksack, Pickel, Seil und Steigeisen (,) kaufen.

Komma im Satzgefüge (Hauptsatz + Nebensatz bzw. Nebensätze)

1. zwischen Haupt- und Nebensatz (auch wenn diese zertrennt sind):
Er arbeitete, weil er Geld verdienen wollte. 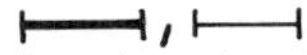
Er arbeitete, weil er Geld brauchte, Tag und Nacht. 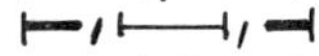
Beachten Sie: *Er kam eher, als ich dachte.* 
Aber: *Er kam eher als Herr Meier.* 
Er ist ebenso fleißig, wie du bist. 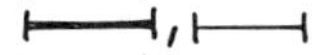
Aber: *Er ist ebenso fleißig wie du.* 
2. zwischen Nebensätzen, wenn sie nicht parallel geschaltet sind:
Der Mann arbeitete, obwohl er wußte, daß die Steuer das meiste abzog.
Aber: *Ich weiß, daß ich viel Geld verdiene und (daß) ich viel ausgebe.*
3. vor oder nach verkürzten Nebensätzen:
a) erweiterte Nennformen (*um, ohne, anstatt, als* genügen bereits zur Erweiterung!):
Er trat ein, ohne anzuklopfen.
Wir müssen versuchen, ihm zu helfen. Aber: *Wir müssen ihm zu helfen versuchen.*
Er verstand die Kunst, zu malen und zu zeichnen.
b) erweiterte Mittelwörter und Eigenschaftswörter
Schlingend wie ein Wolf, saß er am Tisch.

Wie ein Wolf schlingend, saß er am Tisch.
Er saß am Tisch, schlingend wie ein Wolf.
Er saß, schlingend wie ein Wolf, am Tisch.
Krank vor Aufregung, erreichte er die Stadt.
Der Mann, hoffend, daß er gewinnen würde, spielte im Lotto weiter. (Nebensatz gilt auch als Erweiterung.)
Aber: Pfeifend *lehnte er sich aus dem Wagen hinaus.* (reines Mittelwort)
Unserem Wunsche entsprechend besuchte er uns. (entsprechend gilt als Verhältniswort.)

c) Appositionen (Anfügungen)
Der Lehrer, ein eifriger Mann, arbeitete sehr viel.

Das Komma steht nicht:

1. beim reinen Infinitiv (bei der reinen Nennform)
Der Mann beginnt zu reden. Zu trinken ist er stets bereit.
Sie denkt nicht daran zu kommen. (Bei *vorangestellten* Deutewörtern braucht das Komma nicht mehr zu stehen!)
Aber: *Ich bin bereit (,) einzuspringen, wenn es nötig ist.* Es folgt ein vom Infinitiv abhängiger Nebensatz.)
Er kam, zu helfen. (Sinn: Er kam, um zu helfen.)
Er riet mir, zu helfen. (Könnte verwechselt werden mit: *Er riet, mir zu helfen.)*
Seine Absicht war, zu zahlen. (Inf. ist Teil der Satzaussage.)

2. beim vorausgestellten Subjektsatz (Wortgruppe, die zusammen den Satzgegenstand ausmacht)
In den Süden zu fahren ist schön. (= Die Fahrt in den Süden ist schön.)
Aber: *Zu verzeihen, das ist schwer.* *Zu kämpfen, daran denke ich nicht.* (Es *folgen* Deutewörter: es, daran, dabei, darauf, dazu, das.)

3. bei Verben, die wie Hilfsverben wirken: pflegen, scheinen, vermögen, brauchen, haben, sein:
Der fleißige Mann pflegte die halbe Nacht zu arbeiten.
Er hat nichts zu verlieren. Das Wasser ist schwer zu kühlen.
Der Sturm drohte in wenigen Minuten loszubrechen.
Aber: *Der Verbrecher drohte, den Mann zu erschießen.* (wörtlich!)

4. wenn in einer Aufzählung ein Nebensatz oder ein erweiterter Infinitiv angeschlossen wird:
Mein Freund freut sich auf Essen und Trinken und was er sich sonst noch erhofft.
Ich folgte dem Fußballspiel voller Interesse und ohne mich ablenken zu lassen.

Beachten Sie: Bei folgenden Verben kann der Schreibende selbst entscheiden: anfangen, aufhören, beginnen, bitten, fürchten, gedenken, glauben, helfen, hoffen, versuchen, wissen, wünschen u.a.:
Wir bitten (,) diesen Auftrag schnell zu erledigen.
Er gedenkt (,) bald nach München zu fahren.

Beispiele:

Setzen Sie die Kommas ein!

Wir wünschen Ihnen ein glückliches neues Jahr.	–
Wir wünschen Ihnen schöne frohe Urlaubstage.	schöne,
Nicht zuletzt finde ich sollten wir auch dafür dankbar sein.	zuletzt, finde ich,
Lassen die Leistungen eines Schülers nach und will er die Schule verlassen so sollten die Eltern seinen Wunsch prüfen.	verlassen,
Die Blumen sind so schön gemalt wie auf einem Bild eines alten Meisters.	–
Er spricht wie er denkt.	spricht,

Osramlampen scheinen so hell wie der schönste Tag im Sommer.	–
Die Theaterpremiere war spannender als ein Kriminalfilm von Hitchcock.	–
Du verdienst ja mehr als du brauchst.	mehr,
So mancher denkt: Auf meine Stimme da kommt es sowieso nicht an.	Stimme,
Regnet es oder der Wind geht stark so zieht man am besten einen guten Mantel an.	stark,
Frauen achten oft mehr auf den persönlichen Eindruck den ein Politiker macht als auf seine Worte.	Eindruck, macht,
Heute ist es für die jungen Menschen viel schwieriger eine geeignete Stelle zu finden als früher.	schwieriger, finden,
Deshalb meine ich sollte es eine Pressezensur nicht geben.	Deshalb, meine ich,
Über diesen See zu schwimmen ist mir ein besonderes Vergnügen.	–
Mir an Weihnachten ein Fahrrad zu kaufen lehnte mein Vater ab.	kaufen,
Eine Frühlingsparty in unserem Garten zu halten war ein guter Einfall.	–
Von solch einem Hai gefressen zu werden darauf lege ich keinen Wert.	werden,
12 Stunden an einem Tage zu arbeiten ist eine Zumutung.	–
Mit solch einer herrlichen Maschine in der Gegend umherzufahren macht Freude.	–
Auch noch in den Ferien Geld zu verdienen das halte ich nicht für richtig.	verdienen,
Den Finger am Drücker der Flinte näherte er sich den Krokodilen.	Flinte,
So mußt' er sterben in des Meeres Flut das nahe Rettungsufer im Gesicht.	Flut,
Arm am Beutel krank am Herzen schleppt' ich meine langen Tage.	Beutel, Herzen,
Zu Dionys dem Tyrannen schlich Damon den Dolch im Gewande.	Dionys, Tyrannen, Damon,
Ich verbiete dir zu lesen.	–
Ich verbiete dir das zu lesen.	dir,
Ich verbiete dir jetzt zu lesen.	Entweder: dir, Oder: jetzt,
Oft hat der Kunde wenn er zum Einkaufen fährt das Problem einen Parkplatz zu finden.	Kunde, fährt, Problem,
Derjenige der den richtigen Beruf gewählt hat findet wenn er auf Arbeitssuche ist schneller wieder einen Arbeitsplatz als derjenige der keinen Beruf gelernt hat.	Derjenige, hat, findet, ist, derjenige,
Es ist ein Vorteil daß der Kunde im kleinen Geschäft normalerweise nur einkauft was er braucht und somit spart.	Vorteil, einkauft, braucht,

Nach Münchhausen:

Der Hund der nachdem er mich gefressen hatte einen erneuten Anfall von Hunger erlitten hatte ergriff um sie zu fressen eine Schülerin die wohlbeleibt war.	Der Hund, der, hatte, hatte, ergriff, fressen, Schülerin,
Technik und Automation die uns als Produkt der Gabe die Gott in uns gelegt hat indem er uns erlaubte unseren Geist dazu zu gebrauchen daß wir uns die Erde untertan machen zugewachsen sind stellen neutral betrachtet weder Fluch noch Segen dar.	Automation, Gabe, hat, erlaubte, gebrauchen, machen, zugewachsen sind, stellen, betrachtet,

(Die letzten drei Sätze dürften zur Genüge zeigen, daß solche Gebilde ohne Kommas unverständlich sind.)

3.3. Test X: Satzzeichen

Punkterennen 1

Setzen Sie in den folgenden Sätzen die richtigen Zeichen! Es sind nicht nur Kommas, und es können in einem Satz mehrere Zeichen zu setzen sein. 1 Satz zählt jeweils als Einheit. Wenn sie alle 20 Einheiten völlig richtig haben, dann haben Sie die Note 1 verdient.

Wertung:			
	20 richtige Sätze: 1	18 richtige Sätze: 3	16 richtige Sätze: 5
	19 richtige Sätze: 2	17 richtige Sätze: 4	weniger als 16: 6

1. Die Verkäuferin in der kleinen Boutique sagt noch zum Kunden das steht Ihnen und das nicht.	. . .: „Das steht Ihnen!" und: „Das nicht."
2. Wir stellen uns oft die Frage ist Sparen noch modern.	. . . Frage: Ist . . .?
3. Zwei Lösungen: Der Bürgermeister meint der Lehrer ist ein Esel.	a) . . . meint, . . . b) Der B., meint der L.,
4. Es schrieb ein Mann an eine Wand: Zehn Finger hab' ich an jeder Hand fünf und zwanzig an Händen und Füßen.	. . . hab' ich, an jeder Hand fünf, . . .
5. Bert Brecht veränderte den Aussagewert des Satzes „Der Mensch denkt, Gott lenkt." durch andere Satzzeichen. Wie?	Der Mensch denkt: Gott lenkt.
6. Ich würde lieber auf dem Lande wohnen weil man dort mehr Ruhe hat doch es gibt auch dort Dinge die einem nicht gefallen.	wohnen, hat; Dinge,
7. Zuerst kommen wir zu der Frage brauchen wir überhaupt eine völlige Freiheit der Presse?	Frage: Brauchen wir . . . ?
8. Fred bekommt Besuch; seine Schwester meldet ihm das. Welcher Satz ist richtig? a) Fred, dein Freund, will dich sprechen. b) Fred, dein Freund will dich sprechen.	b)

Um wie viele Personen handelt es sich in den folgenden Sätzen und Angaben?

9. Franziska, meine Schwester, und ich haben zusammen Kaffee getrunken.	2

10. Franziska, meine Schwester und ich haben zusammen Kaffee getrunken.	3
11. Johann Friedrich David Zimmermann	1
12. Johann, Friedrich und David Zimmermann	3
13. Zimmermann, Johann Friedrich David	1

Setzen Sie wieder die richtigen Zeichen!

14. Ich lebe an der Stadtgrenze bzw. in einem Vorort.	
15. Ich wohne an der Stadtgrenze bzw. ich gehöre zu einem Vorort.	Stadtgrenze,
16. Und so hoffe ich wird es bleiben.	Und, so hoffe ich, . . .
17. Ich habe die Sendung erhalten die Sie mir versprachen und danke Ihnen bestens.	erhalten, versprachen,
18. Es ist wichtig sich zu überlegen habe ich für diesen Beruf die richtigen Voraussetzungen.	wichtig, sich zu überlegen: Habe ich . . . ?
19. Er bat mich sofort zu rufen.	**a)** Er bat, . . . **b)** Er bat mich, . . .
20. Der Käufer weiß er braucht dies und jenes und kauft auch nichts anderes ein.	**a)** . . . weiß, jenes, **b)** . . . weiß: Er . . . ein.

Punkterennen 2

Es geht wieder darum, 20 Sätze richtig mit Zeichen zu versehen. Diesmal stehen zuweilen zu viele Kommas. Die Wertung ist wie bei Punkterennen 1.

1. Trotz unseres beachtlichen Wohlstandes, sollten wir an morgen denken!	Komma weg!
2. Der, in einer alten Hütte lebende Hund erbarmte mich.	Komma weg!
3. Ein Einzelhändler kann eben nicht die Ware einkaufen, wie ein Supermarkt.	Komma weg!
4. Um neue Artikel an den Verbraucher zu bringen, stehen den Herstellern, Funk, Fernsehen und Presse zur Verfügung.	Komma hinter *Herstellern* weg!
5. Der Betrieb in einer Autofabrik ist für den Laien zunächst ein sinnverwirrendes und völlig unverständliches Durcheinander.	Satz ist richtig!
6. In einer riesigen Montagehalle, laufen bis zu einem halben Dutzend Bänder parallel zueinander.	Komma weg!
7. Jeder Schritt in der Fertigung ist bis ins letzte durchdacht und muß so genau funktionieren wie die maschinelle Arbeit der Krane und laufenden Zubringerketten.	Satz ist richtig.
8. Das, von meinem Vater entworfene Gerät hat sich bewährt.	Komma weg!
9. Diese, im Jahre 1950 geschaffene Einrichtung, erinnert uns an die damaligen Zeiten.	Beide Kommas weg!
10. Bei einem mittleren Einkommen, bleibt für die hohe Kante nicht mehr viel übrig.	Komma weg!

11. Die Werbung beeinflußte uns, Dinge zu kaufen, ohne die, so behauptet sie niemand mehr, leben könnte.	uns, kaufen, die, sie, (das letzte Komma ist zuviel!)
12. Den Frieden zu erhalten, sind wir aufgerufen.	Satz ist richtig!
13. Die Industrie ist daran interessiert, herzustellen und zu verkaufen.	Satz ist richtig!
14. Das Beispiel zeigt, daß gegen solche Entgleisungen, ein Gegenmittel gefunden werden muß.	Das 2. Komma ist zuviel.
15. Viele behaupten, es könne jetzt weniger mit dem Geld gekauft werden, als zum Zeitpunkt der Ansparung.	Das 2. Komma ist zuviel.
16. Sogar ein Diktator ist oft gezwungen, den Umständen nachzugeben, und sich der Lage anzupassen.	Das 2. Komma ist zuviel.
17. Die Frage ist ob es sich lohnt zu sparen.	. . . ist, . . . sparen.
18. Die Fähigkeit zu arbeiten ist jedem Menschen gegeben.	Satz ist richtig!
19. Die Fähigkeit gut zu arbeiten ist jedem Menschen gegeben.	Fähigkeit, arbeiten,
20. Die, durch die Umweltverschmutzung hervorgerufene, Vernichtung der Biosphäre, zwingt die Menschheit, besonders die Industriestaaten, sich um diese Fragen zu kümmern.	Die ersten 3 Kommas weg!

Punkterennen 3

Setzen Sie die Kommas! Wertung wie bei Punkterennen 1

1. Wir wissen daß wir mehr arbeiten müssen und daß die Zeiten schlechter werden.	wissen,
2. Die Jugend von heute hat meistens eine sehr gute Ausbildung.	–
3. Wir können nichts anderes tun als zu warten.	tun,
4. Ich will dieses Buch zu bekommen versuchen.	–
5. Er hat den Ehrgeiz zu siegen.	–
6. Viele haben die Möglichkeit Volkshochschulen zu besuchen.	Möglichkeit,
7. Den Arbeiter bei der Einlage seines Geldes richtig zu beraten ist eine wichtige Aufgabe der Sparkassen.	–
8. Es ist mir ein besonderes Anliegen gut abzuschneiden.	Anliegen,
9. In warmen Seen zu schwimmen das liebe ich sehr.	schwimmen,
10. In warmen Seen zu schwimmen liebe ich sehr.	schwimmen,
11. In warmen Seen zu schwimmen ist schön.	–
12. In warmen Seen zu schwimmen das ist schön.	schwimmen,
13. Jeder hat die Möglichkeit auszuwählen und den für ihn richtigen Vertreter zu finden.	Möglichkeit,
14. Die Freiheit hörte auf zu existieren.	–
15. Er muß damit rechnen durchzufallen.	–

16.	Ich denke nicht im geringsten daran zu heiraten.	–
17.	Es wäre verfehlt diesen Kredit abzulehnen.	verfehlt,
18.	Diesen Kredit abzulehnen wäre verfehlt.	–
19.	Diese Gesetze zu achten ist eine der wichtigsten Pflichten des Bürgers.	–
20.	Die Probleme die daraus entstehen darzustellen ist der Sinn meiner Arbeit.	Probleme, entstehen,

Punkterennen 4

Verfahren Sie wie bei Punkterennen 3

1.	Kinder laufen oft über die Straße ohne zu schauen.	Straße,
2.	Sie laufen oft ohne zu schauen über die Straße.	oft, schauen,
3.	Ohne zu schauen laufen sie oft über die Straße.	schauen,
4.	Auf diese Frage einzugehen habe ich keine Zeit.	einzugehen, (Finalsatz!)
5.	Den Kunden zu behalten ist das Ziel der Sparkasse.	– (Subjektsatz, vorangestellt!)
6.	Die Wälder sauber zu halten sollten sich alle zur Aufgabe machen.	halten, (Objektsatz!)
7.	Er arbeitete viel um Geld zu verdienen und vergaß auch seine Freunde nicht.	viel, verdienen,
8.	Sein Wunsch war zu reisen.	war, (nachgestellter Subjektsatz!)
9.	Den Sport richtig auszuüben lehrt uns die Sporthygiene.	auszuüben, (Objektsatz!)
10.	So betrachtet ist die ganze Sache harmlos.	betrachtet,
11.	Auf einen Nenner gebracht könnte man sagen . . .	gebracht,
12.	Vor Erregung blind hieb er um sich.	blind,
13.	Über das ganze Gesicht strahlend kam er herein.	strahlend,
14.	Sie lief herbei strahlend und lachend.	herbei,
15.	Halb tot vor Angst fiel sie in Ohnmacht.	Angst,
16.	Er ging begleitet von seinem Hund wie er es gewohnt war und seinem Enkel im Park spazieren.	ging, Hund, war,
17.	Man kann sie auch oft hören die Fußgänger wenn ein Autofahrer sie bespritzt.	hören, die Fußgänger,
18.	Mein Freund, ein guter Schifahrer und ich machten eine Tour.	**a)** Schifahrer, = 2 Person **b)** ohne 2. K.: = 3 Personen
19.	Mit den technischen Mitteln dem Auto der Bahn und dem Omnibus habe ich Gelegenheit aufs Land zu fahren.	Mitteln, Auto, Omnibus, Gelegenheit,
20.	Jetzt gehe ich an die Badewanne in die ich vorher Wasser einlaufen ließ und tauche den Schlauch unter das Wasser.	Badewanne, ließ,

Punkterennen 5

Zeichnen Sie Satzbilder, und tragen Sie die Kommas ein! – Wenn Sie wollen, können Sie sich nach dem üblichen Schema bewerten.

1. Ich wohne zufällig bei einer Familie in Untermiete die ein Fernsehgerät besitzt und habe auf diese Weise oft Gelegenheit etwas zu sehen.
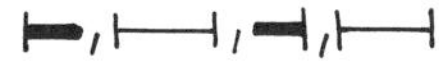
2. Es gibt Hunde die bellen und Hunde die beißen.
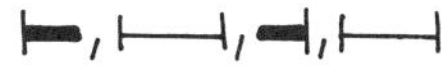
3. Wir sollten unsere Umwelt die wir ja brauchen um zu leben schützen.
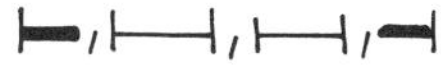
4. Das Volk entscheidet welche Partei die Regierung bildet und somit auch welche Sozialpolitik getrieben wird.
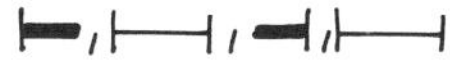
5. Manchmal erscheint einem das was man nicht hat als erstrebenswerter als das was man hat.
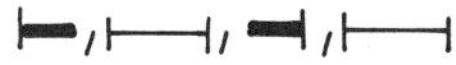
6. Man muß sich überlegen ob der Entschluß in den Ferien zu arbeiten richtig ist.
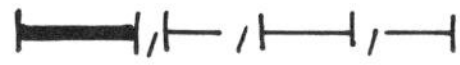
7. Auch für den Berufstätigen der den ganzen Tag am Schreibtisch sitzt oder den Geschäftsmann der sich gehetzt fühlt ist Sport als Ausgleich unentbehrlich.

8. Man überlegt sich wie er das gemacht hat und prüft dann kritisch.

9. Jeder Sportler der ein höheres Ziel erreichen möchte weiß was es heißt täglich zu trainieren.

10. Er findet dort alles mögliche die Zeit gut zu nutzen und kann sich nach seinem Geschmack etwas aussuchen.
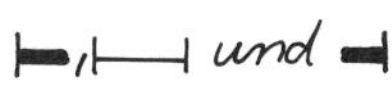

11. Mein Hund wollte die Wurst fressen und er tat es auch.

12. Mein Hund wollte die Wurst fressen und hinterher noch die ganze Speisekammer in Augenschein nehmen.

13. Er kennt nur sein Programm und nach diesem arbeitet er.

14. Du mußt heute fleißig arbeiten und auch den Garten sollst du selbst umgraben.
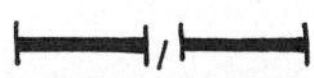
15. Vorträge werden selten gehalten und dann über Themen die keinen interessieren.

(2. Satz ist Stummelsatz!)
16. Nicht nur bei den Erwachsenen sollte man Verkehrserziehung betreiben sondern schon bei den Kindern und da am besten im Kindergarten.

(letzter Satz ist Stummelsatz!)
17. Zweimal im Jahr ändert sich die Mode und meist in die entgegengesetzte Richtung.
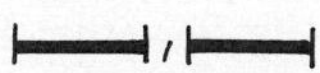
(2. Satz ist Stummelsatz!)
18. Wie fast alle Menschen lese ich täglich die Zeitung.
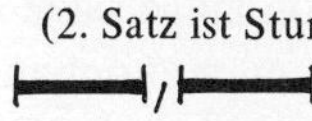
(1. Satz ist Stummelsatz!)
19. Die Leute arbeiten immer mehr und nur deshalb um mehr Geld zu verdienen.
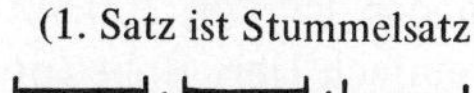
(2. Satz ist Stummelsatz!)
20. Polizisten schauen dem Staatsbürger in diesem Land über die Schulter und wehe dem Wähler der einen anderen als den vorgeschlagenen Kandidaten wählt!

Übung 24:

Setzen Sie sämtliche Satzzeichen! Einige Satzzeichen sind bereits gedruckt; das soll Sie nicht weiter stören. Die Lösungen finden Sie nach Text D.

A) *Ehe aber wie anfangen (Eine Geschichte aus alter Zeit)*

1. Die Mitgift der hübschen blonden Katrin bestand aus einer kompletten Dreizimmereinrichtung und zweihunderttausend Schilling Bargeld.

2. Meine liebe Katrin sagte Herr Bohr zwei junge Männer werden uns heute nachmittag besuchen die um deine Hand werben welcher von beiden steht deinem Herzen näher – mir ist es gleich wer dir besser gefällt Papa erwiderte Katrin denn sie war ein überaus gut erzogenes Mädchen das wußte daß man den Eltern zu folgen hat – So ist es richtig mein Kind zieh dich jetzt um und wenn die Herren kommen soll jeder bei mir einzeln erscheinen

3. Der gut gewachsene elegante Karl Hönig kam als erster ich bin ein Mann des schnellen Entschlusses lieber Herr Bohr oder wenn Sie gestatten ich sage gleich mein lieber Schwiegerpapa begann er ich bin Kaufmann und verfüge über die besten Referenzen die man haben kann bis jetzt war ich bei Kramer und Sohn angestellt aber ab nächster Woche arbeite ich selbständig ich eröffne mein Geschäft Trikotagen lauter erstklassige Waren einstweilen natürlich ganz bescheiden zwei Verkäufer und ein Fräulein alles wäre da nur eine kleine hübsche Frau fehlt für die Kasse um die Angestellten zu kontrollieren falls ich Wege habe sie können mir ruhig die Hand Ihrer Tochter geben ich werde die Mitgift in einem Jahr verdoppelt haben

4. Ihr Vorschlag ehrt mich durchaus erwiderte Herr Bohr aber als ehrlicher Vater muß ich Ihnen ein Geständnis machen sie wissen in welch schweren Zeiten wir leben ein Kaufmann wie ich ist selten mobil ich muß Ihnen offen sagen so leid es mir tut anstatt Ihnen 200.000 Schilling geben zu können bin ich froh wenn ich 50.000 lokker machen kann – Hönig lächelte lassen Sie sich deswegen keine grauen Haare wachsen mein lieber Schwiegerpapa ich besitze keinen Groschen und richte mein Geschäft auf Kredit ein ich heirate Katrin auch mit 20.000 sollten es eben nicht mehr sein irgendwie wird es schon weitergehen

5. Mein lieber Herr Hönig sagte Bohr nach einer kleinen Weile Sie haben die Probe nicht bestanden die Mitgift ist restlos vorhanden doch meine Katrin kann ich Ihnen nicht geben da Sie zu leichtfertig denken ein Geschäft auf Kredit führen und dabei noch heiraten wollen ich kann Ihnen nur einen Rat geben mein Lieber ändern Sie sich sonst werden Sie es trotz guter Vorsätze nicht weit bringen

6. Der zweite Bewerber Fritz Körber war ein schmächtiger junger Mann ich kenne Katrin schon lange sagte er und hoffe daß wir uns gut verstehen werden – Ihr Vorschlag ehrt mich durchaus wiederholte Bohr seine Worte aber ich muß Ihnen gestehen daß ich von 200.000 Schilling nur 50.000 flüssigmachen kann – das ist nicht so einfach Herr Bohr antwortete der bescheidene junge Mann bedauernd ich bin ein junger Geschäftsmann der sich etablieren will und der das Kapital braucht um damit zu arbeiten ich habe mit der Mitgift gerechnet es tut mir leid aber nach Ihrer Erklärung muß ich Sie höflichst bitten meinen Antrag als nicht geschehen zu betrachten obwohl ich Katrin die ich schon lange kenne ehrlich liebe mit 50.000 Schilling kann ich keine Familie gründen

7. Bravo sagte Herr Bohr begeistert komm und umarme mich mein Schwiegersohn du hast die Probe vorzüglich bestanden das Geld ist natürlich bis zum letzten Groschen da ich kann dir die Zukunft meines Kindes ruhig anvertrauen ich bin überzeugt daß du meine Tochter glücklich machen wirst

8. Die blonde Katrin heiratete weder Karl Hönig noch Fritz Körber sie lernte vier Wochen später einen jungen Zeichner Robert Schürl kennen der sich nicht nach der Mitgift erkundigte und ohne ihren Herrn Vater viel zu fragen brannte sie einfach mit ihm durch.

B) *Die Probe*

1. Fritz Braun war in der Firma als Ingenieur lange genug tätig um zu wissen wie hier gearbeitet wurde. 2. Die anderen Ingenieure meinten der Chefingenieur fördere ihn besonders und beneideten ihn. 3. Als Braun auf einer Betriebsfeier einmal Elisabeth die Tochter des Chefingenieurs kennengelernt hatte dauerte es nicht sehr lange bis sich die beiden jungen Leute ineinander verliebten. 4. Da besuchten einmal spanische Ingenieure das Werk und Braun wurde gebeten die Gäste herumzuführen. 5. Fritz Braun fühlte sich über den Auftrag der etwas persönlicher Art war sehr geschmeichelt. 6. Er geleitete die sechs fremden Herren durch die Hallen zeigte ihnen die Produktionsstätten und erläuterte ihnen die Stahlerzeugung.

7. Da die Herren besonders an der Materialprüfung interessiert schienen führte er sie zu einem Stand auf dem diese Prüfung vorgenommen wurde. 8. Ein Stapel von Stahlstangen behängt mit dem Schild geprüft lag am Fuße des Kolosses. 9. Nachdem Braun den Uhrzeiger auf die Zahl 125 eingestellt hatte spannte er eine Stange die zuoberst lag ein. 10. Die Köpfe vor Neugier weit vorstreckend standen die fremden Herren da während die Stange das Zerren und Reißen überstand. 11. Als Braun nun den Uhrzeiger auf 170 stellte riß die Stange einen schrillen Ton von sich gebend. 12. Ein Assistent der ihn halblaut fragte warum er dieses Experiment gemacht habe meinte daß diese Stangen für die Jacinto-Brücke bestimmt seien.

13. Zitternd vor Erregung befahl ihm Braun der die Berechnungen für eben diese Brücke durchgeführt hatte die Versendung des Materials zu verhindern. 14. Nachdem er die Führung beendigt hatte begab er sich sofort zum Chefingenieur um der Sache auf den Grund zu gehen. 15. Das Zwiegespräch das Braun mit seinem Vorgesetzten führte weil er Klarheit haben wollte ist uns bekannt. 16. Ich bin gekommen um Sie zu fragen ob Sie wissen daß das Jacinto-Material den Zug auf 170 nicht ausgehalten hat. 17. Obwohl ich mich mit vielen Dingen zu beschäftigen habe ist mir diese Tatsache bekannt und ich bin darüber nicht glücklich. 18. Wie Sie wissen habe ich die Berechnungen durchgeführt und ich bestehe darauf daß dieses Material nicht verladen wird.

19. Warum ihr jungen Leute diese Dinge die doch gar nicht so wichtig sind so genau nehmt ist mir ein Rätsel. 20. Wenn die Stangen die für eine Brücke dienen nicht den notwendigen Härtegrad aufweisen sind Menschenleben gefährdet. 21. Bevor Sie uns Kosten verursachen müssen Sie sich überlegen ob Sie das Recht haben zu verlangen daß neue Stangen angefertigt werden. 22. Ich versuche auch wenn es mir schwerfällt Ihren Gedanken zu folgen aber es könnte doch sein daß ein Unglück passiert. 23. Seit ich Sie kenne habe ich Sie für einen vernünftigen Menschen gehalten der im

Werk vorankommen will der vielleicht meine Tochter heiratet und einmal alle fünf gerade sein lassen kann.

24. Wenn Sie glauben daß ich mich bestechen lasse sind Sie im Irrtum denn ich gehe zum Generaldirektor. **25.** Immer noch ruhig hinter seinem Schreibtisch sitzend bedeutete der Ältere dem Jüngeren er solle die Anweisung die auf dem Schränkchen lag das in der Ecke stand lesen. **26.** Da Herr Braun Umsicht und den nötigen Mut bewiesen hat wird er beauftragt dafür zu sorgen daß das Material für die Jacinto-Brücke im richtigen Härtegrad angeliefert wird.

C) *Ein unverständliches Erlebnis*

Ein Pferd und zwar ein Schimmel kommt in eine kleine intime Bar es marschiert die Wand hinauf und geht kopfüber an der dunklen getäfelten Decke entlang es steigt die andere Wand wieder herunter es bestellt einen Kaffee trinkt ihn und knabbert genüßlich den Henkel von der Tasse ab dann legt es den abgeknabberten Henkel sorgfältig an den Rand der Untertasse und bezahlt darauf geht es freundlich grüßend hinaus ein fassungsloser entgeisterter Gast fragt den Wirt um Gottes willen verstehen Sie das Herr Wirt nein sagt der Wirt nein das verstehe ich nicht sonst hat es den Henkel immer mitgegessen wo doch der das Beste ist

D) *Das ungeliebte Mahl*

Neben mir im Eisenbahnabteil sitzt ein älterer Mann ein Apotheker er schält einen Apfel und schneidet ihn in kleine dünne Scheiben dann öffnet er das Fenster und wirft Schale und Scheibchen hinaus darauf macht er das Fenster wieder zu und holt eine große javanische Orange aus dem Gepäcknetz er schneidet sie in Stückchen und wirft sie ebenfalls zum Fenster hinaus in gleicher Weise verfährt er mit einer Tüte Nüsse da muß ich aber doch fragen und zwar ziemlich verwundert entschuldigen Sie mein Herr aber was machen Sie eigentlich oh ich mache Obstsalat aber ich esse ihn nicht gern.

Lösungen:

A) *Ehe – aber wie anfangen? (Eine Geschichte aus alter Zeit)*

1. Die Mitgift der hübschen, blonden Katrin bestand aus einer kompletten Dreizimmereinrichtung und zweihunderttausend Schilling Bargeld.

2. „Meine liebe Katrin", sagte Herr Bohr, „zwei junge Männer werden uns heute nachmittag besuchen, die um deine Hand werben. Welcher von beiden steht deinem Herzen näher?" – „Mir ist es gleich; wer dir besser gefällt, Papa", erwiderte Katrin; denn sie war ein überaus gut erzogenes Mädchen, das wußte, daß man den Eltern zu folgen hat. „So ist es richtig, mein Kind. Zieh dich jetzt um, und wenn die Herren kommen, soll jeder bei mir einzeln erscheinen!"

3. Der gut gewachsene, elegante Karl Hönig kam als erster. „Ich bin ein Mann des schnellen Entschlusses, lieber Herr Bohr, oder – wenn Sie gestatten – ich sage gleich: mein lieber Schwiegerpapa!" begann er. „Ich bin Kaufmann und verfüge über die besten Referenzen, die man haben kann. Bis jetzt war ich bei Kramer und Sohn angestellt; aber ab nächster Woche arbeite ich selbständig. Ich eröffne mein Geschäft: Trikotagen – lauter erstklassige Waren – einstweilen natürlich ganz bescheiden – zwei Verkäufer und ein Fräulein. Alles wäre da; nur eine kleine, hübsche Frau fehlt für die Kasse, um die Angestellten zu kontrollieren, falls ich Wege habe. Sie können mir ruhig die Hand Ihrer Tochter geben. Ich werde die Mitgift in einem Jahr verdoppelt haben."

4. Ihr Vorschlag ehrt mich durchaus", erwiderte Herr Bohr, „aber als ehrlicher Vater muß ich Ihnen ein Geständnis machen. Sie wissen, in welch schweren Zeiten wir leben. Ein Kaufmann wie ich ist selten mobil. Ich muß Ihnen offen sagen, so leid es mir tut: Anstatt Ihnen 200.000 Schilling geben zu können, bin ich froh, wenn ich 50.000 locker machen kann." Hönig lächelte. „Lassen Sie sich deswegen keine grauen Haare wachsen, mein lieber Schwiegerpapa! Ich besitze keinen Groschen und richte mein Geschäft auf Kredit ein. Ich heirate Katrin auch mit 20.000, sollten es eben nicht mehr sein. Irgendwie wird es schon weitergehen."

5. „Mein lieber Herr Hönig", sagte Bohr nach einer kleinen Weile, „Sie haben die Probe nicht bestanden. Die Mitgift ist restlos vorhanden; doch meine Katrin kann ich Ihnen nicht geben, da Sie zu leichtfertig denken, ein Geschäft auf Kredit führen und dabei noch heiraten wollen. Ich kann Ihnen nur einen Rat geben, mein Lieber: Ändern Sie sich, sonst werden Sie es trotz guter Vorsätze nicht weit bringen!"

6. Der zweite Bewerber, Fritz Körber, war ein schmächtiger, junger Mann. „Ich kenne Katrin schon lange", sagte er, „und hoffe, daß wir uns gut verstehen werden." – „Ihr Vorschlag ehrt mich durchaus", wiederholte Bohr seine Worte, „aber ich muß Ihnen gestehen, daß ich von 200.000 Schilling nur 50.000 flüssigmachen kann." – „Das ist nicht so einfach, Herr Bohr", antwortete der bescheidene junge Mann bedauernd. „Ich bin ein junger Geschäftsmann, der sich etablieren will und der das Kapital braucht, um damit zu arbeiten. Ich habe mit der Mitgift gerechnet. Es tut mir leid; aber nach Ihrer Erklärung muß ich Sie höflichst bitten, meinen Antrag als nicht geschehen zu betrachten, obwohl ich Katrin, die ich schon lange kenne, ehrlich liebe. Mit 50.000 Schilling kann ich keine Familie gründen."

7. „Bravo!" sagte Herr Bohr begeistert. „Komm und umarme mich, mein Schwiegersohn! Du hast die Probe vorzüglich bestanden. Das Geld ist natürlich bis zum letzten Groschen da. Ich kann dir die Zukunft meines Kindes ruhig anvertrauen. Ich bin überzeugt, daß du meine Tochter glücklich machen wirst."
8. Die blonde Katrin heiratete weder Karl Hönig noch Fritz Körber. Sie lernte vier Wochen später einen jungen Zeichner, Robert Schürl, kennen, der sich nicht nach der Mitgift erkundigte. Und ohne ihren Vater viel zu fragen, brannte sie einfach mit ihm durch.

B) *Die Probe*
1. Fritz Braun war in der Firma als Ingenieur lange genug tätig, um zu wissen, wie hier gearbeitet wurde. **2.** Die anderen Ingenieure meinten, der Chefingenieur fördere ihn besonders, und beneideten ihn. **3.** Als Braun auf einer Betriebsfeier einmal Elisabeth, die Tochter des Chefingenieurs, kennengelernt hatte, dauerte es nicht sehr lange, bis sich die beiden jungen Leute ineinander verliebten. **4.** Da besuchten einmal spanische Ingenieure das Werk, und Braun wurde gebeten, die Gäste herumzuführen. **5.** Fritz Braun fühlte sich über den Auftrag, der etwas persönlicher Art war, sehr geschmeichelt. **6.** Er geleitete die sechs fremden Herren durch die Hallen, zeigte ihnen die Produktionsstätten und erläuterte ihnen die Stahlerzeugung.

7. Da die Herren besonders an der Materialprüfung interessiert schienen, führte er sie zu einem Stand, auf dem diese Prüfung vorgenommen wurde. **8.** Ein Stapel von Stahlstangen, behängt mit dem Schild „Geprüft" lag am Fuße des Kolosses. **9.** Nachdem Braun den Uhrzeiger auf die Zahl 125 eingestellt hatte, spannte er eine Stange, die zuoberst lag, ein. **10.** Die Köpfe vor Neugier weit vorstreckend, standen die fremden Herren da, während die Stange das Zerren und Reißen überstand. **11.** Als Braun nun den Uhrzeiger auf 170 stellte, riß die Stange, einen schrillen Ton von sich gebend. **12.** Ein Assistent, der ihn halblaut fragte, warum er dieses Experiment gemacht habe, meinte, daß diese Stangen für die Jacinto-Brücke bestimmt seien.

13. Zitternd vor Erregung, befahl ihm Braun, der die Berechnungen für eben diese Brücke durchgeführt hatte, die Versendung des Materials zu verhindern. **14.** Nachdem er die Führung beendigt hatte, begab er sich sofort zum Chefingenieur, um der Sache auf den Grund zu gehen. **15.** Das Zwiegespräch, das Braun mit seinem Vorgesetzten führte, weil er Klarheit haben wollte, ist uns bekannt. **16.** „Ich bin gekommen, um Sie zu fragen, ob Sie wissen, daß das Jacinto-Material den Zug auf 170 nicht ausgehalten hat." **17.** „Obwohl ich mich mit vielen Dingen zu beschäftigen habe, ist mir diese Tatsache bekannt, und ich bin darüber nicht glücklich." **18.** „Wie Sie wissen, habe ich die Berechnungen durchgeführt, und ich bestehe darauf, daß dieses Material nicht verladen wird."

19. „Warum ihr jungen Leute diese Dinge, die doch gar nicht so wichtig sind, so genau nehmt, ist mir ein Rätsel." **20.** „Wenn die Stangen, die für eine Brücke dienen, nicht den notwendigen Härtegrad aufweisen, sind Menschenleben gefährdet." **21.** „Bevor Sie uns Kosten verursachen, müssen Sie sich überlegen, ob Sie das Recht haben (,) zu verlangen, daß neue Stangen angefertigt werden." **22.** „Ich versuche, auch wenn es mir schwerfällt, Ihren Gedanken zu folgen; aber es könnte doch sein, daß ein Unglück passiert." **23.** „Seit ich Sie kenne, habe ich Sie für einen vernünftigen Menschen gehalten, der im Werk vorankommen will, der vielleicht meine Tochter heiratet und einmal alle fünf gerade sein lassen kann."

24. „Wenn Sie glauben, daß ich mich bestechen lasse, sind Sie im Irrtum; denn ich gehe zum Generaldirektor." **25.** Immer noch ruhig hinter seinem Schreibtisch sitzend, bedeutete der Ältere dem Jüngeren, er solle die Anweisung, die auf dem Schränkchen lag, das in der Ecke stand, lesen. **26.** „Da Herr Braun Umsicht und den nötigen Mut bewiesen hat, wird er beauftragt, dafür zu sorgen, daß das Material für die Jacinto-Brücke im richtigen Härtegrad angeliefert wird."

C) *Ein unverständliches Erlebnis*
Ein Pferd, und zwar ein Schimmel, kommt in eine kleine, intime Bar. Es marschiert die Wand hinauf und geht kopfüber an der dunklen, getäfelten Decke entlang. Es steigt die andere Wand wieder herunter. Es bestellt einen Kaffee, trinkt ihn und knabbert genüßlich den Henkel von der Tasse ab. Dann legt es den abgeknabberten Henkel sorgfältig an den Rand der Untertasse und bezahlt; darauf geht es freundlich grüßend hinaus. Ein fassungsloser, entgeisterter Gast fragt den Wirt: „Um Gottes willen! Verstehen Sie das, Herr Wirt?" – „Nein", sagt der Wirt, „nein, das verstehe ich nicht. Sonst hat es den Henkel immer mitgegessen – wo doch der das Beste ist."

D) *Das ungeliebte Mahl*
Neben mir im Eisenbahnabteil sitzt ein älterer Mann, ein Apotheker. Er schält einen Apfel und schneidet ihn in kleine, dünne Scheiben; dann öffnet er das Fenster und wirft Schale und Scheibchen hinaus. Darauf macht er das Fenster wieder zu und holt eine große javanische Orange aus dem Gepäcknetz. Er schneidet sie in Stückchen und wirft sie ebenfalls zum Fenster hinaus. In gleicher Weise verfährt er mit einer Tüte Nüsse. Da muß ich aber doch fragen, und zwar ziemlich verwundert: „Entschuldigen Sie, mein Herr, aber was machen Sie eigentlich?" – „Oh, ich mache Obstsalat; aber ich esse ihn nicht gern."

3.4. Test XI: Satzzeichen

Punkterennen 1

Setzen Sie die richtigen Satzzeichen! (Es sind meist Kommas.) Wertung wie üblich!

1. Sie haben geschwiegen und als wir Sie mahnten zahlten Sie nicht.	geschwiegen, mahnten,
2. Dadurch daß die Menschen vor dem Fahren Schnäpse die sie besoffen machen trinken gefährden sie andere Verkehrsteilnehmer.	Dadurch, Schnäpse, machen, trinken,
3. Ich schlage Ihnen vor den Vertrag vorzubereiten und komme morgen um diese Zeit vorbei.	vor, vorzubereiten,
4. Ich schlage Ihnen vor auf diese Angebote nicht einzugehen und bessere Bedingungen abzuwarten.	vor,
5. Trotz den vielen Veranstaltungen in der ganzen Welt bleibt dem Sportler noch Zeit daß er sich Land und Leute ansieht.	Zeit,
6. Manche Fahrer glauben nur sie seien auf der Straße und benehmen sich dementsprechend.	glauben, Straße,
7. Die Frage ist wer hat überhaupt Interesse an solchen Dingen die hier geplant sind.	ist: Wer . . . Dingen, geplant sind?

8. Er kam um Deutschland zu sehen und fühlte sich hier sehr wohl.	kam, sehen,
9. Der Bürger einer Diktatur ist nicht so in der Lage die Geschicke seines Staates mitzubestimmen wie der Bürger in einer Demokratie.	Lage, mitzubestimmen,
10. Da es die Hausfrau oft nicht schafft beides Beruf und Hausarbeit zu verbinden kommt sie in Schwierigkeiten.	schafft, beides, Hausarbeit, verbinden,
11. Sie schaute fest auf mich das sah ich aber sie ging weiter ohne mich zu grüßen.	mich; ich; weiter,
12. So glaube ich ist es auch richtig wenn man auf einen Brief der höflich ist höflich antwortet.	So, ich, richtig, Brief, ist,
13. Es gibt noch viele Sportarten die bei weitem nicht so gefährlich sind wie Boxen und Autorennen.	Sportarten, sind (,)
14. Leben und Gesundheit sind wichtiger als eine Geldsumme und wäre sie noch so groß.	Geldsumme,
15. Diesem Menschen mein ganzes Geld zu geben halte ich für dumm.	geben,
16. Diesem Menschen mein ganzes Geld zu geben war ein glänzender Einfall.	–
17. Die Konjunktur die immer sehr empfindlich ist richtig zu steuern ist Aufgabe der Bundesregierung und der Bundesbank.	Konjunktur, ist,
18. Begleitet von lauten Rufen wie sie aus kräftigen Kehlen dringen und fröhlicher Musik liefen die Fußballer in das Stadion ein.	Rufen, dringen, Musik,
19. Die Computer wurden dazu geschaffen um den Menschen die Arbeit zu erleichtern und sollten dem Wohl der Menschheit dienen.	geschaffen, erleichtern,
20. Die Menschen gleichen müden Bergsteigern die unfähig den Gipfel an einem einzigen Tag zu erreichen immer wieder aufbrechen um endlich ans Ziel zu gelangen.	Bergsteigern, die, unfähig, erreichen, aufbrechen,

Punkterennen 2

Sie sollen bei den folgenden 27 Sätzen begründen, warum die Kommas stehen. Wenn Sie das alles schaffen, können Sie sich getrost die Note 1 mit Stern geben. Eine Bewertung in allen Notenstufen ist hier nicht möglich.

1. Das ist eine gute sprachliche Darstellung.	Kein Komma, da die Eigenschaftswörter verschiedene Qualitäten ausdrücken!
2. Er eilte in den Hof, das Pausebrot in der Hand.	Erweitertes Mittelwort (zu ergänzen: . . . haltend)!
3. Das Gewitter drohte sehr ernst zu werden.	Kein Komma, weil *drohte* den Charakter eines Hilfsverbs hat.
4. Der Einbrecher drohte, den Mann zu erschießen.	Erweiterter Infinitivsatz – wirkliche Drohung!

5.	Die Eltern sind verpflichtet, die Kinder auf die Gefahren im Straßenverkehr hinzuweisen und Vorbild zu sein.	1. Komma: Erweit. Infinitivsatz; 2. Komma wäre falsch, da die Infinitivsätze parallel geschaltet sind.
6.	Die Eltern sind verpflichtet, die Kinder auf die Gefahren im Straßenverkehr hinzuweisen, und sollten ihnen ein Vorbild sein.	1. Komma: siehe oben! 2. Komma: Nach dem eingeschobenen Nebensatz wird der Hauptsatz fortgeführt.
7.	Er denkt nicht daran, sich zu bücken.	Erweiterter Inf.-Satz! (Das Deutewort *daran* fordert das Komma nicht mehr!)
8.	Er dachte sich zu drücken.	Kein Komma, da *dachte* Hilfsverb-Charakter hat!
9.	Der Mitarbeiter soll bestrebt sein, aus seinen Fehlern zu lernen, und sie nach Möglichkeit vermeiden.	1. Komma: Erw. Inf.-Satz 2. Komma: Ende des eingeschobenen Nebensatzes
10.	Für und Wider abzuwägen wird nun meine Aufgabe sein.	Kein Komma, weil der vorangestellte Infinitivsatz den Satzgegenstand vertritt.
11.	Für und Wider abzuwägen, das wird nun meine Aufgabe sein.	Der nachgestellte Hauptsatz hat einen eigenen Satzgegenstand: *das*
12.	Die Kommasetzung richtig einzuüben erfordert viel Zeit.	Wie bei **10**!
13.	Die Kommasetzung besser einzuüben, fordern die Prüfungsämter seit langer Zeit.	Der vorausgestellte Nebensatz vertritt eine Ergänzung. Satzgegenstand: *die Prüfungsämter*
14.	Die Schüler wurden angeregt, ihre Wünsche zur Lektüre darzulegen und sich selbst in der Literaturgeschichte umzuschen.	1. Komma: Erweiterter Infin.-Satz 2. Komma (vor *und*) wäre falsch, da der folgende Inf.-Satz mit dem ersten parallel geschaltet ist.
15.	Die Schüler wurden angeregt, ihre Wünsche zur Lektüre darzulegen, und an der Gestaltung des Unterrichts beteiligt.	1. Komma: siehe 14! 2. Komma: Ende des Nebensatzes; Hauptsatz geht weiter.
16.	Da alle geachtet sein wollen und sich nicht gern blamieren, strengen sie sich an.	2 parallel geschaltete Nebensätze stehen vor dem Hauptsatz; darum bloß 1 Komma!
17.	Da alle wollen, daß sie geachtet werden, und sich auch nicht gern blamieren, strengen sie sich an.	In den ersten Nebensatz ist ein weiterer eingeschoben *(daß sie . . .)*; deshalb insgesamt 3 Kommas.
18.	Immer verlockender werden die Angebote und immer weiter die Reisen.	1 gleicher Satzteil für beide Gedanken! Deshalb kein Komma.
19.	Das Programm wird (,) aus landsmannschaftlichen Erwägungen heraus (,) dem jeweiligen Lande angepaßt.	Entweder 2 Kommas oder gar keines! Erklärung für 2 Kommas: eingeschobener verkürzter Satz.
20.	Jeder einzelne sollte lernen, Kritik zu üben und nicht alles so ohne weiteres hinzunehmen.	Wie bei Satz 14!

21. Jeder einzelne sollte lernen, Kritik zu üben, und nicht alles so ohne weiteres hinnehmen.

Wie bei Satz 15

22. Jeder hat seine eigenen Wünsche, und alle Ansichten unter einen Hut zu bringen dürfte sehr schwer sein.

1. Komma: der zweite Hauptsatz ist mit *und* angeschlossen. Weiteres Komma wäre falsch, da bis *bringen* der vorangestellte Subjektsatz geht.

23. Die Leute haben keine Zeit, sich anderen Dingen, wie der Bildung, zu widmen.

Eingeschobene Apposition! Würde das zweite Komma fehlen, müßte es heißen: *als der Bildung*. Das wäre ein anderer Sinn!

24. Seit die Industrialisierung das Wirtschaftsleben erfaßt hat – sie begann in der 1. Hälfte des vergangenen Jahrhunderts –, hat es einen großen Aufschwung in der Erzeugung der Güter gegeben.

Das Komma nach der Parenthese ist nötig, weil es auch ohne Parenthese stehen müßte. Grund: Ende des Nebensatzes.

25. Der Leistungssport ist, – wenn in Maßen betrieben –, sicher gesundheitsfördernd.

Das ist zuviel! Entweder 2 Kommas oder 2 Gedankenstriche!

26. Ein neues Auto, eine schöne Wohnung, ist für die meisten Leute Grund genug, zu sparen.

1. Komma: Aufzählung
2. Komma ist falsch, da keine Apposition vorliegt. 3. Komma: Müßte eigentlich heißen: *um* zu sparen; also nötig!

27. Ich entdeckte ein paar Kürbisse, schön zum Anbeißen, und Brombeeren in der Gartenecke (,) beim Komposthaufen.

1. und 2. Komma: nachgestelltes erweitertes Eigenschaftswort. – Das 3. Komma kann stehen, wenn man *beim Komposthaufen* als Apposition auffaßt.

Teil 3: Wie verbessere ich meinen Ausdruck und Stil?

1. Wörter und Ausdrücke

Stanislaw Jerzy Lec hat sehr schön gesagt: „Am Anfang war das Wort – am Ende die Phrase." Eine gute Stilregel für den Anfang soll also sein: Mit möglichst wenig Aufwand möglichst viel sagen! Das ist anscheinend im Deutschen nicht so einfach; denn viele halten es für eine besonders schwierige Sprache. Sie kennen vielleicht diese Geschichte:

Die Gattin eines fremden Diplomaten fragte Bismarck, wie es denn komme, daß es in der deutschen Sprache zuweilen Ausdrücke gebe, die genau das gleiche bezeichneten, wie z.B. „senden" und „schicken", „sicher" und „gewiß". Bismarck erwiderte: „Oh, diese Wörter haben doch einen sehr verschiedenen Sinn. Ihr Herr Gemahl ist unstreitig ein Gesandter, aber kein Geschickter! – Würde hier plötzlich ein Brand ausbrechen, so müßte ich Sie an einen sicheren Ort bringen; an einen gewissen Ort dürfte ich Sie dagegen nicht führen."

Die deutsche Sprache ist also sehr ausdrucksfähig. Freilich ist sie das erst im Laufe der Jahrhunderte geworden. Karl V., Kaiser des Heiligen Römischen Reiches Deutscher Nation von 1519–1556 (in seinem Reich ging die Sonne nicht unter!), sagte: „Ich spreche spanisch mit Gott, mit den Frauen italienisch, mit Fremden französisch, mit dem Feinde deutsch." Wollte er damit an die Härte unserer Sprache erinnern? Sprache entwickelt sich immer weiter, nicht nur in der Bedeutung und Fügung der Wörter, sondern auch im Wortschatz selbst. Dieser wird auch heute noch ausgebaut:

1. durch Neuschöpfung: Schnulze,
2. durch Entlehnung aus anderen Sprachen: Camping,
3. durch neue Zusammensetzung: Krawattenmuffel.

Ob alle diese Neuerwerbungen lange weiterleben können und sollen, ist eine andere Frage.

Auf den folgenden Seiten sollen Sie kritisch abwägen, was angemessene und unangemessene Ausdrücke sind. Denken Sie an Schopenhauers Worte: „Die großen Schriftsteller sagten die schwierigsten Dinge mit den einfachsten Worten, die Stilgaukler machten es umgekehrt."

Wir wollen nicht kleinlich sein, und wir wollen bedenken, daß die Sprache ein unvollkommenes Werkzeug ist, immer wieder auch unlogisch, und daß die Probleme des Lebens alle Formulierungen sprengen. Trotzdem gilt die uralte Weisheit des chinesischen Philosophen Kung-fu-tse (Konfuzius), ausgesprochen vor 2.500 Jahren, noch heute:

„Wenn die Worte nicht stimmen, so mißlingen die Werke; mißlingen die Werke, so gedeihen Moral und Kunst nicht, so trifft die Justiz nicht; und trifft die Justiz nicht, so weiß das Volk nicht, wohin es Hand und Fuß setzen soll. Also dulde man nicht, daß an den Worten etwas in Unordnung sei!"

1.1. Das richtige Wort

Zum Überlegen:
Zwei Anekdoten mögen Ihnen zeigen, was unter der Forderung zu verstehen ist: Man verwende das *richtige* Wort!

1. Nach einem Hofkonzert fragte Kaiser Wilhelm II. den Cellisten Grünfeld, ob er mit dem gleichnamigen Pianisten verwandt sei. „Majestät", antwortete Grünfeld, „das ist ein entfernter Bruder von mir."
2. Nach einem Konzert des gleichen Cellisten Grünfeld stürzte ein begeisterter Herr zu dem Künstler mit den Worten: „Sie müssen bei meiner Beerdigung spielen!" – „Mit Vergnügen", antwortete Grünfeld, „was wollen Sie hören?"

Beispiele:
Ersetzen Sie in den folgenden Sätzen das falsche Wort (kursiv gedruckt) durch das richtige! Wenn Sie von Anfang an tapfer lernen wollen, dann halten Sie zuerst die Randleiste zu.

1. Unter den jungen Leuten gibt es viele begeisterte Auto*anhänger.*	... Autofreunde.
2. Fräulein Franziska Hirmer hat mit dem *Bagger* Jonathan Fröhlich die Ehe geschlossen.	... mit dem Baggerführer ...
3. Wir wünschen an unserer Schule eine zusätzliche, und zwar *möglichst weibliche* Lehrkraft.	... nach Möglichkeit ...
4. Dieses riesige Land verfügt über ein unübersehbares *Menschenmaterial.*	über sehr viele Menschen. (Menschen sind kein Material!)

Übung 1:
Prüfen Sie in den folgenden Sätzen, ob die richtigen Wörter verwendet sind! Die Lösung ist am Rande angegeben. – Wir sehen uns zunächst Wortpaare an, die oft verwechselt werden. r = richtig; f = falsch.

a) *haben – besitzen*
Faustregel: Haben ist immer richtig; besitzen soll man nur verwenden, wenn man auf der Sache sitzen kann oder könnte.

1. Er besitzt drei Kinder unter 18 Jahren. f
2. Dieser Herr besitzt eine schöne Frau. f
3. Seine Frau besitzt einen schönen Hut. r
4. Er besaß eine Menge Schulden. f
5. Viele Banken sind im Besitz eines eigenen Anlageberaters. f
6. Jeder Bürger besitzt Rechte und Pflichten. f

b) *Schluß – Entschluß*
Schluß bedeutet zweierlei: Ende, Endpunkt einer Überlegung
Entschluß bedeutet: Entscheidung

1. Ich bin zu dem Entschluß gekommen, daß die Darstellung falsch ist. f
2. Verfolgt man eine solche Serie im Fernsehen, so kommt man zu dem Entschluß, daß unsere Polizei schlecht ausgerüstet ist. f
3. Diese Erfahrung brachte mich zu dem Entschluß, daß ich mehr arbeiten sollte. r

c) *lang – lange*

lang betrifft die Länge (Maß), lange die Zeit.

1. Ich wartete lange auf ihn. r
2. Dieser Zug ist aber lang. r

d) *fordern – erfordern*

fordern = verlangen; erfordern = nötig machen

1. Das Grubenunglück forderte 15 Tote. r
2. Diese schwierige Arbeit fordert großes Geschick. f

e) *nutzen – nützen*

nutzen = ausnutzen, ausnützen; nützen = nützlich sein (benutzen = benützen)

1. Ich werde die Zeit gut nützen. f
2. Dieser Anorak nützt mir mehr als ein Mantel. r

f) *brauchen – gebrauchen*

brauchen = benötigen; gebrauchen = verwenden

1. Ich brauche in der Schule ein gutes Lexikon. r
2. Beim Übersetzen gebrauche ich dieses oft. r

g) *sich einer Sache erfreuen – sich auf etwas freuen*

sich erfreuen = haben; sich freuen auf = mit Freude entgegensehen

1. Er erfreute sich guter Gesundheit. r
2. Er freute sich auf den Urlaub. r

h) *gesonnen – gesinnt*

gesonnen = willens sein, gewillt sein; gesinnt = von einer Gesinnung sein: wohlgesinnt, gutgesinnt, gleichgesinnt

1. Ich bin nicht gesinnt, mir das gefallen zu lassen. f
2. Bist du mir freundlich oder unfreundlich gesinnt? r

i) *fremdsprachig – fremdsprachlich*

fremdsprachig = in der fremden Sprache; fremdsprachlich = fremde Sprache(n) betreffend

1. Ich lese fremdsprachige Bücher. r
2. Der fremdsprachliche Unterricht muß weiter ausgebaut werden. r

j) *zugänglich – zugängig*

zugänglich = betretbar, aufgeschlossen; zugängig (selten!) = Zugang gewährend (konkret)

1. Er zeigte sich vernünftigen Vorstellungen zugänglich. r
2. Die Fenster müssen so liegen, daß sie frei zugängig sind. r

k) *verständlich – verständig*

verständlich = leicht zu verstehen; verständig = einsichtsvoll

1.	Dieser Kampf ist für einen denkenden Menschen nicht verständlich.	r
2.	Oft ist ein kleines Kind so verständlich wie ein erwachsener Mensch.	f

l) *-fähig – -bar*

-fähig ist man, etwas zu tun; -bar ist man, etwas zu sein oder zu werden; einige (falsch gebildete) Wörter auf -fähig sind allerdings schon gängiger Sprachgebrauch geworden: absetzungsfähig, abzugsfähig, gebrauchsfähig.

1.	Dieser Mensch ist durchaus genußfähig.	r
2.	Das Essen ist genießbar.	r

m) *anscheinend – scheinbar*

Man probiere, ob man vor *scheinbar* das Wort *nur* einsetzen kann. Geht das, so kann *scheinbar* verwendet werden.

1.	Scheinbar war ihm das unangenehm; in Wirklichkeit kümmerte er sich nicht darum.	r
2.	Anscheinend bekommen wir heute gutes Wetter.	r
3.	Die Dächer sind naß; es regnet scheinbar.	f

n) *dasselbe – das gleiche*

dasselbe = identisch (1 Stück!); das gleiche = nicht identisch, aber übereinstimmend in Form, Farbe usw.

1.	Meine Frau hat dasselbe Kleid wie unsere Nachbarin.	f
2.	Ich habe dasselbe Buch auch schon gelesen.	(Kommt darauf an, ob man an mehr als 1 Exemplar denkt!)

Übung 2:

In den folgenden Sätzen sind falsche Wörter oder Ausdrücke, die falsch verwendet werden. Versuchen Sie den jeweiligen Fehler zu finden, und berichtigen Sie ihn!

1.	Ich habe Ihren Akt an die Aufsichtsbehörde weitergegeben.	Ihre Akte
2.	Besuchen Sie mich mal am Dienstag!	einmal
3.	Hier gibt es was Feines.	etwas
4.	Es schneite; folgedessen konnten wir nicht kommen.	infolgedessen
5.	Er hat sich im Bezug auf die Tatsachen geirrt.	in bezug
6.	Das Land mußte erstmal wieder aufgebaut werden.	erst einmal
7.	Das hatte man zu Anfangs nicht erkannt.	zu Anfang, anfangs
8.	Er bräuchte eigentlich nicht zu kommen.	brauchte
9.	Dazu hat man unter dem Jahr wenig Zeit.	während des Jahres
10.	Die Segnungen kommen uns allen zuteil.	zugute
11.	Man braucht Erspartes als Rückenlage für die Notzeiten.	Rücklage
12.	Als im Roman „Simplizissimus" der Junge zum Einsiedler kommt, nimmt sich dieser seiner auf.	nimmt ihn auf, nimmt sich seiner an
13.	Manche Leute lassen sich von ihren Umgebenen nicht beraten.	von ihrer Umgebung
14.	Die Parteien bekämpften sich unerbitterlich.	unerbittlich

15.	Ich gebe nicht alles her; einiges möchte ich mir vorenthalten.	vorbehalten
16.	Jeder Mensch ist mit Rechten und Pflichten versehen.	hat Rechte und Pflichten
17.	Ein Mensch, der das 18. Lebensalter erreicht hat, darf wählen.	18. Lebensjahr vollendet (!)
18.	Einen großen Teil seines Lebens legt der Mensch in Arbeit zurück.	verbringt . . . mit
19.	Auch ich habe bei dieser Diskussion meine Gedanken veräußert.	geäußert
20.	Die Diktatur könnte man als Ein-Mann-Staat beschreiben.	Ein-Mann-Herrschaft

Übung 3:

Verfahren Sie wie bei Übung 2!

1.	Der Boden für die Sache ist begründet.	bereitet
2.	Wenn ein Mensch viel arbeitet, so ist das anerkennend.	anerkennenswert
3.	Die Staaten sollten nicht so viele Finanzen für die Rüstung ausgeben.	soviel Geld
4.	Enthält man sich der Wahl fern, nimmt man sich selbst eine Gelegenheit zur Mitbestimmung.	hält man . . ., enthält man sich der ...
5.	Haß und Neid steigen in solch einer Gesellschaft.	werden größer
6.	Das Recht zur Kritik ist uns im Grundgesetz verbilligt.	zugebilligt, verbürgt
7.	Der verbitterte Arbeitskampf konnte endlich durch Schlichtung beendet werden.	erbitterte
8.	Man kann nicht jedes Produkt kaufen – sei es noch so ansprechbar.	ansprechend
9.	Unsere Straßen sind viel zu sehr mit Löchern versehen.	weisen viel zu viele Löcher auf
10.	Eine besondere Hilfe verspreche ich mir von der Knutschzone in den Autos.	Knautschzone
11.	Mit vielen Zebrastreifen auf den Straßen könnte man die Gefahren auf ein Höchstmaß verringern.	auf ein Mindestmaß
12.	Vorsicht ist besser als Nachsicht, und Vorbeugung ist besser als Nachbeugung.	Vorbeugung ist besser als ärztliche Behandlung
13.	Die Forschung wird einen neuen Aufschwung erleiden.	erleben
14.	Der demokratisch interessierte Bürger geht zur Wahl.	Der B., der sich für die D. interessiert,
15.	Die Technik sollte soweit ausgereift werden, daß keine Gefahren entstehen.	entwickelt werden, daß . . .
16.	Wichtig für uns ist der gesicherte Existenzerwerb.	die Erwerbung einer ges. Existenz
17.	Auch diese Frage ist unbefriedigt gelöst worden.	unbefriedigend
18.	Die Technik kostet viel Erfindergeist; sonst schreitet sie nicht voran.	lebt von
19.	Die Bauern können nicht mehr ihre ganzen Kühe mit der Hand melken.	all ihre Kühe
20.	Die ganzen Leute fingen an zu brüllen.	alle Leute

Übung 4:

Versuchen Sie nicht nur den Fehler zu finden, sondern geben Sie genau an, was falsch ist!

1. Kommen Sie bitte baldmöglichst zu uns!	Das Wort baldmöglichst gibt es nicht. Also: möglichst bald
2. Er hätte mich zumindestens einmal besuchen können.	Zumindestens ist eine Kreuzung aus mindestens und zumindest. Diese beiden sind richtig.
3. Es mußte eine teilweise Räumung vorgenommen werden.	Wörter auf -weise sind eigentlich Umstandswörter. Also: zum Teil
4. Die zwangsweise Rückkehr war nicht schön.	Wie bei Nr. 3! Also: unter Zwang
5. Da liegt der springende Punkt.	Der springende Punkt ist zwar ein gängiger Ausdruck, aber er kann nicht gleichzeitig liegen. Also: Das ist der springende Punkt.
6. Daraus erwächst ein weiterer Punkt.	Ein Punkt kann nicht wachsen. Also: ergibt sich
7. Die bisher angesprochenen Punkte kämpfen im Grunde auch schon gegen die Unfälle auf den Straßen.	Punkte sind abstrakte Begriffe, können nicht kämpfen! Also: Die bisher dargelegten Maßnahmen . . .
8. Einen wichtigen Punkt der Demokratie nehmen die Menschenrechte ein.	Einen wichtigen Bestandteil der Demokratie bilden die Menschenrechte.
9. Ein weiterer und größerer Punkt wird offenbar, wenn man sich die Entwicklung in der Zukunft überlegt.	Weitere und größere Möglichkeiten ergeben sich, wenn man . . .
10. Neben Rundfunk und Fernsehen ist der Film ein wichtiger Punkt in der Nachrichtenübermittlung.	. . . ein wichtiges Mittel, um Nachrichten zu verbreiten.
11. Der Kernpunkt eines Volkes ist die Familie.	Kern
12. Auch dieser Punkt ist durchaus ausbaufähig.	Auch in diesem Bereich läßt sich noch viel tun.

Zur Verwendung des Mittelworts der Vergangenheit (Partizip Perfekt): Ist das Verb intransitiv (es hat keinen 4. Fall nach sich!), dann soll das Mittelwort der Vergangenheit nicht als Beifügung verwendet werden.

Beispiel: Nicht: *Der von den Rittern gefolgte König*
Aber: *Der von den Polizisten verfolgte Räuber*

Das erste Beispiel ist umzuwandeln: *Der König, dem die Ritter folgten*

Prüfen Sie, ob die folgenden Sätze richtig sind!

13. Die zutage getretenen Mißstände waren schlimm. f
14. Ein dem Mammon verfallener Mensch wird gierig. f
15. Wir waren sehr müde am spät erreichten Ziel. r
16. Den Höhepunkt in diesem tragisch geendeten Leben bildete der 50. Geburtstag des großen Mannes. f

17. Die zurückgekehrte Delegation wurde vom Minister empfangen. f
18. Auch gealterte Eltern leben noch gerne im Familienverband. f
19. Der schlimm vom Sturm zerzauste Baum brach zusammen. r
20. Das vor der Nordseeküste angekommene Tief bringt Regen nach Deutschland. eigentlich falsch; setzt sich aber durch.

Übung 5:

Verbessern Sie wieder die Fehler in den folgenden Sätzen.
Beachten Sie die Regel bei *durch:*
Durch steht, wenn man fragen kann: *wodurch?*
Fragt man: *warum?* oder *weshalb?* dann muß die Antwort *wegen* oder *infolge* heißen.

1. Der Rhein, ein einst durch seine Schönheit vielbesungener Strom, ist heute eine stinkende Kloake. f
2. Durch die modernen Superfernrohre konnten die Astronomen neue Bereiche des Kosmos erforschen. r
3. Dem Bürger eines modernen Staates darf durch seine Religion kein Nachteil erwachsen. f
4. Wenn ein Arzt eine falsche Medizin verordnet, kann Schlimmes geschehen, und der Arzt kann dadurch zu Schadenersatz verurteilt werden. f
5. Durch den Regen verzichteten wir auf die Bergtour. f

Die folgenden Sätze enthalten Denkfehler. Berichtigen Sie sie!

6. Wir befanden uns in einer hilflosen Situation. — Wir waren hilflos in dieser Situation.
7. Das ist eine wahre Tatsache. — Das ist eine Tatsache. – Das ist wahr.
8. Das hat eine wichtige Bedeutung. — Das hat eine große Bedeutung.
9. Es wird eine niedrigere Höhe der Preise erreicht. — Es werden niedrigere Preise erreicht.
10. Die Universitäten werden nur zu einem kleinen Ausmaß von Mädchen besucht. — Nur wenige Mädchen besuchen . . .
11. Hier sprechen auch erholsame Überlegungen mit. — Hier sprechen auch Überlegungen mit, wie man sich erholen kann.
12. Dieser junge Personenkreis besitzt eine Menge Geld. — Diese jungen Leute besitzen . . .
13. Es fehlt ihm an gebildeten Umgangsformen. — Es fehlt ihm an den Umgangsformen eines Gebildeten.
14. München lockt durch den Besuch von kulturellen Möglichkeiten. — München lockt durch die Möglichkeit, Stätten der Kultur zu besuchen.
15. Das Schulgebäude soll eine freudige Erinnerung sein. — Das Schulgebäude soll in der Erinnerung Freude hervorrufen.
16. Das war ein atemberauschendes Erlebnis. — Entweder: atemberaubendes; oder: berauschendes
17. Die Leute warten spannend auf die Nachrichten. — gespannt

18. Wir betrachteten begeisterungswürdige Dinge.	Wir betrachteten Dinge (?), die uns begeisterten.
19. Heute werden von den Firmen fast nur noch gezielte Fachkräfte eingestellt.	gezielt
20. Mit seinen jungen, unerfahrenen Jahren konnte er das noch nicht wissen.	Jung und unerfahren, wie er war, konnte . . .

1.2. Der klare Ausdruck

Zum Überlegen:
Wer sich nicht klar ausdrückt, kann nicht richtig verstanden werden. Der höfliche Mensch läßt den andern nicht im dunkeln tappen, was überhaupt gemeint sei.

Übung 6:

Bringen Sie die folgenden Sätze in ein klares Deutsch:

1. Das Familienleben soll gefördert werden.	Eltern und Kinder sollen vieles gemeinsam machen.
2. Die steigende Tendenz kann schnell fallen.	In der Wirtschaft geht es nicht immer bergauf.
3. Das Schlagwort muß kauflustig wirken.	Das Schlagwort muß die Leute zum Kauf verlocken.
4. Somit scheiterte der erhoffte Erfolg.	Der . . . (eine bestimmte Person) hatte leider Pech.
5. Im Straßenverkehr gibt es auch Kraftfahrzeugteilnehmer.	Die meisten Verkehrsteilnehmer sind Kraftfahrer.
6. Am Abend bringt das Fernsehen reifere Sendungen für die Erwachsenen.	Das Abendprogramm eignet sich nicht für Kinder.
7. Vor allem die jugendgefährdeten (!) Filme können schadhaft für die Kinder sein.	Manche Filme können die Moral der Jugend gefährden; sie sind erst recht nichts für Kinder.
8. Wir suchen Arbeitskräfte für eine sitzende, leichte Tätigkeit.	Unsere Arbeiter(innen) verrichten eine leichte Tätigkeit, und zwar im Sitzen.
9. Als achtköpfiger Familienvater weiß ich oft nicht, woher ich das Geld nehmen soll.	Ich habe acht Leute zu ernähren; das kostet eine Menge Geld.
10. Die getane Arbeit gibt mir immer ein zufriedenes Gefühl.	Wenn ich mit der Arbeit fertig bin, bin ich immer recht zufrieden.
11. Ausländische Sprachkenntnisse helfen uns viel in anderen Ländern.	Wer fremde Sprachen versteht, tut sich in anderen Ländern leicht.
12. Religion ist gleichgültig geworden.	Viele Menschen kümmern sich nicht mehr um Religion.
13. Wir haben heute keine zufriedene Arbeitsmarktlage.	Unser Arbeitsmarkt ist nicht ausgeglichen.
14. Ein objektiver Mensch muß das sehen.	Ein objektiv denkender Mensch muß das sehen.
15. Man soll mit viel Rücksicht auf andere Verkehrsteilnehmer fahren.	Rücksicht auf andere Verkehrsteilnehmer tut not.

16. Die Unfälle gingen unter Alkoholeinfluß zurück.	Die Unfälle, verursacht von Fahrern, die getrunken hatten, wurden weniger.
17. Die Höchstgeschwindigkeitsgrenze soll beim Überschreiten bestraft werden.	Wer schneller fährt, als erlaubt ist, muß bestraft werden.
18. Man könnte statt einer Waschmaschine keine Waschmaschine nehmen und so Energie sparen.	Wer auf eine Waschmaschine verzichtet, spart elektrischen Strom.
19. Fast alle Lebewesen sind Teilnehmer am Straßenverkehr.	Jeder Mensch nimmt zu irgendeiner Zeit am Straßenverkehr teil.
20. Besonders der Betrunkene sollte sich seiner großen Verantwortung bewußt werden.	Wer trinkt, muß wissen, daß er nicht ans Steuer gehört.

Übung 7:

Verfahren Sie wie in Übung 6!

1. Die Ehe ist die produktivste Zelle des Staates, weil sie die menschlichen Beziehungen richtig ausüben kann.	Ohne die Ehe könnte ein Staat nicht bestehen, weil es sonst kaum mehr Kinder gäbe.
2. Mit dem Computer läuft sogar der Sparverkehr fehlerloser ab.	Seit ein Computer für uns arbeitet, machen wir in unserer Sparkasse noch weniger Fehler.
3. Viele Leute heiraten erst unter dem Druck der Kinder.	Viele Paare heiraten erst, wenn ein Kind unterwegs ist.
4. Die Unterschiede zwischen Mann und Frau, die es früher gab, sind nach GG, Art. 3 abgeschafft.	Männer und Frauen sind gleichberechtigt.
5. Am allerschlimmsten sind für mich die schuldlosen Unfälle.	Besonders zu beklagen sind die schuldlosen Opfer von Unfällen.
6. In unserer Schule werden wir getränkemäßig gut bedient.	In unserer Schule gibt es allerlei Getränke zu kaufen.
7. Wir sind allerdings raummäßig beengt.	Wir haben allerdings zu wenig Räume.
8. Die Jugendlichen sind zahlenmäßig nicht sehr stark vertreten.	Es sind nicht viele Jugendliche erschienen.
9. Wer begabungs- und leistungsmäßig über dem Durchschnitt liegt, verdient besondere Förderung.	Wer gut begabt ist und viel leistet, verdient . . .
10. Er hat es wohnungsmäßig gut getroffen.	Er hat eine schöne Wohnung.
11. Sie ist ausbildungsmäßig im Rückstand.	Sie ist noch nicht genügend ausgebildet.
12. Besoldungspolitisch ist die Lage verfahren.	Die Besoldung ist umstritten.
13. Wir müssen uns energiepolitisch etwas einfallen lassen.	Wir müssen die Frage der Energie überdenken.
14. Es wurden die wichtigsten agrarpolitischen Gebiete von Deutschland im Osten abgetrennt.	Es wurden die wichtigsten agrarischen Gebiete (= landwirtschaftlich ergiebigen) von D . . .
15. Militärpolitisch birgt das Abkommen große Risiken.	Es ist zu befürchten, daß die andere Seite militärische Vorteile erlangt.
16. Der Karren ist bildungspolitisch verfahren.	Niemand weiß, wo welche Bildung vermittelt werden soll.
17. Wir müssen werbepolitisch aktiv werden.	Die Werbung muß gewaltig verstärkt werden.

18. Die Gurtanlegequote in Deutschland ist zu niedrig.	Zu wenig Autofahrer legen den Gurt an.
19. Durch den Leistungssport sind auf werkstoffwissenschaftlichem Gebiet Neuerungen eingetreten.	Der Leistungssport hat der Wissenschaft von den Werkstoffen neue Anregungen gegeben.
20. Es sollte ein Mehrurlaub eingeführt werden.	Der Urlaub sollte verlängert werden.

Zum Überlegen:
Wenn viele Hauptwörter zusammentreffen, spricht man vom schwerfälligen *Nominalstil.* Vor allem Wörter auf -ung, hier besonders die langen, machen einen Text schwer verständlich. Man verwende, wo immer es geht, Zeitwörter (Verben)!

Übung 8:

Versuchen Sie, die Sätze in flüssiges, klares Deutsch zu bringen!

1. Eine gewisse Form der Produktanbietung nennt man Werbung.	Werbung heißt, Produkte anzubieten.
2. Diese Anwärter müssen noch auf die Kurszulassung warten.	Diese Anwärter müssen noch warten, bis sie zum Kurs zugelassen werden.
3. Die Bezeugnissung hat am 17. Februar zu erfolgen.	Die Schüler bekommen die Zeugnisse am 17. Februar.
4. Durch Prospektverteilung kann man die Leute auf das Geschäft aufmerksam machen.	Die Leute werden dadurch auf das Geschäft aufmerksam, daß sie Prospekte bekommen.
5. Eine Arbeitszusammendrängung auf vier Tage in der Woche ist abzulehnen.	Es ist abzulehnen, die Arbeit in der Woche auf vier Tage zusammenzudrängen.
6. Das Auto ist ein ganz großes Energieeinsparungsgebiet.	Gerade beim Auto läßt sich viel Energie sparen.
7. Das sind die negativen Seiten der Urlaubsverbringung.	Das ist das weniger Schöne am Urlaub.
8. Die Wiederingangsetzung der Maschine erwies sich als schwierig.	Es erwies sich als schwierig, die Maschine wieder in Gang zu setzen.
9. Eine Ursache für die Arbeitslosigkeit vieler Jugendlicher ist die mangelnde Zurverfügungstellung von Arbeitsplätzen.	Es gibt nicht genug Arbeitsplätze für Jugendliche; deshalb sind viele arbeitslos.
10. Man will durch Werbung die Leute bestellungsgeneigt machen.	Die Werbung will erreichen, daß die Leute etwas bestellen.
11. Die Errichtungen von Bergbahnen sollen nicht mehr genehmigt werden.	Neue Bergbahnen sollen nicht mehr errichtet werden.
12. Bachverschmutzungen kommen immer wieder vor.	Es kommt immer wieder vor, daß Bäche verschmutzt werden.

Werden viele Wörter zusammengehängt, dann entstehen Bandwurmwörter. Diese wollen zwar einen Sachverhalt knapp ausdrücken; aber sie verstoßen gegen das Gebot der Klarheit.

13. Bevölkerungsschutzvorkehrungen sind notwendig.	Es ist nötig, Vorkehrungen zu treffen, um die Bevölkerung zu schützen.
14. In der Zeitung gibt es viele Brutalitätsschilderungen.	In der Zeitung werden viele Brutalitäten geschildert.
15. Er braucht eine Selbstvertrauensstärkung.	Es ist nötig, daß sein Selbstvertrauen gestärkt wird.

Was bedeutet das? (Zerlegen Sie!)

16. Körperbehindertenfürsorgegesetz	Gesetz zur Fürsorge für die Körperbehinderten
17. Einkommenssteuerveranlagungsrichtlinien	Richtlinien für die Veranlagung zur Einkommenssteuer
18. Sommerspielmeisterschaftsausscheidungskämpfe	Ausscheidungskämpfe zur Meisterschaft in den Sommerspielen
19. Berlinsitzung des Bundestags	a) Sitzung des Bundestages in Berlin b) Sitzung des Bundestages über Berlin
20. Rußlandrede Adenauers	a) Rede Adenauers in Rußland b) Rede Adenauers über Rußland

Wenn Sie noch mehr Lust haben, Wortungeheuer zu zerlegen – hier bitte:
1. Kohlebeistellherd, 2. Einfamilienreiheneckhaus, 3. Verkehrsunfallverhütungswoche. 4. Lebensmittelüberwachungsgesetz. 5. Kulturveranstaltungsprogramm, 6. Wiedergutmachungsmöglichkeit, 7. Haushalttrommelwaschmaschine, 8. Wohnraumkündigungsschutzgesetz. 9. Fremdenverkehrsförderungsmaßnahmen, 10. Krankenhausaufenthaltsnotwendigkeitsbescheinigung.

1.3. Der knappe Ausdruck

Zum Überlegen:
Die ellenlangen Zusammensetzungen am Schluß des vorhergehenden Abschnitts haben gezeigt, wozu die deutsche Sprache fähig ist. Die Einzelbestandteile dieser Wortungeheuer waren alle notwendig. Diese ersetzen noch längere Ausdrücke. Aber klar sind sie nicht mehr.

1.3.1. Raffungswörter

Viele Neubildungen der letzten Zeit sind auch Zusammensetzungen; sie fassen Tatbestände – oft verhüllt – mit massivem Griff zusammen. Ob sie sich in der Sprache halten können und ob sie diese wirklich bereichern, ist eine Frage. Viele von ihnen scheinen gewaltsam konstruiert zu sein und wirken überzogen. Sie nehmen wenig Rücksicht auf grammatische oder logische Beziehungen. Andere wirken gespreizt und abstoßend.

Übung 9:

Ersetzen Sie die schräggedruckten Wörter!

1. Die *Mindestforderung* ist, daß die Leute Englisch verstehen.	Die Leute müssen wenigstens Englisch verstehen.
2. Die *Mindestanzahl* sind 6 Personen.	Es müssen mindestens 6 Personen sein.
3. Der *Einfuhrsektor* muß mehr beobachtet werden.	Wir müssen mehr auf unsere Einfuhren achten.
4. Viele Leute bevorzugen den *Erzeugerdirektverkehr.*	Viele Leute holen ihre Lebensmittel beim Bauern.
5. Das Oberrheingebiet ist ein *Obstanbauschwerpunkt* in Deutschland.	Viel Obst gedeiht am Oberrhein.
6. Als *Sofortmaßnahme* wird eine Verstärkung der Polizei empfohlen.	Es empfiehlt sich, die Polizei sofort zu verstärken.

7. Wir schicken Ihnen zunächst einen *Vorausbescheid.*	Wir unterrichten Sie über den augenblicklichen Stand der Dinge.
8. Wir haben seit langem eine *Schönwetterperiode.*	Das schöne Wetter hält sich schon lange.
9. Machen Sie Gebrauch von unseren *Billigangeboten,* vor allem aber von den *Billigstangeboten!*	Kaufen Sie ein bei uns für wenig Geld! Manches bekommen Sie fast geschenkt!
10. In dieser Behörde muß es *Schwachstellen* gegeben haben.	In dieser Behörde waren nicht alle Mitarbeiter ihren Aufgaben gewachsen.
11. Die *Extremblätter* werden wenig gekauft.	Die Leute kaufen die Blätter der extremen Parteien wenig.
12. Beachten Sie unsere *Tiefstpreise!*	Schauen Sie auf unsere Preise! Billiger geht's nicht mehr!
13. Dieses Hemd ist *bügelfrei.*	Dieses Hemd braucht man nicht zu bügeln.
14. Unsere Angebote waren selten so *preisgünstig.*	Wir bieten außergewöhnlich preiswerte Waren an.
15. Das ist ein *kurgeeigneter* Süßmost.	Dieser Süßmost eignet sich für die Kur.
16. Der *gasvergiftete* Patient mußte *spezialbehandelt* werden.	Wegen der Gasvergiftung mußte der Patient besonders behandelt werden.
17. Die *eigenkapitalarmen* Betriebe kommen in Schwierigkeiten.	Die Betriebe, die über nicht viel Eigenkapital verfügen, kommen ...
18. Der *naherholungssuchende* Städter soll hier ein Paradies finden.	Der Städter, der sich in der näheren Umgebung erholen will, soll ...
19. *Zahlungsbilanzorientierte* Restriktionen erwiesen sich als nötig.	Einschränkungen, um die Zahlungsbilanz zu beeinflussen, erwiesen ...
20. Das *Immer-mehr-haben-Wollen* ist ein schlechter Zug.	Es ist ein schlechter Zug, immer mehr haben zu wollen.

Übung 10:

Es gibt auch eine „gehübschte" Sprache, die oft in Sprachmätzchen ausartet. Sie kennen das alles auch aus der Sprache der Werbung.
Was bedeuten die folgenden Wörter?

1. Raumpflegerin, 2. Zweitfrisur, 3. Anzugsspezialist, 4. Frisurkünstler, 5. Entzerrung des Preisgefüges (Preisbereinigung auf der Verbraucherstufe), 6. eine Zigarette mit Leichtraucheffekt, 7. Schonkaffee, 8. vielfach urlauben, 9. vollmundig-geistvoller Gaumengenuß des Urwaldes, 10. ein neues Fahrgefühl, 11. ein herrliches Rauchgefühl, 12. ein großartiges Schlafgefühl, 13. Duftnote, 14. Rauchkultur, 15. ein Hautvergnügen.

1. Putzfrau, 2. Perücke, 3. Schneider, 4. Haarschneider (Friseur), 5. Verteuerung, 6. eine Zigarette mit wenig Nikotin, 7. Kaffee, der dem Herzen nicht schadet, 8. wiederholt in Urlaub fahren, 9. Kakao in der Schokolade, 10. sich im neuen Wagen wohl fühlen, 11. das Rauchen als herrlich empfinden, 12. prächtig schlafen, 13. ... entwickelt einen besonderen Duft, 14. für Leute, die Qualm lieben, 15. ein Vergnügen für die Haut.

Übertragen Sie – wenn möglich – in die normale Umgangssprache!

16. Am besten schläft es sich in glücklichen Betten.	(Unsinn! Sind mollige Decken oder dem Körper angepaßte Matratzen gemeint?)
17. Essen Sie Käse von glücklichen Kühen!	Essen Sie Käse aus Milch von Kühen, die auf diesen fetten Almen grasen!

18. Der Spieler scheint in einem dicken Formtief zu stecken.	Was der Spieler leistet, befriedigt zur Zeit nicht.
19. Müller praktiziert eine messerscharfe Manndeckung.	Müller deckt seinen Gegenspieler genau.
20. Nur der Libero wirkte zwingend.	Nur der Libero überzeugte.

Übung 11:

Versuchen Sie folgendes „Fach-Chinesisch" in eine verständliche Sprache zu übertragen:

In unserer zentralwärmeversorgten Wohnung sind die Leitungen aus verschleißfestem Plastikmaterial. Die Klimaanlage ist druckluftwartungseinheitlich, und die Pumpen sind strahlungsabgeschirmt. Selbstverständlich sind sie ferngesteuert und stufengeschaltet und funktionieren nach datenverarbeiteten Wärme- und Frischluftplänen. Die Böden sind trittfest, und die fugengedichteten Patentfenster sind formschön. Jede Wohneinheit enthält baugerechte Elektrogeräte sowie leistungsstarke und heizwirksame Komfortherde. Die aushäusige Freiwohnung weist eine terrazzobelegte Plattform auf, auf der klimafeste Freisitzmöbel sichtgeschützt eingeplant sind.

Etwa so: Unsere Wohnung ist an die Fernwärme angeschlossen; die Leitungen aus Plastik sind dauerhaft. Die Klimaanlage überwacht überall ein Regler, der durch Druckluft betrieben wird. Die Pumpen strahlen nicht; sie versorgen uns automatisch mit Wärme und Frischluft. Die Böden halten etwas aus. Die Fenster haben eine schöne Form; sie schließen dicht. In jeder Wohnung stehen Elektrogeräte, die gut eingepaßt sind, sowie bequeme Herde, mit denen man rasch kochen und backen kann. Vor dem Haus haben wir eine Terrasse aus Terrazzo-Platten. Dort lassen sich Möbel, die der Witterung standhalten, so aufstellen, daß uns niemand über die Schulter schaut.

Es ist sehr schwer, viele dieser neugebildeten Fachwörter in gängiger Sprache auszudrücken; denn sie sind oft knapper und treffender. Der Laie versteht aber diese technische Sondersprache kaum mehr. Das ist bedenklich.

1.3.2. Doppelung (Pleonasmus)

Unter Doppelung versteht man eine überflüssige Häufung sinngleicher oder sinnähnlicher Ausdrücke nach dem Muster: ein weißer Schimmel.

Übung 12:

Streichen Sie in den folgenden Sätzen das überflüssige Wort (die überflüssigen Wörter)!

1. Die Werbung macht uns auf neue Warenartikel aufmerksam.	Waren oder Artikel
2. Unser Bundeshaushaltsetat ist außergewöhnlich groß geworden.	Haushalt oder Etat
3. Mehr kooperative Zusammenarbeit ist nötig.	Kooperation oder Zusammenarbeit
4. Wir brauchen Bürgerinitiativen, die aktiv tätig sind.	tätig
5. Der Konsumverbrauch steigt ständig.	Konsum oder Verbrauch
6. Die zunehmende Geschäftsausweitung ist nicht immer möglich.	zunehmend
7. Der Sinn des Programms soll Erfolg haben.	Der Sinn
8. Nicht jede Frau ist berufsmäßig tätig.	-mäßig (also: berufstätig!)
9. Im Zeitalter des 20. Jahrhunderts ...	Zeitalter
10. Das neue Gesetz sieht mehr Menschlichkeit und Humanität vor.	Humanität

11. Der heute immer ständig wachsende Verkehr fordert große Opfer.	immer oder ständig
12. Er führte uns das an einem optischen Bild vor.	optisch
13. Es sind meist immer viele Opfer zu beklagen.	immer
14. Morgen Eintritt ausschließlich allein nur bloß für Damen!	ausschließlich, allein, bloß
15. Ich habe höchstens nur vier Liter getrunken.	höchstens oder nur
16. Das wissen Sie bereits schon seit gestern.	bereits oder schon
17. Auf diese Weise hat man mehr Zeit für die Freizeit.	Zeit für die

Übung 13:

Berichtigen Sie die aufgeschwellten Ausdrücke!

1. Das war ein erfolgreicher Sieg.	Das war ein großer Sieg.
2. Gerade das benötigt man am notwendigsten.	Gerade das braucht man am notwendigsten.
3. Besser ist es, einfaches Essen vorzuziehen.	Einfaches Essen ist vorzuziehen.
4. Ich bitte das Amt, prüfen zu lassen, ob es möglich ist, meinem Antrag entsprechen zu können.	Ich bitte das Amt, prüfen zu lassen, ob meinem Antrag entsprochen werden kann.
5. Der Mensch kommt heute nicht mehr darum herum, Werbung über sich ergehen lassen zu müssen.	Der Mensch kommt heute nicht mehr darum herum, Werbung über sich ergehen zu lassen.
6. Der Verbrecher soll angeblich den Millionär erschossen haben.	. . . hat angeblich erschossen. Oder: soll erschossen haben.
7. Der Schüler bat den Lehrer um Erlaubnis, heimgehen zu dürfen.	. . . den Lehrer, heimgehen zu dürfen. Oder: . . . um Erlaubnis heimzugehen.
8. Es kann möglich sein, daß ich komme.	Es ist möglich, daß ich komme. Oder: Es kann sein, daß ich komme.
9. Sie werden vermutlich schon erfahren haben, was passiert ist.	Sie haben vermutlich erfahren, . . . Oder: Sie werden erfahren haben, . . .
10. Von innerer Leere erfüllt, hasten die Menschen durch die Tage.	Im Innern leer, hasten die Menschen durch die Tage.

1.3.3. Flickwörter und Füllsel

Gefällt Ihnen der folgende Satz?
Es hat doch überhaupt gar keinen Sinn, sich mit dieser Sache als solcher, die praktisch letzten Endes eigentlich nicht mehr zu beeinflussen ist, noch irgendwie zu befassen.
Hier finden Sie leicht die unnötigen Wörter, weil es von ihnen im Satz wimmelt. Diese sind es: *doch, überhaupt, gar, als solcher, praktisch, letzten Endes, eigentlich, irgendwie.*
Merken wir uns: Jede Feststellung verliert an Wert, wenn sie in eine abschwächende Form gekleidet ist. Natürlich haben manche Flickwörter zuweilen einen stilistischen Wert. Dann „flicken" und „füllen" sie nicht, sondern deuten, verstärken, heben ab.

Sehen Sie sich die folgende Liste einmal genau an:

Aber
allerdings
als solches
also
annähernd
an sich
an und für sich
außerordentlich
doch
doch wohl
durchaus
echt
eigentlich
entscheidend
etwa
eventuell
faktisch
fast
gezielt
genau
gerade
gewiß
gewissermaßen
gleichsam
immerhin
in etwa
irgendwie
ja
ja eben
letzten Endes
möglicherweise
nämlich
natürlich
noch
nur
perfekt
praktisch
restlos
schon
sehr
selbstverständlich
sicher
sicherlich
sozusagen
tunlichst
überhaupt
übrigens
ungemein
unzweifelhaft
voll und ganz
vollends
völlig
wohl
zweifellos

Übung 14:

Kürzen Sie die folgenden Sätze auf das Wesentliche!

1. Der Mensch als solcher ist zu allerhand Untaten fähig.	Der Mensch ist . . .
2. Diese Erscheinung läßt sich doch noch oft genug beobachten.	Diese Erscheinung läßt sich oft beobachten.
3. Die Angaben sind absolut richtig.	Die Angaben sind richtig.
4. Die Entfernung war relativ gering.	Die Entfernung war gering.
5. Wenn wir die Angelegenheit rein menschlich betrachten, verstehen wir die Handlungsweise des . . .	Wir verstehen, daß . . . so gehandelt hat.
6. Mit Bezug auf Ihr geschätztes Schreiben bitten wir Sie höflichst um Ihren werten Besuch.	Wir haben Ihr Schreiben vom . . . erhalten; besuchen Sie uns, wenn es Ihnen paßt, am . . . um . . ., oder rufen Sie uns an! (Übertriebene Höflichkeit!)
7. Dieses Gerät ist von praktisch unbegrenzter Lebensdauer.	Dieses Gerät kann fast nicht verschlissen werden.
8. Es gab für ihn praktisch keinen anderen Ausweg, als zu zahlen.	Er mußte zahlen.
9. Bei diesem Getriebe haben Sie praktisch keinen Ölverbrauch.	Der Ölverbrauch bei diesem Getriebe ist gering.

1.3.4. Angebersprache

Es ist eine alte Lebensweisheit: Wer den Mund gar zu weit aufmacht, dem ist nicht zu trauen. Man hüte sich vor Übertreibungen, vor allem vor gedankenlosen!

Übung 15:

Beseitigen Sie die Übertreibungen!

1. Die Reise hat mir unendlich viel gegeben; ich sehe diese Gegend jetzt mit ganz anderen Augen an.	Die Reise hat mir viel gegeben, ich sehe diese Gegend jetzt mit anderen Augen an.
2. Sie waren restlos glücklich.	Sie waren glücklich.
3. Das ist in schnellster Zeit zu erledigen.	Das ist schnell zu erledigen.

4. Diese Zusage ist als ein großes Plus zu verzeichnen.	Diese Zusage nützt uns viel.
5. Er sang das Lied ganz hervorragend.	Er sang das Lied hervorragend.
6. Ihr Verhalten ist völlig unmöglich.	Ihr Verhalten ist unmöglich.
7. Das ist ganz ausgeschlossen.	Das ist ausgeschlossen.
8. Wir bieten Ihnen die vollkommenste Ware.	Unsere Ware ist tadellos.
9. Die hauptsächlichsten Gründe für das Versagen des Rennläufers waren Kälte und Regen.	Die Hauptgründe für . . .
10. Dieses Schreiben verdient strengste Beachtung.	Beachten Sie dieses Schreiben wohl!
11. Wir haben nur die leistungsfähigsten Mitarbeiter.	Wir haben tüchtige Leute.
12. Sie bekommen unsere sehr guten Lamadecken zu einem sehr niedrigen Preis.	Sie bekommen herrliche Lamadecken zu einem Spottpreis.
13. Wir werden Ihre Wünsche bestens erfüllen.	Wir erfüllen Ihre Wünsche.
14. Diesen Film müssen Sie unbedingt sehen.	Schauen Sie sich diesen Film an!
15. Nur bei vollstem Einsatz Ihrer Kräfte werden Sie Erfolg haben.	Strengen Sie sich gehörig an, wenn Sie etwas erreichen wollen.
16. Meine Begeisterung war auf dem absoluten Nullpunkt angelangt.	Ich konnte mich dafür nicht mehr begeistern.
17. Jeder arbeitende Mensch möchte seinen Urlaub optimal verwirklichen.	Reines Urlaubsglück – das wünscht sich jeder Arbeiter.
18. Der Wert dieser Einrichtung ist von unschätzbarer Bedeutung.	Diese Einrichtung stellt einen großen Wert dar.
19. Sie müssen das sehen! Das ist unheimlich wichtig.	Lassen Sie sich das nicht entgehen!
20. Unsere Preise werden alle Ihre Erwartungen übertreffen.	Bei uns geht's zu wie beim Billigen Jakob.

Übung 16:

In den folgenden Sätzen kommen unmögliche Steigerungsformen vor. Berichtigen Sie diese!

1. Das ist die einzigste Möglichkeit, die wir haben.	Wir haben keine andere Möglichkeit.
2. Ihr Angebot befriedigt uns in keinster Weise.	Ihr Angebot befriedigt uns nicht.
3. Hier haben Sie die optimalsten Bedingungen.	Bessere Bedingungen gibt es nicht.
4. Das theoretische Wissen ist bei vielen Leuten in der Führerscheinprüfung sehr minimal.	Was die Leute bei der Führerscheinprüfung in der Theorie wissen, ist beschämend.
5. Die Chancen, im Pokalwettbewerb zu bleiben, sind minimaler denn je.	Es besteht kaum mehr Hoffnung für die Mannschaft, im . . . (minimal = Höchststufe; kann nicht mehr gesteigert werden!)
6. Das ist die elementarste Neuerscheinung der letzten Jahre.	In den letzten Jahren gab es kein gründlicheres Buch.

1.3.5. Schwulstige Ausdrücke

Mit schwerfälligen und gespreizten Wörtern läßt sich kein gut lesbarer Satz bauen.

Übung 17:

Übertragen Sie diese klobigen Aussagen in ein klares Deutsch!

1. Das dürfte am Kostenpunkt scheitern.	Das wird zu teuer sein.
2. Bei Inangriffnahme einer neuen Unternehmung spielen Schwierigkeiten zunächst eine entscheidende Rolle.	Aller Anfang ist schwer.
3. Viele Beamte führen eine gute Ehe mit einem geregelten Verhältnis.	Viele Beamte führen eine gute Ehe. (Der Anhang ist sinnlos, ja verfänglich!)
4. Auch diese Aussage hat ihren Stellenwert in der Gesamtkonzeption des Plans.	Auch diese Aussage ist im Gesamtplan zu berücksichtigen.
5. Durch Werbung wird eine niedrigere Aufwandssituation erreicht.	(Sinn unklar, weil entsetzlich gespreizt! Wohl: Werbung senkt die Preise, weil der Umsatz groß ist.)
6. Die Rechnung wird Ihnen in dreifacher Ausfertigung zugestellt.	Sie bekommen die Rechnung dreifach.
7. Solch eine Reise ist sehr zeitaufwendig.	Für eine solche Reise braucht man viel Zeit.
8. So stünden diese Leute finanziell besser da.	So hätten die Leute nicht soviel Geld ausgegeben.
9. Lassen Sie Ihr Auto vor Eintritt des Winters überholen!	Lassen Sie Ihr Auto vor dem Winter überholen!
10. Nach Beendigung der Versammlung fuhren wir nach Hause.	Nach der Versammlung fuhren wir nach Hause.
11. Die von Westen kommende Kaltwetterzone führt ausgiebige Niederschläge mit sich.	Das kalte Tief aus dem Westen wird heftigen Dauerregen bringen.
12. Die Vermögensbildung auf Arbeitnehmerseite soll verbessert werden.	Die Arbeitnehmer sollen Sparzulagen und -prämien bekommen.
13. Bezüglich des Preises konnte man zu keiner Einigung kommen.	Über den Preis konnte man sich nicht einigen.
14. Im Krankheitsfalle müssen Sie sofort Ihre Behörde benachrichtigen.	Bei Krankheit müssen Sie . . .
15. Wir werden für diese Sache alle Kräfte zum Einsatz bringen.	Wir werden . . . alle Kräfte einsetzen
16. Wir ziehen diesen Plan in Erwägung.	Das überlegen wir uns.
17. Ich komme zu der Meinung, daß wir wohl unser Ziel erreicht haben.	Ich meine, wir haben unser Ziel erreicht.
18. Die Möglichkeit eines Rückfalls ist nicht ausgeschlossen.	Es kann ein Rückfall kommen.
19. Das ist eine anzuerkennende Verzichtleistung.	Ihr Verzicht wird anerkannt.
20. Sie bekommen den Bescheid in Bälde (!) zugeschickt.	Der Bescheid kommt bald.

Noch 2 Tips:

a) Das Wort *beziehungsweise* (bzw.) ist meist ersetzbar durch *und, oder, besser gesagt, genauer gesagt:*

1. Er hat mir das mitgeteilt bzw. geschrieben.	Er hat mir das mitgeteilt, genauer gesagt: geschrieben.
2. Wenden Sie sich an mich bzw. an meinen Stellvertreter.	Wenden Sie sich an mich oder meinen Stellvertreter.

b) Kürzen Sie diese gestreckten Wörter:

Fühlungnahme	→ Fühlung	Kenntnisnahme	→ Kenntnis
Geltendmachung	→ Begründung, Nachweis	Rücksichtnahme	→ Rücksicht
		Stellungnahme	→ Stellung
Inbetriebnahme	→ Beginn, Benutzung	Zahlungsleistung	→ Zahlung
Inangriffnahme	→ Beginn, Anfang	Zurverfügungstellung	→ Zuweisung

1.3.6. Gedehnte Ausdrücke

Übung 18:

Ersetzen Sie den zusammengesetzten Ausdruck (Hauptwort + Zeitwort) durch ein Zeitwort!

1. Das Amt setzt Sie davon in Kenntnis, daß Ihr Antrag abgelehnt wird.	Das Amt teilt Ihnen mit, daß . . .
2. Auf Ihren Fall findet der § 77 Anwendung.	Auf Ihren Fall ist der § 77 anzuwenden.
3. Auch diese Summe ist in Anrechnung zu bringen.	Auch diese Summe ist anzurechnen.
4. Der Geheimdienst ist in den Besitz wichtiger Erkenntnisse gelangt.	Der Geheimdienst hat wichtige Erkenntnisse gewonnen.
5. Unser Leitfaden gelangt im nächsten Jahr zu Verteilung.	Unser Leitfaden wird nächstes Jahr verteilt.
6. Ich gebe die Einwilligung dazu, daß meine Tochter den Führerschein macht.	Ich willige ein, daß . . .
7. Richten Sie Ihr Augenmerk auch auf das Kleingedruckte!	Beachten Sie auch das Kl. . . .
8. Wenn Sie Einwendungen zu erheben haben, dann machen Sie uns davon Mitteilung!	Wenn Sie etwas einzuwenden haben, dann teilen Sie uns das mit!
9. Die Erklärung zur Umsatzsteuer kommt in Wegfall.	Die Erklärung zur Umsatzsteuer fällt weg.
10. Schenken Sie auch der Tatsache Beachtung, daß Sie Ihre Garage vermietet haben!	Beachten Sie auch, daß . . .

Beachten Sie die folgenden Möglichkeiten, aufgebauschte Wendungen zu kürzen:

In Rechnung stellen	– berechnen	Ermittlungen anstellen	– ermitteln
käuflich erwerben	– kaufen	dem Bedauern Ausdruck verleihen	– bedauern
in Auftrag geben	– bestellen		
Abhilfe schaffen	– abhelfen	zur Kenntnis bringen	– mitteilen
in Abzug bringen	– abziehen	zu Gehör bringen	– vortragen
zur Verfügung stellen	– überlassen	in Anrechnung bringen	– anrechnen
Schaden zufügen	– schädigen	in die Wege leiten	– einleiten

zum Versand bringen	– versenden
zum Ausdruck bringen	– ausdrücken
Sorge tragen	– sorgen
den Versuch unterneh-men	– versuchen
eine Absprache treffen	– verabreden
eine Untersuchung durchführen	– untersuchen
eine Verbesserung er-fahren	– verbessert werden
eine Beeinträchtigung erfahren	– zurückgehen

zur Verlesung bringen	– verlesen
von der Anschaffung absehen	– verzichten
eine Mitteilung machen	– mitteilen
einer Prüfung unterzie-hen	– prüfen
in Augenschein nehmen	– besichtigen
in Vergessenheit geraten	– vergessen werden
der Hoffnung Ausdruck geben	hoffen

Übung 19:

Formulieren Sie eine gekürzte Fassung!

1.	Jetzt kann der Mann schon mit 18 Jahren die Ehe eingehen.	. . . mit 18 Jahren heiraten.
2.	Sie haben dafür Sorge zu tragen, daß Ihre Kinder zum Unterricht erscheinen.	Sie haben dafür zu sorgen, daß . . .
3.	Die Symphonie kam zum Vortrag.	Die Symphonie wurde vorgetragen.
4.	Diese Summe wurde in Anschlag gebracht.	Diese Summe wurde veranschlagt.
5.	Wir wollen Ihren Antrag einer wohlwollenden Prüfung unterziehen.	Wir prüfen Ihren Antrag.
6.	Wir geben uns der Hoffnung hin, daß Ihnen unser Angebot zusagen wird.	Wir hoffen, daß Ihnen unser Angebot gefallen wird.
7.	Über den Eingang der Zahlung ist dem Kunden eine Bescheinigung zu erteilen.	Der Empfang der Zahlung ist dem Kunden zu bescheinigen.
8.	Die Rückzahlung des Sparguthabens wurde getätigt.	Das Sparguthaben wurde zurückgezahlt.
9.	Die Vertretung der Sparkasse obliegt dem Vorsitzenden des Verwaltungsrates.	Der Vorsitzende des Verwaltungsrates vertritt die Sparkasse.
10.	Für den Kredit ist eine Sicherheit notwendig.	Der Kredit ist zu sichern.
11.	Der Sparkassenleiter hat die Anordnung erlassen, daß durchgearbeitet wird.	Der Sparkassenleiter hat angeordnet, daß . . .
12.	Die Diskontierung des Wechsels nehmen wir noch heute vor.	Wir diskontieren den Wechsel noch heute.
13.	Der Ausweis des Polizeimeisters ist in Verlust geraten.	Der Polizeimeister hat seinen Ausweis verloren.
14.	Den Anordnungen ist Folge zu leisten.	Die Anordnungen sind zu befolgen.
15.	Die Zahlung erfolgt am 20. dieses Monats.	Wir zahlen am . . .
16.	Die Nichtbeachtung dieser Vorschrift unterliegt strenger Bestrafung.	Ein Verstoß gegen diese Vorschrift wird streng bestraft.
17.	Ich bringe Ihnen nochmals in Erinnerung, daß Sie Ihre Steuererklärung sofort einzureichen haben.	Ich erinnere Sie nochmals daran, daß . . .
18.	Beigeschlossen überreichen wir Ihnen die von Ihnen gewünschten Unterlagen zu Ihrer Bedienung.	Sie erhalten die gewünschten Unterlagen.
19.	In Anbetracht der uns geschilderten Umstände werden wir eine Untersuchung in die Wege leiten.	Bei dieser Sachlage werden wir eine Untersuchung einleiten.

20. Hinsichtlich der zweiten Frage ist noch keine Entscheidung getroffen worden.	Die zweite Frage ist noch nicht entschieden.

1.4. Die richtige Sprachebene

1.4.1. Modewörter

Modewörter entstehen oft „über Nacht" und verschwinden ebenso schnell. Meist entstammen sie der Sprache bestimmter Berufs- oder Altersgruppen. Modewörter können auch zu Schablonen werden, deren sich oft Angeber bedienen.
So heißt das Wort *Image* nicht schlechthin *Bild,* sondern *die* Art von Vorstellung, von der gewisse Leute wünschen, daß andere Leute sie von ihnen haben. Andererseits verwischen Modeausdrücke oft den eindeutigen Sinn der Wörter und können so ein Allerwelts-Kauderwelsch schaffen.

Übung 20:

„Übersetzen" Sie die folgenden Modeausdrücke in gutes, gängiges Deutsch!

1. Es wäre schön, wenn die Partnerschaft noch mehr zum Tragen käme.	. . ., wenn die Partnerschaft noch mehr Erfolg hätte. (. . . sich noch mehr ausweiten könnte.)
2. Es stellt sich die Frage in den Raum, wo man den Urlaub verbringen soll.	Es ist zu überlegen, . . .
3. Das Wort Umweltschutz wird heute ganz groß geschrieben.	. . . wird heute besonders beachtet.
4. Die Angelegenheit wurde auf höchster Ebene entschieden.	Hier entschied die Staatsführung.
5. Dieser Negativ-Erfolg ist für uns schwer zu verkraften.	Dieser Mißerfolg macht uns zu schaffen.
6. Wir müssen uns mit einem Null-Wachstum der Wirtschaft abfinden.	Wir müssen uns damit abfinden, daß die Wirtschaft nicht mehr wächst.
7. Das Minus-Wachstum der Bevölkerung gibt zu den schlimmsten Befürchtungen Anlaß.	Die Bevölkerung geht zurück. Wie soll das weitergehen?
8. Mein Herr, Sie haben das falsche Bewußtsein.	Mein Herr, Sie denken verkehrt!
9. Diese Aussagen müßte man erst hinterfragen.	Was steht hinter diesen Aussagen?
10. Die Versammlung wurde umfunktioniert.	Die Themen wurden rücksichtslos beiseite geschoben.
11. Ich wollte schon lange in dieser Sache auf Sie zugehen.	Ich wollte schon lange wegen dieser Sache mit Ihnen reden.
12. Ich gehe davon aus, daß wir uns bald wieder treffen.	Ich nehme an, daß . . .
13. Dieser Abend hat mir irre gefallen.	. . . wirklich gefallen.
14. Als ich das sah, war ich ehrlich erschrocken.	. . . war ich erschrocken.
15. Das hat mich echt überrascht.	. . . mich überrascht.
16. Die Marmelade ist schrecklich süß.	. . . arg süß.
17. Das war riesig komisch.	. . . sehr komisch.
18. Das ist furchtbar nett von Ihnen.	. . . sehr nett von Ihnen.
19. Er bot eine reichlich knappe Leistung.	Seine Leistung war nicht viel wert.
20. Diese Zeit ist reichlich kurz.	Diese Zeit reicht kaum.

Wir führen hier noch weitere Beispiele an:

ankommen
Bezugsperson
Klasse
Freiräume
Lernprozeß
(einsame) Spitze
Stellenwert
unterschwellig
unter die Haut gehen
Fitness (Fitneß)
nicht drin sein
auf jemand zukommen
eskalieren (stufenweise steigern)
Kreativität (Lust oder Möglichkeit, etwas zu schaffen)
motivieren (anregen)
Repression (Unterdrükkung)
repressiv (unterdrückend)
Rollenfixierung (Festlegung auf eine Rolle)
sensibilisieren (empfindlich machen)
Syndrom (verschiedene Ursachen)
systemimmanent (im System liegend)

1.4.2. Saloppe Ausdrücke:

Eine Stufe tiefer, aber ebenso der Mode verhaftet und ähnlich kurzlebig sind die saloppen oder „schnoddrigen" Ausdrücke. Sehen Sie sich eine Sammlung davon an! Hand aufs Herz: Gefallen Sie Ihnen?

Wie stehn die Aktien?
Mir geht's halt so mittelprächtig.
Dumm geboren, nichts dazu gelernt, und auch das noch vergessen.
Er verdient 'ne ganz schöne Stange Geld.
Nee, danke für Obst und Südfrüchte.
Das hab' ich nicht spitzgekriegt.
Das haut gewaltig hin.
Ich lache mich schimmlig.
Der ist weg vom Fenster.
Das geht in Ordnung.
Da ist die Luft raus.
Der ist frech wie Oskar.
Da war ich platt.
Der gibt an wie zehn nackte Neger.
Die beste Krankheit taugt nichts.
Er gießt sich gern was hinter die Binde.
Mensch, das ist'n Ding!
Geh weiter, so'n alter Knacker!
Wir werden das Kind schon schaukeln.
Ich war völlig von den Socken.
Da blick' ich überhaupt nicht durch.
Die Arbeit hab' ich gründlich versaut.
Das müssen wir in den Griff kriegen.
Die Karriere ist im Eimer.
Das könnte leicht ins Auge gehen.
Die speien ja Gift und Galle.
Der hat vielleicht Rosinen im Kopf.
Da mußt Du deinen Grips anstrengen.
Den ganzen Laden schmeiß' ich alleine.

Birne (Kopf)
Benimm (gutes Benehmen)
Flosse
Rüffel
Krach
Schwips
glotzen
kriegen
pumpen
quatschen
schmeißen
veräppeln
bejahrt
bemoost
besoffen
brenzlich
dreckig
geknickt

1.5 Test I: Gute und schlechte Ausdrücke

A)

Unterstreichen Sie alle Ausdrücke, die gegen einen guten Stil verstoßen!
(Fräulein Martinella Plüschke schreibt an ihre Mutter:)

Liebe Mammi!
Mir geht es gesund; Euch auch, hoffe ich. Stell Dir mal vor, was alles los war in den letzten Tagen! Wir haben erstmal bei vollstem Einsatz im Geschäft Inventur gemacht. Durch die billigen Waren konnten wir personalmäßig die Leute kaum noch bedienen. Die Preise waren wirklich selten billig. Alle haben was gefunden. Am Schluß hatten wir zuletzt ein absolut leeres Lager, in dem nichts mehr war. Immer wieder tauchte ein Mehrbedarf auf, den wir unbedingt befriedigen sollten.

Beiliegend schicke ich Dir ein Verzeichnis im Bezug auf Wintermäntel, die wir demnächst zum Verkauf bringen. Wenn Du was willst, laß mir gleich eine Antwort zukommen! Wenn die ganzen Wintermäntel erst im Geschäft hängen, sind die Leute unerbitterlich. Die raufen sich praktisch darum. An und für sich ist das unserem Chef gewissermaßen gar nicht unangenehm; denn das fördert unzweifelhaft irgendwie unser Image. Aber letzten Endes ist die Sache als solche für uns außergewöhnlich anstrengend.

Meine Freundin Kerstin hat sich gestern nicht gefühlt. Der Bauch hat ihr ganz schön weh getan. Sie hat wahnsinnig viel Tabletten geschluckt. Vom Doktor war es furchtbar nett, daß er sie in etwa wie ein eigenes Kind betreut. Er hat ihr übrigens den Bauch massiert. Das hat vielleicht echt geschmerzt. Sowas macht man eigentlich doch nur mit einem bösen Feind, mit dem man in Urfehde lebt. Ich wollte das schon mit berechtigter Sorge zum Ausdruck bringen; aber er hat gesagt: „Nun seien Sie also beruhigt! Die Arbeitskraft Ihrer Freundin wird praktisch keine Beeinträchtigung erfahren."

Also denke daran, daß bei uns auch Lodenstoffe ihre Verarbeitung finden! Ich mache Dir dann eine Mitteilung, wenn es soweit ist. Dann kannst Du Deine Fahrt hierher in die Wege leiten.

Deine Nelli

Falsche Ausdrücke: Mir geht es gesund, mal, ganzen, erstmal, durch die billigen Waren . . ., die Preise waren billig, selten billig, haben was gefunden, beiliegend schicke ich . . ., im Bezug, wenn du was willst, die ganzen, unerbitterlich, hat sich nicht gefühlt, sowas, . . . in Urfehde lebt.

Füllsel: Zuletzt, absolut, leer, unbedingt, praktisch, an und für sich, gewissermaßen, unzweifelhaft, irgendwie, als solche, außergewöhnlich, in etwa, übrigens, vielleicht, echt, eigentlich, also, praktisch, also.

Schwerfällig: Personalmäßig, Mehrbedarf, zum Verkauf bringen, laß mir eine Antwort zukommen, mit berechtigter Sorge, zum Ausdruck bringen, wird keine Beeinträchtigung erfahren, ihre Verarbeitung finden, ich mache Dir eine Mitteilung, Fahrt in die Wege leiten.

Übertrieben: Bei vollstem Einsatz, Image, ganz schön weh, wahnsinnig viel, furchtbar nett, echt geschmerzt.

B)

Im folgenden Brief von Fräulein Strixi an ihre Freundin Mopsi finden Sie viele modische und saloppe Ausdrücke. Unterstreichen Sie diese!

Liebe Mopsi!
Ich muß Dir unbedingt was schreiben, auch wenn Du treulose Tomate immer nichts hören läßt. Gestern abend waren die ganzen Kolleginnen und Kollegen im Hotel „Bienenschwarm". Mein Chef ist unheimlich in Ordnung. Er hat an mir einen Narren gefressen. Wir haben alle praktisch doch nichts anderes gemacht als getanzt und geschmust. Also zuerst war ich wahnsinnig aufgeregt, weil bei dem Ganzen so ein gewisses feierliches Etwas war. Wie mein Chef mich aufgefordert hat, das war ein Gedicht! Umwerfend – sag ich Dir!

Zuerst haben wir einen Wiener Walzer getanzt, das hat mich fast umgehauen. Alle haben ihre Scheinwerfer auf mich gestellt, weil es eine so tolle Schau war; wirklich eine Wucht! Eine Krawatte hat er angehabt, die war einfach der letzte Schrei. Und dann habe ich gemeint, bei ihm ist eine Schraube locker, wie er sich ganz nah zu mir gebeugt hat. Er hat geflüstert: „Sie sind ein Schatz! Wie Sie tanzen, das ist einsame Spitze."

Die Flapsy, die auch auf ihn spinnt, ist schon lange vom Fenster weg. Jetzt habe ich aber auf den Putz gehauen und ihr alles erzählt. Sie war irre ärgerlich und hat geknurrt: „Na, du machst halt auf flotte Biene. Bei dir piept's doch." Da habe ich schon geglaubt, mich streift ein Bus. Aber ich lache mir einen Ast. Ich gehe davon aus, daß sie mir mein unheimliches Glück nicht gönnt.

Wenn ich noch eines anfüge, bevor ich Schluß mache, so würde ich sagen: Dich hätte es aus den Latschen geschmissen, wenn Du das alles gesehen hättest.

Das wünsche ich Dir von Herzen

Deine Strixi

C)

Überlegen Sie, welche Wendungen Sie selbst verwenden würden!

Liebe einst und jetzt – von der Bekanntschaft zum Ehebund.

1900: „Gnädigstes Fräulein Karoline! Ich sah den Abdruck Ihrer entzückenden Stiefelettchen gestern früh am Schwanenteich. Lassen Sie meinen unwürdigen Fuß nächsten Sonntag um zehn Uhr neben den Ihren an diesem Ufer schreiten!" – – „Herzliebste! Nimmermehr kann ich jetzt einem Menschen in die Augen sehen; denn meine sind wie leuchtende Sterne, und sie würden mich gleich verraten. Tief in meinem Herzen trage ich eine heiße Flamme, die mich zu verzehren droht. Die Fülle meines Glückes erdrückt mich fast. Oh, daß ich fliehen könnte in den Wald, um als Einsiedler nur Dich im Sinn zu haben! Aber noch schöner ist es zu träumen, ewig bei Dir zu sein, meine holde – darf ich schon denken: Braut?" – – „Wann, Geliebte, darf ich es wagen, Deiner hochgütigen Frau Mamma und Deinem überaus geschätzten Herrn Vater vor die Augen zu treten, um ihn um das Teuerste zu bitten, das es für mich auf dieser Welt gibt – Deine weiße Lilienhand?" – – „O unnennbares Glück, daß ich Dich finden durfte! Noch einige Tage, und die Welt wird mir durch Dich zum Himmel! Möge Gott uns schirmen und uns geben, daß wir uns immer lieben!"

1970: „Hallo, Blondy, ich steh auf Sie. Habe zwei Beatkarten. Treff morgen, 20 Uhr, Pfanni-Uhr, okay?" – – „Kleines Schrapnell! Bist ehrlich eine steile Braut. Nur die Bostella haut noch nicht recht hin. Bis dann!" – – „Ich hab schon ehrlich Bauchweh, wenn ich mit Deinem Chef und Deiner Chefin reden soll. Vielleicht schickst Du besser einmal Deinen Alten bei mir vorbei!" – – „Jackie, Du bist doch mein höchstes Faß, und ich bin jetzt für immer Dein Master."

D)

Unterstreichen Sie in diesem „Kündigungsschreiben" alles Ungehörige!

An die Hosenträger-Firma
Reiß und Knopf GmbH

Liebe Chefs!
Ich möchte Sie freundlich bitten, davon Kenntnis zu nehmen, daß mir Ihr Laden überhaupt nicht mehr zusagt. Ich habe die Schnauze gestrichen voll und lasse mich nicht länger blitzen. Da arbeitet man wie ein Verrückter, daß man am Wochenende auf den Brustwarzen nach Hause robbt, und dann kommt der eine von Ihnen am anderen Tage auf mich zu und sagt: „Setz deine lahmen Vorderpfoten in Bewegung!" Hast du da noch Töne? Das geht mir echt auf den Wecker. Wo ich doch fast alleine den ganzen Laden schmeiße! Das wissen Sie doch!

Da quasseln Sie immer: „Die Kohlen müssen halt stimmen." Das ist schon stark. Machen Sie doch selbst Ihren Dreck! Bei Ihnen geht man vor die Hunde; und das kommt bei mir nicht in die Tüte. Vielleicht glauben Sie jetzt, ich habe nicht alle Tassen im Schrank. Wie's mit mir weitergeht, das ist nicht Ihr Bier; das geht Sie einen feuchten Staub an. Jedenfalls haue ich ab und suche mir was Besseres. Auf ein Zeugnis von Ihnen pfeife ich. Das können Sie sich an den Hut stecken.

Mit freundlichen Grüßen
Ihr Jaro Rotzkopf

E)

Unterstreichen Sie auch hier sämtliche unpassenden Wendungen!

„Der Rasende" – Reisebüro und Busse

An . . . .

Sehr geehrte Damen und Herren!
Unter Bezugnahme auf Ihre diesbezügliche Anfrage stellen wir Ihnen als das oben bezeichnete Reisebüro unsere Prospekte gerne zu. Mit dem Herannahen der warmen Jahreszeit wird bei Ihnen sicher der Gedanke entstehen, das Zusammengehörigkeitsgefühl Ihrer Belegschaft durch einen echt schönen Betriebsausflug zu fördern. Sie werden sich erinnern können, daß wir alle Jahre Ihre ganzen Wünsche praktisch zu Ihrem vollsten Vertrauen erfüllt haben.

In Beantwortung Ihrer Anfrage nach den Preisen gestatte ich mir eine Verweisung auf unser beiliegendes Verzeichnis. Dem Betriebsausflug fällt eine hohe Bedeutung zu; dies sollten Sie nicht vergessen. Durch das klaglose Funktionieren unseres seit Jahren eingespielten Apparats sind wir in der Lage, alles für Sie zu tun. Sie werden wie immer voll und ganz zufrieden sein.

Stets gerne für Sie beschäftigt, verbleiben wir mit den besten Grüßen

. . . .

F)

(Bericht aus dem „Boltheimer Anzeiger" vom . . .: Am letzten Sonntag brach in Forchberg aus bisher ungeklärten Gründen im Gasthof „Zur Post" ein Großbrand aus. Personal und Gäste konnten sich retten; nur zwei Kinder des Wirts, die im Speicher spielten, wurden von den Flammen eingeschlossen. Der Gemeindesekretär Hans Unverzagt rettete sie unter Einsatz seines Lebens über die zusammenstürzende Holztreppe und wurde, kurz bevor er das Freie erreichte, von einem brennenden Balken niedergestreckt. Feuerwehrleute zogen die Kinder und ihn aus dem Haus. Den Kindern geschah nichts; aber der tapfere Retter mußte wegen einer Reihe von Knochenbrüchen ins Krankenhaus eingeliefert werden. Es ist fraglich, ob er seinen Beruf weiterhin versehen kann.)

Der Onkel des Sekretärs nimmt lebhaften Anteil am Schicksal des Neffen. Er meint, man müßte das mutige Rettungswerk sichtbar würdigen. Dies könnte seinem Neffen im weiteren Leben helfen. Deshalb beschließt er, sich in einer Eingabe an den Ministerpräsidenten zu wenden und diesen zu bitten, Hans Unverzagt die Lebensrettungsmedaille am Band zu verleihen.
Dies ist sein Schreiben. Überlegen Sie, was daran stilistisch zu verbessern ist!

. . . .

Herrn
Ministerpräsidenten
. . . .

Bitte um die Verleihung der Rettungsmedaille am Band an meinen Neffen . . .

Sehr geehrter Herr Ministerpräsident!
Mein Neffe, Hans Unverzagt, hat am . . . bei einem Großfeuer in Forchberg unter Einsatz seines Lebens zwei Kinder aus den Flammen gerettet. Er wurde dabei selbst schwer verletzt und hat bleibende Schäden erlitten, die ihn zwingen, seinen Tätigkeitsbereich zu wechseln.

Ich bitte Sie, meinem Neffen als äußerlich sichtbares Zeichen dafür die Rettungsmedaille am Band zu verleihen; denn er hat vorbildlich gehandelt, wie das ein Beamter soll. Er hat sich nicht geschont, aber die Kinder unverletzt ins Freie gebracht. Eine solche Auszeichnung würde meinen Neffen nicht nur ehren, sondern sicherlich auch seinen weiteren Lebensweg erleichtern helfen.

Mit vorzüglicher Hochachtung

. . . .

Der Brief ist so, wie er ist, in Ordnung und nicht zu verbessern!

2. Sätze und Satzgebilde

Die drei folgenden Sätze haben denselben Inhalt. Welche Fassung gefällt Ihnen am besten?

a) *Am Anfang erfolgte seitens Gottes die Durchführung von Maßnahmen zwecks Erschaffung sowohl des Himmels als auch der Erde.*
b) *Zu Beginn der kosmischen Veranstaltung wurde die Erschaffung des Himmels bzw. der Erde von seiten Gottes vorgenommen.*
c) *Am Anfang schuf Gott Himmel und Erde.*

Sie wissen selbst, daß die dritte Fassung der erste Satz des Alten Testaments in der Übersetzung Martin Luthers ist. Sein Rat gilt noch heute: „Schreibe, wie du sprichst!" Über den einwandfreien Ausdruck haben wir uns unterhalten; jetzt wenden wir uns dem Satzbau zu. Ein „normaler" Satz enthält 10-15 Wörter. Ob wir lange oder kurze Sätze machen, richtet sich auch nach dem Gegenstand und dem Leser. Von Ausnahmen abgesehen, sollte man jeden Satz in einem Atemzug gut zu Ende sprechen können.

Goethe und seine Zeitgenossen schrieben Sätze von durchschnittlich 35 Wörtern; anscheinend haben wir heute diese geistige Spannkraft nicht mehr. Dafür sind die einzelnen Wörter länger. Die Hetze unserer Zeit läßt uns auch nicht mehr die Ruhe, daß wir mit Genuß die Stränge eines kunstvoll gebauten Satzes entwirren.

Für uns gilt: Wenn wir einen Satz beim ersten Lesen nicht verstehen, liegt es nicht an uns, sondern am Satz. Freilich läßt sich diese Regel nicht auf alle Gebiete des menschlichen Lebens anwenden. Recht, Wissenschaft und Technik benötigen andere Wörter und andere Satzfügungen. Gerade da ist besondere Aufmerksamkeit angebracht.

Unsere Zeit ist „geschwätzig". Das Gebet des Herrn, das Vaterunser, kommt mit 56 Wörtern aus; die 10 Gebote benötigen 297, die Unabhängigkeitserklärung der USA ist in 920 Wörtern niedergeschrieben; aber die Verordnung der EG über den Export von Enteneiern besteht aus sage und schreibe 26.911 Wörtern!

Was halten Sie von diesem kleinen Reim?

Das Nilpferd fraß ein Krokodil;
drum gibt es keine mehr im Nil.

Sie müssen etwas nachdenken; der Satz verwirrt sie. Natürlich wurde das Nilpferd gefressen! Das müßte man gleich, ohne langes Nachdenken, erkennen. Also ist der Satz nicht gut gebaut.

Betrachten wir ein anderes Beispiel! Vor den Kommunalwahlen gab es in einem Ort im Kampf um den Sessel des Oberbürgermeisters einen sprachlichen Ausrutscher. Bewerber A warf dem Bewerber B vor: *„Selbst das Rechtsgutachten eines anerkannten Universitätsprofessors konnte Dr. B. und seine Partei nicht dazu bewegen, die Steuergelder der Bürger weiter zu mißbrauchen."* Der zweite Witz war, daß der Angegriffene diese Behauptung als Verleumdung abtat. – Ja, ja, Sprache und Logik!

2.1. Der richtig gebaute Satz

Zum Überlegen:

Merken wir uns folgende Regeln:
a) Kurze, aber nicht zu kurze Sätze: 10-15 Wörter; rhythmische Abwechslung!
b) Übersichtlicher Satzbau! Ein Satz muß bei einmaligem Durchlesen zu erfassen sein.
c) Hauptsachen gehören in Hauptsätze, Nebensachen in Nebensätze! Richtige Zeichensetzung!
d) Nicht zuviel in einen Satz hineinstopfen! Entbehrliche Wörter weglassen!

Formale Einteilung der Sätze:
a) Einfache Sätze: *Der Amtsrat telefoniert.*
b) Erweiterte Sätze: *Er telefoniert lange mit dem Abteilungsleiter.*
c) Satzreihen: *Er arbeitet schnell, und er telefoniert während des Vormittags wenig; denn er muß sich dem Parteiverkehr widmen.*
d) Satzgefüge: *Da der Amtsrat, der ein fähiger Mann ist, sehr schnell arbeitet, gibt es keine Verzögerungen im Dienstablauf.*

2.1.1. Verstöße gegen die Grammatik

Beispiele:

1. Dieser Wagen ist ganz hervorragend. Geringer Benzinverbrauch. Richtiger Sportwagen.	Sätze sind nicht vollständig.
2. Ich gehe gerne in die Premiere von einem Film.	Der richtige Genitiv ist: . . . eines Films.
3. Er ist sich über diese Sache nicht bewußt.	Genitiv nötig: dieser Sache!
4. Durch den Beginn der Sommerferien waren die Straßen hoffnungslos verstopft.	Falscher Gebrauch von ‚durch'! (Es ist nur richtig auf die Frage wodurch?) Hier: Infolge . . .
5. Ich kann mir den Tag einteilen, wie ich es für richtig finde.	Entweder: . . . für richtig halte. – Oder: . . . es richtig finde.
6. Dieses Verfahren ist ein sehr einfaches.	Eigenschafts- und Mittelwörter als Teile der Satzaussage werden nicht gebeugt. Also: . . . ist sehr einfach.
7. Das zuletzt auf den Markt gekommene Auto ist besonders gut.	„gekommen" (Mittelwort der Vergangenheit eines intransitiven Verbs!) soll nicht als Beifügung verwendet werden!
8. Kritiker behaupten, daß es so nicht weitergehen kann.	Konjunktiv! . . ., daß es so nicht weitergehen könne.

Übung 21:

Verbessern Sie die Sätze!

1. Egal, wo Sie hinkommen. Egal, wo Sie landen. Der schnellste Weg. Der Sie weiterbringt. Die internationale Omnilook-Karte. Für freie Fahrt überall . . .	Etwa: Mit der internationalen Omnilook-Karte haben Sie überall freie Fahrt, gleich, wohin Sie reisen und landen. So kommen Sie immer schnell voran.

2. Der Urlaub ist die schönste Zeit vom ganzen Jahr.	... des ganzen Jahres.
3. Wir überreichen Ihnen eine Kostenaufstellung des „Deutschen Kriegerbund".	... des „Deutschen Kriegerbundes".
4. Der Redakteur des „Alpenverlag" ist Herr Meier.	... des „Alpenverlags" ...
5. In „Die drei gerechten Kammacher" von Gottfried Keller sehen wir gut das damalige Leben.	In „Den drei gerechten Kammachern" ...
6. Er bedient sich Begriffe aus militärischem Bereich.	Er bedient sich einiger (verschiedener) Begriffe ... (Genitiv muß sichtbar sein!)
7. Die alte Dame erfreut sich über gute Gesundheit.	... erfreut sich guter Gesundheit.
8. Durch das Nichtvorhandensein von Radfahrwegen ist der Radfahrer gezwungen, auf der Straße zu fahren.	Da es keine Radfahrwege gibt, ist der Radfahrer ...
9. Als vernünftige Folge der Volljährigkeit halte ich, daß der junge Mensch jetzt mit 18 Jahren wählen kann.	Für eine vernünftige ...
10. Ich finde es als besonders schön, während des Urlaubs Stätten der Kunst zu sehen.	Ich empfinde es als schön, ... Oder: Ich finde es schön, ...
11. Der Sieg war ein glänzender.	... war glänzend.
12. Die Aufführung war eine sehr gelungene.	... war sehr gelungen.
13. Ein im Gefängnis gewesener junger Mann findet selten Arbeit.	Ein junger Mann, der im Gefängnis gewesen ist, findet ...
14. Durch dazugekommene Zuschauer kommt es oft zu Behinderungen bei Rettungsaktionen.	Zuschauer behindern oft Rettungsaktionen.
15. Die neu hinzugekommenen Geschäftszweige entwickeln sich vorteilhaft.	(Gilt nicht mehr als falsch!) Besser: Die Geschäftszweige, die neu hinzugekommen sind, ...
16. Bei den neuen Spülmitteln könnte man fast glauben, es erledigt sich alles von selbst.	..., es erledige sich ...
17. Mein Freund meint, daß der Zeitpunkt für so etwas zu früh ist.	... für so etwas zu früh sei.
18. Er sprach die Hoffnung aus, daß das geschehen wird.	Besser: ..., daß das geschehen werde.

2.1.2. Stellung der Wörter

Beispiele:

1. Viel Geld haben – verlangt nicht jeder danach?	(Der Satz ist richtig! Eleganter Satzbruch, angezeigt durch Bindestrich!)
2. Im Falle einer Wiederholung der Abstimmung sind Änderungen in der Abgrenzung der Stimmbezirke unzulässig.	(Wortkette!) Wird die Abstimmung wiederholt, dürfen die Stimmbezirke nicht geändert werden.
3. Das war nur gedacht für günstige Witterung.	Das war nur für ... gedacht.

4. Viele klagen über durch den Lärm der Autos hervorgerufene schlaflose Nächte.	(Massierung von Verhältniswörtern!) Viele klagen darüber, daß sie wegen des Lärms der Autos nicht schlafen können.
5. Da er den ganzen Tag sich so geplagt hatte, war er müde.	Da er sich den ... (Regel: Fürwörter dieser Art möglichst weit nach vorne!)

Übung 22:

Verbessern Sie die Sätze!

1. Das Sparen des ganzen Anschaffungspreises eines Kühlschrankes dauert ziemlich lange.	Es dauert ziemlich lange, bis man ... gespart hat.
2. Die Behinderung der Lieferung durch höhere Gewalt rechtfertigt keinen Anspruch auf Rückzahlung des Bezugspreises der Zeitung.	Kann die Zeitung wegen höherer Gewalt nicht geliefert werden, hat niemand einen Anspruch darauf,das Bezugsgeld zurückzuerhalten.
3. Das Verhindern des Absinkens des Absatzes von Waren aller Art auf internationaler Ebene würde dem Bestand des Wirtschaftswunders nur förderlich sein.	Das Wirtschaftswunder könnte andauern, wenn unsere Waren weiterhin auf der ganzen Welt gekauft würden.
4. Er tritt ein für die Abschaffung der Zeugnisse.	Er tritt für ... ein.
5. Wir haben uns sehr gefreut auf die Ferien.	Wir haben uns ... gefreut.
6. Er machte mich aufmerksam auf in solchen Gesprächen auftretende Schwierigkeiten.	Er machte mich aufmerksam auf Schwierigkeiten, die in solchen Gesprächen auftreten.
7. Wer an gegen die Bundesrepublik gerichteten Veranstaltungen teilnimmt, hat kein vernünftiges Verhältnis zu diesem Staat.	Wer an Veranstaltungen teilnimmt, die gegen die B. gerichtet sind, hat ...
8. Die Meinung, die von der von der Regierung unabhängigen Bundesbank vertreten wird, spielt bei den Überlegungen des Finanzministers eine große Rolle.	Die Meinung, die die Bundesbank vertritt, die von der Regierung unabhängig ist, spielt ...
9. Ein weiterer Grund für die für die rechtzeitige Absendung der Ersatzteile verantwortliche Firma, auf Eile zu drängen, war die unnachgiebige Haltung des Kunden.	Ein weiterer Grund für die Firma, die für die Absendung der Ersatzteile verantwortlich ist (war), auf Eile zu drängen, war ...
10. Der erste Türhüter in „Vor dem Gesetz" von Franz Kafka ist eine undurchsichtige Person.	Der erste Türhüter in der Erzählung „Vor dem Gesetz" von ...
11. Während während der Hochkonjunktur die Arbeiter zu knapp sind, tritt das Gegenteil bei einem Wirtschaftsabschwung ein.	Während der Hochkonjunktur sind die Arbeiter zu knapp; bei einem Wirtschaftsabschwung tritt das Gegenteil ein.
12. In einem einem Polizisten gehörigen Haus wurde eine Bombe gefunden.	In einem Haus, das einem Polizisten gehört, wurde ...
13. Alles wurde anders, sobald das Bürgertum sich zum entscheidenden Faktor aufschwang.	..., sobald sich das Bürgertum ...
14. Damit soll nicht gesagt werden, daß eine führende Stellung sich schlecht auswirken muß.	... daß sich eine führende Stellung ...
15. Es war schwierig, die Aufgaben ihnen zu erklären.	..., ihnen die Aufgaben zu erklären.

16. Er nimmt die Zeitung, die seine Frau ihm reicht.	. . ., die ihm seine Frau reicht.

2.1.3. Wortwahl

Übung 23:

Was ist unschön? Verbessern Sie!

1. Die Wirtschaft will mit allen Mitteln den Käufer zum Kaufen animieren.	Die Wirtschaft will mit allen Mitteln die Leute . . .
2. Die Bedeutung wird am deutlichsten, wenn man an die Folgen denkt.	Die Bedeutung wird am klarsten, . . .
3. Die Ausführung dieser drei Gewalten wird von drei verschiedenen Behörden durchgeführt.	Diese drei Gewalten werden von verschiedenen Einrichtungen wahrgenommen.
4. Die Frage ist, wie die Wirtschaft es schaffen wird, ihre wirtschaftliche Lage zu verbessern.	Die Frage ist: Wie kann die Wirtschaft ihre Lage verbessern?
5. Es sind Bestrebungen im Gange, die dieses Ziel anstreben.	Gewisse Bestrebungen gehen in diese Richtung.
6. Es haben sich folgende Ergebnisse ergeben.	Wir haben folgende Ergebnisse.
7. Ist zuviel Geld im Lande, so kann dies gefährliche Folgen zur Folge haben.	. . ., so kann dies gefährliche Folgen haben.
8. Die Wirtschaftskurve verläuft nicht gleichmäßig, sondern sie bildet eine Kurve.	Die Wirtschaftskurve ist unregelmäßig.
9. Oft fallen bei einem Streik Produktionsausfall- und Stillstandskosten an.	Ein Streik verursacht Kosten, weil die Produktion ausfällt und die Maschinen stillstehen.
10. Viele Betriebe haben sich entschlossen, die Lohn- und Gehaltszahlung unbar auszuzahlen.	. . ., Löhne und Gehälter unbar auszuzahlen.
11. Die Gefahr der Existenzgefährdung muß vermieden werden.	Es muß vermieden werden, daß die Existenz gefährdet wird.

2.1.4. Passiv und Aktiv

Die aktive Form ist meist klarer, kürzer und schöner als die passive. Ob die persönliche Form des Aktivs bei Ämtern immer möglich ist, läßt sich schwer entscheiden. Statt zu sagen: *Es darf vorgeschlagen werden,* wäre sicher besser: *Ich schlage vor.* Diese Formulierung widerstrebt aber dem Bedürfnis, sich bescheiden zurückzuhalten.

Übung 24:

Wandeln Sie ins Aktiv um!

1. Die Waren wurden heute von uns zum Versand gebracht.	Wir versandten die Waren heute.
2. Die Straße ist von der Polizei geräumt worden.	Die Polizei hat die Straße geräumt.
3. Das Gesuch wurde vom Finanzamt abgelehnt.	Das Finanzamt lehnte das Gesuch ab.

4. Die Versammlung wurde vom Vorsitzer eröffnet. — Der V. eröffnete die Versammlung.
5. Bei der Besetzung des Postens sollte auf die Persönlichkeit geachtet werden. — Der Personalchef sollte bei der Besetzung des Postens auf die Persönlichkeit achten.
6. Durch die Satzung kann vorgeschrieben werden, wann die Hauptversammlung stattfindet. — Die Satzung kann vorschreiben, wann ...
7. Die Richtigstellung des Betrages wurde heute wertstellungsmäßig vorgenommen. — Wir haben die Wertstellung des Betrages heute berichtigt.
8. In der Fabrik wurde den ganzen Tag gearbeitet. — (Nicht falsch, aber unschön! Wer arbeitete?)
9. Alten und gebrechlichen Leuten soll besonders entgegengekommen werden. — Der Staat soll ... entgegenkommen. Oder: Wir sollen ...
10. In der Jugendzeit muß für das Alter gesorgt werden. — Schon während unserer Jugend müssen wir für später sorgen.
11. Am Sonntag sollte mit der ganzen Familie entspannt werden. — Am Sonntag sollte sich die ganze Familie entspannen.
12. Nur so können bestehende Arbeitsplätze behalten werden. — Nur so können die Leute ihre Arbeitsplätze behalten.
13. Es wird (!) sich ein Auto, Camping-Ausrüstung usw. angeschafft. — Man schafft sich ... an.
14. Diese Leute würden dringend benötigt werden. — (Läßt man das letzte *werden* weg, ist die Fassung nicht übel).
15. Dadurch werden oft schwere Kopfverletzungen zugezogen. — So ziehen sich die Leute oft schwere Kopfverletzungen zu.
16. Es wurde sich vom Zentralbankrat zum Ziel gesetzt, die Geldmenge nur um 8 % zu vermehren. — Der Zentralbankrat setzte sich zum Ziel, die ...
17. Ist dieser Satz eindeutig?
Um aus der Talsohle herauszukommen, werden von der Regierung entschiedene Maßnahmen verlangt werden. — (Es ist nicht klar, wer verlangen wird: die Regierung, die Opposition oder die Öffentlichkeit.) Vielleicht: Die Wirtschaft wird von der Regierung entschiedene Maßnahmen verlangen, ...

2.1.5. Verneinung

Bei Verneinungen ist Vorsicht angebracht, da manche Wörter von Hause aus verneinenden Sinn haben. Ist dieser Satz in Ordnung?
Ich bin gegen Lustverweigerung.
Hier sind zwei Verneinungen, die zusammen eine Bejahung ergeben. Also hieße der Satz klarer: *Ich bin dafür, daß jeder Mensch möglichst viel Lust genießt.*

Übung 25:

Berichtigen Sie die *fehlerhaften* Sätze! (Vielleicht sind auch richtige darunter.)

1. Heute fehlt der Mangel an Nachwuchs in der Wirtschaft. — Heute mangelt es in der Wirtschaft an Nachwuchs. Oder: Wir haben einen Mangel ...
2. Es kann nicht angezweifelt werden, daß alle Menschen nicht die gleichen Rechte haben. — (Das 2. *nicht* gehört hinaus!)

3. Es fehlt bei der Jugend an mangelnder Aufklärung.	Es fehlt . . . an Aufklärung.
4. Viele Leute sehen davon ab, nicht mehr zu rauchen.	. . ., weiterhin zu rauchen.
5. Es fehlt auf dem flachen Lande an zu wenig Ärzten.	. . . an Ärzten.
6. Er konnte es nicht verhindern, daß es zu einem Zusammenstoß kam.	Richtig!
7. Als Radfahrer muß man zu verhindern suchen, daß man eine Verletzung vermeidet.	. . ., daß man eine Verletzung erleidet.
8. Beim Kugelstoßen habt ihr euch vorsichtig hinzustellen, um die mangelnde Gefährdung euer Mitschüler nicht auszuschließen.	(4 negative Wörter!) . . ., um eure Mitschüler nicht zu gefährden.
9. Jeder Mensch ist auch kein Bergsteiger.	Nicht jeder Mensch ist ein Bergsteiger.
10. Ich will den Eltern nicht zuwiderhandeln und ein Auto kaufen.	(Unklar!) Gemeint ist: . . . und kein Auto kaufen.

Übung 26: (Unschöne Sätze aller Art)

Verbessern Sie!

1. Der Hauptgrund für einen Urlaub zu Hause dürfte wohl an der finanziellen Lage des jeweiligen Menschen liegen.	Wer nicht Geld genug hat, um in den Urlaub fahren zu können, muß zu Hause bleiben.
2. So wird die Kriminalität negativ beeinflußt.	So nimmt die Zahl der Verbrechen zu.
3. Der gleitenden Arbeitszeit kann für die Verkehrsregelung ein großes Plus zugewiesen werden.	Die Stoßzeiten sind nicht mehr so schlimm, seit wir die gleitende Arbeitszeit haben.
4. Die Moral ist auf dem Nullpunkt angelangt.	Niemand kümmert sich mehr um die Moral.
5. Der Wert des Sparens ist für die Wirtschaft von größter Bedeutung.	Das Sparen ist . . .
6. Die Moral-Charaktereigenschaft des Menschen gegenüber dem Nächsten bestimmt die Handlungsweise.	Wie der Mensch denkt, so handelt er gegenüber seinem Nächsten.
7. Hinsichtlich der Kinder sind nicht alle Sendungen geeignet, weshalb sie nicht alle Sendungen sehen dürfen.	Da nicht alle Sendungen für die Kinder geeignet sind, dürfen sie nicht alle sehen.
8. Durch dieses ständige Gefordertwerden entsteht ein starker Streß.	Weil man dauernd gefordert wird, . . .
9. Ich glaube, daß das Für und Wider des Leistungsports den gleichen Platz einnimmt.	Ich glaube, es spricht ebensoviel für den Leistungssport wie gegen ihn.
10. Die Bundesregierung kann durch verschiedene Maßnahmen auf die Wirtschaft steuerungspolitisch wirken.	Die Bundesregierung kann durch verschiedene Maßnahmen auf die Wirtschaft steuernd einwirken.

Übung 27:

Wo liegt der Denkfehler?

1. Das Sparen ist eine sichere Existenzanlage.	Entweder nur: Anlage; oder: Grundlage für die Existenz

2. Der schimmernde Anblick der mondbeglänzten Welt verlockt so manchen Fahrer, seine Augen in der Gegend schweifen zu lassen, statt auf den Verkehr zu achten.	Der Anblick ist nicht schimmernd! Schimmernd kann die Welt selbst sein.
3. Er zielt auf Gewinnsucht ab.	... auf Gewinn!
4. Das Tätigkeitsgebiet der Sparkassen ist viel breiter gestreut.	Ein Gebiet läßt sich nicht streuen!
6. Das Ausmaß der Katastrophe konnte von der Feuerwehr im Handumdrehen gelöscht werden.	Der Brand, der das Ausmaß einer Katastrophe anzunehmen schien, konnte ...
6. Jeder Mensch soll sich in der Freizeit ausruhen, um neue Arbeitskräfte zu sammeln.	Zweideutig! Gemeint ist: Arbeitskraft.
7. Der Berufsberater warnte mich vor der Überfüllung der kaufmännischen Berufe.	Er warnte davor, einen kaufmännischen Beruf zu ergreifen, weil ...
8. Die Zahl der Jugendarbeitslosigkeit ist in den letzten Jahren sehr gestiegen.	Eine Zahl kann nicht steigen!
9. Nur so können wir Autounfälle mit tödlichem Ausgang vermeiden und vermindern.	Einen Unfall kann man nicht vermindern.
10. Heute wird fast jedes Ziel mit dem Auto zurückgelegt.	Ein Ziel kann man nicht zurücklegen.

Übung 28:

Hier finden Sie Stilblüten aus Aufsätzen von Erwachsenen. Wenn Sie Zeit und Lust haben, basteln Sie daran herum.

1. Neben kalten Füßen und roten Nasen hat der Winter auch seine schönen Seiten.
2. Der Lebensinhalt des ersten Menschen bestand nur aus Besorgung von Nahrung und Freizeit.
3. Bepflanzte Fußgängerzonen gestatten es den Bürgern, die Städte abgasfrei zu bevölkern.
4. Früh steht er meistens spät auf.
5. Dieses heiße Eisen hängt mir sowieso schon lange zum Halse heraus.
6. Viele Menschen fühlen sich heute langweilig.
7. Soll man hier wirklich bei der Diskussion den eigenen Kopf in die Waagschale werfen?
8. Früher wurde die Daseinsgestaltung des Menschen mit Witz und Frohsinn gehandhabt.
9. Heute muß kaum mehr ein Mensch beim Essen Sparmaßnahmen treffen.
10. Auch die früher oft gemachten Abendspaziergänge verbringen die Leute jetzt hinter dem Fernsehgerät.
11. Alternde Leute gehen vor Langeweile ein.
12. Im Winter können sich die Tiere in keiner Wohnung aufwärmen, sie bekommen kein dampfendes Essen vorgestellt und müssen oft jämmerlich verhungern oder erfrieren.
13. Er hatte das ewige Hungern satt.
14. Als ich nach frühem Aufbruch den Berg erklommen hatte, ging die Sonne und meine Schuhriemen auf.
15. Um die Völkerverständigung voranzutreiben, kann man auch möglichst viele ausländische Frauen heiraten.
16. Bei Wegfallen der Grundrechte wird der Menschenbestand nicht mehr garantiert.

17. Heute, da sich der Mensch ziemlich von sich abkapselt, ist es schwer, Kontakt zu sich zu finden.
18. Bei der Eigenschaft Rücksicht ist ein ständiger Mangel vorhanden.
19. Damit ist dann der Höhepunkt des Tiefstandes erreicht.
20. Möbeltechnisch hat der Tisch irgendwie eine kreisförmige Gestalt. (Der Tisch ist rund!)
21. Tanzen soll jeder können; dies gehört zum guten Ton eines Menschen.
22. Häufiges Kommenmüssen ist für keinen Menschen schön.
23. Der Mann war böse und warf dem Schalterbeamten Faulheit und Bequemlichkeit an den Kopf.
24. Das Betreten und Spielen der Kinder ist bei Lebensgefahr und bei hoher Strafe verboten.
25. Die Menschen verdienen im Zusammenhang mit ihrer Arbeit Geld.
26. Die Meinungsfreiheit wurde früher streng bestraft.

2.2. Hauptwörterei (Nominalstil)

Zum Überlegen:
Ein Generaldirektor legt los: *„Vor uns steht die Aufgabe der Organisierung der Durchführung einer gründlichen Überprüfung der Möglichkeiten zur Verbesserung der Produktionstechnik in allen Abteilungen des Werks."* – Hier kann man von einer Substantiv-Seuche reden. Versuchen wir, den Satz in flüssiges Deutsch zu übertragen:
„Wir müssen gründlich Möglichkeiten erwägen und ausschöpfen, um die Produktiontechnik in allen Abteilungen des Werks zu verbessern." Im allgemeinen bevorzuge man im Deutschen das Verb vor dem Hauptwort, wenn es sich machen läßt. Dadurch wird die Aussage des Satzes lebendiger, meist auch klarer.

2.2.1. Schwerfällige Ausdrücke

Beispiele:

1. Ein Umtausch von Abonnementskarten kann nicht stattfinden.	Wir können die Dauer-(Zeit-)Karten nicht umtauschen.
2. Ein Leistungssportler darf nicht an jedem Abend Theaterbesuch vornehmen.	Jeden Abend ins Theater – das ist nicht gut für einen Leistungssportler.
3. Man erhofft sich ein erhöhtes Konsumverhalten der Anhänger des sog. Angstsparens.	Man hofft, daß die sog. Angstsparer jetzt Waren kaufen.

Übung 29:

Versuchen Sie, möglichst viele Hauptwörter zu vermeiden.

1. Das Wahlrecht gibt uns die Möglichkeit zur Teilnahme an der Politik und das Mitspracherecht in der großen Gemeinschaft des Staates.	Durch das Wahlrecht können wir an der Politik teilnehmen und in der großen Gemeinschaft des Staates mitsprechen.
2. Ein Mitgrund (!) zum Großwerden der Versandhäuser dürfte auch die steigende Bequemlichkeit der Leute sein.	Die Versandhäuser werden auch deshalb groß, weil die Leute immer bequemer werden.

3. Das Beruhigenkönnen eines Hilfesuchenden ist sehr wichtig.	Es ist sehr wichtig, daß man einen, der Hilfe sucht, beruhigen kann.
4. Das Alles-haben-Wollen ist eine unangenehme Eigenschaft.	Es ist eine unangenehme Eigenschaft, wenn einer alles haben will.
5. Er war durch Konsumkreditinanspruchnahme zu stark verschuldet.	Er war zu stark verschuldet, weil er Konsumkredit in Anspruch genommen hatte.
6. Der Süden bietet in einem viel stärkeren Maße die Garantie für schönes Wetter.	Man kann sich darauf verlassen, daß das Wetter im Süden schöner ist.
7. Die Prüfung des Kandidaten findet im Raum 17 statt.	Der Kandidat wird im Raum 17 geprüft.
8. Ohne Zweifel ist durch die Darbietungen diesen Befürchtungen Raum gegeben.	Ohne Zweifel lassen die Darbietungen dies befürchten.
9. Die Vorführung erlangt dadurch den Nachteil der Oberflächlichkeit.	Die Vorführung wird dadurch oberflächlich; dies ist zu bedauern.
10. Bei gleitender Arbeitszeit kann jeder zu einer anderen Arbeitsbeginnmöglichkeit kommen.	Bei gleitender Arbeitszeit kann sich jeder den Beginn seiner Arbeit selbst aussuchen.
11. Die Freiheit des Späterkommens ist schon betriebsmäßig nicht überall gegeben.	Nicht in jedem Betrieb kann man selbst festlegen, daß man später kommen will.
12. Die Nichtberufstätigkeit der Frau ist nicht immer das beste.	Es ist nicht immer am besten, wenn die Frau nicht berufstätig ist.
13. Die Zusichnahme (!) von alkoholischen Getränken ist für einen Autofahrer besonders gefährlich.	Es ist für einen Autofahrer besonders gefährlich, alkoholische Getränke zu sich zu nehmen.
14. Die Zweckmäßigkeit der Verwaltung wird hierdurch sicherlich positiv beeinflußt.	So wird die Verwaltung noch zweckmäßiger.
15. Die Straßenverkehrsteilnahme sollte eher defensiv als offensiv erfolgen.	Die Teilnehmer am Straßenverkehr sollten lieber defensiv als offensiv fahren.
16. Durch ihre Arbeitslosigkeit bekommen viele Menschen das Gefühl des Überflüssigseins.	Viele Menschen fühlen sich überflüssig, weil sie arbeitslos sind.
17. Eine gegenseitige Verständigung ist unentbehrlich im Straßenverkehr.	Im Straßenverkehr ist es nötig, daß sich die Leute verständigen.
18. Die Störungszone dürfte ihre Wetterwirksamkeit in der Hauptsache auf Norddeutschland ausdehnen.	In Norddeutschland wird das Wetter wahrscheinlich schlechter.
19. Die Niederschlagstätigkeit wird eingeschränkt sein.	Der Regen wird nachlassen.
20. (Psychologe zu einem Jungen:) Du solltest dein Liebesbedürfnis, wie es sich auch äußern mag, in den ganzen Zusammenhang der Liebe einplanen.	(Ob der Psychologe wohl versteht, was er sagt?)

2.2.2. Wörter auf -ung

Zum Überlegen:
Welche Formulierung ist die beste?

a) *Die Betreibung von Forschungen aller Art ist ein schönes Steckenpferd.*

b) *Das Betreiben von Forschungen aller Art ist ein schönes Steckenpferd.*
c) *Forschungen aller Art zu betreiben ist ein schönes Steckenpferd.*

Ich denke, wir können uns für die dritte Formulierung entscheiden; sie ist die „leichtfüßigste".

Es gibt eine sehr einfache Regel: Wenn man Wörter auf -ung vermeiden kann, dann vermeide man sie und ersetze sie durch einen anderen Ausdruck oder durch das entsprechende Verb (Tätigkeitswort).

Viele -ung-Wörter brauchen wir (Bildung, Erziehung, Forschung); andere können wir entbehren. In den folgenden Sätzen werden Sie das üben können. Besonders schlimm ist es, wenn sich die -ung-Wörter in einem Satz häufen.
Wortungeheuer, wie z.B. Zurverfügungstellung, erschweren das Verständnis eines Satzes.

Cäsar schrieb im Jahre 47 vor Christus an einen Freund in Rom nach seinem Sieg bei Zela: „Ich kam, ich sah, ich siegte." (Veni, vidi, vici.) Im Nominalstil würde das heißen: „Nach erfolgter Ankunft und Besichtigung der Verhältnisse war mir die Erringung des Sieges möglich." (Nach Ludwig Reiners)

Übung 30:

Versuchen Sie möglichst viel Schwulst zu vermeiden.

1. Aus der Raumsparung ergibt sich eine Kostensparung.	Spart man Raum, so sinken die Kosten.
2. Das wäre eine Möglichkeit der Rationalisierung in Form von Dienstkräfteeinsparung.	Kann man Dienstkräfte einsparen, so wird die Verwaltung billiger.
3. Das dient der Unabhängigmachung (!) von den starren Regeln.	Das dient dazu, daß man von den starren Regeln freikommt.
4. Wasser und Luft sind besonderer Gefährdung durch Nichtbeachtung der Reinhaltung ausgesetzt.	Da niemand Wasser und Luft reinhält, sind sie besonders gefährdet.
5. Durch den starken Andrang von Autos in die Städte ist eine Lärmentwicklung unvermeidbar.	Es entsteht großer Lärm, weil so viele Autos in die Städte fahren.
6. Die Inbetriebnahme des Geräts erfolgt mittels Betätigung eines Drucktastenschalters.	Durch Druck auf eine Taste wird das Gerät eingeschaltet.
7. Das Problem der Besetzung des Postens des Vorsitzenden des Vereins war schwierig.	Es war schwierig, einen Vorsitzenden des Vereins zu finden.
8. Die Notwendigkeit der Errichtung von Kindergärten ergab sich aus dem Vorhandensein vieler Kinder.	Es mußten Kindergärten errichtet werden, weil es so viele Kinder gab.
9. Bei Außerachtlassung dieser Verfügung ist mit einer Bestrafung zu rechnen.	Wer diese Verfügung nicht befolgt, muß mit einer Bestrafung rechnen.
10. Ein Mißbrauch des Meinungsäußerungsrechts ist bei diesem Personenkreis nicht zu befürchten.	Es ist bei diesen Leuten nicht zu befürchten, daß sie das Recht, ihre Meinung zu äußern, mißbrauchen.
11. Das Fernsehen, diese Neuerung der Technik, findet auch Anwendung von seiten der Polizei bei der Verkehrsregelung.	Auch die Polizei verwendet das Fernsehen, eine Neuerung der Technik, um den Verkehr besser zu regeln.

12. Für eine Weiterentwicklung der Wirtschaft rechnen die Sparkassen wie auch die Unternehmer mit der Zurverfügungstellung von Geld.	Soll die Wirtschaft blühen, brauchen die Unternehmer Geld; das können ihnen die Sparkassen nur geben, wenn sie selbst flüssig sind.
13. Die Aufbringung der Mittel für die Tragung der Zins- und Tilgungslasten ist nicht immer sehr leicht.	Zins und Tilgung kosten eine Menge Geld; dafür die Mittel aufzubringen ist nicht ganz leicht.
14. Der Beamte ist zur Auskunftserteilung verpflichtet.	Der Beamte muß Auskunft erteilen.
15. Eine Führerscheinerteilung für Sie ist nicht möglich.	Es ist nicht möglich, Ihnen den Führerschein zu erteilen.
16. Durch die schnelle Hilfeholung können Schwerverletzte vor dem Tod bewahrt werden.	Wird schnell Hilfe geholt, können . . .
17. Man legt heute Wert auf eine finanzielle Nichtbelastung durch ein Kind.	Heute will man durch ein Kind nicht belastet sein.
18. Wir können durch Besichtigung von Sehenswürdigkeiten einen reichhaltigen Beitrag für eine mögliche Weiterbildung leisten.	Sehenswürdigkeiten anzuschauen ist ein guter Weg, unser Wissen zu erweitern.
19. Lassen Sie uns bitte eine Mitteilung zukommen, ob die letzte Sendung ohne Beanstandungen Ihrerseits, insbesondere ohne Beschädigung der Verpackung oder des Inhalts, in Ihre Hände gelangt ist.	Teilen Sie uns bitte mit, ob Sie mit unserer Sendung zufrieden waren und ob sie gut angekommen ist.
20. Auch der Kauf von neuen Kleidungen (Mehrzahl!) ist nötig.	Es ist auch nötig, neue Kleidung zu kaufen.

Übung 31:

Jetzt drehen wir einmal die Aufgabenstellung um, und Sie versuchen Gedanken so auszudrücken, daß die Sätze schwülstig und schwerfällig werden.

1. Läusepulver ist mit Spritzpistole zu zerstäuben.	Zur Anwendung eines Ungeziefervertilgungsmittels in Pulverform ist das Vorhandensein eines Spritzapparates unabdingbare Voraussetzung.
2. Eine sportliche Anlage läßt sich nur nutzen, wenn sie leicht zu erreichen ist.	Voraussetzung für die Nutzbarmachung einer sportlichen Anlage ist das Vorhandensein einer günstigen Verkehrslage.
3. Wenn Sie auf diese Weise sparen, dürfen Sie nicht übersehen, daß ihr Geld zweckgebunden ist.	Die Betreibung dieser Sparart ist aber durch Zweckgebundenheit erschwert.
4. Die Pflanzen sind unser Leben. Zerstört kein Gräslein mutwillig!	Die Vermeidung von mutwilliger Zerstörung pflanzlichen Lebens ist eine unbedingte Notwendigkeit.
5. Wenn die Behörden gar so lange brauchen, ärgert sich die Bevölkerung.	Verärgerung bei der Bevölkerung tritt bei starker Verzögerung einer Angelegenheit ein.
6. Wir müssen uns klarmachen, wie die Sparkassen im Wettbewerb der Kreditanstalten dastehen.	Eine Durchleuchtung der Sparkassenstellung im kreditwirtschaftlichen Wettbewerb ist dringend erforderlich.

7. Die Hungrigen in der Welt werden vorerst nicht weniger.	Eine Hungerverminderung in der Welt kann vorerst nicht stattfinden.
8. Man muß wissen, wie die Sache begonnen hat.	Die Ausfindigmachung des Ausgangspunktes ist die allergrößte Notwendigkeit.
9. Die Führerscheinprüfung muß schwerer werden; so wird die Zahl der Unfallopfer kleiner.	Die Erschwerung der Führerscheinprüfung wird zu einer Senkung der Zahl der Unfallopfer einen Beitrag liefern.
10. Die Terroristen rächen sich dadurch, daß sie die Spielregeln der Gesellschaft nicht einhalten.	Die Terroristen rächen sich durch Nichteinhaltung der Spielregeln der Gesellschaft.
11. Wer sich bei Bundestags- oder Landtagswahlen beteiligt, übt so Einfluß auf die Politik aus.	Es besteht die Möglichkeit der Einflußnahme des einzelnen durch die Wahlbeteiligung sowohl bei Bundestags- als auch bei Landtagswahlen.
12. Wir wollen heute bequem reisen, nämlich mit der Eisenbahn, mit Autos und Flugzeugen.	Man möchte sich die Errungenschaften der Technik auf dem Gebiet der Verkehrsbeförderung zunutze machen.
13. Der Berufstätige kann ohne weiteres seinen Wohnort wechseln.	Der Wechsel des Berufsausübungsortes ist ohne weiteres möglich.
14. Da viele Leute heute Autos haben, können sie leicht zum Schifahren in die Berge.	In unserer Zeit ist die Voraussetzung zur Wahrnehmung der Winterfreuden durch die Motorisierung erheblich günstiger.
15. Die Druckindustrie kann mehr Zeitungen, Zeitschriften und Bücher herstellen, wenn die Arbeitsvorgänge immer mehr technisiert werden und wenn rund um die Uhr gearbeitet wird.	Eine der wichtigsten Bedingungen zur Steigerung der Arbeitsproduktivität in der Druckindustrie ist die gründliche Mechanisierung des Arbeitsprozesses und die rationelle Ausnutzung der Gesamtzeit rund um die Uhr.

2.2.3. Schwierige Fragen und Stilblüten

(Auch die folgenden Übungen – wie die vorhergehenden – bringen Formulierungen, die tatsächlich in Aufsätzen von Erwachsenen geschrieben wurden.)

Übung 32:

Diesmal bringen wir besonders drastische Formulierungen. Überlegen Sie, ob der verkürzte Satz alle Gedanken des langen bringt! Der erste Satz läßt sich in ein Sprichwort umformulieren.

1. Nach Ausheben einer Vertiefung ist ein Stürzen des Urhebers in diese nicht ausgeschlossen.	Wer andern eine Grube gräbt, fällt selbst hinein.
2. Es gibt Leute, die uns auf dem Völkerverständigungssektor negativ beeinflussen wollen.	Es gibt Leute, die haben sogar daran etwas auszusetzen, daß sich die Völker vertragen.
3. Der Sinn des Programms einer politischen Partei hat eine zweifache Bedeutung.	Das Programm einer Partei bedeutet zweierlei.
4. Der Bauer nimmt die Bearbeitung der Heuernte vor.	Der Bauer fährt das Heu ein.

5. Bei Haschischrauchern findet man oft ein Überhandnehmen geringer Lebenslust. — Haschischraucher haben oft keine Freude am Leben.
6. Bei Anhebung von besseren Fahreigenschaften der Fahrer läßt sich eine Senkung der Zahl der Unfalltoten denken. — Wenn die Leute besser fahren, wird es weniger Unfalltote geben.
7. Der Gefährdung durch die Trunkenheit am Steuer soll dadurch vorgebeugt werden, daß der Fahrer keinen Alkohol trinkt. — Wer ein Auto oder Motorrad fährt, soll nicht trinken; dann gefährdet er die anderen nicht.
8. Jedermann sollte die Durchführung des Begriffs „Partnerschaft im Straßenverkehr" beherzigen. — Jeder sollte ein anständiger Partner im Straßenverkehr sein.
9. Durch gegenseitige Hilfebeanspruchung kommen die Sportler am weitesten. — Die Sportler kommen am weitesten, wenn einer dem andern hilft.
10. Auch das rücksichtslose Durchfahren von Pfützen ist ein Teil des Nichtbeachtens der Partnerschaft im Straßenverkehr. — Auch wer Pfützen rücksichtslos durchfährt, ist kein guter Partner im Straßenverkehr.
11. Das wäre eine Maßnahme zur Vorbeugung solch schwerer Unfälle. — So könnte man solch schweren Unfällen vorbeugen.
12. Durch die zahlreiche Anbietung der Pille kann heute jede Familie die Zahl ihrer Kinder planen. — Da die Pille heute für jede Frau zu haben ist, kann die Familie . . .
13. Die Ursachen des Fehlens von Arbeitsplätzen sind mit dem Mangel an Absatz zu begründen. — Es gibt wenig Arbeitsplätze, weil der Absatz schlecht ist.
14. Die Freizeit soll zur Vertiefung alten und zur Anschaffung neuen Geistesgutes dienen. — In der Freizeit soll man sich mit Wissen und Kunst der Vergangenheit und auch der Gegenwart beschäftigen.
15. Der Staat möchte dem Wunsche seines Volkes nachkommen und ihm die Errichtung eines eigenen Heimes ermöglichen. — Viele Bürger wollen ein eigenes Heim. Der Staat möchte ihnen dabei helfen.
16. Bei der Eigenschaft ‚Rücksicht auf den Straßen' ist ein starker Mangel vorhanden. — Heute nehmen sehr wenige im Straßenverkehr aufeinander Rücksicht.
17. Jetzt mehrt sich wieder die Häufigkeit der Verkehrsunfälle. — Jetzt gibt es wieder mehr Verkehrsunfälle.
18. Der Lebensstandard zwischen den einzelnen Nationen vergrößert sich weiter. — Die reichen Völker werden immer reicher, und die armen immer ärmer.
19. Die Gestaltung der Lebensverhältnisse müßte vermehrt werden. — (Der Satz gibt so keinen Sinn.) – Wohl: Die Lebensverhältnisse müßten besser werden.
20. Die Gemeinden sind der Grundbaustein des Staates. — Die Gemeinden sind die Grundbausteine des Staates.

Übung 33:

Was hat der Schreibende wohl gemeint? (So manches ist unlogisch!)

1. Auf diese Weise wird die Größe der Familie allmählich klein. — Auf diese Weise bekommen wir allmählich die kleine Familie.
2. In den letzten Jahren konnte man einen laufenden Anstieg des Geburtenrückganges verzeichnen. — In den letzten Jahren gingen die Geburten immer stärker zurück.

3. So wird das Land in seiner wirtschaftlichen Stärke immer schwächer.	So nimmt die Stärke der Wirtschaft eines Landes ab.
4. Der Leistungssportler hat wenig Zeit für seine Freunde und sonstige Freizeitbeschäftigungen.	(*sonstige* gehört hinaus!)
5. Das kann ein Körper nicht lange ertragen, ohne gesundheitliche Schäden zu erlangen.	. . ., ohne gesundheitliche Schäden zu erleiden.
6. Von einem gebildeten Menschen wird die Fähigkeit verlangt, fremdsprachige Texte sinnentnehmend zu lesen.	. . ., in der Fremdsprache geschriebene Texte zu begreifen.
7. Mit dem Tempolimit 100 km auf Landstraßen ist auf den Abbau der Verkehrstoten eingegangen worden.	Das Tempolimit 100 km auf Landstraßen hat sich so ausgewirkt, daß es weniger Tote im Verkehr gibt.
8. Die Kostengestaltung ist sehr groß.	Es fallen große Kosten an.
9. Die Ursachen dieser Erscheinung sind auf so einige Gründe zurückzuführen.	Für diese Erscheinung gibt es so einige Gründe.
10. Er war ein intensiver Naturfreund.	Er war ein großer Naturfreund.
11. Das Sparen des kleinen Mannes wird meist den Charakter des Notgroschens verfolgen.	Der kleine Mann spart, um einen Notgroschen zu haben.
12. Der engere Zusammenschluß Europas ist ein Kapitel, das von vielen Politikern angestrebt wird.	. . . ist ein Ziel, das . . .
13. Einen wichtigen Rahmen in unserem täglichen Leben nimmt das Essen ein.	Einen wichtigen Platz . . .
14. Es gibt Leute, die gesundheitlich zu gewissen Krankheiten neigen.	. . ., die zu gewissen Krankheiten neigen.
15. Soll ich sparen? Viele Menschen verneinen ein Ja auf diese Frage.	. . . Viele Menschen halten nichts davon.
16. Viele Leute mußten ihr Leben mit dem Tod bezahlen.	Viele Leute starben (kamen um).
17. Der Königssee, umgeben von den steilen Abschüssen des Watzmanns und der herrlichen Kapelle von Bartholomä, ist Bayerns romantischster See.	Der Königssee, der umgeben ist von . . . und an dessen Ufer die herrliche Kapelle von Bartholomä steht, ist . . .
18. Die modernen Verkehrsmittel befördern Menschen und sonstige Dinge sehr rasch.	. . . befördern Menschen und Waren . . .
19. Das ist nicht ganz ohne Gefahren verbunden.	Das ist mit Gefahren verbunden.
20. Heute ist der Mensch gesellschaftsfähig geworden.	Heute ist jeder gesellschaftsfähig.

Übung 34:

Überlegen Sie, was bei den folgenden Stilblüten falsch ist:

1. Die Todesopfer bei Flugzeugunfällen steigen immer höher.
2. Im Grunde denkt jeder Verkäufer an ein Verhältnis mit seinen Kunden.
3. Tödliche Unfälle beim Leistungssport sind etwas unangenehm.
4. Die betroffenen Bürger mußten öfter zerteilt werden, und zwar in neugebildete Gemeinden.
5. Kapital und Großindustrie können ihre Knochen nicht dazu hergeben, daß die Arbeitnehmer daraus Honig saugen.

6. Das ist eine der besten Ideen, die Politikern je entwichen ist.
7. Wer sich nicht traut, kann seinen Kopfsprung vom Dreier meinetwegen mit den Füßen voraus machen.
8. Der Sender „Freies Irokesien" hatte 2 Millionen Hörer, die sich dauernd vermehrten.
9. Kinder sind ein ganz und gar ungefragter Artikel.
10. Der Zug fuhr auf dem Bahnsteig ein, und langsam entleerten sich die Menschen.
11. Der Mund war gleich seinem Wesen grantig verzogen.
12. Gerade junge Leute sollten sich mit Politik beschäftigen, damit es Nachwuchs gibt.
13. Niemand lebt gern von der Hand im Mund.
14. Die Not des Kleingewerbes ist derart angestiegen, daß sein Tiefstand bereits den höchsten Punkt erreicht hat.
15. Aus der Unrast der heutigen Zeit entstehen die Schlüsselkinder.
16. Das Sparen wird vom Staat schmackhaft gefördert.
17. Die Waschmaschine trägt viel zur Erleichterung der Hausfrau bei.
18. Niemand will heute einen Modeschrei auslassen.
19. Nicht jeder bekommt in Form einer reichen Erbtante ein Vermögen in die Wiege gelegt.
20. Als Familienvater kann nicht alles kritiklos hingenommen werden.

2.3. Gedanke und Bild

Zum Überlegen:
Unsere Sprache drückt vieles, auch Alltägliches, in Bildern aus. Diese werden uns oft nicht mehr bewußt, z.B.: *Der Fuß des Berges;* oder: *die Sonne lacht.* Der Dichter – vor allem, wenn er Natureindrücke schildert – gestaltet neue Bilder. Diese bereichern unsere Sprache. Wenn aber ein Laie seine Gedanken in Form eines Bildes ausdrücken möchte, so kann das schiefgehen.

Übung 35:

Stellen Sie fest, welche Bilder gelungen (g) und welche mißlungen (m) sind.

1. Diese drei Arbeitsgänge greifen völlig zahnlos ineinander. m
2. Sogar bei uns knabbern viele Leute am Existenzminimum. m
3. Der Höhenflug des Spitzenreiters hielt nicht lange an. m
4. Das schlägt dem Faß die Krone ins Gesicht. m
5. Sie finden hier alles; die Palette ist weit gespannt. m
6. Die Sonne sank im Westen wie eine riesige Verkehrsampel, die auf Rot steht. g
7. Eine Eisklammer hielt November und Dezember zusammen. g
8. Goethe, unser geistiges Aushängeschild, sprach auch Dialekt. m
9. Die Römer wurden als erste vom Christentum beleckt. m
10. Die Verkehrstoten sprechen eine deutliche Sprache. m
11. Eine alte Ratte sieht mit müden Augen, wie ihr der Abend ins Fell kriecht. g
12. Die Ehefrau, die Säule der Familie, kommt zuweilen ins Wanken. m
13. Diese Unternehmung ist ein totgeborenes Kind, das sich im Sande verläuft. m
14. Es ist die Zeit, wo (!) das goldene Kalb blüht. m

15. Eine Sonnenlache schwimmt im Zimmer. g
16. Die Managerkrankheit greift mit raschen Schritten um sich. m
17. Auch bei uns macht die private Müllabfuhr die ersten Gehversuche. m
18. Erst muß die kulturelle Seite eines Volkes seinen (!) Mann stehen. m
19. Die Betriebe blickten wieder mit zuversichtlichen Augen und qualmenden Schloten in die Zukunft. m
20. Die Ratsherren versuchten im Schweiße ihres Angesichts die Würde des Hauses wieder in Fluß zu bringen. m
21. Der Mond flüchtete durch die Leuchtspur der Sterne. g
22. In den Hecken rasselten die Grillen ihren gläsernen Psalm. g
23. Der Hintergrund für diese Tatsache dürfte auf der Hand liegen. m
24. Der Abendzug jammerte durch das Tal. g
25. Auch die Hausfrau sollte man zwingen, zum Thema Energie ein Lied zu singen. m
26. Hier werden die Lichtseiten von den Schattenseiten überflügelt. m
27. Wir müssen da mit dem Seziermesser der Kritik hineinleuchten. m
28. Die Stufe der Technik darf nicht stehenbleiben, sondern muß mit der Zeit mitgehen. m
29. Wie ein Geiser schoß auf dem Petersplatz in Rom der glühende Obelisk in die Höhe. g
30. Er kam wie ein Blitz hereingeschneit. m
31. Eine Schattenseite kann auch auf wirtschaftlichem Gebiet zum Durchbruch kommen. m
32. Er spürte die Hitze, als hätte er ein Becken mit glühenden Kohlen im Rücken. g
33. Auf der Landzunge stand ein Leuchtturm mit einem Glorienschein aus Möwen. g
34. Er wurde an den Rand des Bettelstabes gebracht. m
35. Es mußten drastische Schritte ergriffen werden. m
36. Wir werden jede Lage meistern, die auf uns zukommt. m
37. Der Juli hat den Geschmack einer Kirsche. g
38. Die Gemeindeverwaltung verfällt in ein Gleis, das von einigen Gruppen gelenkt wird. m
39. Venedig quoll feuerflüssig aus dem Hochofen des Mittags. g
40. Wütend schwere Regentropfen klatschten dem alten Mann ins Gesicht. g
41. Das Betriebsklima ist ins Wanken gekommen. m
42. Man muß die Schattenseiten der Werbung mindern. m
43. Die sterbende Nachmittagssonne leckte mit zitternder Zunge über den Teppich. g
44. Beide Gesangbücher ziehen heute an einem Strang. m

2.4. Satzreihe und Satzgefüge

Zum Überlegen:
Erich Kästner schreibt in seiner Erzählung „Der kleine Grenzverkehr": *„Nur weil die Brunnen rauschten, bzw. weil wir diesem Rauschen, d.h. dem akustischen Effekt, der dadurch entsteht, daß sich Flüssigkeit bewegt. . . Wieder so ein hoffnungsloser Satz, der nicht leben und nicht sterben kann!"*
Sie sehen, der Dichter benutzt dieses Stilmittel (Satz, der so verzwickt angelegt ist,

daß er ihn nicht zu Ende führen kann oder will), um sich über das Weitschweifige lustig zu machen.

Lange, unüberschaubare Sätze sind wie Mausefallen, die hinten zuschnappen, wenn der Leser vorn anbeißt. Oder sie sind wie Irrgärten, durch die man sich im Finstern tasten muß, weil das Licht allzu spät kommt.

Es gehört zum Anstand gegenüber dem Leser, daß man es diesem nicht zu schwer macht, die vorgetragenen Gedanken zu verstehen. Bekannt ist der Spott des deutschen Dichters Matthias Claudius über seinen Zeitgenossen Klopstock. Man fragte, worin der Unterschied im Stil zwischen ihm und Klopstock bestehe.

Claudius legte dem hochverehrten Dichter-Kollegen die folgende Aufforderung in den Mund: *„Du, der du weniger bist als ich und dennoch mir gleich, nahe dich mir und befreie mich, dich beugend zum Grunde unserer Allmutter Erde, von der Last des staubbedeckten Kalbfells!"* Er selbst pflege zu sagen: *„Johann, zieh mir die Stiefel aus!"*

Es ist klar, daß der kurze Satz nicht alles an Unter- und Obertönen ausdrücken kann wie der lange. Aber grundsätzlich gilt: Jeder Gedanke erfordert einen eigenen Satz. Der Nebensatz soll den Gedanken des Hauptsatzes erklären und begründen. Auch hier liegt das Geheimnis im rechten Rhythmus und in der Abwechslung. Ein längerer Abschnitt, der nur aus Hauptsätzen besteht, kann wie scharfes Peitschenknallen wirken.

Ein besonderer stilistischer Trick ist die Auslassung (Ellipse); man kann sogar ganze Gedanken überspringen. Das ist aber nur angebracht, um einen bestimmten Effekt zu erzeugen. Ein Beispiel möge das erläutern:
Frage an Radio Eriwan: *„Ist es wahr, daß man die Partei kritisieren darf?"* Antwort: *„Im Prinzip ja; doch lebt es sich in den eigenen vier Wänden angenehmer."*

Bandwurm- und Schachtelsätze sind schlimme Übel. Sie entstehen, wenn man einem Hauptsatz gedankenlos mehrere Nebensätze anhängt oder in den ursprünglichen Satz neue Gedanken in Form weiterer Sätze einschachtelt. Eingeschobene Sätze hemmen das Verständnis und stören den Zusammenhang der Gedanken. Man muß solche Satzgebilde zwangsläufig mehrmals lesen, um sie zu verstehen. Neben den vollständigen Nebensätzen (Konjunktional-, Relativ- und indirekten Fragesätzen) lassen sich zuweilen gut die verkürzten Nebensätze verwenden: Infinitiv- und Partizipialsätze und Appositionen. Diese Abwechslung in den Satzmustern macht den Stil flüssiger und angenehmer. Bei diesen und den folgenden Fragen braucht man ein gesichertes Grundwissen in Grammatik.

2.4.1. Falsch gebaut

Beispiele:

Nach *wenn* sollte man nicht *würde* gebrauchen. Verbessern Sie!

Es wäre gut, wenn eine Besserung eintreten würde.	Es wäre gut, wenn eine Besserung einträte.

Das Zusammentreffen der Konjunktion *daß* und *wenn* ist unschön.

Er wußte, daß wenn er zu spät kam, der Zug weg war.	Er wußte, daß der Zug weg war, wenn er zu spät kam.

Relativsätze sind Attributsätze, d.h., sie liefern eine Beifügung zu einem Hauptwort.
Also: Das Mädchen, das schöne Haare hat, gefällt dem Chef.
Umgewandelt: Das Mädchen mit den schönen Haaren gefällt dem Chef.

Falsch: Er schrieb einen Brief, der nie ankam.
Umgewandelt: Er schrieb einen nie angekommenen Brief. (Unsinn!)
Also: Er schrieb einen Brief; aber dieser kam nie an.

Verbessern Sie!

Der Direktor bot mit eine Stelle an, die ich aber ausschlug.	Der Direktor bot mir eine Stelle an. Ich schlug sie aber aus.

Sätze müssen immer Subjekt und Prädikat enthalten; sonst sind sie nicht vollständig. Verbessern Sie!

Sicherheit im Auto? Wir bieten sie. Kombinierte Gurt-Nackenstütze. Aus feinstem Lastex. Ein Lastex, das nie zerreißt. Außer im richtigen Augenblick.	Sie wollen Sicherheit im Auto? Wir bieten sie, und zwar eine kombinierte G.-N. aus feinstem Lastex. Dieses Material zerreißt nur im richtigen Augenblick.

Übung 36:

Verbessern Sie! (Außer den angeführten Beispielen kommen noch ein paar andere Schwierigkeiten vor.)

1.	Wenn diese Verfügung zu Recht bestehen würde, könnte man hier nie bauen.	Wenn diese Verfügung zu Recht bestünde, könnte . . .
2.	Wo kämen wir hin, wenn jeder sich so verhalten würde, wie es ihm beliebt?	Wo kämen wir hin, wenn sich jeder so verhielte, wie . . .
3.	Es wäre besser, wenn die Entscheidung bald kommen würde.	Es wäre besser, wenn die Entscheidung bald käme.
4.	Wenn jemand daran denken würde und wenn es ihm einfallen würde, das wäre gut.	Wenn jemand daran dächte und wenn es ihm einfiele, . . .
5.	Wenn diese Überlegungen in die Tat umgesetzt würden, könnten viele Verletzte gerettet werden.	(Hier ist die Sache in Ordnung, da es sich um Passiv handelt.)
6.	Es wäre schlecht, wenn das so gemacht werden würde.	. . . wenn das so gemacht würde.
7.	Ich glaube, daß ich dadurch sehr nervös werden würde.	. . . daß ich dadurch sehr nervös würde.
8.	In Deutschland wenn man Urlaub macht, kann man auch schöne Fleckchen finden.	Wenn man in Deutschland . . .
9.	Es ist unmöglich, daß wenn einer Minderwertigkeitskomplexe hat, er das leisten kann.	Es ist unmöglich, daß einer das leisten kann, wenn er . . .
10.	Je heißer der Tag, je früher sollte man zur Bergtour aufbrechen.	Je heißer der Tag, desto . . .
11.	Das lag daran, weil er mich nicht mehr kannte.	Das lag daran, daß er . . .
12.	Der Fehler ist darauf zurückzuführen, weil er die Bedienung nicht kannte.	Der Fehler ist darauf zurückzuführen, daß . . .
13.	Das kann man dadurch machen, indem man den Filter reinigt.	Das kann man dadurch machen, daß man . . .

14. Das Publikum verlangte stürmisch nach dem Schauspieler, der vor dem Vorhang erschien.	Das Publikum . . . Schauspieler. Dieser erschien vor dem Vorhang.
15. Machen Sie einen Versuch mit der neuen Spülmaschine, der Sie voll befriedigen wird.	Machen Sie einen . . . Spülmaschine! Er wird Sie voll befriedigen.
16. So kommt der gute Ruf der Firma ins Zwielicht, der schwer wiederherzustellen ist.	So kommt . . . Zwielicht. Dieser ist schwer wiederherzustellen.
17. Er reichte ein Gesuch ein, das voller Rechtschreib- und Grammatikfehler war.	(Satz ist richtig!)
18. Er reichte sein Gesuch ein, das nicht bewilligt wurde.	Er . . . ein. Es wurde nicht bewilligt.
19. Die Leiche, die schon früher einige Selbstmordversuche verübt hatte, wurde geborgen.	Die Leiche wurde geborgen. Die Person hatte schon früher einige Selbstmordversuche verübt.
20. Keine Bräunung? Selbst schuld. Warum nicht Superplusnuß? Die Bräunung für Sommer und Winter. Auch für Zimmerhocker. Der Braunstoff, der bräuner ist als braun. Absolut. Erstklassig. (Als Werbespruch braucht sich dieses Gebilde nicht an die Grammatik-Regeln zu halten!)	Wenn Sie sich nicht bräunen, sind Sie selbst schuld. Warum nehmen Sie nicht Superplusnuß? Das bräunt im Sommer und Winter, sogar die Zimmerhocker. Unser Braunstoff ist . . .; er ist hervorragend.

2.4.2. Wortstellung

Berühmt ist Mark Twains satirisch übertreibendes Beispiel für den Nachklapp im Deutschen:
Er reiste, als die Koffer fertig waren und nachdem er Mutter und Schwester geküßt und nochmals sein angebetetes, einfach in weißen Musselin gekleidetes, mit einer frischen Rose in den sanften Wellen ihres reichen, braunen Haares geschmücktes Gretchen, das mit bebenden Gliedern die Treppe herabgeschwankt war, um noch einmal sein armes, gequältes Haupt an die Brust desjenigen zu legen, den es mehr liebte als das Leben selber, ans Herz gedrückt hatte, **ab.**
Wer in diesem Stil schreibt, vergrämt seine Leser.

Übung 37:

Versuchen Sie, die Gedanken stilistisch besser zu formulieren. – Der Verfasser hat stilistisch einwandfreie Beispiele daruntergemischt.

1. Es kommt auf den einzelnen Fall, der genau untersucht werden muß, damit man ihn beurteilen kann, an.	Es kommt auf den einzelnen Fall an; dieser muß genau untersucht werden, damit . . .
2. Das hängt weitgehend von der Art, wie die Leute hier leben, ab.	Das hängt weitgehend von der Art ab, wie . . .
3. Der Mensch atmet in den modernen Städten eine Menge Schadstoffe ein, so daß seine Gesundheit gefährdet ist.	(Zwar nicht sehr schön, aber in Ordnung!)
4. Mein Freund bot mir, weil ich immer schon mit dem Motorrad fahren wollte, seine Honda an.	Mein Freund bot mir seine Honda an, weil . . .
5. Das Gericht sieht diesmal noch von der Verhängung einer Geldstrafe, die vom Staatsanwalt gefordert war, ab.	Das Gericht sieht diesmal noch davon ab, eine Geldstrafe zu verhängen, wie sie der Staatsanwalt gefordert hatte.

6.	Die Werbung nutzt die Schwäche des Menschen, sich überreden zu lassen und immer das zu kaufen, was ihm gerade angeboten wird, aus.	Die Werbung nutzt die Schwäche des Menschen aus, sich . . .
7.	Der Chef fuhr seine Sekretärin, die einen schlimmen Fehler gemacht hatte, der schwer auszubügeln war, an.	Der Chef fuhr seine Sekretärin an, weil sie einen schlimmen Fehler gemacht hatte, der . . .
8.	Das sieht nach einem richtigen Landregen aus, wie wir ihn schon lange nicht mehr gehabt haben.	(In Ordnung!)
9.	Das müssen komplizierte Geräte, wie sie heute überall verwendet werden, sein.	Das müssen komplizierte Geräte sein, wie sie heute . . .
10.	Einige Firmen bieten vor allem älteren Menschen Ausflugsfahrten, eine nachmittägliche Kaffeepause eingeschlossen, an.	Einige Firmen . . . Ausflugsfahrten an; darin sind nachmittägliche Kaffeepausen eingeschlossen.
11.	Vor einigen Jahren haben internationale Vereinigungen es soweit gebracht, daß die Menschenrechte überall eingeklagt werden können.	Vor einigen Jahren haben es internationale Vereinigungen . . .
12.	Der Verunglückte erfuhr, daß die Bergwacht ihn gerettet hat bei jenem Unfall.	Der Verunglückte erfuhr, daß die Bergwacht ihn bei jenem Unfall gerettet hat.
13.	Ein Minister hat die Pflicht, einzutreten für die Belange seines Landes.	. . ., für die Belange seines Landes einzutreten.
14.	Der Polizeibeamte muß am Sport teilnehmen, um seinen Körper gesund zu erhalten, um immer einsatzfähig zu sein.	Der Polizeibeamte muß . . ., damit er seinen Körper gesund erhält und immer einsatzfähig ist.
15.	Er bat mich, meiner Tante zu telefonieren, sofort zu uns zu kommen.	. . ., sie möge sofort zu uns kommen.
16.	Aus den vorstehend aufgeführten Aufzeichnungen ist zu ersehen, daß diese Probleme wirklich gewaltig sind.	Die dargelegten Tatsachen zeigen die Größe der Probleme.
17.	Wenn ich dazu noch einen Gedanken äußern darf, so ist dazu zu sagen, daß im Leben nie alles so sein kann, wie man es gerne hätte.	Wir kennen die alte Weisheit: Im Leben ist nie alles so, wie man es gerne hätte.

2.4.3. Umständliche Fügung

Übung 38:

Versuchen Sie die durchsichtigste Formulierung zu finden!

1.	Die Tatsache, daß es uns gut ging, wirkte sich auf den Willen der Bundesbürger in Richtung auf eine Mehrzahl von Kindern aus.	Da es uns gut ging, wollten die Bundesbürger mehr Kinder haben.
2.	Das von uns zu beherrschende Stoffgebiet ist so groß, daß wir es kaum schaffen können.	Das Stoffgebiet, das wir beherrschen sollen, ist so groß, . . .
3.	Dafür, daß die Sicherheit im Fahrzeug nicht länger hintangestellt wird, kann jeder Fahrer	Jeder Käufer prüfe, ob das Auto den Insassen genügend Sicherheit gewährt!

durch eine auf Sicherheit des Fahrers bezogene Kaufentscheidung selbst sorgen.

Einige Fahrzeuge sind schon mit Sicherheitsvorkehrungen ausgerüstet worden.

4. Durch ihre weite Verbreitung muß die Zeitung über beinahe alle Gebiete des täglichen Lebens etwas bringen, um die verschiedenen Wünsche zu befriedigen.

Weil sich eine Zeitung an so viele Leser wendet, muß sie über beinahe alle Gebiete . . .

5. Bei der Überlegung, ob ich meinen Beruf richtig gewählt habe, komme ich zu dem Schluß, daß das so ist.

Wenn ich mir überlege, ob ich meinen Beruf richtig gewählt habe, muß ich sagen: Ja.

6. Durch die Überprüfung einiger wichtiger Punkte in Ihrem Gesuch, die bei einer bejahenden Antwort zu berücksichtigen waren, komme ich zu einem positiven Ergebnis.

Ich kann Ihrem Wunsch entsprechen, weil mich überzeugt hat, was Sie geschrieben haben.

7. Kein Staat kann Minderjährige zwingen, aus einem noch so breiten Angebot an Gestaltungsmöglichkeiten der Freizeit sich das passende herauszusuchen.

Kein Staat kann Minderjährige zwingen, daß sie sich nach seinem Angebot richten, um ihre Freizeit zu gestalten.

8. Der Installateur verlangte, nachdem er das Abflußrohr, das verstopft gewesen war, repariert hatte, 35.40 DM.

Der Installateur verlangte 35.40 DM, nachdem er das Abflußrohr repariert hatte, das . . .

9. (Aus einem Widerspruch gegen eine Note)
Durch die Tatsache des Nichtbestehens dürfte ein berechtigtes Interesse zu bejahen sein, die korrigierten Aufgabenbearbeitungen einzusehen.

Da ich die Prüfung nicht bestanden habe, wird man mir ein berechtigtes Interesse zubilligen, daß ich die korrigierten Arbeiten einsehen kann.

10. Durch das laufende Fordern höherer Arbeitslöhne, was zwangsläufig auch dann eine Preiserhöhung mit sich bringen muß, wird letzten Endes auch die Erhaltung der Arbeitsplätze in Frage gestellt.

Die Arbeitsplätze lassen sich nur schwer erhalten, weil höhere Löhne gefordert werden, wodurch sich die Waren verteuern.

11. Verstehen Sie den folgenden Satz sofort?
Das Auto wird an Wochenenden dazu benützt, um sich von den Strapazen der Woche zu erholen.

Die Menschen benützen das Auto an den Wochenenden dazu, um . . .
(Der Satz ist so gebaut, daß man meinen kann, das Auto erhole sich!)

12. Wie heißt die Aussage im Klartext?
(Ein Diplomat zum anderen:)
„Ich kann Ihnen versichern, wenn Sie unsere Ansichten akzeptieren, dann werden wir völlig mit Ihnen übereinstimmen."

„Wir geben nicht nach! Da müssen schon *Sie* nachgeben!"

13. In Anbetracht der Tragweite einer überzeugten (!) Antwort zur gestellten Frage ist es unerläßlich, sich von einem festen Standpunkt zu lösen, um durch die Möglichkeit einer weiträumigen Betrachtungsweise den Fehler zu vermeiden, ein einseitig gefälltes Urteil – das oft die Gefahren von Trugschlüssen in sich birgt – abzugeben.

Wollen wir eine überzeugende (!) Antwort auf unsere Frage finden, so dürfen wir keine Scheuklappen tragen.

14. (Fast sinnloses Blabla!)
Um die Frage der zunehmenden Verkehrs-

Das Thema Verkehrsunsicherheit in

unsicherheit unserer Zeit behandeln zu können, ist es zunächst wichtig, die Bedeutung des Begriffs Verkehr in diesem Sinne herauszustellen und zu begrenzen. Da von einer zunehmenden Verkehrsunsicherheit die Rede ist, führt diese Tatsache beinahe von selbst auf den Verkehr in der Form des Straßenverkehrs.

unserer Zeit kann nur meinen, daß das Gehen und Fahren auf unseren Straßen sehr gefährlich geworden ist.

15. Der Glaube an die Grundfreiheiten der Menschen als Grundlage der Gerechtigkeit und des Friedens der Welt und der Aufrechterhaltung einer wahren Demokratie und eine gemeinsame Auffassung und Achtung der Menschenrechte durch alle Völker hat den elsässischen Gelehrten und Arzt Albert Schweitzer bewogen, nach den Wirren der letzten Kriege, die rücksichtslos die Menschenrechte mißachteten, der Welt zu zeigen, daß eine Verwirklichung der Grundrechte und damit auch die Forderung, Ehrfurcht vor allem Leben zu haben, durchaus möglich ist.

Der elsässische Gelehrte und Arzt Albert Schweitzer hat immer an die Grundfreiheiten der Menschen geglaubt und diese als Grundlage für Gerechtigkeit, Frieden und wahre Demokratie angesehen. Er war sich sicher, daß alle Völker die Menschenrechte achten müssen. Deshalb hat er der Welt gezeigt, wie sich die Grundrechte und die Ehrfurcht vor dem Leben verwirklichen lassen. Dies war besonders nötig nach den letzten Kriegen, in denen die Menschenrechte gröblich mißachtet wurden.

16. Versuchen Sie, das folgende vertrakte Satzgefüge zu Ende zu führen!
Wenn der Mensch, der, wie wir alle wissen, da wir ja eine Schule, die . . .

Etwa so:
. . . gut ist, besucht haben, lernfähig ist, trotzdem so etwas tut, dann könnte man an der Menschheit verzweifeln.

2.4.4. Denkfehler und Stilblüten

Übung 39:

Suchen Sie die Fehler, und berichtigen Sie dann die Aussage!

1. In ca. 30 Jahren geben die Ölfelder kein Öl mehr her, wenn diese weiterhin so unkontrolliert gefördert und verbraucht werden.

   . . ., wenn dieses . . . verbraucht wird.

2. Das Geldsparen bringt Vorteile; es kann nicht verderben wie andere Vorräte.

   Das Sparen von Geld bringt Vorteile; es . . .

3. Manche Sportler nehmen für eine kleine zusätzliche Leistungssteigerung alles in Kauf, sogar ihre Gesundheit.

   . . . setzen . . . alles aufs Spiel, sogar . . .

4. Der Hauptgrund, daß wir heute so wenig Zeit haben, ist wohl darauf zurückzuführen, daß wir alles „mitnehmen" wollen.

   . . ., ist wohl, daß wir . . .

5. In der Technik scheint der Satz, daß es nichts Unmögliches gibt, seinen Beweis zu erhalten.

   Die Technik scheint den Satz zu beweisen, daß es . . .

6. Auch durch das Öffnen der Fenster spart man Energie ein, und vor allem, wenn man es nicht tut.

   Man spart auch Energie ein, wenn man die Fenster nicht öffnet.

7. Von diesem Gesichtspunkt aus betrachtet, wird man bejahen können, daß man einem Kind das Fernsehen nicht verbieten sollte.	Betrachtet man die Dinge so, mag ein Kind fernsehen.
8. Bei der Polizei herrscht Arbeitsmangel; sie kann die notwendigen Kontrollen nicht alle durchführen.	Die Polizei hat zu wenig Personal; sie kann . .
9. Das Fernsehen hat aber auch sehr viele Gründe, welche dagegen sprechen.	Es sprechen aber auch sehr viele Gründe gegen das Fernsehen.
10. In der Schule herrscht vom ersten Tage an die Pflicht, nur ohne eigenes Verschulden wegzubleiben.	Vom ersten Tage an kann in der Schule nur wegbleiben, wer nachweisen kann, daß kein eigenes Verschulden vorliegt.
11. Kind zum Vater: „Ich verspreche dir, daß ich das nicht getan habe."	. . .: „Glaube mir, daß ich . . ."
12. Auch Frauen, die in besonderen Schwierigkeiten sind, kann so geholfen werden.	Auch solchen Frauen . . . (3. Fall wäre so nicht erkennbar!)
13. Weil die Absicht der Frau nicht bekannt war, wußte man nicht, wie man sich verhalten sollte.	(Ist *der Frau* 2. oder 3. Fall? Ist nicht zu entscheiden!)
14. Mein Sohn wollte den Tiger sehen; ich zeigte ihm ihn.	. . .; ich zeigte ihm das Tier. (Unschöner Klang!)
15. Wenn man nicht stark einheizt, ist eigentlich das Öffnen der Fenster überflüssig, was aber meist nicht getan wird.	. . .; meist macht man sie aber doch auf. (Sinn ist nicht ganz klar!)
16. Ich wußte, daß das gar nicht wahr war.	. . ., daß hier etwas Falsches gesagt wurde.

Sind die beiden folgenden Sätze überhaupt grammatisch richtig?

17. Es lohnt sich, sich Gedanken über die Frage zu machen.	(Richtig, klingt aber nicht schön!) . . ., daß man sich . . .
18. Ein richtiges Familienleben, wie es es früher gab, ist heute nicht mehr vorhanden.	(Richtig, aber unschön!) . . ., wie es das . . .

Übung 40:

Suchen Sie die Fehler in den folgenden Stilblüten:

1. Die Technik hat uns vieles geschenkt, was unser Leben sehr beeinträchtigt.
2. Obwohl genügend Ärzte zur Stelle sind, überlebt der Patient manchmal in modernen Krankenhäusern.
3. Auf den Straßen tritt jetzt häufig eine mangelhafte Verkehrsdisziplin hervor, die ihren tieferen Kern in den charakterlichen Eigenschaften des einzelnen Menschen zeigt.
4. Die Alarmvorrichtung – ein Knopf hinter Glas – befindet sich außen am Schulgebäude; bei Bedarf ist dieses zu zerschlagen.
5. Wird festgestellt, daß der Besitzer eines Chemiewerks Abwässer in einen Fluß leitet, so ist dieser zu bestrafen.
6. Die Badefreudigen können nicht abstreiten, daß es an Seen fehlt; also kann man auch bei uns genug schwimmen.
7. Das Heim der Familie ist der Ort, wo das Wort des Mannes Gesetz ist und auch sonst nicht befolgt wird.

8. Dieser Umgang mit Menschen, den man als Verwaltungsfachmann ja beherrschen muß, ist nicht immer einer der leichtesten.
9. Da mein Vater im Büro tätig ist, wurde in mir schon von frühester Jugend auf der Beruf eines Beamten geweckt und genährt.
10. Sicherlich hat die Regierung nichts unterlassen, was zur Beseitigung der arbeitslosen Jugendlichen führen könnte.
11. Die Wäsche wird nicht mehr durch die Hausfrau gewaschen, sondern oft steckt sogar der Mann diese in die Waschmaschine.
12. Auf der Straße muß man sehr aufpassen, damit man nicht dadurch aus der Welt scheiden muß.
13. So manche fehlende Kläranlage tut das Ihre, um Boden und Grundwasser zu verseuchen.
14. Wenn man am Abend als Toter nach Hause kommt, so kann man sehr oft die Schuld bei sich selber suchen.
15. Besonders schlimm ist es, wenn der Fahrer wegen Übermüdung immer wieder am Steuer einschläft; er kann dann oft sterben.
16. Viele arbeitslose Jugendliche wissen dann nicht mehr aus und ein, begehen Selbstmord und kommen so auf die schiefe Bahn.
17. (Aus einem Aufruf zur Fahndung:)
Besondere Kennzeichen sind u.a. fehlende Körperteile, wenn sie ohne weiteres sichtbar sind.

2.5. Test II: Aufsatz, Bewerbung, Lebenslauf

A)

Wenn Sie jetzt gründlich arbeiten wollen, dann nehmen Sie Papier und Bleistift oder Kugelschreiber und verbessern stilistisch Satz für Satz. Es handelt sich um einen Aufsatz, und in jedem Satz ist mindestens 1 Verstoß gegen den Ausdruck oder den guten Stil zu finden. Vergleichen Sie erst hinterher mit der Lösung, die anschließend abgedruckt ist! Damit Ihnen das Vergleichen leichter fällt, sind die Sätze numeriert.

Das kleine Einzelgeschäft und der Supermarkt – Vor- und Nachteile für den Verbraucher
1. An die Vor- und Nachteile für den Verbraucher beim Einkauf in einem kleinen Geschäft oder im Supermarkt sollte man dringend daran denken. 2. Die Schließung der Einzelhandelsgeschäfte häuft sich und wird durch den modernen Supermarkt ersetzt. 3. Welchen Umständen ist es zu verdanken, daß immer mehr dieser hübschen, kleinen Läden Konkurs anmelden müssen?

4. Auf dem Lande dürften die Einzelhandelsgeschäfte einen längeren Fortbestand haben. 5. Auch heute gibt es noch teilweise die kleinen Läden. 6. Der Weg zum „Tante-Emma-Laden" ist meistens gleich um die Ecke zu erreichen. 7. Im Einzelhandelsgeschäft werden fast nur frische Sachen bevorzugt, wie Brot oder Gemüse usw. 8. Man kann die Ware, auch Kleider, hier stückweise kaufen und muß nicht gleich ganze Kartons mit 250 Stück nehmen. 9. Die Ware kann man bei etwaigem Nichtgefallen umtauschen. 10. Ich gehe diesem Punkt aber lieber aus dem Weg.

11. In solch einem kleinen Laden wird noch Anteilnahme am Geschick des einzelnen genommen. 12. Wenn die Leute beim Einkaufen Probleme haben, berät sie der Verkäufer, wie sie ihren Problemen entgegentreten können. 13. Die eine Verkäufe-

rin ist mir fast wie eine schwesterliche Freundin; solch ein Verhältnis habe ich nicht einmal mit meinem Arzt. 14. Meiner Meinung kauft man also da besser ein. 15. Allerdings sieht man in vielen Einzelgeschäften die fehlende große Auswahl. 16. Auch die Preiskalkulation ermöglicht dem Einzelhandelskaufmann oft nicht die Angleichung an die Preisangebote vom Supermarkt. 17. Als letzter Nachteil steht der Parkplatzmangel im Raum.

18. Wenn ich viel Zeit haben würde, würde ich von Einzelgeschäft zu Einzelgeschäft gehen. 19. Daß dafür keine Notwendigkeit besteht, ist den Supermärkten zu danken. 20. Dort gibt es viele Auswahl in den verschiedensten Artikeln. 21. Auch Kosmetik kann man dort kaufen. 22. So braucht der Käufer keine großen Zeitaufwendungen in Anspruch nehmen, wenn er etwas einkaufen will. 23. In den Supermärkten hat man auch eine große Preisersparnis. 24. Außer Lebensmitteln kann man auch Spirituosen, Wein und Schnaps einkaufen.

25. Freilich gibt es auch Nachteile, die für den Supermarkt sprechen. 26. Ein Großteil der Supermärkte bewegt sich im personellen wie auch im raumausstattungsmäßigen Bereich in einem Stadium der Unpersönlichkeit. 27. Im Supermarkt weiß man nicht, wer einen bedient, weil man alles selber suchen muß. 28. Es geht derart hektisch zu, daß sich keiner kennt. 29. Man läßt sich so leicht zum Mehrkauf verleiten, als der persönliche Bedarf ist. 30. Die Kinder sehen viele Geschenke; dadurch bedrängen sie ihre Eltern, daß sie ihnen welche kaufen. 31. Die Auffassung, im Supermarkt gibt es alles billiger, dürfte nicht richtig sein.

32. Der Supermarkt, der für die Allgemeinheit leicht erreichbar ist, ist jedoch für den einzelnen oft ungünstig gelegen. 33. Leider zeichnet er sich durch Stadtferne aus, während beim Einzelhandelsgeschäft Verbrauchernähe vorhanden ist. 34. Am Schluß stelle ich als letztes fest: 35. Eine billigere Ware und weniger Zeit beim Einkaufen kann man nur im Supermarkt haben. 36. Durch den Konkurrenzkampf der großen Supermärkte mit den kleinen Einzelhandelsgeschäften tritt wieder eine Preisverbilligung ein. 37. Die Einkaufsbetätigung in Deutschland ist noch immer in zunehmendem Maß supermarktorientiert.

Verbesserung (nicht jeder Satz ist ganz ausgeführt!)

1. Wer in einem Supermarkt oder einem kleinen Geschäft einkauft, sollte sich die Vor- und Nachteile überlegen. 2. Immer mehr „Tante-Emma-Läden" schließen, und an ihre Stelle tritt ein Supermarkt. 3. Warum müssen nun viele dieser kleinen hübschen Läden Konkurs anmelden?

4. Auf dem Lande wird es die kleinen Läden noch lange geben. 5. Man braucht sich nur in den Dörfern umzusehen. 6. Der Weg zu ihnen ist oft nicht weit. 7. Vorzüglich frische Sachen, wie Brot und Gemüse, sind hier zu haben. 8. Wer schafft sich schon mehr als ein Kleid auf einmal an oder nimmt gleich einen Riesenkarton Seife mit 250 Stück mit? 9. Wenn mir etwas nicht gefällt, kann ich es leicht umtauschen. 10. Das kommt bei mir fast nicht vor.

11. . . . kümmert man sich noch um jeden einzelnen. 12. Der Verkäufer berät die Leute gerne, die nicht zurechtkommen. 13. Ich kenne eine Verkäuferin sehr gut; sie ist mir wie eine Freundin und sorgt für mich fast so gut wie mein Hausarzt. 14. Meiner Meinung nach kauft . . . 15. Allerdings merkt man, daß die große Auswahl fehlt. 16. Der Einzelhandelskaufmann kann seine Waren auch nicht so billig abgeben wie der Supermarkt. 17. Ein weiterer Nachteil ist, daß es an Parkplätzen fehlt.

18. Wenn ich viel Zeit hätte, ginge ich von . . . 19. Daß dies nicht nötig ist, verdanken wir den Supermärkten. 20. Dort gibt es eine große Auswahl in . . . 21. Auch Kosmetikartikel kann man . . . 22. So kostet es den Käufer nicht viel Zeit, wenn er etwas erwerben will. 23. Meistens sind die Waren auch billiger. 24. Außer Lebensmitteln kann man Spirituosen, wie Wein und Schnaps, einkaufen. 25. . . ., die gegen den Supermarkt . . . 26. In vielen Supermärkten kann man mit der

Bedienung nicht reden, und die Einzelperson geht in der Größe des Raumes unter. 27. . . ., wer einen bedient; man muß alles selber suchen. 28. . . ., daß keiner den andern kennt. 29. Man läßt sich leicht dazu verleiten, mehr zu kaufen, als man braucht. 30. . . .; deshalb . . . 31. . . ., im Supermarkt gebe es . . .

32. . . ., ist jedoch für so manche ungünstig gelegen. 33. Der Weg zu ihm ist oft lang, der zum Einzelhändler kurz. 34. (Satz ist überflüssig!) 35. Meist ist es im Supermarkt billiger, und schneller geht es dort auch. 36. Weil die großen Supermärkte mit den kleinen Einzelhandelsgeschäften konkurrieren, bieten beide so billig wie möglich an. 37. In Deutschland gehen immer mehr Leute zum Einkaufen in die Supermärkte.

B)

Glauben Sie, daß solche Geschäftsbriefe geschrieben werden? Unterstreichen Sie besonders krassen Unsinn!

Knopf-Pürzl . . . .

Sehr geehrter Herr Mickrich!
Ich darf hoffen, daß ich mir Ihr Wohlwollen nicht verscherze, wenn ich mir erlaube, Sie auf die Tatsache aufmerksam zu machen, daß meine Rechnung vom . . . von Ihnen anscheinend keines Blickes gewürdigt wurde; denn es sind über drei Monate vergangen, seit Sie meine Knöpfe erhielten. Ich schmeichle mir, daß Sie diese längst verkauft haben und so eigentlich in Geld schwimmen müßten. Meine Knöpfe sind doch unerreicht.

Wie nun die Dinge auch liegen mögen, ich wäre Ihnen sehr verbunden, wenn Sie mir wenigstens eine Antwort zuteil werden ließen. Als Geschäftsmann wissen Sie, daß der Ofen nur raucht, wenn man Kohlen nachlegt. Auch ich kann nicht mit Knöpfen bezahlen, selbst wenn ich sie selbst produziere. Im Vertrauen auf Ihre Ihnen angeborene Menschengüte erwarte ich die 5.357.– Kröten, die Sie mir schulden, jetzt baldigst und lege Ihnen nochmals nahe, mir mein Drängen nicht übelzunehmen.
Seien Sie erwartungsvoll gegrüßt von

Ihrem Lieferanten
Pürzl

(Ein solcher Brief ist nicht zu verbessern. Er ist von A bis Z unsinnig – sowohl als Ganzes als auch in Einzelheiten.)

C)

Bewerbung:

Unterstreichen Sie alles, was Sie für mißlungen halten!

Franziska Sommerbauch . . . .

An die
Firma Kräuslhäckler und Co.
. . . .

Sehr geehrte Personalabteilung, liebe Firma!
Sie brauchen eine flotte Stenotypistin. Ich habe für eine büroliche Tätigkeit immer große Lust gehabt und möchte mich deshalb bei Ihnen bewerben. Ich spreche fast fließend Englisch; denn ich war bei den Englischen Fräulein beim höheren Schulbesuch bis zur 9. Klasse. Ich weise auch perfekte französische und lateinische Kenntnisse auf und kann da die Korrespondenz führen. Die italienische Sprache ist fast noch besser.

Ich habe famose Kenntnisse in Steno, und ich besitze eine erstaunlich schnelle Auffassungsgabe. Meine Fähigkeiten in Schreibmaschine sind nicht zu verachten. Ich könnte noch ein Zeugnis über Kurse in diesem Fach beilegen.
Ich habe viele Vorzüge: Selbstverständlich bin ich zuverlässig; zu spät komme ich praktisch nie. Gewissenhafte Arbeitsverrichtung ist indiskutabel. Im Umgang mit fremden Menschen bin ich außerordentlich gewandt. Deshalb bin ich umworben überall. Im ganzen stehe ich Ihnen für jeden Gebrauch zur Verfügung, vor allem als Sekretärin. Berufliche Strapazen nehme ich lächelnd auf mich. Es ist durchaus möglich, daß ich noch zusätzliche Kurse mache, um meine großen Fähigkeiten zu vervollkommnen.

Natürlich stamme ich aus einem guten Elternhaus, was man besonders meinem Vater jederzeit ansehen kann. Mir wäre es recht, wenn wir uns treffen könnten, ehe ich bei Ihnen anfange, weil ich dann den Bezahlungspreis vereinbaren will.
Der Grund für die Einschlagung dieser Laufbahn ist für mich die Möglichkeit großen Geldverdienens. Entscheiden Sie sich bitte für mich! Sie werden es nicht bereuen. Ich werde immer bereit sein, mich Ihnen persönlich zu stellen.

Ich hoffe auf Ihre Rückantwort in Bälde und verbleibe Ihre

Franziska Sommerbauch

(Dieser Brief ist dümmlich und angeberisch; er strotzt von Stilfehlern. Besonders dumm: Anrede; denn ich war . . .; kann da (lat.?) Korrespondenz führen; . . . ist indiskutabel (= kommt nicht in Frage!); Bezahlungspreis; . . . mich Ihnen persönlich zu stellen (Sinn?); in Bälde)

Beachten Sie:
Bewerbung und Lebenslauf sind für den Empfänger meist die erste Information über den Bewerber. Aus der äußeren Form (Schrift, Stil, Rechtschreibung) und dem Inhalt schließen Lehrmeister, Betriebsleiter, Personalchef oder Geschäftsinhaber(in) auf die Persönlichkeit des Schreibers, auf seine Neigung und Eignung, und machen sich ein Bild von ihm. Wer solche Schriftstücke zu lesen und zu beurteilen hat, ist gewöhnlich sehr beschäftigt.

Personalschefs haben keine Zeit, umständliche und langatmige Lebensgeschichten zu lesen. Sie bevorzugen sachliche, knappe Angaben über Person und Herkunft des Bewerbers, seinen Bildungsweg, über zusätzliche Kenntnisse und Fähigkeiten, das Berufsziel und vielleicht noch Hinweise auf besondere (soziale) Verhältnisse.

Die Bewerbung ist handschriftlich oder mit Maschine abzufassen. Oben links steht der Absender (Name und Anschrift), rechts oben Ort und Datum. Dann folgen links Name und Anschrift des Empfängers, darunter – unterstrichen –: Bewerbung um . . .

Der Hauptteil beginnt mit der Anrede, die immer heißt: *Sehr geehrte Damen und Herren!* Die Bewerbung ist zu begründen; daran schließen sich kurze Angaben über Vorbildung, Stand der Ausbildung, den frühestmöglichen Zeitpunkt des Arbeitsbeginns sowie Hinweise auf Neigung und Interesse für die angestrebte Tätigkeit in unaufdringlicher, aber doch bestimmter Form. Eine höfliche Grußformel und die eigenhändige klare Unterschrift beschließen das Bewerbungsschreiben.

Die beigefügten Schriftstücke (Lebenslauf, Ablichtungen der Zeugnisse, Lichtbild) werden als Anlage oberhalb der Anrede erwähnt. Am Schluß können auch noch Gehalts- und Wohnfragen erwähnt werden.

Hier ein knappes Beispiel:

. . . .

An die
Ignitalwerke
. . . . .
Personalabteilung

Bewerbung um die Stelle laut Anzeige in der xy-Zeitung vom . . .
Anlagen: Lebenslauf
drei abgelichtete Zeugnisse
ein Lichtbild

Sehr geehrte Damen und Herren!
Ich bewerbe mich um die in der xy-Zeitung am . . . ausgeschriebene Stelle. Seit . . . arbeite ich in . . . bei der Firma Caliqua als Chefsekretärin. Ich bin in ungekündigter Stellung und möchte mich nur verändern, weil mein Mann vor zwei Monaten eine Stelle in . . . als Ingenieur angetreten hat. Da ich die Frist von 6 Wochen zum Vierteljahresbeginn einhalten muß, könnte ich frühestens am 1. Juli bei Ihnen beginnen.

Mein Chef, Leitender Ingenieur Blohberg, ist gerne bereit, Auskunft über mich zu geben. Mein jetziges Gehalt ist DM 1600,– brutto; ich rechne bei Ihnen mit derselben Summe. Nähere Einzelheiten über mich ersehen Sie aus dem beigefügten Lebenslauf und den Zeugnissen.
Bitte, geben Sie mir Gelegenheit, mich bei Ihnen persönlich vorzustellen.

Hochachtungsvoll
Marianne Lobmann

D)

Lebenslauf:

Beachten Sie:
Der Lebenslauf ist eigenhändig niederzuschreiben! Eine saubere Anordnung auf DIN-A 4-Papier, mit breiterem Links- und genügendem Rechtsrand mit Überschrift ist ebenso selbstverständlich wie eine gut leserliche Handschrift. Manche Unternehmen ziehen einen erfahrenen Schriftsachverständigen (Graphologen) zu Rate. Am Schluß keine Grußformel!
Form: Entweder erzählend oder tabellarisch
Inhalt:
a) Personalien (Geburtstag und -ort, Name und Beruf der Eltern, Staatsangehörigkeit, Verheiratung, Besonderes),
b) Schulbildung, Prüfungen, Lehrgänge, Kurse,
c) Berufsziel (angestrebter Beruf, Neigungen, Interessen, Kenntnisse und Erfahrungen).

Hier ein knappes Beispiel:

Lebenslauf

Ich, Marianne Lobmann, geb. Schneider, bin am . . . als Tochter des Oberlehrers Franz Schneider und seiner Ehefrau Hedwig, geb. Rotter, in . . . geboren. Von . . . bis . . . besuchte ich die Grundschule und trat im September . . . in das Pestalozzi-Gymnasium ein. Dieses verließ ich nach 9 Jahren im Jahre . . . mit dem Reifezeugnis.

Anschließend besuchte ich an der Wirtschaftsakademie in . . . 6 Semester lang den Abendkurs zur Ausbildung als Chefsekretärin und Fremdsprachenkorrespondentin. Am . . . begann ich als Sekretärin bei der Firma Caliqua in . . . Schon nach drei Monaten wurde mir dort die Stelle der Chefsekretärin angeboten.
Am . . . heiratete ich; mein Mann, Hans Lobmann, ist Ingenieur bei . . .

Marianne Lobmann

E)

Gefallen Ihnen diese Heiratsanzeigen sprachlich?

a) Sportkanone sucht Sportrakete zur Landung im Paradies. Sie ist blond und blauäugig – er soll schwarz und rassig sein. Sie ist zwanzig und hat Schuhgröße 38; ihre Maße sind 90–60–90. Dazu kommen noch Muskeln. Wer wagt den Vergleichskampf?

b) Ein anschmiegsames, hübsches Kätzchen hat das Alleine-Herumstreunen gründlich satt und sucht schwarzen Kater, der es auf Sammetpfoten durch das Leben trägt.

c) Herzdame sucht Herzkönig zum gemeinsamen Pokern. Intelligenz, Sportlichkeit und Humor sind Voraussetzungen für ein erfolgreiches Zusammenspiel.
Wer zeigt die Karten offen?

(Die Anzeigen sind wunderschön; die Sprache ist frisch und natürlich, nicht gespreizt und nicht überzogen; die bildlichen Vorstellungen werden jeweils durchgehalten.)

3. Fremdwörter

Zum Überlegen:

Hier sind zwei kleine Geschichten, die Ihnen zeigen, wie tückisch Fremdwörter für Leute sein können, die sie nicht verstehen.

Durch eine berühmte Gartenanlage wurden Tausende von Touristen geschleust. Der Führer hatte wenig Ahnung von Blumen. Einmal bewunderte eine Besucherin in einem Teil des Gartens das Echo in einem aufgelassenen Steinbruch: „Ach, diese Akustik!" – „Stimmt!" bestätigte der Führer. „Und nächste Woche steht sie in voller Blüte."

Nikisch wurde seinerzeit als der „faszinierendste Meister des Taktstocks" gerühmt. Während eines Symphoniekonzerts in Leipzig hörte er plötzlich während einer kurzen Pause aus der ersten Reihe eine junge Dame zu ihrer Nachbarin flüstern: „Gelle, Olga, du sagst mir, wenn er anfängt zu faszinieren!"

Die Geschichten zeigen Ihnen, wer Fremdwörter vermeiden soll: Alle, die sich nicht über ihre Bedeutung (und Schreibung!) im klaren sind. Wäre es also nicht besser, gleich alle Fremdwörter in Bausch und Bogen aus der deutschen Sprache zu verbannen? Das geht nicht – leider und glücklicherweise! Deutsch ist eine alte und hochentwickelte Kultursprache, die seit Jahrhunderten Anregungen aus den alten Sprachen (Latein und Griechisch) und vor allem aus westeuropäischen Sprachen (Französisch, Englisch, Italienisch) übernahm.

Fremdwörter bereichern unsere Sprache. In der Wissenschaft, die sowieso international ist, benennen in vielen Sprachen gleiche oder ähnliche Wörter dieselben Begriffe oder Sachen. Die Technik schafft mit dem Ding auch das Wort. Denken wir nur an den Computer! Daneben gestatten uns Fremdwörter, feine Unterscheidungen auszudrücken, wie das die deutsche Sprache allein nicht schaffen würde. Das feine Wort *Nuance* ist kaum übersetzbar.

Andererseits ist die „Sucht", möglichst viele Fremdwörter zu verwenden, aufs schärfste abzulehnen. Wir werden uns mit dieser Frage auch in den nächsten Kapiteln zu beschäftigen haben. Gerade heute gibt es viele Menschen aus allen Schichten der Bevölkerung, die glauben, sie müßten ihre „fortschrittliche" Gesinnung damit beweisen, daß sie mit Fremdwörtern nicht nur wahllos herumwerfen, sondern sogar selbst welche erfinden.

Beides sind schlimme Übel, gegen die es zu kämpfen gilt. Die alte, goldene Regel verpflichtet uns noch immer: Vermeide das Fremdwort für alles, was man ebensogut deutsch sagen kann! Wer sich darauf beruft, daß auch das Englische massenhaft Fremdwörter in seinem Sprachschatz habe und immer neue aufnehme, muß sich sagen lassen, daß dieser Vergleich gewaltig hinkt: Englisch ist zu 51 % eine romanische Sprache und empfindet also Wörter lateinischen Stammes nicht als fremd.

Nehmen wir das Wort *reflektieren!* Unsere Sprache kannte es lange und nutzte es im technischen Bereich (= widerspiegeln): *Der Spiegel reflektiert die Strahlen der Lampe.* – Nun drang über das Englische/Französische die übertragene Bedeutung ein: sich etwas überlegen. In diesem Bereich hätten wir das Fremdwort nicht gebraucht. Ein Satz, wie: *Der Schüler soll das Wesen echter Autorität reflektieren.* klingt geziert, ja gespreizt.

Es gibt drei Arten von Fremdwörtern:

a) die überflüssigen, die wir vermeiden sollten, weil sie die entsprechenden deutschen Wörter verdrängen (Hobby, Outsider),

b) die neutralen, die technische Dinge des täglichen Lebens bezeichnen (Motor, Lokomotive, Elektrizität, Auto),

c) die nützlichen, vorwiegend aus dem wissenschaftlich-technischen Bereich (Labor, Phase, Recorder, Operation, Chirurg).

Wir können auch zwischen nötigen und unnötigen Fremdwörtern unterscheiden. Das Wort *Programm* brauchen wir; wir können auch das Verb *programmieren* nicht ersetzen, wenn gemeint ist: einen Computer füttern, speisen, einsetzen. Wird aber dieses Wort im übertragenen Sinne verwendet, etwa: *Ich bin jetzt auf Urlaub programmiert,* dann ist das Wort überzogen, unnötig, häßlich!

Man hat seit dem 17. Jahrhundert versucht, Fremdwörter zu verdeutschen. Viele dieser Neuprägungen sind uns heute selbstverständlich. Prüfen Sie, welche der folgenden Wörter bei uns nicht heimisch werden konnten!

1. ablichten (fotokopieren)
2. Anschrift (Adresse)
3. Briefwechsel (Korrespondenz)
4. Bücherei (Bibliothek)
5. Fernsprecher (Telefon)
6. Gesichtserker (Nase)
7. Gesichtskreis (Horizont)
8. Haarkräusler (Friseur)
9. Irrgarten (Labyrinth)
10. Lehrart (Methode)
11. Lichtbild (Foto)
12. Meuchelpuffer (Pistole)
13. Nahrohr (Mikroskop)
14. Paradiesfeige (Banane)
15. Postkarte (Korrespondenzkarte)
16. Selbstverkäufer (Automat)
17. Sprachlehre (Grammatik)
18. Stelldichein (Rendezvous)
19. Talmund (Echo)
20. Urwesen (Element)
21. Wörterbuch (Lexikon)
22. Zeugemutter (Natur)
23. Zitterweh (Fieber)
24. Zweikampf (Duell)

3.1. Fehler und Verwechslungen

Übung 41:

Berichtigen Sie! (Der Gedanke ist doppelt ausgedrückt.)

1. Er unterzog sich einer Examensprüfung.	... einer Prüfung.
2. Dies ist tatsächlich eine mögliche Eventualität.	... eine Möglichkeit.
3. Die Veröffentlichung wurde publiziert.	Die Sache wurde veröffentlicht.
4. Man trägt ostentativ freudige Stimmung zur Schau.	Man trägt freudige Stimmung ...
5. Der Raum war dekorativ geschmückt.	... war geschmückt.
6. Die Partei startete einen offensiven Angriff.	... einen Angriff.
7. Es befand sich nur eine geringe numerische Anzahl von Leuten hier.	... nur eine geringe Anzahl ...
8. Das sind eindeutig falsche Illusionen.	Das sind eindeutig Illusionen.
9. Ich habe einen akustischen Laut gehört.	... einen Laut gehört.
10. Das bedeutet eine intensive Verstärkung.	... eine Verstärkung.
11. Die größere Majorität war für den Vorschlag.	Die Mehrheit (Majorität) war für ...
12. Mein Grundprinzip ist schnelle Arbeit.	Mein Grundsatz (Prinzip) ...
13. Das ist eine Abwendung vom ästhetischen Schönheitskult.	... Abwendung vom Schönheitskult.
14. Für dieses Vorgehen habe ich so einige Motivgründe.	... so einige Gründe (Motive).
15. Alle Leute tanzen um den Mammon Geld.	... um das Geld (den Mammon).

16. Die Haushalte sollten sich einem erhöhten Konsumverbrauch zuwenden.	... mehr Geld für den Verbrauch ausgeben.
17. Die Basis der Grundlage war sehr schwach.	Die Grundlage (die Basis) war sehr schwach.
18. Er hatte in dieser Gruppe die zentrale Position.	(Richtig! Aber nicht schön!)
19. Wir bieten Ihnen besondere Spezialitäten an.	... etwas Besonderes (Spezialitäten) an.
20. Das war eine seltene Rarität.	... eine seltene Sache (Rarität).

Übung 42:

Berichtigen Sie!

1. Er vertrat das äußerste Extrem.	... den äußersten Standpunkt.
2. Das ist ein chronischer Dauerzustand.	... ein Dauerzustand.
3. Hier haben Sie das Endresultat.	... das Resultat (Ergebnis).
4. Ich halte das für eine Gegenreaktion.	... für eine Reaktion.
5. Das kann in jeder Zeitära passieren.	... in jedem Zeitalter vorkommen.
6. Sein Beitrag war sehr minimal.	... sehr klein (minimal).
7. Deutsche Produkterzeugnisse werden in der ganzen Welt verkauft.	Deutsche Erzeugnisse (Produkte) ...
8. Wir machen zuerst einen Testversuch.	... einen Versuch (Test).
9. In dieser Zeitepoche gab es Könige in Deutschland.	In diesem Zeitabschnitt (in dieser Epoche) ...
10. Gegenüber diesem Menschen fühle ich Antisympathie.	... Antipathie (= Abneigung).
11. Es ist unglaublich, was wir alles verkonsumieren.	... verbrauchen (konsumieren).
12. Dieser Experimentversuch war ein Erfolg.	Dieser Versuch (dieses Experiment) war ...
13. Er hörte sich das mit Uninteresse an.	... mit Uninteressiertheit (Desinteresse) an.
14. Das ist ein ungelöstes Faktum.	... eine ungelöste Frage.
15. Er zeigte sich völlig desinteressiert.	(Richtig! = ohne Anteilnahme)
16. Auch meine Schwiegermutter war uninteressiert.	(Richtig! = ohne Anteilnahme)

Vorsicht bei den Nachsilben -logie und -logisch!

17. Dieser Mensch ist psychologisch krank.	... psychisch (= seelisch) krank.
18. Wir studieren die soziologische Struktur der Bevölkerung.	... die soziale Struktur ...
19. Die moderne Technologie nimmt uns viel Arbeit ab.	Die moderne Technik ...
20. Eine psychologische Untersuchung ergab, daß der Mensch wirklich krank war.	(Richtig!)

Man merke sich: -logie und -logisch beziehen sich auf die Wissenschaft, nicht auf die Anwendung!

Übung 43:

Kennen Sie die Bedeutung dieser Wörter, die leicht zu verwechseln sind?

1. adaptieren – adoptieren	anpassen – annehmen
2. Astronom – Astrolog	Sternforscher – Sterndeuter
3. ethisch – ethnisch	sittlich – zum Volkstum gehörig
4. feudal – frugal	vornehm, adelig – mäßig, einfach
5. Fond – Fonds	Rücksitz im Auto – Geldbestand
6. formal – formell	auf die Form bezüglich – äußerlich
7. ideal – ideell	vorbildlich – gedanklich
8. Kontinent – Kontingent	Erdteil – Anteil
9. materiell – materialistisch	stofflich – nach bloßem Lebensgenuß strebend
10. offiziell – offiziös	amtlich – halbamtlich
11. ökonomisch – ökumenisch	wirtschaftlich – allgemein
12. Psycholog – Psychopath	Seelenforscher – seelisch abnormer Mensch
13. Referenz – Reverenz	Beziehung, Empfehlung, Auskunft – Ehrenbezeugung, Verbeugung
14. Sepsis – Skepsis	Fäulnis, Blutvergiftung – Zweifel
15. septisch – skeptisch	Vergiftung verursachend – zweifelnd
16. simulieren – stimulieren	vortäuschen – anregen, reizen
17. Statuen – Statuten	Bildsäulen – Satzungen
18. Tip – Typ – Type	Wink – Gattung, Form – Druckbuchstabe
19. transponieren – transportieren – transpirieren	in eine andere Tonart umsetzen – befördern – schwitzen

3.2. Warum nicht deutsch?

Übung 44:

Verdeutschen Sie!

1. Deutschland ist ein Land, in dem der Gebrauch von Fremdwörtern das Sozialprestige hebt.	. . ., in dem Leute, die Fremdwörter verwenden, angesehen sind.
2. Der Usus der Fremdwörter ist auf ein absolutes Minimum zu reduzieren.	Fremdwörter sollte man so wenig wie möglich gebrauchen.
3. Dieses Problem war extrem kompliziert.	Diese Frage war vielschichtig.
4. Die Kontrolle funktionierte famos.	Die Überprüfung klappte bestens.
5. Für Kinder sollte man den Fernsehkonsum energisch reduzieren.	Man sollte dafür sorgen, daß Kinder nicht viel fernsehen.
6. Die Existenz dieser Leute wird eventuell bedroht.	Vielleicht können diese Leute nicht mehr weiterleben.
7. Wir müssen diese Affäre diskret behandeln.	Wir müssen in dieser Sache behutsam vorgehen.
8. Ist der Transfer des Fußballers schon perfekt?	Ist schon das letzte Wort gesprochen, daß der Fußballer den Verein wechselt?
9. Der junge Kerl machte eine blasierte Geste.	. . . eine hochmütige Bewegung.
10. Bei der Behandlung dieser Frage gibt es keine Alternative.	. . . keine andere Möglichkeit.

11. Der Teufel sitzt wie üblich im Detail.	... in den Einzelheiten.
12. Das war ein geradezu bestialisches Verbrechen.	... viehisches Verbrechen.
13. Durch das Öl in der Nordsee eröffnen sich für England gigantische Perspektiven.	... großartige Ausblicke (in die Zukunft).
14. Auf dem Sektor der Ausbildung ist noch viel zu tun.	Im Bereich der Ausbildung ...
15. Laß dich nicht von Illusionen blenden!	... von Täuschungen ...
16. Wenn dir das passierte, das wäre fatal.	Wenn dir das zustieße, das wäre verhängnisvoll (unangenehm).
17. Ich halte das für eine ganz delikate Frage.	... eine ganz heikle Frage.
18. Wenn das Fahrzeug in Ordnung ist, sinkt die Chance, daß man einen erfolgreichen (!) Unfall macht.	..., sinkt die Gefahr, daß man einen Unfall verschuldet.
19. Die dringlichsten Probleme sollten zuerst bekämpft werden.	Die dringlichsten Fragen sollten zuerst erörtert (!) werden.
20. Die Wähler werden oft manipuliert.	... übers Ohr gehauen.

Übung 45:

Verdeutschen Sie!

1. Die fundamentale Voraussetzung dafür ist Geld.	Wir brauchen vor allem Geld.
2. Das Streben der Menschen ist auf materielle, egoistische (!) Dinge gerichtet.	Die Menschen denken nur an sich und streben nach Besitz aller Art.
3. Manche Leute halten konsequent an ihren Prinzipien fest.	Manche Leute stehen zu ihren Grundsätzen.
4. Die Vorstellungen meiner Frau von einem Haus waren absolut identisch mit den meinigen.	Meine Frau hatte von einem Haus genau dieselben Vorstellungen wie ich.
5. Es wurde offiziell mitgeteilt, daß die Verhandlungen begonnen haben.	... amtlich mitgeteilt, ...
6. Die Staatsmänner sind übereingekommen, den Status quo nicht anzutasten.	..., den Zustand so zu belassen, wie er ist.
7. Unser Fernseher funktioniert nicht mehr.	... geht nicht mehr (ist nicht mehr in Ordnung).
8. Heute fungiert der Bürgermeister als Feuerwehrkommandant.	Heute macht der Bürgermeister den Feuerwehrkommandanten.
9. Bei diesem Werk muß man auch die tiefere Idee erfassen.	... auch den tieferen Sinn ...
10. Solch ein Benehmen kann mir nicht imponieren.	... macht keinen Eindruck auf mich.
11. Dieser Kommentar zeigt eine bestimmte Tendenz.	... verfolgt eine gewisse Absicht.
12. Es ist nötig, über die Situation der Familie nachzudenken.	..., über die Lage ...
13. Ich befinde mich in einem inneren Konflikt.	In meinem Innern tobt ein Kampf.
14. Für eine solche Veranstaltung braucht man einen großen Apparat.	... muß man viel überlegen und braucht viele Leute.
15. Ich halte die Erfolgsaussichten in diesem Punkte nicht für effektiv.	Ich fürchte, wir werden hier kaum Erfolg haben.

16. Auf der Straße müssen alle Verkehrsteilnehmer kooperieren.	... verständnisvoll zusammenarbeiten.
17. Eine Eskalation der Feindseligkeiten ist unbedingt zu vermeiden.	Es ist zu vermeiden, daß die Feindseligkeiten noch schlimmer werden.
18. In einem bilateralen Abkommen einigte man sich über die Zahlungsweise.	In einem zweiseitigen Abkommen ...
19. Die Perfektion der Darbietung war sensationell.	Die Darbietung war vollendet – ein seltener Genuß.
20. Es ist nötig, zuerst einen Entwurf zu konzipieren.	..., einen Entwurf niederzuschreiben.

Übung 46:

Verdeutschen Sie!

1. Ich möchte mich hier nicht engagieren.	... mich damit nicht befassen.
2. Da kann man sich schon frustriert vorkommen.	Das ist schon eine herbe Enttäuschung.
3. Wir sind eine progressive Partei.	... fortschrittliche Partei.
4. Was der tut, ist mir ziemlich egal.	..., ist mir ziemlich gleich.
5. Ich konstatiere, daß hier zuviel Geld ausgegeben wurde.	Ich stelle fest, ...
6. Diese Ideen ließen sich nicht realisieren.	Diese Gedanken ließen sich nicht in die Tat umsetzen.
7. Er gibt nur Banalitäten von sich.	... seichtes Geschwätz ...
8. Natürlich ist diese Frage besonders akut.	... besonders brennend.
9. Es ergab sich eine spontante Gegendemonstration.	Plötzlich ergab sich eine Gegendemonstration, die ganz von selbst entstand.
10. Wenn es so weitergeht, droht der Wirtschaft der totale Ruin.	..., droht der Wirtschaft der völlige Zusammenbruch.
11. Diese Route ist physisch anstrengender.	Dieser Weg verlangt vom Körper mehr.
12. Meine physische Leistungskraft ist immer noch intakt.	Ich kann körperlich immer noch alles leisten.
13. Uwe Seeler ist nicht nur in Hamburg populär.	... beliebt (bekannt).
14. Sie müssen analog den Ihnen erteilten Instruktionen handeln.	Sie müssen nach den Ihnen erteilten Weisungen handeln.
15. Eigentlich ist diese Frage nur von sekundärem Interesse.	Diese Frage ist nicht so wichtig (ist zweitrangig).
16. Wir sind jetzt in das Stadium der Ausführung des Planes getreten.	Wir sind jetzt dazu übergegangen, den Plan auszuführen.
17. Diese Ideen sind nicht originell.	Diese Gedanken sind nichts Neues.
18. In diesen Zeiten ist eine Konzentration des ökonomischen Potentials unverzichtbar.	... ist es unbedingt nötig, die Kräfte der Wirtschaft zusammenzufassen.
19. Diese Tendenz zur Passivität ist die negative Seite des Fernsehens.	Das Fernsehen begünstigt die Neigung des Menschen zur Faulheit.
20. Die Vielzahl der ungelösten finanziellen, programmatischen und juristischen Probleme haben gerade in letzter Zeit zu einem Nachlassen der Kabeleuphorie (!) geführt.	Man ist seit einiger Zeit nicht mehr so zuversichtlich, daß sich die vielen ... Probleme lösen lassen, die mit dem Kabelfernsehen zusammenhängen.

3.3. Modische und andere Dummheiten

Dies ereignete sich irgendwo in Bayern; der Franzl lernt ein Mädchen kennen. Die beiden gehen am nächsten Sonntag spazieren. Das Mädchen sagt: „Jetzt gehen wir in den Wald zum Picknicken." Franzl aber meint: „Zuerst machen wir Brotzeit."

Übung 47:

Welche dieser Ausdrücke halten Sie für entbehrlich (d.h. ersetzbar durch deutsche Wörter)?

1. abstrakt, 2. konkret, 3. organisch, 4. typisch, 5. programmieren, 6. isolieren, 7. Computer, 8. Optik, 9. Prisma, 10. Phase, 11. Reflex, 12. Kosmonaut, 13. Satellit, 14. Pakt, 15. Integration, 16. Jazz, 17. Realität, 18. Tendenz, 19. Formular, 20. Zirkular

14. Vertrag, 15. Zusammenschluß, Vereinigung, 17. Wirklichkeit, 18. Neigung, Absicht, 19. Formblatt, 20. Rundschreiben.

Übung 48:

Wie Übung 47

1. Konto, 2. Kredit, 3. Bilanz, 4. Depot, 5. Provision, 6. Büro, 7. Maschine, 8. Klausel, 9. Telegramm, 10. Telefon, 11. Hypothek, 12. Giro, 13. Skonto, 14. Koeffizient, 15. imaginär, 16. Bonus, 17. Revision, 18. Detail, 19. kalkulierbar, 20. Statussymbol

10. Fernsprecher, 17. Prüfung, 18. Einzelheit, 19. zu berechnen, 20. Zeichen für den gesellschaftlichen Stand.

Übung 49:

Wie Übung 47

1. Recherchen, 2. disponieren, 3. basieren, 4. opportun, 5. deponieren, 6. Duplikat, 7. aktuell, 8. riskieren, 9. probieren, 10. dubios, 11. revidieren, 12. zedieren, 13. egal, 14. relevant, 15. Relevanz, 16. Floating, 17. Dirigismus, 18. Koordinierung, 19. Fluktuation, 20. Kooperation

1. Ermittlungen, 2. verfügen, planen, 3. beruhen auf, 4. zweckmäßig, 5. hinterlegen, 6. Zweitschrift, 7. zeitgemäß, dringend, 8. wagen, 9. versuchen, 10. zweifelhaft, 11. nachprüfen, 12. abtreten, 13. gleich, 14. bedeutsam, 15. Bedeutung, 20. Zusammenarbeit.

Übung 50:

Kennen Sie die folgenden Ausdrücke? Versuchen Sie, dafür deutsche zu finden.

1. Motivation, 2. motivieren, 3. kreativ, 4. Kreativität, 5. Konzeption, 6. Präsenz, 7. Interdependenz, 8. Gewinnmaximierung, 9. Dealer, 10. Knowhow, 11. Talk-show, 12. Research,

1. Anregung, Antrieb, 2. anregen, 3. schöpferisch, 4. schöpferische Veranlagung, 5. Vorstellung, Plan, 6. Gegenwart, Anwesenheit, 7. wechselseitige Abhängigkeit, 8. Steigerung des Gewinns, 9. Rauschgifthändler, 10. technisches Wissen, 11. Fernsehübertragung eines Gesprächs, 12. For-

13. Psyche, 14. empirisch, 15. prekär, 16. Infrastruktur, 17. Desinformation, 18. Rekapitulation, 19. permanent, 20. adäquat

schung, 13. Seele, 14. erfahrungsgemäß, 15. mißlich, 16. Unterbau einer hochentwickelten Wirtschaft, 17. (absichtlich) falsche Information, 18. Wiederholung, 19. dauernd, 20. angemessen.

Übung 51:

Wie Übung 50!

1. Public relations, 2. Top-manager, 3. Goodwill-Kampagne, 4. Human relations, 5. Deficit-spending, 6. Sales Training, 7. Image, 8. Drive-in Center, 9. Paperback, 10. Pocket Books, 11. Science-Fiction Story, 12. Festival, 13. Poster, 14. Bandleader, 15. Fan, 16. Sound, 17. Bowling, 18. Economy-Class, 19. First-class Service, 20. Nonproliferation

1. Öffentlichkeitsarbeit, 2. Generaldirektor, 3. Feldzug des guten Willens, 4. Zwischenmenschliche Beziehungen, 5. Vorgriff auf künftige Haushaltsmittel, 6. Verkaufsausbildung, 7. „Bild", 8. Verkaufsgelände, in das man mit dem Auto fahren kann, 9. Papierrükken, 10. Taschenbücher, 11. Geschichte von einem technischen Abenteuer, 12. Festspiel, 13. Plakat, 14. Leiter einer Musikkapelle, 15. Anhänger, 16. Melodie, 17. Kegeln (nicht ganz dasselbe!), 18. Touristenklasse (billig!), 19. Erstklassige Betreuung, 20. Nichtweitergabe – meist von Wissen, wie man Atombomben herstellt.

Übung 52:

Die Wörter in den Übungen 50 und 51 sind großenteils Angeber-Wörter. Sie werden oft gedankenlos verwendet. Die folgenden Wörter kommen aus Amerika und bürgern sich immer mehr ein.
Dreimal dürfen Sie raten! Was ist . . .? (Unterstreichen Sie Ihre Wahl!)

1. Hot dogs	1. Jazzkapelle, 2. heiße Würstchen, 3. Böse Menschen	2
2. Coke	1. Coca Cola, 2. Brötchen, 3. Kuchen	1
3. Grapefruit Juice	1. Traubensaft, 2. Soße, 3. Pampelmusensaft	3
4. Corn Flakes	1. Kornkaffee, 2. Rindfleisch, 3. Maisflocken	3
5. Recycling	1. Wiederaufbereitung, 2. Radfahren, 3. Umbauen	1
6. fighten	1. fechten, 2. kämpfen, 3. zuschauen	2
7. catchen	1. ringen, 2. fangen, 3. zusammenschlagen	2
8. timen	1. die Zeit festlegen, 2. die Uhr stellen, 3. das Flugzeug anpeilen.	1

Am verrücktesten ist, daß die Wörter *fighten* und *catchen* deutsch gebeugt werden: ich habe gefightet, er hat gecatcht. Dabei heißen die englischen Formen: fight – fought – fought; catch – caught – caught!

Verstehen Sie die folgenden (hochgestochenen) Ausdrücke?

9. Expansionseuphorie	Hochgefühl, daß sich das Geschäft oder der Betrieb ausdehnt
10. kosmetische Operation	Schönheitsoperation
11. kostenneutral	es entstehen keine zusätzlichen Kosten
12. Eldorado	eine Art Paradies

Versuchen Sie zu erfassen, was geschehen ist:

13. Ein junges Mädchen wurde auf dem Schulweg mit der Emanzipation von Libido-Repressionen der spätkapitalistischen Gesellschaft konfrontiert. (Nach Richard W. Eichler, Verhexte Muttersprache)	Ein junges Mädchen wurde auf dem Schulweg von Sittenstrolchen überfallen.

Übung 53:

Überlegen Sie bei den folgenden Stilblüten, wo der Fehler liegt.

1. Viele Menschen werden auf Kuraufenthalt geschickt, um dort ihre Krankheiten im ersten Stadion zu bekämpfen.
2. Es werden jetzt bei allen Wahlen Werbechampagner geführt.
3. Beim Fußball sollen alle Spieler mit Firnis spielen.
4. Bei der Werbung kommt es auf die Karakteen der Menschen an.
5. Die meisten Waren gibt es bekanntlich im Supermarkt; selbstverständlich kann man dort nicht nur Suppen, sondern auch andere Lebensmittel kaufen.
6. Die Kriminaler, die fürchterliche Dialekte begangen hatten, konnten von der Polizei gefangen werden.
7. Im Rundfunk werden dem Hörer die Waren durch die Werbung optisch dargestellt.
8. Nach dem Kriegsende normalisierte sich die Menschheit langsam wieder.
9. In der Übergangszeit kamen öfters Extremitäten vor.
10. Unter Infrastruktur haben manche Länder zu leiden. (Ebenso dumm wäre: Unter Klima haben manche Länder zu leiden.)

3.4. Test III: Geht es ohne Fremdwörter?

Versuchen Sie, sämtliche Fremdwörter zu erklären, und überlegen Sie, ob deutsche Wörter nicht besser gewesen wären.

Diese Short Story[1] ist kein Sensationsfeature[2]. Sie möchte den deutschen Globetrotter[3] herausfordern. Immer up to date[4] und so manchen sogar als Playboy[5] verdächtig, neigt er nicht zur Deutschtümelei. Aber wir sollten verhindern, daß unsere Sprache allmählich zum Underdog[6] wird. Schließlich ist es kein Fair Play[7], wenn bloß englische Wörter als first class[8] gelten. Sicher, die Engländer haben früher vom Wirtschaftsboom[9] und vom Living Standard[10] gesprochen. Sogar im Osten ist ihr Wortschatz fashionable[11]. Der Streß[12] ist hauptsächlich an uns hängengeblieben. Das zeigt diese Geschichte:

Nachdem der Topmanager[13] den Jumbo-Jet[14] verlassen und sich von seinem Girlfriend[15], einem Mitglied des Jetsets[16], verabschiedet hatte, trank er in der Bar einen Scotch-on-the-Rocks[17], den er mit einem Travellercheck[18] bezahlte, und warf dabei einen Blick in die Business-Unterlagen[19], die ihm seine gerade von einem Trainingskurs[20] zurückgekehrte Sekretärin aufmerksam in sein Executive-Briefcase[21] gelegt hatte. Dabei wanderten seine Gedanken zum gemeinsam verbrachten Weekend[22] zurück, zum Swimming-pool[23], zu der Art, wie sie ihre Pullover[24] und Pullunder[25] zur Show[26] trug, überhaupt zu ihrem Sex-Appeal[27], der immer wieder die Blicke der Bird-Watcher[28] aus der High Society[29] auf sich zog.

Es gelang ihm nicht so recht, sich auf die Papers[30] und das geänderte Marketing-Konzept[31], die Bewerbung für den Posten des Management Consultant[32], den Bericht des Public-Relations-Managers[33] über die neuen Werbespots[34] und -slogans[35] sowie die Exportoutput-Zahlen[36] zu konzentrieren. Dabei mußte er sich auf ein Background-Interview[37] in der VIP-Lounge[38] vorbereiten. Er nahm sich vor, die Zahlen noch einmal gründlich zu checken[39], sich heute abend aber erst mit einem Steak[40] zu stärken und danach beim Anblick der Talkshow[41] zu relaxen[42], vielleicht auch nur etwas Popmusic[43] zu hören und einen Tranquilizer[44] zu nehmen. Er war in letzter Zeit zu busy[45] gewesen.

Plötzlich fiel ihm ein, daß er seinem auf Prestige[46] bedachten Sales-Manager[47] zugesagt hatte, zu dessen Cocktailparty[48] zu kommen. Noch ärger war, daß er das Shopping[49] für die Familie vergessen hatte. Aber schließlich waren die Kinder schon Teenager[50], die sich ihre Jeans[51] selber im American Corner Shop[52] kaufen konnten. Seine Frustration[53] steigerte sich, als er einen zweiten Drink[54] bestellen wollte, der Barkeeper[55] aber verschwunden war. Er fluchte auf den Service[56] und kaufte vom Zeitungsboy[57] eine Abendzeitung mit der Schlagzeile: „Baby[58] gekidnappt[59], Babysitter[60] an Bulldozer[61] gefesselt. – Sugar Ray Robinson[62] fightete[63] gnadenlos.“

1: Kurzgeschichte, 2: Bericht über ein großes Ereignis, 3: Weltenbummler, 4: auf dem laufenden, 5: reicher Taugenichts, 6: Unterdrückter, 7: anständiges, ehrliches Spiel, 8: erstklassig, 9: Wirtschaftsaufschwung (trifft die Bedeutung nicht ganz genau!), 10: Lebensstandard, 11: modisch, 12: Anstrengung, 13: leitender Direktor, 14: Jumbo-Düsenflugzeug, 15: Freundin, 16: die oberen Zehntausend, 17: (unübersetzbar), 18: Reisescheck, 19: Geschäftsunterlagen, 20: Ausbildungskurs, 21: Aktenmappe des leitenden Angestellten, 22: Wochenende, 23: Schwimmbecken, 24: –, 25: –, 26: Veranstaltung, 27: weibliche Anziehungskraft, 28: Beobachter, 29: große Gesellschaft, 30: Entwürfe, 31: Überlegungen, wie man Waren verkauft, 32: Berater der Unternehmensführung, 33: Werbungsdirektor, 34: Werbe-Einblendungen, 35: Werbesprüche, 36: Zahlen über Umsatz in der Ausfuhr, 37: Unterhaltung über allgemeine Fragen (des Unternehmens), 38: Halle im Flughafen, wo sich sehr bedeutende Personen treffen, 39: prüfen, 40: Fleischschnitte, 41: Unterhaltung im Fernsehen, 42: sich entspannen, 43: –, 44: Säftchen zur Beruhigung, 45: geschäftig, 46: Geltung, 47: Verkaufsleiter, 48. Abendgesellschaft (trifft die Bedeutung nicht ganz), 49: Einkaufen, 50: Jugendliche bis 20, 51: Nietenhosen, 52: Geschäft an der Ecke mit amerikanischen Waren, 53: Gefühl des Ärgers, 54: Glas, 55: Besitzer des Lokals, 56: Bedienung, 57: Zeitungsjunge, 58: kleines Kind, 59: entführt, 60: –, 61: Raupe, 62: (Eigenname), 63: kämpfte.

4. Sprache der Verwaltung

Zum Überlegen:
Goethes Roman „Die Leiden des jungen Werthers" (Goethe war Jurist!) beginnt: *„Der Unterfertigte hat alle auffindbaren Erkenntnisse betreffs des zu Mitleid Anlaß gebenden Werthers mit Diensteifer zusammengestellt und bringt sie in der Gewißheit der Dankbarkeit dritter Personen in Vorlage."*

Glauben Sie wirklich, daß der 23jährige Goethe, Referendar am Reichskammergericht in Wetzlar, so geschrieben hat? Nein! Er hat so geschrieben: *„Was ich von der Geschichte des armen Werthers nur habe auffinden können, habe ich mit Fleiß gesammelt und leg' es euch hier vor, und weiß, daß ich mir's danken werdet."*

Nun handelt es sich im „Werther" um gestaltetes Erlebnis und um Erfindung oder, um mit Goethe zu sprechen, um Wahrheit und Dichtung. Die Sprache der Verwaltung muß sich davon abheben; denn sie muß sein:
a) eindeutig formuliert,
b) sachlich richtig,
c) anwendbar auf viele Menschen und Fälle.

Also hat sie notwendigerweise einen hohen Grad von Abstraktheit und Unpersönlichkeit. Aber sie darf nicht die Geheimsprache einer elitären Minderheit, nämlich der Verwaltungsbeamten, scin.

Nach der Allgemeinen Dienstordnung für die Staatsbehörden in Bayern, München 1971, „sind dienstliche Schreiben in höflicher Form zu halten. Sie sollen klar, für den Empfänger verständlich und so kurz wie möglich sein."

Ist die Sprache der Verwaltung eine Fremdsprache? Gibt es das so oft gelästerte Amtsdeutsch? Die Antwort auf die erste Frage ist: *ja,* auf die zweite: *nein.* Früher, noch vor 50 Jahren, gab es tatsächlich das sog. Kanzleideutsch mit seinen schrecklichen, zopfigen Ausdrücken und Wendungen. Heute ist die Verwaltung bürgernah und bemüht sich um verständliche Sprache.

Sie kann aber ohne Fachausdrücke nicht rationell arbeiten; auch das Juristendeutsch ist keine Geheimsprache, sondern eine Berufssprache, wie es deren viele gibt. Wenn die Juristen und Verwaltungsleute von den Laien verstanden werden wollen, müssen sie sich bemühen, nur dort Fachwörter einzusetzen, wo keine anderen zur Verfügung stehen.

So gibt es zweifellos einen gewissen „Amtsstil". Er bestimmt nicht nur die Sprache in Gerichten und Behörden. Seine Auswirkungen sind (leider!) auch im täglichen Leben zu spüren. Beim Durchblättern einer Zeitung findet man viele Wendungen, die dem Amtsstil ähneln. Wir sehen uns das im nächsten Kapitel an.

Die Hauptschwierigkeit beim „Amtsstil" ist die Sucht nach übergroßer Genauigkeit. Man lese die folgende Ausführung: *„Als glaubhaft gemacht gelten Angaben, deren Richtigkeit mit einer ernstliche Zweifel ausschließenden Wahrscheinlichkeit dargetan sind."* (Bundesgesetzblatt 1954, S. 7, § 16, 1) Man weiß also jetzt genau Bescheid.

Ein weiteres Hauptmerkmal der Sprache der Verwaltung ist die Wortlänge. Eine Untersuchung von Kunath, die allerdings schon über 40 Jahre zurückliegt, führte zu folgendem Ergebnis.

	Goethe	Storm	Bismarck	amtliche Schriftstücke
einsilbig	60	52	44	32
zweisilbig	27	33	32	21
dreisilbig	7	9	14	18
viersilbig	6	5	6	15
fünfsilbig	–	1	4	8
vielsilbig	–	–	–	6

Es wurden jeweils nur 100 Wörter zugrunde gelegt, so daß die Untersuchung nicht ganz befriedigen kann.

Die Wirkung der Amtssprache auf den Staatsbürger ist klar erkennbar. Das Staats- und Rechtswesen ist für ihn undurchschaubar und verwirrend; es ist eine unheimliche, fremde Welt. Das geht ihm schon auf, wenn er ein Formular ausfüllen will. Wie schwer ist es doch, zu „erraten", was gefragt ist! Nicht die Frage und die geforderte Aussage stoßen den einzelnen vor den Kopf, sondern die sprachliche Verkleidung.

So entsteht eine Kluft zwischen den Rechtskundigen und den Laien. Diese zu überbrücken ist auch eine Aufgabe der Verwaltung, und nicht die kleinste. Daß die entscheidende Aussage über das Verhältnis des Bürgers zum Staat klar, schlicht und genau sein kann, zeigt der Artikel 1 des Grundgesetzes: „*Die Würde des Menschen ist unantastbar. Sie zu achten und zu schützen ist Verpflichtung aller staatlichen Gewalt.*"

4.1. Schablonen und Wendungen

Beispiele:

Versuchen wir, den schwerfälligen Kanzleistil ins Alltagsdeutsch zu übersetzen!

1. Der Antrag wurde einer Prüfung unterzogen.	Der Antrag wurde geprüft.
2. Bei Wechsel der Anstellungsbehörde ist die Zustimmungserklärung der neuen Anstellungsbehörde zur weiteren Lehrgangsteilnahme nachzubringen.	Wenn Sie die Behörde wechseln, müssen Sie die Erklärung der neuen Behörde, daß Sie am Lehrgang teilnehmen dürfen, nachbringen.

Übung 54:

Verfahren Sie wie bei den Beispielen!

1. Seitens der Regierung wurde nichts unternommen.	Die Regierung unternahm nichts.
2. Ich gebe mich der Hoffnung hin, daß Sie diese Auflagen erfüllen werden.	Ich hoffe, daß . . .
3. Diese Frage konnte nicht auf Länderebene, sondern mußte auf Bundesebene entschieden werden.	Diese Frage konnte nicht von den Ländern, sondern mußte vom Bund entschieden werden.
4. Der Neubau wird demnächst in Angriff genommen.	Mit dem Neubau wird demnächst begonnen.
5. Was das Amt für Öffentliche Ordnung betrifft, so kann die Sachlage hier nicht geklärt werden.	Das Amt für Öffentliche Ordnung kann die Sachlage nicht klären.
6. Die Arbeiten am Kanal nehmen ihren Fortgang.	Am Kanal wird zügig weitergearbeitet.
7. Die Erstellung einer Seilbahn erwies sich als notwendig.	Es erwies sich als notwendig, eine Seilbahn zu bauen.
8. Gegen die Genehmigung des Antrags bestehen keine Bedenken.	Der Antrag kann genehmigt werden.
9. Im Zuge der Vereinheitlichung der Vorschriften wurden diese überarbeitet.	Die Vorschriften wurden einheitlich gestaltet.

10. Der Polizist nahm unter Mitwirkung eines Zivilisten den Dieb fest.	Der Polizist nahm den Dieb fest; ein Zivilist half ihm dabei.
11. Wir bitten Sie höflichst um Rücksendung der Kopie nach vollzogener Unterschriftsleistung.	Bitte senden Sie uns die Kopie unterschrieben zurück.
12. Mit Rücksicht auf die stattgefundene Überprüfung Ihrer Unterlagen können wir Sie jetzt einstellen.	Wir haben Ihre Unterlagen überprüft und können Sie jetzt einstellen.
13. Die Fraktion brachte ihre Bedenken gegen die Vorlage zum Ausdruck.	Die Fraktion drückte ihre Bedenken gegen die Vorlage aus.
14. Sie können zwischenzeitlich mit dem Erhalt einer Nachricht unsererseits rechnen.	Wir werden Ihnen in der Zwischenzeit eine Nachricht zukommen lassen.
15. Aufgrund Ihres Gesuches vom . . . kann eine positive Entscheidung erfolgen.	Ihr Gesuch vom . . . ist genehmigt.
16. Wir sehen uns in der Lage, Ihrem Antrag zu entsprechen.	Wir können Ihrem Antrag entsprechen.
17. Die Säcke wurden von seiten des Zolls beschlagnahmt, weil der Vermutung Raum gegeben werden mußte, daß sie Drogen enthielten.	Der Zoll beschlagnahmte die Säcke, weil zu vermuten war, daß . . .
18. Nach Maßgabe der Bestimmungen verblieb das beschlagnahmte Gut bei der Zollbehörde.	Nach den Bestimmungen verblieb . . .
19. Die Inkenntnissetzung der übergeordneten Behörde hat zu erfolgen.	Die übergeordnete Behörde ist zu benachrichtigen.
20. Dies führte bereits zu einem vorübergehenden Wegfall der Abzüge an die Arbeitslosenversicherung.	Dies führte dazu, daß die Abzüge an die Arbeitslosenversicherung eine Zeitlang nicht gezahlt wurden.

4.2. Satzungetüme

Beispiele:

1. Die bei der gegenständlichen Nachrichtenübermittlung für die zielgerichtete Raumüberwindung benötigte Zeit muß in angemessener Weise zur Verfügung stehen, wenn die Dienstleistung kostengünstig produziert werden soll. (Aus einer internen Analyse der Bundespost, Nov. 72)	(Etwas deftig:) Je schneller die Briefpost befördert wird, um so teurer wird das.
2. Da die Polizei in Erfahrung gebracht hatte, daß die Kundgebung unliebsame Folgen haben könnte, wurde sie beauftragt, die Kundgebung nicht zur Durchführung gelangen zu lassen.	Da die Polizei erfahren hatte, daß die Kundgebung unliebsame Folgen haben könnte, wurde sie beauftragt, sie zu verhindern.

Sie sehen, die zwei linken Sätze sind schwer überschaubar und deshalb schlecht verständlich. Ob eine Umsetzung ins Alltagsdeutsch alle Nuancen der Kanzleisprache erfaßt, ist eine andere und sehr schwierige Frage.

Übung 55:

Legen Sie bei der Übersetzung ins Alltagsdeutsch vor allem Wert darauf, daß die Sätze leicht zu verstehen sind!

1.	Die aufgrund der Bestimmungen vom . . . erteilten Genehmigungen bleiben, auch soweit sie den Vorschriften der Verordnung vom . . . nicht entsprechen, aufgrund der hier vorgesehenen Besitzstandswahrung unberührt.	Die Verordnung vom . . . wurde am . . . geändert. Die bisherigen Genehmigungen gelten weiter.
2.	Die Ablehnung der Aufnahme einer Anzeige könnte dem Polizeibeamten den Vorwurf der Begünstigung im Amt eintragen.	Lehnt es der Polizeibeamte ab, eine Anzeige aufzunehmen, so könnte ihm das . . .
3.	Das Zustandekommen der Überzahlung erklärt sich aus der Tatsache, daß die Zurruhesetzung des Beamten erst später bekannt wurde.	Es wurde soviel Geld ausgezahlt, weil erst später bekannt wurde, daß der Beamte in Pension gegangen war.
4.	Prüfen Sie genau, welche Unterlagen für den von Ihnen angestrebten Studiengang entscheidungserheblich sind!	. . ., welche Unterlagen für den Studiengang, den Sie anstreben, besonders wichtig sind.
5.	Es wird darauf hingewiesen, daß An- und Abmeldungen von Hausgehilfinnen sowie Beitragsgruppenänderungsanzeigen innerhalb der dreitägigen Meldefrist vorzunehmen sind.	Hausgehilfinnen sind innerhalb von drei Tagen anzumelden; während dieser Zeit sind auch Änderungen in der Beitragsgruppe anzuzeigen.
6.	Aufgabe des Postsparkassendienstes ist es, mit Hilfe des freizügigen (!) Postsparbuchs in Verbindung mit einem engmaschigen Netz von Zahlstellen die Spartätigkeit der Bevölkerung und in diesem Rahmen auch das Sparen geringer Beträge zu fördern.	Wer ein Postsparbuch hat, kann in jedem Dorf Geld abheben. Ist das nicht eine schöne und lohnende Sache? Die Post hilft Ihnen und nimmt auch kleinste Beträge an.
7.	Bei soviel Zukunftsbezogenheit der Bundespost wird es nicht verwundern, daß schon heute recht bestimmte Vorstellungen über Kommunikationseinrichtungen bestehen, die dem Teilnehmer im 21. Jahrhundert zur Verfügung stehen.	Die Bundespost plant weit voraus; Fernsprechen in 30 Jahren wird ein erregendes Abenteuer sein.
8.	(Titel einer Verordnung im Bundesgesetzblatt:) Dritte Verordnung zur Änderung der Verordnung zur vorübergehenden Verordnung über die Beförderung gefährlicher Güter auf dem Rhein.	Die vorläufige Verordnung, wie gefährliche Güter auf dem Rhein zu befördern sind, wird zum 1.1.77 erneut geändert.
9.	Zur Verbesserung der Verständlichmachung amtlicher Veröffentlichungen, insbesondere in Gesetzgebung und Verwaltung, aber auch in der Rechtsprechung, wird von seiten einer Kommission die Erarbeitung von Grundlagen durchgeführt.	Eine Kommission erarbeitet Grundlagen dafür, wie die Gesetze verständlicher formuliert und der Stil der Amtssprache verbessert werden sollen.
10.	Gegen diesen Ablehnungsbescheid ist binnen einer Frist von einem Monat, die mit dem ersten Tag nach Erhalt dieses Bescheides zu	Gegen diesen Ablehnungsbescheid ist der Widerspruch innerhalb eines Monats zulässig. Die Frist beginnt mit

laufen beginnt, der Widerspruch, der beim Landratsamt Aburg einzulegen ist, zulässig.	dem ersten Tag, an dem Sie den Bescheid erhalten. Der Widerspruch ist beim Landratsamt Aburg einzulegen.
11. Fräulein Wolf erhält hiermit die staatliche Anerkennung als Krankengymnastin. Für den Fall, daß Tatsachen bekannt werden, die den Mangel an denjenigen Eigenschaften erkennen lassen, welche zur Ausübung des Berufes einer Krankengymnastin erforderlich sind, oder daß sie den in Ausübung der staatlichen Aufsicht erlassenen Vorschriften ständig zuwiderhandelt, kann die Zurücknahme der Anerkennung erfolgen.	Fräulein Wolf wird hiermit vom Staat als Krankengymnastin anerkannt. Die Anerkennung kann zurückgenommen werden: 1. wenn ihr die Eigenschaften fehlen, die man für diesen Beruf braucht; 2. wenn sie die Vorschriften, die der Staat erlassen hat, nicht beachtet.
12. Die Besprechungen zu der Gestaltung der Richtlinien für die Bezuschussung neuer Vermarktungseinrichtungen, insbesondere auf dem Vieh- und Fleischsektor, haben eine Klärung darüber herbeigeführt, daß die beteiligten Mittelstandsgruppen in der Be- und Verarbeitung sowie der Verteilung nicht von der Beanspruchung dieser Mittel ausgeschlossen werden dürfen.	In der heutigen Sitzung wurde geklärt, daß die Betriebe, die ihr Geschäft erweitern, um die Bevölkerung besser mit Fleisch und Wurst zu versorgen, Anspruch auf Zuschuß haben.
13. Vorbehaltlich der Zurverfügungstellung der zur Veranschlagung vorgemerkten Mittel kann die Veranstaltung in der angestrebten Form stattfinden.	Die Veranstaltung kann in der angestrebten Form stattfinden, wenn die Mittel zur Verfügung gestellt werden, die nötig sind.
14. Bedingt durch die neuen viehseuchenrechtlichen Entschädigungsregelungen, werden nur Schweine, die nach Erstatten der Seuchenanzeige verenden oder getötet werden müssen, zu 100 % entschädigt. Alle vor der Seuchenanzeige gestorbenen Tiere (!) erhalten (!) die Entschädigung nur zur Hälfte.	Die Regelungen, nach denen Bauern eine Entschädigung bekommen, wenn ihre Tiere einer Seuche zum Opfer fallen, wurden neu gefaßt. Für Schweine, die nach Erstatten der Anzeige über eine Seuche verenden, bekommen die Züchter eine 100-%ige Entschädigung; für Tiere, die vor der Anzeige starben, erhalten sie nur die Hälfte.

Überlegen Sie, warum Sie die folgenden Sätze sofort verstehen. Sie stammen aus der Geschäftsordnung der Vertreterversammlung der Bayerischen Architektenkammer, die im Bayerischen Staatsanzeiger vom 7.4.78 veröffentlicht wurde.

1. Einberufung der Vertreterversammlung

...

1.2

Die Teilnehmer werden mit einer Frist von mindestens fünf Wochen auf den Termin der Vertreterversammlung schriftlich hingewiesen. Dabei werden die zur Behandlung vorgesehenen Tagesordnungspunkte mitgeteilt. Die förmliche Einladung erfolgt mit einer Frist von drei Wochen. In dieser Einladung ist die Tagesordnung mitzuteilen. In besonderen Fällen kann der Präsident die Einberufungsfrist verkürzen.

Übung 56:

Überlegen Sie bei den folgenden Stilblüten, wo der Fehler liegt:

1. (Aus einem Artikel über das Städtchen Chaumont/Frankreich:)
   Unser Friedhof hat eine sehr lebendige Note, die unwillkürlich zum längeren Verweilen einlädt.
2. (Aus dem Schreiben eines Pfarramts:)
   Im Zuge der Beseitigung sicherheitsgefährdender Zustände sollen an der Nordseite des Ostchores größere Beschädigungen durch Beschuß und Bombardierung behoben werden.
3. Um diese Frage näher zu beleuchten, muß man zuerst eine Teilfrage unter die Lupe nehmen.
4. (Aus dem Schreiben eines wissenschaftlichen Instituts:)
   Auch in persönlicher Hinsicht ist die Zusammenarbeit mit Herrn N. und auch diejenige zwischen ihm und den beiden Mitarbeiterinnen der hiesigen Schriftleitung sehr angenehm und fruchtbar.
5. (Im Wartezimmer eines Tierarztes war folgender Aushang zu lesen:)
   Schwarzweißes Kätzchen sucht gutes Zuhause – verrichtet leichte Mausarbeit.

4.3. Test IV: Schreiben von und an Behörden

A)

Wie gefällt Ihnen dieses Märchen (das Sie alle kennen) in sprachlicher Verkleidung? Das ist eine Parodie, mit der nicht die Sprache der Verwaltung verspottet werden soll, sondern Sie sollen etwas dabei lernen: Unterstreichen Sie alle Ausdrücke, die Ihnen nicht gefallen!

Im Einwohnermeldeamt unserer Stadtgemeinde ist eine hierorts wohnhafte, noch unbeschulte Minderjährige aktenkundig, welche durch ihre unübliche Kopfbedekkung gewohnheitsrechtlich Rotkäppchen genannt zu werden pflegt. Der Mutter besagter R. wurde seitens deren Mutter ein Schreiben zugestellt, in welchem diese Mitteilung von ihrer Krankheit und Pflegebedürftigkeit machte, worauf die Mutter der R. die Auflage machte, der Großmutter eine Sendung von Nahrungs- und Genußmitteln zu Genesungszwecken zuzustellen.

Vor ihrer Inmarschsetzung wurde R. seitens ihrer Mutter über das Verbot betreffs Verlassens der Waldwege belehrt. Diese machte sich infolge Nichtbeachtung dieser Vorschrift straffällig und begegnete beim Übertreten des diesbezüglichen Blumenpflückverbotes einem polizeilich nicht gemeldeten Wolf ohne festen Wohnsitz. Dieser verlangte in unberechtigter Amtsanmaßung Einsichtnahme in das zu Transportzwecken von Konsumgütern dienende Korbbehältnis und traf in Tötungsabsicht die Feststellung, daß R. zu ihrer Großmutter unterwegs war.

Da beim Wolf Verknappungen auf dem Ernährungssektor vorherrschend waren, faßte er den Beschluß, bei der Großmutter der R. unter Vorlage falscher Papiere vorstellig zu werden. Weil dieselbe wegen Augenleidens krankgeschrieben war, gelang dem in Freßgier befindlichen Untier die Täuschungsabsicht, worauf es unter Verschlingen der Bettlägerigen einen strafbaren Mundraub ausführte. Ferner täuschte das Tier bei der später eintreffenden R. seine Identität mit der Großmutter vor und stellte durch Zweitverschlingung der R. seinen Tötungsvorsatz erneut unter Beweis. Der auf dem Dienstgang befindliche Waldbeamte B. vernahm Schnarchgeräusche und stellte deren Urheberschaft seitens des Tiermaules fest. Er reichte bei seiner vorgesetzten Dienststelle ein Tötungsgesuch ein, das dort positiv beschieden wurde. Nach Beschaffung einer Flinte gab er auf das Raubtier einen Schuß ab.

Dieses wurde nach der Beschießung ablebig. Die gespreizte Beinhaltung des Getöteten weckte in dem Schußgeber die Vermutung, wonach der Leichnam Personen beinhalte. Zwecks diesbezüglicher Feststellung öffnete er unter Zuhilfenahme eines Messers den Kadaver zur Einsichtnahme und stieß dabei auf die noch lebende R. nebst Großmutter. Durch die unverhoffte Wiederbelebung bemächtigte sich beider Personen ein gesteigertes Lebensgefühl, dem sie durch groben Unfug, öffentliches Ärgernis erregenden Lärm und Nichtbeachtung anderer Polizeiverordnungen Ausdruck verliehen, was beim Jäger in Form eines Schocks zum Tragen kam.

B)

Aus den anschließend mitgeteilten Tatsachen sollen Sie zwei Anträge fertigen. Lesen Sie zuerst, worum es geht!

Der Oberinspektor Franz Wüst, 33 Jahre, verheiratet, 2 Kinder, wohnhaft in Brauseburg, Stadtstr. 2, ist als Sachbearbeiter im Personalamt der Stadt X beschäftigt. Seine Schwester Hella, 30 Jahre alt, ledige Kinderpflegerin in einer städt. Kinderkrippe, leidet seit ihrer Geburt an zwei schweren Herzfehlern (Defekt der Herzscheidewand, Verengung der Aorta zur Lunge); deren baldige operative Beseitigung ist dringend geboten, wie aus dem fachärztlichen Gutachten von Prof. Dr. Beißer, Chefarzt der Chirurgischen Universitätsklinik in T., hervorgeht.

Der chirurgische Eingriff kann wegen der besonderen Art der Krankheit derzeit nur in der berühmten Mayo-Klinik in Rochester/Minnesota, USA, vorgenommen werden. Als Begleitperson kommt wegen seiner Englischkenntnisse der Bruder der Herzkranken in Frage. Die Operation ist auf den 18.3.19. . festgelegt worden. Der Aufenthalt in den Vereinigten Staaten wird voraussichtlich 6 Wochen dauern.

Inhalt der Anträge:

a) Gewährung eines unbezahlten Urlaubs
b) Gewährung einer Notstandsbeihilfe

Antrag **a)**

Franz Wüst — Brauseburg, ...
Oberinspektor
. . . .

An
. . . .

Gewährung eines unbezahlten Urlaubs
Anlage: Fachärztliches Gutachten der Chirurgischen Universitätsklinik T. (Prof. Dr. Beißer) vom . . .

Sehr geehrter Herr Stadtrat!
Meine Schwester Hella Wüst leidet seit ihrer Geburt an zwei schweren Herzfehlern (Defekt an der Herzscheidewand und Verengung der Aorta zur Lunge). Wie eine gründliche fachärztliche Untersuchung an der Chirurgischen Universitätsklinik T. ergeben hat, muß sie sich so bald wie möglich einer Herzoperation unterziehen.
Wegen der besonderen Art der Krankheit soll der chirurgische Eingriff am 18.3.19 . . in der Mayo-Klinik in Rochester/Minnesota, USA, vorgenommen werden. Der Mindestaufenthalt in

den Vereinigten Staaten beträgt voraussichtlich sechs Wochen. Für diese Zeit muß ich meine Schwester als sprachkundige Begleitperson betreuen.
Da mir nur drei Wochen Jahresurlaub zur Verfügung stehen, bitte ich Sie, sehr geehrter Herr Stadtrat, mir für die Dauer von drei Wochen unbezahlten Urlaub zu gewähren.

Mit vorzüglicher Hochachtung

. . . .

Antrag **b)**

. . . .

An die
Stadt X
Beihilfenfestsetzungsstelle

Gewährung einer Notstandsbeihilfe
Anlagen: 1 Abdruck des Antrags vom . . . an die Stadt X auf Gewährung unbezahlten Urlaubs
1 Ablichtung der Verfügung der Stadt X vom . . .
1 Ablichtung des Gehaltsstreifens vom November . . .
1 Ablichtung der Quittung über die Wohnungsmiete für Dezember . . .

Ich bitte, mir eine einmalige Notstandsbeihilfe zu gewähren.
Begründung:
Das Personalamt der Stadt X hat mir mit der obengenannten Verfügung einen dreiwöchigen unbezahlten Urlaub gewährt. Für diese Zeit sind meine Familie (Ehefrau und zwei Kinder) und ich ohne Einkommen. Vermögen und Ersparnisse sind nicht vorhanden, weil ich erst vor kurzem eine neue Wohnung bezogen habe und einrichten mußte. Für die Wohnung zahle ich monatlich DM 420,– Miete. Mein monatliches Nettoeinkommen beträgt 1.920.– DM.

. . . .

C)

Machen Sie ein Versetzungsgesuch nach folgenden Angaben:

Der Assistenten-Anwärter Kurt Schnee ist seit 15 Monaten beim Landratsamt G. tätig. Im ersten Jahr der Ausbildung lagen seine Leistungen weit über dem Durchschnitt; in den letzten Monaten sind sie stark gesunken. Der junge Mann fühlt sich müde, abgeschlagen und ist ständig erkältet. Der Dienst verursacht ihm sichtbare Qual.
Sein Ausbildungsleiter rät ihm, sich fachärztlich untersuchen zu lassen. Es wird festgestellt, daß er an einer chronischen Entzündung der oberen Luftwege leidet und das in G. vorherrschende feuchtnasse Klima sehr schlecht verträgt. In einem ausführlichen Gutachten – dem auch der Amtsarzt zustimmt – wird dringend angeraten, Schnee aus gesundheitlichen Gründen an einen Dienstort in einem nebelfreien Gebiet zu versetzen. Der Landkreis U. würde Schnee übernehmen.

. . . .

Herrn
Landrat Dr. . . . .
im Hause

Versetzung aus Gesundheitsgründen
Anlage: 1 fachärztliches Gutachten

Ich bitte, mich aus gesundheitlichen Gründen zu versetzen.
Seit Monaten leide ich an einer chronischen Entzündung der oberen Luftwege. Die Heilung wird dadurch erschwert, daß ich feuchtes Klima, wie es hier herrscht, nicht vertrage. Durch das Leiden wurden die dienstlichen Leistungen wesentlich beeinträchtigt.
In dem beigefügten fachärztlichen Gutachten (mit amtsärztlichem Vermerk) wird eine Versetzung in ein nebelfreies Gebiet dringend angeraten. Um meine Gesundheit wiederherzustellen und mein Ausbildungsziel zu erreichen, möchte ich dem ärztlichen Rat folgen.
Ich bitte daher, mich zum Landkreis U. zu versetzen; dieser ist damit einverstanden.

Kurt Schnee

D)

Machen Sie nach folgenden Angaben ein Gesuch um Gewährung einer einmaligen Unterstützung!

Die Verw.-Sekretärin Christa Thaler, die seit drei Jahren in der Gemeinde B-dorf tätig ist, hat sich einen Tag Urlaub genommen und fährt am . . . in die nahegelegene Stadt, um einen preisgünstigen Gebrauchtwagen zu kaufen. Auf dem Wege zum Autohändler wird sie überfallen und völlig ausgeraubt. Sie gibt die genaue Summe zu Protokoll; der Beamte der Kriminalaußenstelle macht ihr jedoch wenig Hoffnung, daß sie ihr Geld jemals wiedersehen werde.
Christa Thaler hat noch einen Restbetrag auf ihrem Sparkonto; dieser reicht nur, um den Lebensunterhalt für ein paar Tage zu bestreiten. Sie sieht keine andere Möglichkeit, über ihre finanziellen Schwierigkeiten hinwegzukommen, als ein Gesuch um Unterstützung an ihren Dienstherrn zu richten.

. . . .

An die
Gemeinde B-dorf
zu Händen des Herrn Bürgermeisters

Gewährung einer einmaligen Unterstützung
Anlage: Ablichtung des Protokolls der Kriminalaußenstelle

Am . . . wurde ich auf dem Wege in die Stadt . . . überfallen und beraubt. Über die Einzelheiten wurde von der Kriminalaußenstelle ein Protokoll aufgenommen; die Ablichtung liegt bei.
Bei dem Überfall wurde mir mein gesamtes Bargeld weggenommen. Ich trug einen so hohen Betrag bei mir, weil ich einen preisgünstigen Gebrauchtwagen kaufen wollte. Mein Sparguthaben reicht nur für wenige Tage.
Durch den Raubüberfall bin ich unverschuldet in eine Notlage geraten, die ich allein nicht bewältigen kann. Da ich keine Eltern oder Verwandte habe, die mir helfen könnten, bitte ich die Gemeinde, mir eine einmalige Unterstützung von DM 300.– zu gewähren.

Christa Thaler

E)

Das folgende Schreiben ist nicht schlecht; es kann aber noch verbessert werden. Versuchen Sie es!

. . . .

Herrn
. . . .
. . . .

Verlegung einer Kanalleitung durch Ihr Grundstück Fl.-Nr. . . .
Anlage: 1 Erklärung g.R.

Sehr geehrter Herr Meier!
Der Bau des Hallenschwimmbades der Stadt Feldhofen steht kurz vor der Vollendung. Um das im Schwimmbad anfallende Abwasser ordnungsgemäß zu beseitigen, muß eine Kanalleitung von etwa 1 km Länge bis zum nächsten Hauptkanal der zentralen städtischen Entwässerungsanlage verlegt werden. Wegen der besonderen Lage des Schwimmbads ist eine Leitungsverlegung durch Grundstücke im Eigentum der öffentlichen Hand leider nicht möglich, so daß mehrere Privatgrundstücke in Anspruch genommen werden müssen.

Die Kanalleitung wird u.a. auch Ihr Grundstück Fl.-Nr. . . ., Gemarkung Feldhofen auf einer Länge von 30 m durchqueren. Die Stadt Feldhofen bittet Sie, die Bauarbeiten auf Ihrem Grundstück zu dulden. Außerdem werden Sie gebeten, zu einem späteren im einzelnen noch festzulegenden Zeitpunkt zugunsten der Stadt Feldhofen eine beschränkte persönliche Dienstbarkeit zur dinglichen Sicherung des Leitungsrechts auf Ihrem Grundstück im Grundbuch eintragen zu lassen. Die Stadt Feldhofen sichert Ihnen hiermit verbindlich zu, daß sie für die Einräumung der Dienstbarkeit ein angemessenes Entgelt zahlen und für die durch die Leitungsverlegung eintretenden Vermögensnachteile Entschädigung leisten wird. Die Höhe von Entgelt und Entschädigung richtet sich nach einem von der Stadt einzuholenden Gutachten eines öffentlich bestellten und vereidigten Sachverständigen.

Wenn Sie mit dem sofortigen Beginn der Bauarbeiten auf Ihrem Grundstück und auch sonst mit der von der Stadt vorgeschlagenen Regelung einverstanden sind, werden Sie gebeten, das beiliegende Formblatt zu unterschreiben und an die Stadt zurückzusenden. Ein Lageplan M = 1 : 1000 mit der vorgesehenen Trassenführung liegt im Rathaus während der üblichen Dienstzeit zur allgemeinen Einsicht aus. Für Ihr Entgegenkommen dankt Ihnen die Stadt schon im voraus verbindlich.

Mit freundlichen Grüßen

. . . .

Verbesserung:

. . . .

Bald ist das Hallenschwimmbad der Stadt F. fertig. Nun fällt natürlich Abwasser an; dieses muß beseitigt werden. Dazu ist eine Kanalleitung von etwa 1 km Länge bis zum nächsten Hauptkanal der Stadtentwässerung erforderlich. Sie wissen, wo das Bad liegt. Dort gibt es wenig Flächen im Besitz der Gemeinde. Die Leitung muß also durch Privatgrundstücke führen.
Sie soll Ihr Grundstück Fl.-Nr. . . . auf einer Länge von 30 m durchqueren. Genehmigen Sie bitte dort die Bauarbeiten! In etwa drei Wochen wird die Stadt Sie bitten, eine beschränkte . . . zu lassen.
Die Stadt Feldhofen sichert Ihnen verbindlich zu:

1. Sie erhalten für die Einräumung der Dienstbarkeit ein angemessenes Entgelt.
2. Sie bekommen eine Entschädigung für die Nachteile, die Ihnen dadurch entstehen, daß die Leitung verlegt wird.

Um die Höhe der Summen festzusetzen, holt die Stadt das Gutachten eines öffentlich bestellten und vereidigten Sachverständigen ein.
Wir hoffen, Sie sind damit einverstanden, daß die Bauarbeiten sofort beginnen. Wenn Sie die Vorschläge der Stadt annehmen, dann unterschreiben Sie bitte das beiliegende Formblatt und schicken Sie es an die Stadt zurück. Ein Lageplan . . . aus.
Für Ihr Entgegenkommen dankt Ihnen die Stadt schon im voraus verbindlich.

. . . .

F)

Übertragen Sie das folgende Schreiben in gutes Deutsch und vermeiden Sie, soweit möglich, Fremdwörter! Kürzen Sie den Text auf das Wichtigste!
(Schreiben der Gemeinde Cedorf an Herrn X)

Das von Ihnen zur Zeit auf dem Grundstück an der Prinzenstraße 9 zur Ausführung gelangende Bauvorhaben unterlag der Überprüfung durch unsere im Außendienst befindlichen Beamten. Diese haben dabei Feststellungen getroffen, die Anlaß zu Beanstandungen geben. Unter Bezugnahme auf das mit Ihnen in dieser Angelegenheit bereits geführte telefonische Gespräch geben wir Ihnen die Beanstandungen bekannt und weisen Sie darauf hin, daß diese bei Nichtbehebung zu Weiterungen nach der Bayerischen Bauordnung führen können.

Die Ausführung der Bauarbeiten steht mehrfach in Abweichung zu dem in Vorlage gebrachten und zur Genehmigung gelangten Plan. Die Garteneinzäunung wurde in

Form eines Maschendrahtzaunes vorgenommen, obwohl der zur Rechtskraft gebrachte Bebauungsplan an dieser Stelle Jägerzäune zum Inhalt hat. Die Bewehrung mit einem zusätzlichen Stacheldraht soll außerdem schon dazu geführt haben, daß ein Fußgänger verunfallte. Die Erreichung eines legalen Zustandes ist nur durch sofortige Entfernung der angebrachten Einfriedung möglich. Zudem führt die Verschiedenheit gegenüber anschließenden Einfriedungen zu einer Verunstaltung des Stadtbildes, insbesondere durch die auffällige Farbgebung des Anstriches.

Vor weiterer Befassung mit den vorstehend aufgeführten Verstößen und vor Ingangsetzung von Zwangsmaßnahmen geben wir Ihnen unter Fristsetzung von zwei Wochen Gelegenheit zur Abgabe einer Stellungnahme. Weiter ist der Hinweis veranlaßt, daß Ihr Bauvorhaben bis zur Fertigstellung Anschluß an gemeindliche Versorgungs- und Entsorgungsleitungen erhalten muß. Bisher fehlt es insoweit Ihrerseits an den notwendigen Antragstellungen und Vorbereitungsmaßnahmen. Eine rechtzeitige Fertigstellung ist nur bei entsprechender Koordinierung aller Maßnahmen in enger Zusammenarbeit mit den zuständigen städtischen Stellen zu realisieren.

Da der Neubau scheinbar bereits in Benützung genommen wurde, ist nachdrücklichst die Feststellung zu treffen, daß die Bezugsfertigkeit erst mit der gesetzlich vorgeschriebenen Schlußabnahme eintritt, worüber ein schriftliches Attest erteilt wird. Eine vorherige Benutzungsaufnahme wäre illegal und könnte auch bei Stellung eines diesbezüglichen Antrags nicht in Erwägung gezogen werden.

Verbesserung:
Unsere Beamten überprüften Ihren Neubau, Prinzenstr. 9. Dabei ergaben sich eine Reihe von Beanstandungen. Wir haben in dieser Sache schon mit Ihnen telefoniert und weisen Sie nochmals darauf hin, daß Sie verpflichtet sind, die Bauordnung einzuhalten.
Es handelt sich um folgende Punkte:

1. Der Plan wurde bei den Maurerarbeiten nicht eingehalten.
2. Es war ein Jägerzaun vorgesehen; Sie haben einen Zaun aus Maschendraht anbringen lassen. An dem zusätzlichen Stacheldraht soll sich schon ein Fußgänger verletzt haben. Entfernen Sie diese Einfriedung sofort!
3. In der Farbe richten Sie sich bitte nach den Zäunen der Umgebung!

Sie können innerhalb von zwei Wochen Stellung zu diesen Punkten nehmen. Hernach greift die Gemeinde zu Zwangsmaßnahmen. Bedenken Sie auch, daß Ihr Bau an die gemeindlichen Ver- und Entsorgungsleitungen angeschlossen sein muß. Sie haben noch keinen Antrag gestellt und nichts vorbereitet. Wenn der Bau rechtzeitig fertig werden soll, müssen Sie die städtischen Stellen so bald wie möglich einschalten, damit diese die Arbeiten aufeinander abstimmen können. Es muß Ihnen bekannt sein, daß der Neubau erst bezogen werden darf, wenn von der Gemeinde eine schriftliche Bescheinigung ausgestellt ist, daß das Gebäude abgenommen wurde. Einen Antrag, daß jemand vorher einziehen dürfte, könnte die Gemeinde nicht genehmigen.

G)

Wie würden Sie den folgenden Bericht auf das Wesentliche kürzen? Versuchen Sie, ein gewandtes Deutsch zu schreiben!
(Der Verwaltungsangestellte Frommer ist im Außendienst der Stadt Lohburg beschäftigt. Auf einer Dienstfahrt verursachte er mit seinem Dienstwagen einen Verkehrsunfall. Dies ist sein Bericht:)

Nachdem schon wiederholt Klage darüber geführt worden war, daß durch die Firma Brenner in Achstadt, Frauenstr. 30, die Nachbarn übergebührlich mit Lärm belästigt werden, da die Firma offensichtlich eine Entlüftungsanlage ohne Schalldämpfer verwendet, habe ich sie dieserhalb am 1.2.19. . überprüft. Die Überprüfung gab im einzelnen zu erheblichen Beanstandungen Anlaß. Auf der Rückfahrt zur Dienststelle leuchtete plötzlich der Öldruckkontrollanzeiger rot auf. Dadurch wurde ich für einen kurzen Moment abgelenkt und kollidierte mit einem von rechts kommenden Radfahrer. Der Unfall ereignete sich auf der Kreuzung Jahn- und Brunnenstraße. Das Fahrrad war total im Eimer.

Der Radfahrer, Herr Franz Wittmann, wohnhaft in Bedorf Nr. 3, der sich zu Besuch bei seiner Tante in Lohburg aufhielt, erlitt Prellungen und eine Platzwunde auf der Stirne und mußte sich nach der polizeilichen Unfallaufnahme auf schnellstem Wege in ärztliche Behandlung begeben. An dem Dienstwagen ist im großen und ganzen nichts beschädigt. Nur am Kotflügel rechts sind im Lack einige Kratzer zu sehen.

Der Unfall wurde von einem zufällig vorbeikommenden Funkstreifenwagen aufgenommen. Er ereignete sich etwa gegen 14.30 Uhr. Da die Straßen gleichberechtigt waren, lag die Schuldfrage auf der Hand. Ich wurde auch von der Polizei darauf aufmerksam gemacht, daß ich wegen Verletzung der Vorfahrt mit einer Anzeige rechnen müsse. Ich darf vielleicht noch erwähnen, daß ich bis heute unfallfrei gefahren bin.

Verbesserung:
Ich hatte am 1.2.19.. die Firma Brenner in Achstadt, Frauenstr. 30, zu überprüfen. Es war eine unangenehme, aufreibende Tätigkeit, bei der unschöne Dinge zur Sprache kamen. Auf der Rückfahrt zur Dienststelle leuchtete plötzlich der Kontrollanzeiger für den Öldruck rot auf. Das erschreckte mich, ich wurde einen Augenblick abgelenkt und achtete nicht auf den Verkehr.
So stieß ich auf der Kreuzung Jahn- und Brunnenstr. mit einem Radfahrer, der von rechts kam, zusammen. Es war etwa 14.30 Uhr. Das Fahrrad war derart verbogen, daß es nur noch Schrottwert hatte.

Der Radfahrer, Herr Franz Wittmann, wohnhaft in Bedorf Nr. 3, erlitt Prellungen und eine Platzwunde auf der Stirne. Nachdem die Polizei den Unfall aufgenommen hatte, ging er sofort zum Arzt.

An dem Dienstwagen ist nichts beschädigt, außer einigen Kratzern am rechten vorderen Kotflügel. Ein Funkstreifenwagen, der zufällig vorbeikam, nahm den Unfall auf. Ich wurde belehrt, daß ich die Vorfahrt nicht beachtet habe; die Polizei müsse mich deshalb anzeigen.
Ich bin bis heute unfallfrei gefahren und bitte, mir die geschilderten Umstände zugute zu halten.

5. Sprache der Öffentlichkeit und »Soziologenchinesisch«

5.1. Politik und Massenmedien

Zum Überlegen:
Sie erinnern sich vielleicht: Wir haben auf Seite 221 den Schöpfungsbericht in „Bürokratendeutsch" vorgeführt. Was halten Sie von der folgenden schicken Reportage von der Entstehung der Welt?
Mir möchte scheinen, daß zu einem relativ frühen Zeitpunkt ein auf Himmel und Erde bezogener Schöpfungsakt von seiten einer übergeordneten Kraft, wenn Sie so wollen, erfolgte.
Das ist in einem so schön lässigen Ton gesagt, daß es „Ihnen kaum unter die Haut geht." (Wieder eine nette Wendung, nicht wahr?)

Wer öffentlich spricht oder schreibt, beeinflußt dadurch den Sprachgebrauch seiner Zuhörer oder Leser. Denn der Bürger auf der Straße und im Heim, der „kleine" Mann vor dem Fernsehgerät und die „kleine" Frau, die ihre Tageszeitung liest – sie alle denken nicht lange nach, warum gewisse Sachverhalte so ausgedrückt werden und nicht anders. Sind sich Politiker, Zeitungs-, Rundfunk- und Fernsehleute dieser ihrer Verantwortung bewußt?

Der ehemalige Bundestagsabgeordnete Fritz Erler empörte sich einmal gegen die Sprachakrobatik, die in dem Hohen Hause geboten wurde; er begann seine Rede so: „Die Ausführungen des Herrn Vorredners waren ausgesprochen reziplikativ . . ." Nach einer langen Kunstpause wollte Erler wissen, ob seine Zuhörer dieses Wort verstanden hätten. Wieder verging einige Zeit, bis einer murrte: „Nein!" Darauf erklärte Erler genüßlich: „Meine Damen und Herren! Dieses Wort *können* Sie ja gar nicht verstehen." – „Warum?" – „Weil es das Wort nicht gibt." – „Warum haben Sie es dann verwendet?" – „Weil es so schön klingt."

Ein Kommentar ist nicht nötig. – Nun wird die Sprache der Öffentlichkeit auch von anderen Menschen geprägt, z.B. von der Verwaltung und den führenden Leuten in Wirtschaft und Wissenschaft. Ein besonderes Völkchen waren von je die Gelehrten. Viele von ihnen verharrten ein Leben lang im sog. Elfenbeinturm, so daß ihre Bücher die breite Öffentlichkeit kaum beeinflußten.

Bei dem Philosophieprofessor Martin Heidegger war das nicht ganz so. Dabei hat sich gerade dieser gescheite Mann einer Sprache bedient, daß einem die Volksweisheit einfallen mag: „Je gelehrter, desto verkehrter!" Wir zeigen hier eine kleine Probe seines Stils, in dem die Sprache mißhandelt wird. Es geht um die Beschreibung der Vierung (Kreuzung von Längs- und Querschiff) einer Kathedrale.

„Die Vierung west als das ereignende Spiegel-Spiel der einfältig einander Zugetrauten. Die Vierung west als das Welten von Welt. Das Spiegelbild von Welt ist der Reigen des Ereignens. Deshalb umgreift der Reigen auch die Vier nicht erst wie ein Reif. Der Reigen ist der Ring, der ringt, indem er als das Spiegeln spielt. Ereignend lichtet er die Vier in den Glanz ihrer Einfalt. Erglänzend vereignet der Ring die Vier überallhin offen in das Rätsel ihres Wesens. Das gesammelte Wesen des also ringen-

den Spiegel-Spiels der Welt ist das Gering. Im Gering des spiegelnd-spielenden Rings schmiegen sich die Vier in ihr einiges und dennoch je eigenes Wesen. Also schmiegsam fügen sie fügsam weltend die Welt."

Hans Magnus Enzensberger bemerkt dazu: „Der skeptische Leser wird uns für die Versicherung Dank wissen, daß dieser Text kein Studentenulk, keine hanebüchene Parodie ist, sondern vielmehr aus einem öffentlichen Vortrag stammt. . . . Seine Unverständlichkeit ist nicht auf Mangel an Talent und Phantasie zurückzuführen. Sie ist das Produkt sorgfältiger Züchtung. Das Stilideal des Vortrags ist das Raunen der Mütter. Erst wenn niemand mehr weiß, wovon die Rede ist, dann ist dieses Ideal erfüllt . . . Sympathisch berührt allenfalls die Offenherzigkeit, mit der dabei sowohl Wissenschaft als auch Öffentlichkeit verhöhnt werden."

Schlimmer noch als Heidegger selbst waren eine Zeitlang einige seiner Schüler. Doch ihr Einfluß war nie groß. Die meisten Gefahren drohen unserer öffentlichen Sprache von Soziologen und Psychologen, die glauben, den Stein der Weisen gefunden zu haben und die Gesellschaft umkrempeln zu müssen. Diesen Gefahren gehen wir im nächsten Kapitel nach.

Beispiele:

Wir versuchen, den Sinn der Aussage in normalem Deutsch wiederzugeben.

1. Die Grundbefindlichkeit des Autors läßt sich aus dem analogisierenden Spiegelbild seiner literarischen Produktion ablesen.	Das Wesen des Autors läßt sich in seinen Werken erkennen. (Binsenweisheit!)
2. Dieser arme Mensch hat die Perspektivelosigkeit seines Daseins erkannt.	Dieser arme Mensch hat erkannt, daß er mit seinem Leben nicht zurechtkommt.

Sie sehen: Dieser Wortzauber ist durchaus zu durchschauen. Wir wollen das an einer Reihe von Sätzen üben. Zu 100 % läßt sich der Sinn wohl nicht treffen.

Übung 57:

1. Jeder Mensch lebt faktisch aus irgendeinem umfassenden Sinnentwurf heraus.	In seinem Herzen weiß jeder Mensch, was er im Leben erreichen will.
2. Die Verrechtlichung des Erziehungsverhältnisses hat im Schulbereich prekäre Folgen gezeitigt.	Daß die Juristen in der Schule überall mitreden, hat sich unangenehm ausgewirkt.
3. Die häufige Überbewertung des sozialen Status und die Unterbewertung der gefühlsmäßigen Bindung der Kinder muß abgebaut werden.	Wir müssen danach streben, daß die soziale Stellung nicht überbewertet wird; daß die Kinder an ihren Eltern hängen, darf nicht übersehen werden.
4. Der Dichter will unser Mitverständnis und unser Verstehen wecken.	(Bombastischer Schwulst – nicht klar wiederzugeben!)
5. Der Heimbeauftragte soll Beschwerdestelle für Jugendheiminsassen und heimähnliche Internate sein und damit zugleich eine Gewaltenteilung (!) erfüllen.	Jugendliche in Heimen und ähnlichen Internaten können sich beim Heimbeauftragten beschweren. Dieser kann seinen Einfluß geltend machen.
6. Die Verbesserung der Ernährungsstruktur der indischen Bevölkerung ist keine vorübergehende Erscheinung.	Die Inder werden sich von nun an besser verpflegen können.

7. Das Angewiesensein der Bundesrepublik auf einen starken Verbündeten ist eine Tatsache.	Die Bundesrepublik braucht einen starken Verbündeten.
8. Von Gewerkschaftsseite wurde der Vorschlag gemacht, die Arbeitszeit von 40 auf 35 Stunden herabzusetzen.	Die Gewerkschaft schlug vor, . . .
9. Diese Forderung paßt nicht in die gesamtwirtschaftliche Landschaft.	Die Wirtschaft kann diese Forderung augenblicklich nicht verkraften.
10. Weiterhin fortschrittsträchtig (!) ist die Kostenseite (!) bei diesem Energiegewinnungsprozeß zu sehen.	Energie so zu gewinnen dürfte teuerer werden.
11. Mit dieser Maßnahme konnte eine weitere Forderung, nämlich die Vermeidung übermäßiger Geräuschbildung der Nachbarschaft, erfüllt werden.	Auf diese Weise entsteht weniger Lärm. Damit ist die Forderung der Nachbarn erfüllt.
12. Es ist zu beklagen, daß von berufener Seite nicht Maßregeln ergriffen werden, womit dem Entvölkerungssystem der italienischen Wälder, die Vögel betreffend, entsprechende Schranken gesetzt werden.	Wir fordern die Bestrafung der Vogelfänger, die in den italienischen Wäldern ihr Unwesen treiben.
13. Im Zuge der immer stärkeren Ausweitung des modernen Wirtschaftslebens und der zunehmenden Rationalisierung infolge eines starken Kostendrucks ist eine weitergetriebene Arbeitsteilung unvermeidlich.	Die Wirtschaft ist international geworden, die Kosten der Produktion lassen sich nur durch Rationalisierung auffangen. Weitere Arbeitsteilung ist unvermeidlich.
14. Die Wohlfahrtsstaatpolitik hat auf die Aufweichung der Kaufkraft des Geldes eine schwerwiegende Auswirkung.	Da der Wohlfahrtsstaat viel Geld für die Staatsbürger ausgeben muß, sinkt der Wert der Währung.
15. Es handelt sich hier nicht um eine wirtschaftliche Angleichung der Bürger, sondern um eine Berücksichtigung des notwendigen Mindesteinkommens der bedürftigen Personenkreise.	Es wird nicht angestrebt, daß alle Bürger gleich viel verdienen, sondern die Armen sollen nicht am Hungertuch nagen.
16. Das für die gesetzliche Rentenversicherung bestimmende Solidaritätsprinzip sieht vor, daß die Finanzlast auf den Schultern der aktiven Mitglieder der Versichertengemeinschaft liegt.	Die Berufstätigen müssen die Rentner mitversorgen.
17. Das Produkt der Arbeitsleistung wird wesentlich erhöht. Von der Warte der Gesamtheit aus betrachtet, kommt man zu der Folgerung, daß auch die Nutzbarmachung der Gesamtleistung der Menschheit unter diesem Gesichtspunkt erfolgen muß.	Durch Arbeitsteilung kann wesentlich mehr geleistet werden. Diese Tatsache sollte die gesamte Menschheit bedenken.
18. Wir bitten, beim Öffnen unserer Sendung recht vorsichtig zu verfahren und bei etwa sich ergebenden Abweichungen von unserer Anzeige unverzüglich bei der dortigen Postbehörde die Aufnahme eines Protokolls über den Tatbestand zu veranlassen.	Bitte öffnen Sie unsere Sendungen recht vorsichtig! Prüfen Sie dann, ob alles in Ordnung ist! Sollte dies nicht der Fall sein, so lassen Sie sofort bei Ihrer Post ein Protokoll aufnehmen!

19. Die Arbeitsbedingungen im conditionierten Spülzentrum eines Appartements müssen klima- und komfortmäßig den Minimalforderungen an einen humanen Arbeitsplatz entsprechen.

Auch die Hausfrau soll ihren Abwasch in vernünftiger Weise machen können. Das ist bei einem Appartement zu berücksichtigen.

Übung 58:

Die folgenden Zeitungsausschnitte sind außergewöhnlich schwer zu verstehen, zum Teil auch deswegen, weil sie aus dem Zusammenhang gerissen sind. Die Sprache ist in jedem Fall für einen kultivierten Leser ein Greuel. Um das Verständnis zu erleichtern, drucken wir jeden Ausschnitt über die ganze Breite der Seite. Wenn Sie ernstlich an den Texten arbeiten wollen, dann nehmen Sie ein Blatt Papier und schreiben Ihren Vorschlag auf. Sie finden jeweils unter dem Text den Vorschlag des Verfassers. Eine unangreifbare Musterlösung gibt es nicht.

1. Ein ganz wichtiger Hinderungsgrund für die Verwirklichung des Kinderwunsches junger Paare und Eltern sind die zum Teil völlig unzureichenden, weil zu kleinen Wohnungen und die häufig ungünstige Wohnumgebung. Das Familiengründungsdarlehen hätte auch hier ansetzen müssen, indem es jungen Familien mehr Mittel für die Beschaffung einer eigenen familiengerechten Wohnung zur Verfügung stellt.

Junge Paare wollen oft keine Kinder, da sie keine entsprechende Wohnung finden. Hier müßte der Staat mit einem Darlehen die jungen Familien tatkräftig unterstützen.

2. (Es geht um Vorwürfe gegen die Art, wie die Luftverschmutzung in München gemessen wird.) Schwerwiegender ist die Unterstellung, daß mit den Standorten der Meßstationen die Meßwerte manipuliert würden und daß die Repräsentativität der Messungen seit dem Übergang der Aufgabe von der Landeshauptstadt München auf das Landesamt für Umweltschutz gesunken sei. Tatsache ist dagegen, daß die Standorte für die vollautomatischen Multikomponentenmeßstationen unter Berücksichtigung der neuesten international anerkannten lufthygienischen und stadtklimatologischen Erkenntnisse ausgewählt wurden.

Es wird vielfach behauptet, daß die Meßwerte der Luftverschmutzung unzuverlässig seien, seit diese Aufgabe von der Landeshauptstadt München auf das Landesamt für Umweltschutz übergegangen ist. In Wirklichkeit entsprechen die Meßgeräte dem neuesten technischen Stand. (Technische Einzelheiten sind in der Zeitung unwichtig!)

3. Durch Erweiterung der Möglichkeiten der Teilzeitbeschäftigung für Beamte soll das bestehende Arbeitsplatzangebot des öffentlichen Dienstes auf eine größere Zahl von Personen verteilt werden können, wenn in einer Ausnahmesituation ein dringendes öffentliches Interesse daran besteht, Bewerber im öffentlichen Dienst zu beschäftigen, die für eine vorwiegend im öffentlichen Dienst auszuübende Berufstätigkeit ausgebildet wurden und deshalb außerhalb des öffentlichen Dienstes in der Regel keine ihrer Ausbildung entsprechende Beschäftigung finden können.

Es wird erwogen, die Teilzeitbeschäftigung für Beamte auszudehnen, damit im öffentlichen Dienst mehr Arbeitsplätze zur Verfügung stehen. Dann könnte man dort mehr Bewerber beschäftigen, die aufgrund ihrer Ausbildung schlecht einen anderen Arbeitsplatz finden.

4. Gegenstand des Unternehmens sind im Rahmen einer Organisation für Marketing, Innovation und Systemfinding die Konzeption, Publikation, Produktion und Distribution von Ideen, Informationen, Methoden und Produkten für höhere Lebensqualität und -sicherheit in allen Bereichen des gesellschaftlichen und wirtschaftlichen Lebens.

Das Unternehmen hat einen Stab von Mitarbeitern, die sich mit folgenden Fragen beschäftigen: Marktforschung und Werbung, neue Ideen und Verbesserungen im Ablauf der Produktion. Diese Erkenntnisse sollen die Qualität und Sicherheit des Lebens in Gesellschaft und Wirtschaft erhöhen.

5. (Aus einem Communiqué über das Treffen von Staatsmännern:)
Die Begegnung fand in einer als sehr aufgeschlossen zu bezeichnenden Atmosphäre statt und gab Gelegenheit zu offenen und vertrauensvollen Gesprächen über alle aktuellen Fragen hinsichtlich der beide Seiten gemeinsam interessierenden Probleme, wobei die Gesprächspartner, getragen von der gemeinsamen Verantwortung und weitestgehender Übereinstimmung und in erneuter Bekräftigung der eingegangenen Verpflichtungen, sich sachdienlichen Argumenten nicht verschlossen, zumal es jetzt mehr denn je darauf ankommt, die bewährten Positionen zu halten.

(Dies ist reines Blabla, aus dem das Tatsächliche nicht herauszufiltern ist!)

5.2. »Soziologenchinesisch«

Zum Überlegen:
Die Intentionalität, die Initiative zur Kommunikation zu ergreifen, läßt die Partizipanten in die Phase der Verbalisierung eintreten. (Aus einer Einführung in die Linguistik) – Kapiert? Nicht? Selber schuld! Jonglieren ist doch keine Hexerei! Sagen wir diesen umwerfenden Gedanken etwas derb auf deutsch: *Wer etwas sagen will, macht das Maul auf.* (An sich eine Binsenweisheit, die man nicht auszusprechen braucht!) Kierkegaard sagt dazu: „Die Menschen haben, wie es scheint, die Sprache nicht empfangen, um die Gedanken zu verbergen, sondern um zu verbergen, daß sie keine Gedanken haben."

Der große dänische Denker hat recht. Wer so spricht, wie der Verfasser der zitierten Einführung in die Linguistik, hat die Freiheit seines Denkens schon eingebüßt und sich freiwillig eine Zwangsjacke des Formulierens umgelegt. Dagegen mutet Heideggers Tiefgründelei (erinnern Sie sich noch an die Vierung?) harmlos an.

Ausgerechnet die Leute, deren Lieblingswörter „Emanzipation", „Chancengleichheit" und „Abschaffung von Zwängen" sind, die vorgeben, gegen die Sprache als Herrschaftsinstrument vorzugehen, schaffen eine Ausdrucksweise, die man nur als „Einschüchterungssprache" bezeichnen kann. Warum bedenkt man in diesen Kreisen nicht Schopenhauers Wort: „Nichts ist leichter, als so zu schreiben, daß kein Mensch es versteht!"? – Noch deutlicher sagt es Ludwig Wittgenstein: „Was sich überhaupt sagen läßt, läßt sich klar sagen."

In dem Entwurf einer Plankommission für den Deutschunterricht (!) war zu lesen: *Der Schüler soll Kombinationen von Stamm-Morphemen, Flexiven, Präfixen und Suffixen dekodieren können. Jedes Sprachsystem enthält auf der semantischen und syntaktischen Ebene eine große Redundanz.* Nun sind das für den Eingeweihten gängige Fachwörter. Aber es ist eine Frechheit, diesen Entwurf Leuten vorzulegen, die nur gesunden Menschenverstand haben. Man kann dieselben Gedanken nämlich auch so ausdrücken: *Der Schüler soll erkennen, wie die Wörter gebildet sind. Es gibt in jeder Sprache viele Möglichkeiten, sich auszudrücken oder die Sätze zu bauen.*

Machen wir einmal einen Jux und übersetzen wir ein derbes Sprichwort in diese hochgestochene Quatsch-Sprache!

Die dümmsten Bauern haben die größten Kartoffeln.

1. Umsetzung: *Die subterranen Produkte des Agronomen stehen in reziproker Proportion zur Intelligenz des Produzenten.*
2. Umsetzung: *Die maximalen Volumina der subterranen Agrarprodukte stehen in reziproker Relation zur intellektuellen Kapazität ihrer Produzenten.*

Klingt gut, was? – Da kann man nur noch einen witzigen Menschen zitieren, der einmal das Lächerliche dieser Salbaderei überdeutlich ausgesprochen hat: „Wenn zwei Menschen sich nicht verständigen können, haben sie ziemlich sicher Kommunikationswissenschaft oder Soziolinguistik studiert."

5.2.1. Quatschfabrik

Meine Damen und Herren, kommen Sie näher! In unserer Fabrik produzieren wir erstklassigen Quatsch. Schauen Sie scharf hin, dann haben sie das technische *know-how,* und Sie können sofort mit der Eigenproduktion beginnen!
Der Amerikaner Philip Broughton hat das Arbeitsprinzip dieser Quatsch-Fabrik entdeckt: 30 sorgfältig ausgewählte Schlüsselwörter bieten ein automatisches Schnellformuliersystem. Anwendung: Man denke sich irgendeine dreistellige Zahl, z.B. 188, und kombiniere aus den drei Spalten das Wort.

Spalte 1	Spalte 2	Spalte 3
0 konzentrierte	0 Führungs-	0 -struktur
1 integrierte	1 Organisations-	1 -flexibilität
2 permanente	2 Identifikations-	2 -ebene
3 systematisierte	3 Drittgenerations-	3 -tendenz
4 progressive	4 Koalitions-	4 -programmierung
5 funktionelle	5 Fluktuations-	5 -konzeption
6 orientierte	6 Übergangs-	6 -phase
7 synchrone	7 Wachstums-	7 -potenz
8 qualifizierte	8 Aktions-	8 -problematik
9 ambivalente	9 Interpretations-	9 -kontingenz

Die Zahl 188 ergibt also das Wort integrierte Aktionsproblematik – sinnlos, aber wichtigtuerisch! Wenn Sie das Wort verwenden, wird keiner im entferntesten wissen, wovon Sie reden; aber entscheidend ist, daß niemand wagen wird, es zuzugeben. Wir hätten in der dritten Spalte bei Ziffer 9 lieber das Wort -politik/politisch gesehen; dann könnte die Ziffer 779 ergeben: synchrone Wachstumspolitik.
Übrigens, verstehen Sie alle diese Wörter? Wenn nicht, dann schauen Sie im Duden oder in einem Lexikon nach!
Die Quatschfabrik kann Massenware produzieren, wenn Sie weitere 60 Wörter *gezielt* einsetzen. Dieses Buch will Ihnen helfen, den Schwindel zu durchschauen. Darum wollen wir sehen, ob wir die folgenden Wörter verstehen. Hier sind zwei Kolonnen geboten, zuerst die Fremdwörter mit Erklärungen. Sie können sich selber prüfen, was Sie bereits wissen.

a) Fremdwörter

1. Alibifunktion	Wirkung: Man war nicht dabei, man kann nichts dafür
2. allergisch reagieren	etwas durchaus nicht vertragen können
3. ausdiskutieren	zu Ende besprechen
4. Authentizität	Echtheit
5. neue Dimensionen	neue Bereiche
6. Emanzipation	Befreiung
7. emanzipatorisch	befreiend (vieldeutig!)

8.	frustriert	enttäuscht, unbefriedigt
9.	Frust(ration)	Enttäuschung, Leerlauf
10.	in	„dabei", modern, schick
11.	Initiative	erste tätige Anregung zu einer Handlung, Entschlußkraft, Unternehmungsgeist
12.	Innovation	(Er)neuerung
13.	Interdependenz	wechselseitige Abhängigkeit
14.	integrieren	zusammenschließen (in ein übergeordnetes Ganzes)
15.	Kommunikation	Verständigung
16.	Kommunikationsbarrieren	Hindernisse für die Verständigung
17.	konfliktintensiv	voller Möglichkeiten zum Streit
18.	Kosmetik	Verschönerung
19.	kriminell	verbrecherisch
20.	kritisch	streng beurteilend, prüfend; gefährlich, bedenklich
21.	Lernprozeß	Fortschritt im Lernen
22.	Modernitätsdefizit	Hinterherhinken hinter dem augenblicklich Gültigen
23.	Motivation	Antrieb, Lust, Neigung
24.	motivieren	antreiben, bewegen
25.	(Negativ-)Image	(abstoßendes) Bild
26.	paradox	widersinnig, sonderbar
27.	pervers	widernatürlich, verderbt, entartet
28.	Problematik	schwierige Lage
29.	Problembewußtsein	Bewußtsein der schwierigen Frage
30.	privilegiert	bevorrechtet
31.	Qualifikationsdefizit	Mangel an Eignung
32.	relevant	erheblich, wichtig, von Bedeutung
33.	schizophren	bewußtseinsgespalten
34.	sensibilisieren	empfindlich machen, ein Problem aufzeigen
35.	signifikant	bedeutsam, bezeichnend, kennzeichnend
36.	Spezifikation	Einzelaufzählung
37.	Spontaneität	Selbsttätigkeit ohne äußere Anregung, Unwillkürlichkeit
38.	Strategie	Kriegskunst, Vorgehen, Plan
39.	Streß	Anspannung, Belastung, Überbeanspruchung
40.	Überraschungseffekt	eine Handlung oder Tatsache, die eine Überraschung bewirkt

b) Deutsche Wörter

1. Anliegen
2. Auftrag
3. Aussage
4. Bandbreite
5. Begegnung
6. Bekenntnis
7. Bewußtseinsbildung
8. Denkanstoß
9. einmaliges Erleben
10. Entfremdung
11. Erfolgserlebnis
12. Geschehen
13. hinterfragen (kritisch hinter den Schleier schauen, den das Wort darstellt)
14. Lustgewinn
15. Raum
16. Selbstverständnis
17. Spannungsfeld
18. Spitze des Eisbergs
19. Stellenwert
20. Weichenstellung

Das Wort *bedingen* ist ein ausgesprochen dummes Wort. Noch dazu wird es meistens falsch verwendet. Wie steht es in den beiden folgenden Sätzen?

1. Diese Art, Menschen abzuqualifizieren, ist zum Scheitern bedingt. f
2. Ein höherer Lebensstandard bedingt einen Einsatz von Sklavenkräften; bei uns sind das die Maschinen. r

Der zweite Satz ist deshalb richtig, weil die Maschinen (Sklavenkräfte) die *Bedingung* für den höheren Lebensstandard sind.

Würde Ihnen – vor allem, wenn Sie eine Dame sind – diese Annonce gefallen?

Mann (32, 170 cm, Diplompsychologe, sucht (Ehe-?)Partnerin mit sozialem Engagement für offene Kommunikation zum Abbau von bürgerlicher Zweisamkeitsromantik und scheinkonfliktfreier Harmonisierung.

Was will der Mann? Wünscht er sich einen Drachen, der ihm gehörig die Meinung sagt und der innerhalb und außerhalb des Hauses dauernd für Wirbel sorgt?

5.2.2. Pädagogen-Jargon

Übung 59:

Versuchen Sie, diese Sätze ins Deutsche zu übersetzen:

1.	Als weiteres Zielelement tritt ein Erziehungsmoment zutage.	Man will die (jungen?) Menschen auch erziehen.
2.	Es geht darum, das emanzipatorische Potential freizusetzen.	Die Menschen sollen erkennen, daß sie sich selbst bestimmen können.
3.	Ich möchte meine pädagogische Effektivität optimal erhöhen.	Ich möchte als Lehrer besonders erfolgreich (wirksam) arbeiten.
4.	Fernsehen impliziert ein kognitives Motivationsdefizit.	Fernsehen macht denkfaul.
5.	Die theoretische Möglichkeit, an einem solchen Tag Hausaufgaben zu stellen, ist in der Praxis nicht zu realisieren.	Man könnte zwar Hausaufgaben geben, aber es ist davon abzuraten.
6.	In diesem Theaterstück erleben wir, wie eine Fülle soziologischer und humaner Faktoren kulminieren, konkurrieren und kollidieren.	Dieses Theaterstück zeigt uns, wie schwierig es ist, in menschlicher Weise zusammenzuleben; dies wird uns in mitreißenden Szenen vorgeführt.
7.	Die Identifikation des Zuschauers mit dem Figurentyp des „Guten" gewährleistet wegen der gleichzeitigen Verdrängung der Gegenfigur die moralisch-didaktische Absicht.	Der Zuschauer sieht, wie sich die guten Menschen durchsetzen. Dies freut ihn und spornt ihn an, ähnlich zu handeln.
8.	Das, was das emanzipatorische Theater an Vorzügen vorweisen kann, ist die Symbiose aus dem Sozialen und Ästhetischen. Ein ausschließlich kulinarisches Theater verfehlt seine Zweckbestimmung.	Das Theater, das den Menschen befreien will, zeigt ihm in künstlerischer Form, wie er in der Gesellschaft leben soll. Ein Theater, das nur Kunstgenuß bietet, ist nichts wert.
9.	Basisfaktoren, teils angeboren, teils milieufixiert, erzeugen im Erziehungsprozeß oft interprozessuale Grundphänomene, die sich akustisch akzentuieren und eine gewisse Friktion initiieren.	Lausbuben stören oft den Unterricht, weil sie schwätzen.
10.	Repressives Verhalten der Autoritätspersonen unterdrückt die Funktionslust und führt zu Frustration und Aggression.	Sind die Eltern oder Lehrer zu streng, so haben die Kinder keine Lust zu irgend etwas und werden widerspenstig.
11.	Aus dem sexualpädagogischen Selbstverständnis heraus ergeben sich zwingende Gründe für eine kritische Auseinandersetzung mit sexuell relevanten wirtschaftlichen und politischen Erscheinungen.	Wer Sexualpädagogik vertritt, muß wissen, wie Gesellschaft und Politik zum Geschlechtlichen stehen.
12.	(Aus einer Methodik für den Deutschunterricht(!)) Statt eines Katalogs der Inhalte, der bislang nur imitatives und rezeptives Lernen zuließ, sind nunmehr Lernprozesse in Gang zu set-	Bisher haben die Schüler beim Lernen nur etwas aufgenommen und nachgeahmt. Nun sollen sie die Dinge erken-

zen, welche die kognitiven und affektiven Kräfte des Schülers herausfordern. Die Lernsituationen verlangen Kommunikation, und nach den in den Lernblöcken relevanten allgemeinen verhaltensorientierten Lernzielen muß das Kind sich zu artikulieren lernen; es muß so schnell wie möglich zur Verbalisierung eigener Bedürfnisse und Interessen gebracht werden. Vor allem ist die Voraussetzung dafür, daß Identifikations- und damit Lernprozesse in Gang kommen, daß das Kind richtig motiviert wird.

nen und dieses Geschäft mit Lust betreiben. Es ist nötig, daß ein Gespräch über die jeweiligen Unterrichtsgegenstände zustande kommt. Das Kind muß lernen, das, was es sagen will, in verständliche Worte und Sätze zu fassen. Voraussetzung dafür, daß sich das Kind das ihm Gemäße aneignet, ist die Freude am Unterricht.
(Uralte pädagogische Binsenweisheit!)

5.2.3. Auch Linguisten können schwafeln!

Übung 60:

Versuchen Sie, diese Sätze ins Deutsche zu übersetzen:

1. Eine soziale Relevanz erhält die Sprache durch ihre kommunikative Funktion.

   Die Sprache ist wichtig, weil sich die Leute mit ihr verständigen. (Binsenweisheit!)

2. Die Schwierigkeit des Kommunikationsvorgangs besteht darin, daß jeder Mensch über einen individuellen Kode verfügt.

   Verständigung ist deshalb schwierig, weil jeder Mensch einen anderen Wortschatz hat und die Wörter verschieden verwendet.

3. Der Mensch hat die Fähigkeit, aufgrund seiner sprachlichen Kompetenz sozial zu agieren oder zu reagieren.

   Durch die Art, wie der Mensch spricht, beteiligt er sich am Leben der Gesellschaft.

4. Kommunikation ist Interaktion in symbolischer Vermittlung und impliziert faktisch, genau wie Interaktion, auch ein Herrschaftsverhältnis interagierender und kommunizierender Menschen.

   (Etwas deftig:) Wenn die Leute miteinander reden, dann schaffen die einen an, und die anderen haben zu gehorchen.

5. Verzögerung der Rezeption, also zeitliche Distanz oder räumliche Entfernung, modifizieren den literarischen Kommunikationsprozeß.

   Wie Dichtung verstanden wird, richtet sich auch danach, wann und wo der Dichter geschrieben hat oder schreibt.

6. Eine Schwierigkeit in der literarischen Kommunikation kann sich daraus ergeben, daß der literarische Produzent einen ästhetischen Kode entwickelt hat, den der Rezipient nicht oder nur unter großer Mühe dekodieren kann.

   Wenn der Dichter oder Schriftsteller besondere Stilgewohnheiten entwickelt hat, so kann es für den Leser schwierig sein, ihn zu verstehen.

7. (Aus einem Verlagsangebot:)
   Kritische Anmerkungen zur Integration soziolinguistischer Fragestellungen in die traditionelle Deutschdidaktik.

   Wie man im Deutschunterricht auf die verschiedenen Sprachschichten eingehen kann.

8. Das unmittelbare Ziel von Kommunikation als Gemeinschaftshandlung ist die Herstellung einer partiellen Kongruenz zwischen den kognitiven Prozessen der an der Kommunikation partizipierenden Individuen.

   Wenn die Leute miteinander reden, so ist der Zweck, daß sie in ihren Denkschritten teilweise übereinstimmen. (Sinn?)

9. Der Schüler soll – entsprechend seiner kommunikativen Absicht und durch Rückkopplung mit der Wahrnehmung des je konkreten kommunikativen Handlungsfeldes – kommunikativ handeln können. Dabei muß er sich aller ihm zur Verfügung stehenden Kodierungsformen und Informationsübermittlungskanäle (!) bedienen lernen.

10. Bei der relativ hohen Störanfälligkeit umgangssprachlicher Kommunikation sind Fragen und kognitiv relevante Antworten ein normaler Bestandteil der kommunikativen Praxis.

Der Schüler soll lernen, sich mit anderen Menschen zu verständigen. Dabei muß er wissen, was er sagen will und an wen er sich wendet. (Töricht, weil selbstverständlich!) Er soll lernen, sich geschickt auszudrücken und Wissen aus dem Fernseher, den Zeitungen und Büchern zu entnehmen.

Wenn die Leute miteinander reden, verstehen sie sich nicht immer (und müssen durch Wechselrede ein Verständnis erzielen). (Binsenweisheit!)

(Wir ordnen die folgenden Texte anders an, damit sie leichter lesbar sind.)

11. Mannigfaltige Sprachbarrieren erschweren das Verständnis eines nur verbal dargebotenen Sachverhalts oft erheblich. Deshalb sollte sich der Sprechende in seiner Diktion dem vermuteten Sprachniveau des Adressaten anpassen. Das gelingt bei Gruppen im allgemeinen um so weniger, je heterogener sie zusammengesetzt sind. Dann empfiehlt sich ein mittleres Anspruchs-Niveau.

Da es verschiedene Sprachschichten gibt, verstehen sich die Leute nicht immer sofort. Der Redende sollte also darauf achten, daß ihn der Angesprochene versteht. Ist die Gruppe sehr verschiedenartig, so wird die Verständigung schwierig. Hier redet man am besten in einer Sprache, die die meisten verstehen dürften.

12. Der Kommunikator und der Rezipient nehmen über ein Medium Kontakt auf. Der Kommunikator entwickelt eine Vorstellung, die semantisch, syntaktisch und phonologisch kodiert wird und beim Rezipienten eine analoge Vorstellung durch einen phonologisch-syntaktisch-semantischen Dekodierungsprozeß auslöst. Eine nur analoge Vorstellung entsteht, weil das Konnotat des Rezipienten nicht notwendigerweise mit dem des Kommunikators identisch sein muß.
(Aus einer Einführung in die Linguistik)

Der Sprecher erzeugt einen Schall, den der Hörer aufnimmt. Die Worte (Bedeutung, Satzbau und Klang) ergeben beim Hörer den Sinn, den der Sprecher zum Ausdruck bringen will. Freilich decken sich die Vorstellungen nicht völlig, da es nicht zwei Menschen gibt, deren geistiger Hintergrund ganz gleich ist.
Oder: Ein Mensch teilt einem anderen durch die Sprache etwas mit. Entsprechend seiner Bildungsstufe wird er seine Gedanken formulieren und damit in dem Gesprächspartner eine Vorstellung erwecken. Die Verständigung ist um so besser, je ähnlicher das geistige Niveau der beiden ist.

13. Die Voraussetzung für die rationale Kontrolle des öffentlichen Lebens, die Korrektur dogmatischer Ideologeme und die Kritik repressiver Strategien liegen deshalb vornehmlich in der Erkenntnis der sprachlichen Bedeutungskonstitution intentionaler Redetexte.

Wer im öffentlichen Leben mitreden, sturen Heilsaposteln entgegentreten und die Absicht der Unterdrückung durchschauen will, der muß vor allem erkennen, welch eine Wirkung von ausgeklügelten Wörtern und Sätzen ausgehen kann.

14. (Aus einem Buch über Literaturtheorie:)
Die Polyfunktionalität der Vertextung bedingt die typische Polyvalenz künstleri-

scher Texte. Der Rezipient realisiert und komplettiert den Text nach Maßgabe seiner Erwartungen und sinngebenden Operationen.

(Im Grund sind das zwei Tautologien, d.h. Fügungen, die den Sachverhalt doppelt wiedergeben! Wenn man böse wäre, ließen sie sich so übersetzen: Künstlerische Texte bedeuten, was sie bedeuten. Der Leser versteht sie, soweit er sie versteht.)

5.2.4. Verhüllungssprache – Beispiel: Familie

Zum Überlegen:

Neulich – es war ein zauberhafter Frühlingsabend, und der Mond duftete durch die Fliederblüten – saß ich auf einer Parkbank. Nach einiger Zeit setzte sich ein junges Pärchen neben mich. Und wieder nach einiger Zeit hob der junge Mann zu seiner Partnerin an:

„Nachdem ich meine Emotionen hinterfragt habe, fühle ich mich motiviert, mit dir oralen Kontakt aufzunehmen."

Glauben Sie das? – Sie brauchen es nicht zu glauben; der junge Mann war nämlich nicht verrückt und sagte einfach: *„Weil ich gemerkt habe, daß ich dich gern habe, möchte ich dich küssen."*

Früher lernten die Mädchen in der Erziehungskunde: *Das Kleinkind braucht die Mutter oder eine vergleichbare Betreuerin.* Heute drückt ein Professor der Pädagogik das so aus: *„Die totale körperliche, aber auch die psychisch-soziale Unselbständigkeit des Kleinkindes machen für die ersten ein bis zwei Lebensjahre eine Fremdsicherung durch eine Bedürfniserfüllung gewährende Umwelt bekannter und verbindlicher Beziehungspersonen erforderlich."* – Halten wir dem Mann zugute, daß er nicht weiß, wie dumm er daherredet!

Übung 61:

Bringen Sie heraus, was gemeint ist?

1. Die familiäre Kommunikation läßt durch den außerhäuslichen Streß sehr zu wünschen übrig.

Da die Menschen im Betrieb und im Büro hart arbeiten müssen, ist das Heim für sie kaum mehr als ein Hotel, in dem sie essen, fernsehen und schlafen.

2. Die Verlagerung von Produktion aus der Familie in außerfamiliale Arbeitsstätten im Rahmen der Entwicklung zur Industriegesellschaft hatte eine Verminderung des familialen Erlebnispotentials zur Folge.

Früher gab es die geschlossene Hauswirtschaft; da wurde alles Wichtige auf dem Hof von der Familie gemeinsam hergestellt. Heute arbeiten die Familienmitglieder in Betrieben und Büros; man hat sich nicht mehr viel zu sagen.

3. Noch immer ist „Hausfrau" der Traumberuf für eine beträchtliche Minderheit der weiblichen Berufstätigen. Geschlechtsspezifische Sozialisation legt das Fundament für diese Identifizierung mit der Sphäre des Privatlebens.

Immer noch träumen viele Frauen davon, Hausfrau zu werden. Man hat sie so erzogen, daß sie sich zu Hause am wohlsten fühlen.

4. Die Funktionalität (!) des Sozialisationsfaktors (!) Familie muß besser operationalisiert (!) werden.

Man muß der Familie helfen, daß sie die Kinder besser in das Gemeinschaftsleben einführt.

5. Die tatsächliche Praxis ehelichen Lebens läßt den Seelsorger aufhorchen, wenn etwa nach Schätzungen katholischer Ärzte aufgrund einer Umfrage der größere Prozentsatz aller fruchtbaren katholischen Ehepaare mehr oder weniger häufig gegen die strengen Normen der Moral verstoßen.

Mehr als die Hälfte der katholischen Ehepaare, die Kinder bekommen könnten, verwenden Verhütungsmittel. Darüber macht sich der Seelsorger Gedanken.

6. (Aus Beatrice Caesar, Autorität in der Familie, rowohlts deutsche encyclopädie, 366:)
Der Begriff der Sozialisation bezeichnet in der Soziologie streng genommen eher ein allgemeines Problem, zu dessen Klärung jeweils noch im einzelnen Hypothesen zu bilden wären, als einen theoretisch in sich geschlossenen Forschungsansatz. Allgemein stellt dieser Begriff eine Sammelbezeichnung für alle jene Prozesse dar, durch die der neugeborene menschliche Organismus – der in der Soziologie als eine plastische Struktur konzipiert wird – seine Identität als handlungsfähige Person entwickelt.

1. Fassung: Was wir unter Sozialisation verstehen wollen, wissen wir noch nicht. Im allgemeinen verstehen wir darunter alle jene Vorgänge, durch die sich ein Kind – von dem die Soziologie weiß, daß es bildsam ist – zu einem vernünftigen Erwachsenen entwickelt.
2. Fassung: Sozialisation ist kein klarer Begriff, sondern ein nebuloses Schwammwort. Umschrieben wird mit Sozialisation der bisher ganz natürliche Wachstums- und Reifeprozeß eines Menschen, der sich auch mit der Umwelt auseinandersetzen muß.

Zwischenbemerkung:

Wir haben als Überschrift dieses Kapitels das Wort *Verhüllungssprache* gewählt, weil man sich beim Lesen der bereits vorgeführten und der noch folgenden Texte nicht von dem Argwohn freimachen kann, es solle bloß für Eingeweihte klar ausgesprochen werden, was eigentlich geplant ist. Es drängt sich einem die Frage auf: Wenn schon mit Begriffen der Systemveränderer gesprochen wird – was soll denn wie verändert werden?
Soll die Familie verändert werden? Der Leser wird gebeten, sich diese Frage zu stellen, wenn er die folgenden Texte durcharbeitet; sie stammen alle aus dem 2. Familienbericht der Bundesregierung, 1975.

7. Je mehr sich die partnerschaftliche Familie durchsetzt, in der Mann und Frau sich gemeinsam für Haushalt und Erziehung verantwortlich fühlen, desto eher werden sich bessere Wege finden, Frauen die Chancen zur wahlfreien Lebensgestaltung zu geben, ohne den Kindern die Chance einer optimalen Sozialisation zu nehmen.

(Der Sinn ist nicht ganz klar; vielleicht:) Wenn Mann und Frau gleiche Rechte und Pflichten im Haushalt und bei der Kindererziehung haben, kann die Frau auch eher einem Beruf nachgehen, der ihr liegt, ohne daß die Kinder vernachlässigt werden. (Leuchtet auch nicht recht ein!)

8. Der Entscheidungsfreiheit von Mann und Frau hinsichtlich ihres Rollenverständnisses in Familie und Gesellschaft entspricht am ehesten ein breitgefächertes System von Hilfen, die eine auf den Einzelfall zugeschnittene Förderung der Familienerziehung ermöglichen.

Mann und Frau sollen sich einig werden, welche Arbeiten sie innerhalb und außerhalb der Familie übernehmen. Dementsprechend will der Bund ihnen helfen, damit sie ihre Aufgaben in der Familie erfüllen können.

9. In der sozialisationswirksamen Strukturierung des Umfelds der Familie ist der Familienpolitik eine zunehmend anerkannte, wichtige Aufgabe gestellt, die der Einsicht Rechnung tragen muß, daß die Auseinandersetzung mit der Umwelt ein gewichtiger Sozialisationsfaktor ist.

Die Familienpolitik hat dafür zu sorgen, daß das Umfeld der Familie für die Entwicklung der Kinder förderlich ist; das tut sie deshalb, weil sie weiß, daß das so ist. (Geistreich!)

10. Das in der Freizeit stattfindende und weitgehend auf diese Zeit beschränkte zweckfreie Spiel zwischen Eltern und Kindern, die Befriedigung emotionaler Bedürfnisse durch regelmäßige Kommunikation sind für die Entwicklung des Sozialverhaltens und -empfindens der jungen Menschen unverzichtbar.

Wenn sich Kinder gesund entwickeln sollen, dann wollen sie, sooft es geht, mit den Eltern spielen und reden. Dadurch bekommen sie auch die Liebe, die sie brauchen, und das Verständnis, das sie brauchen. (Binsenweisheiten!)

11. Da familienpolitische Maßnahmen grundsätzlich darauf abzielen, für spezifische Problemlagen Lösungshilfen bereitzustellen oder anzubieten, beinhaltet ihre Darstellung auch jeweils die Charakterisierung der Situation von benachteiligten Familien.

Bei Maßnahmen, die den Familien helfen sollen, muß man wissen, wo man anzusetzen hat. (Also ist zuerst vor allem die Lage der armen Familien zu erforschen.)

12. Es hängt mit der räumlichen Organisation der Familie im Rahmen eines Haushalts zusammen, daß die Mitglieder der meisten Familien in aller Regel täglich miteinander umgehen. Das Ausmaß des Umgangs der Familienmitglieder miteinander liegt gegenwärtig durchschnittlich deshalb ziemlich hoch, weil bei wachsender Freizeitmenge des Vaters die Familienzentriertheit (!) der Freizeitverbringung (!) mindestens gleichgeblieben ist.

Weil eine Familie in der Regel zusammenwohnt, treffen sich die Mitglieder ziemlich oft. (Blödsinnige Binsenweisheit!) Da die Kinder lange im Schoße der Familie leben und die Arbeitszeit der Väter immer kürzer geworden ist, verbringen Eltern und Kinder ziemlich viel Zeit gemeinsam.

13. Hinsichtlich der Qualifizierung des Eltern-Kind-Verhältnisses ist grundlegend, daß es keine obligatorischen Ausbildungsvoraussetzungen der Elternschaft gibt.

Wer Vater und Mutter wird, muß dafür nicht ausgebildet werden.

5.2.5. Einschüchterungssprache: Gesellschaft und Wirtschaft

Zum Überlegen:
Sprache kann sehr wohl ein Herrschaftsinstrument sein. Gewisse Gruppen, die bereits herrschen oder in Kürze herrschen wollen, setzen bewußt eine besondere Sprache ein, um andere – meist die Masse des Volkes – zu manipulieren.
Denken wir an die unselige Nazizeit, als es hieß: *„Ein Volk, ein Reich, ein Führer! – Der Führer hat immer recht. – Führer, befiehl, wir folgen." Die Partei hat immer recht.* – So heißt es auch heute noch oder schon wieder. Fragen wir kritisch: Wieso hat die Partei recht? Das ist nicht eine Tatsache, das ist eine Forderung, ja ein Glaube!

Übung 62:

Versuchen Sie zu erfassen, was gemeint ist!

1. Die Verbesserung der Strukturlage des Arbeiters wird angestrebt.

Dem Arbeiter soll es besser gehen.

2. Die Menschen werden heutzutage konsumkonform manipuliert.

Die Menschen werden so beeinflußt, daß sie kaufen, was die Firmen und Geschäfte loswerden wollen.

3. Die Idee des Supermarkts verfehlt das soziologische Faktum, daß polyzentrische Konzeption für die urbane Kommunikation wichtig ist.

Wenn man einen Supermarkt baut, hat man nicht bedacht, daß die Leute in vielen kleinen Läden besser miteinander reden können.

4. Autoritäre Bewußtseinsstruktur verschleiert repressiv die Frustration, die in der kapitalistischen Gesellschaft dank dem ökonomischen Interesse der herrschenden Klasse revolutionäre Veränderung als dialektischen Prozeß nicht aus der Theorie in kollektive Praxis umschlagen läßt, sondern weiterhin Entfremdung produziert.

Die Menschen waren immer unterdrückt und sind sich dieser Tatsache gar nicht bewußt. Deshalb merken sie nicht, daß sich ihr ödes Los nicht ändern kann; denn die kapitalistische Gesellschaft läßt eine gewaltsame Veränderung, die durch einen Aufstand der Massen zustande kommen müßte, nicht zu. (Sonst wären nämlich die wirtschaftlichen Ziele der Reichen gefährdet.) Lieber möge es bei der unbefriedigenden Arbeits- und Lebensweise der Masse der Bevölkerung bleiben.

5. Man erkennt nicht, daß die Erhaltung der menschlichen Kultur Einhaltung vieler Verhaltensnormen voraussetzt und die Vorstellung totaler Emanzipation auf vollständiger Verkennung der Realitäten beruht.

Kultur bedeutet, daß sich die Menschen nach Sitte und Gesetz richten. Eine völlige Freiheit für den einzelnen ist nicht möglich.

6. Die Interessenverbände tragen durch Sachberatung und Informationsvermittlung zur Richtigkeit und Akzeptierbarkeit politischer Entscheidungen bei, wodurch sie das Bemühen erleichtern, staatliche Normsetzung an gesellschaftlichen Realitäten und Notwendigkeiten auszurichten. . . Interessenverbände nehmen auch sozialpädagogische und mitgliedsfördernde Funktionen wahr.

Die Interessenverbände leisten sachliche Beratung und stellen Informationen bereit; so können die politischen Organe richtig entscheiden und dafür Zustimmung erhalten. Dadurch kommt der Staat seinen Bürgern näher. . . Interessenverbände helfen auch ihren Mitgliedern bei allen möglichen persönlichen Fragen und Schwierigkeiten.

Übung 63:

Machen wir ein Ratespiel! Was bedeuten die folgenden Ausdrücke:

1. Mündliche Textproduktion	Gespräch
2. Schriftliche Textproduktion	Aufsatz
3. lernwirksame Visualisierung	Bilder, z.B. zur Geschichte
4. rückläufiges Kinderaufkommen	weniger Geburten
5. progressiver Raumordnungsgedanke	Raumordnung im fortschrittlichen Sinn

(Aus dem Familienbericht der Bundesregierung 1975:)

6. Die soziale Rekrutierung der Elternschaft	aus welcher Schicht die Eltern kommen
7. das familiale Kommunikationssystem	wie die Mitglieder der Familie miteinander reden

8. Teilsysteme familialer Kommunikation	Menschen, die innerhalb der Familie in besonders engem geistigem Austausch stehen
9. normative Definition der Elternrolle	was die Eltern für die Kinder sind und was sie für sie tun sollen
10. die Mutterzentrierung familialer Kommunikation	die Mutter als seelischer Mittelpunkt der Familie
11. soziale Kompetenzen und Dissozialität	Wer prägt die Gesinnung? Welche Schwierigkeiten ergeben sich dabei?

Wie nennt man:

12. einen Menschen, der Berichte, Erzählungen, Romane oder Gedichte schreibt?	Textproduzenten
13. einen Menschen, der Kindern hilft, die Sprachschwierigkeiten haben?	Logopäden

Welche Leute sucht die Firma eigentlich? (Aus dem Stellenangebot eines Werbe-Unternehmens:)

14. Wir suchen: Art-Direktoren, deren Erfahrung das Know-how garantiert, deren Kreativität aber mehr ist als nur Erfahrung, durch neue visuelle Leistungen zu überraschen.	Wir suchen einfallsreiche, schöpferische Mitarbeiter. – (Der Infinitiv-Satz am Ende hängt in der Luft; er ist nicht richtig angeschlossen. Der Sinn ist nicht klar.)

5.3. Test V: Normale und verstiegene Sprache

A)

Unterstreichen Sie die Stellen, die Ihnen stilistisch nicht gefallen! (Die „Süddeutsche Zeitung" veröffentlichte am 15.12.1964 die folgende Erklärung:)

„Im Streit zwischen dem VW-Werk und der Warentest-Zeitschrift DM haben die Gerichte vorgeschlagen, den Prozeß durch einen Vergleich zu beenden. Das Oberlandesgericht Celle hatte in der Verhandlung vom 9.7.64 angeregt, den Test gemeinsam zu wiederholen. Das geht schon aus technischen Gründen nicht. Im Grunde hat das Gericht aber recht. Der Prozeß würde mindestens fünf Jahre dauern.

VW und DM stimmen überein, daß dann mit einer Entscheidung keinem mehr gedient wäre, praktisch aber heute schon nicht mehr. Der von DM im Sommer 1963 getestete VW 1500 S war eines der ersten Exemplare dieses Typs. Ob dieser Testwagen damals gut war oder schlecht, ist für den Käufer heute belanglos.

Den Verbraucher interessiert, wie der VW 1500 S heute ist. Der VW 1500 ist besser geworden. Wir haben darüber berichtet. Die VW-Konzeption lautet: Alle Volkswagen werden zum Vorteil des Verbrauchers stets verbessert. Aus dieser Erkenntnis haben sich VW und DM an einen Tisch gesetzt und sind übereingekommen, den Prozeß zu beenden und einen Vergleich zu schließen."

Diese Erklärung (Wortlaut!) ist in tadellosem Deutsch.

B)

Wo steht in der Rede etwas, das einen Hinweis gibt, wovon gesprochen wird?

Hochverehrte Festversammlung!
Wenn wir uns heute hier zusammengefunden haben, um miteinander diesen Tag zu begehen, so geschieht das nicht von ungefähr. Denn gerade in einer Zeit wie der unseren, da die echten menschlichen Werte mehr denn je unser ernstes, tiefinnerstes Anliegen sein müssen, wird von uns eine Aussage erwartet. Ich möchte Ihnen keine Patentlösung vortragen, sondern lediglich eine Reihe von heißen Eisen zur Diskussion stellen, die nun einmal im Raum stehen.

Was wir brauchen, sind ja nicht fertige Meinungen, die uns doch nicht unter die Haut gehen, sondern was wir brauchen, ist vielmehr das echte Gespräch, das uns in unserer Menschlichkeit aufrührt. Es ist das Wissen um die Macht der Begegnung bei der Gestaltung des zwischenmenschlichen Bereichs, das uns hier zusammengeführt hat. In diesem zwischenmenschlichen Bereich sind die Dinge angesiedelt, die zählen. Ich brauche Ihnen nicht zu sagen, was ich damit meine. Sie alle, die Sie im besonderen und hervorragenden Sinne mit Menschen zu tun haben, werden mich verstehen.

In einer Zeit wie der unseren – ich sagte es bereits –, in der die Optik der Dinge gleichsam allenthalben ins Wanken geraten ist, kommt es mehr denn je auf den einzelnen an, der um das Wesen der Dinge selbst weiß, der Dinge als solcher, der Dinge in ihrer Eigentlichkeit. Wir brauchen aufgeschlossene Menschen, die dazu in der Lage sind. Wer sind diese Menschen? – werden Sie mich fragen, und ich antworte: Sie! Indem Sie sich hier versammelt haben, beweisen Sie deutlicher, als Worte es könnten, daß Sie bereit sind, Ihrem Anliegen Nachdruck zu verleihen. Dafür möchte ich Ihnen danken...

(Das ist ein hochgestochenes Geseich ohne Inhalt. Sie *können* also gar nicht herausbringen, wovon die Rede ist! – Der Text ist eine Parodie (gekürzt) von Christian Schütze auf das neudeutsche Blabla, „Süddeutsche Zeitung", 1.1.78)

C)

Übertragen Sie diesen Text in verständliches Umgangsdeutsch! (Er ist unter der Überschrift „Liebe auf linksdeutsch" in der Zeitung „Petra" 3/76 erschienen. – Die Sätze sind numeriert, damit Sie sich leichter zurechtfinden.)

1. Bei einer Exkursion in die noch relativ heile Pflanzenwelt eines kommunalen Parks, die ich kürzlich als Äquivalent gegen progressive Umweltverschmutzung unternahm, visualisierte sich unerwartet auf einer Parkbank die optimale Realisation der mir adäquaten Partnerin.
2. Eine Affekthandlung war geboten, und also plazierte ich mich auf der gleichen Bank, als Alibifunktion beziehungsreich einen Curriculumentwurf studierend.
3. Reaktionsmangel seitens der Zielgruppenvertreterin schien Kontaktscheu zu signalisieren; doch im Verlauf des von mir projektiert eingeleiteten Sozialisierungsprozesses ergab sich eine verbale Kommunikationsmöglichkeit zur Versuchsperson, die indessen offensichtlich unter Edukationsdefiziten autoritärer und faschistoider Herkunft litt.
4. So begegnete meine Hinterfragung unbewußten Störfaktoren, die zur Frustration und Artikulationsblockade führten.

5. Ich bemühte mich durch vorsichtige globale Sensibilisierung der Partnerin, die sozio-politologische Irrelevanz sexueller Tabus evident zu machen, stieß aber auf verkrustete hierarchistische Strukturen in der Mentalität meiner Partnerin, die aufzubrechen einen längeren antipaternalistischen Lernprozeß zu bedingen schien.
6. Hierfür bot ich mich zu kritischer Begleitung und effektiver Erfolgskontrolle an, konnte aber bei den vorherrschenden inhumanen Mechanismen keinerlei Motivation zu Mobilität und Flexibilität erreichen, so daß ich mich in meiner Frustration darauf beschränken mußte, ein approximatives Kollektivbewußtsein zu initiieren, um vielleicht später aus dieser Randgruppensituation heraus Impulse gegen repressionsbedingte Reflexe und in Richtung über das Problembewußtsein ein Gefühlspotential aktivieren zu können.
7. Immerhin gelang es mir auf der Basis von Terminvereinbarungen, eine futurologische Projektion einzubringen, die ich zunächst nur auf ein integriertes Meinungsbild abzuheben brauchte; und Gabi sagte beim Abschied: „Bernd, du bist irre kreativ!"

Fassung **a:**
1. Um dem Dunst der Großstadt etwas zu entkommen, ging ich neulich in einen Park. Dort erblickte ich auf einer Bank das Mädchen meiner Träume.
2. Schon hatte es bei mir gefunkt; ich setzte mich neben es und tat so, als ob ich in einen Lehrplan versunken sei.
3. Das Mädchen gab sich zunächst spröde; ich sprach es nach einiger Zeit an, es antwortete aber nur zögernd, ja gehemmt.
4. Nun überlegte ich mir, wie ich näher an es herankommen könnte.
5. Ich gab mich möglichst zwangslos und ließ das reizende Kind spüren, wie sehr ich in Liebe entflammt war.
6. Am liebsten hätte ich es natürlich sofort umarmt und geküßt; aber das schien mir etwas übereilt. So beschloß ich, das Gefühl bei dem Mädchen reifen zu lassen.
7. Es blieb also nichts, als ein Treffen für einen der kommenden Tage vorzuschlagen, wie es bei jungen Leuten so üblich ist. Nun hatte Gabi – so hieß die Schöne – also doch begriffen, daß wir uns gern hatten.

Fassung **b:**
1. Als ich neulich in einem öffentlichen Park spazierenging, um etwas frische Luft zu schnappen, sah ich auf einer Parkbank das Bild meiner Träume.
2. Ohne lange zu überlegen, setzte ich mich auf die gleiche Bank, und als Vorwand las ich in einem Vorlesungsverzeichnis.
3. Leider nahm meine holde Nachbarin zunächst keine Notiz von mir. Ich merkte aber bald, daß sie nicht so sehr hochmütig, sondern eher scheu und vielleicht sogar etwas verklemmt war.
4. Dies mochte auf eine allzu strenge Erziehung zurückzuführen sein.
5. Hier mußte man einfühlsam und geduldig vorgehen, um das Mädchen etwas aus der Reserve herauszulocken.
6. Ich probierte es also mit den allgemein üblichen Redensarten und konnte so wenigstens mit dem Mädchen ins Gespräch kommen.
7. Auch konnte ich noch erreichen, daß wir uns für ein weiteres Treffen verabredeten. Immerhin machte mir Gabi beim Abschied das Kompliment, daß ich anregend sei.

Reihe „Ehrenwirth Deutschhilfen · Nachhilfen"

Dieter Matthias

Detektiv Wortfuchs

Perfekt in Grammatik. Ein Übungsbuch.
176 Seiten. Pbck. DM 26,–. ISBN 3-431-02938-8.

Maria Merold – Hans Brandl

Aufsatzmodelle

für die 11. bis 13. Jahrgangsstufe und das Abitur.
Problemerörterung – Interpretation – Textanalyse.
144 Seiten. Pbck. DM 19,–. ISBN 3-431-02978-7.

Hans Lobentanzer – Ilse Dangel

Textanalysen I

für den Deutschunterricht der 7. bis 10. Jahrgangsstufe.
Texte – Fragen – Lösungen.
5. Auflage. 124 Seiten. Pbck. DM 19,–. ISBN 3-431-02197-2.

Hans Lobentanzer

Textanalysen II

für den Deutschunterricht der 11. bis 13. Jahrgangsstufe.
Texte – Fragen – Lösungen.
3. Auflage. 148 Seiten. Pbck. DM 20,–. ISBN 3-431-02370-3.

Hans Lobentanzer

Gedichtinterpretation

Grundlagen – Beispiele – Übungen. Sekundarstufe II. Abitur.
3. Auflage. 192 Seiten. Pbck. DM 20,–. ISBN 3-431-02458-0.

Ulrich Volkmann

Texte verstehen, beschreiben, erörtern

Ein Übungsbuch zum Deutschunterricht der 9. bis 11. Jahrgangsstufe.
156 Seiten. Pbck. DM 20,–. ISBN 3-431-02750-4.

Preisänderungen vorbehalten.

Ehrenwirth Verlag München